Gabriel Nicolaus

Carl von Linné, Vollständiges Natursystem

ISBN/EAN: 9783744636742

Hergestellt in Europa, USA, Kanada, Australien, Japan

Cover: Foto ©Andreas Hilbeck / pixelio.de

Weitere Bücher finden Sie auf **www.hansebooks.com**

Des
Ritters Carl von Linne'
Königlich Schwedischen Leibarztes 2c. 2c.
vollständiges

Natursystem

nach der zwölften lateinischen Ausgabe
mit einer
ausführlichen Erklärung
ausgefertiget
von
Philipp Ludwig Statius Müller,
Prof. der Naturgeschichte zu Erlang, Mitglied der Röm. Kaiserl.
Akademie, wie auch der Berlinischen Gesellschaft der
Naturforscher 2c.
Sechster Theil.
Von den Corallen.

Zweyter Band.
Nebst achtzehn Kupfertafeln.

Mit Churfürstl. Sächsischer Freyheit.

Nürnberg,
bey Gabriel Nicolaus Raspe, 1775.

Vorbericht.

Es geschiehet mit ganz besonderem Vergnügen, daß wir hiemit dem geehrten Leser den zweyten Band der letzten Classe des Thierreichs übergeben, und damit dieses Reich in so weit beschließen, in so ferne es nach dem System des Ritters von Linne beschlossen wird. Den versprochenen Supplementsband, worinne wir alle von dem

Rit=

Ritter selbst in seinen Zusätzen nachgeholten Geschlechter und Arten aus allen Ordnungen anzeigen, und so viel möglich aus andern Schriftstellern ergänzen, auch mit einem Universalregister über alle sechs Theile begleiten wollen, soll mit möglichstem Fleiße bearbeitet werden, und wenigstens in einem Jahre, diesem Theile folgen.

Neben einigen Zusätzen und Verbesserungen in den Allegaten zum vorigen Bande, liefern wir auch am Ende dieses Bandes eine kurze Anweisung auf illuminirte Figuren, über alle vorige fünf Classen des Thierreichs; in so weit es nämlich der Kürze und dem vorgesetzten Zwecke gemäß war. Wir hoffen, daß sie den deutschen Lesern zur Belehrung hinlänglich seyn werden, und verweisen denjenigen, der die lateinischen oder ausländischen Schrift-

Schriftsteller in fremden Sprachen zu Rathe ziehen will, auf des Ritters lateinisches Original=Natursystem, wo man die verlangten Allegata finden wird.

Die Quellen von unsern Nachrichten über verschiedene Gegenstände anzuzeigen, haben wir um deswillen für unnöthig geachtet, weil wir aus vielen Schriftstellern erst ein ganzes gemacht haben, und durch jedesmalige Anführung nur weitläuftig würden geworden seyn. Jedoch sind wir allezeit im Stande, unsere Gewährsmänner zu leisten. Ausserdem aber sind viele Cabinette, die wir ehedem in Holland, Deutschland und Rußland aufmerksam betrachteten, und die in einer ungestöhrten Ordnung immer zu jedermanns Betrachtung vorhanden bleiben, nebst allem, was wir in unserer eigenen Sammlung besitzen, die

)(3   Ori=

Originalzeugen für die Richtigkeit unsrer Beschreibungen, auch da, wo wir
zuweilen von andern Schriftstellern abweichen; wiewohl wir uns keinesweges für
unfehlbar, am allerwenigsten aber für ei-
gensinnig, um begangene Fehler einzuse-
hen und zu verbessern, wollen angesehen
wissen.

Uebrigens wird man es uns hoffent-
lich verzeihen, daß wir in diesem Bande
von der herrschenden Meynung der jetzigen berühmtesten Naturforscher, in Absicht
auf die Corallen und Thierpflanzen, ganz
abweichen, und alle diese Geschöpfe, samt
und sonders, nicht für Thiere ansehen.
Wir haben keinen einzigen Beweiß der
Neuern, für die thierische Natur dieser
Geschöpfe, veruntreuet, sondern alles richtig angegeben, und nach wesentlichem Befinden beschrieben, auch uns mit keinen
Wider-

Widerlegungen eingelaſſen, um die Ord=
nung der Beſchreibung nicht zu unterbre=
chen, ſondern nur hin und wieder ganz
kurze Anmerkungen eingeſchoben; denn wir
wollten bey den Leſern keine Vorurtheile
zu unſerm Vortheil erregen. Aus dieſem
Grunde haben wir auch in der Einleitung
in die Geſchichte der Corallen nur mit kur=
zem unſere abweichende Meynung ange=
zeigt, und uns zur Nothdurft gegen un=
ſere hochgeſchätzte Herren Gegner, die
Herren Boddaert und Houttuyn, ge=
ſchützet, übrigens aber die ganze Ordnung
der Lithophyten und Zoophyten, wie ſichs
gebühret, neutral abgehandelt, und erſt
zum Beſchluß den Grund unſerer abwei=
chenden Meynung, in den allgemeinen An=
merkungen, vor Augen gelegt.

Wir haben keinesweges die Erwartung,
daß die berühmten Männer, mit welchen
wir es zu thun haben, ſogleich unſerer

Mey=

Meynung beytreten werden; aber dieses erwarten wir wenigstens, daß, wenn anders unsere Gedanken von den so genannten Thierpflanzen einigen Werth haben, und Aufmerksamkeit verdienen, diejenigen, die besser urtheilen können als wir, ihre neue Lehre von den Thierpflanzen mit statthafteren Gründen versehen, und uns dadurch in den Stand stellen mögen, ihrer Meynung beytreten zu können.

Erlang, den 18. Sept. 1775.

Ph. Ludw. Stat. Müller.

Ver=

Verzeichniß
der Kupfertafeln,
in diesem zweyten Bande
von den Würmern.

X 5   fig. 4.

Seite

Tab.

Tab.

Verzeichniß

Tab.

fig. 3.

Verzeichniß der Kupfertafeln.

NB. Die Kupfer werden alle hinten ange-
bunden.

IV. Ordnung.
Von den Corallen.
Vermes Lythophyta.

Die Linneische Benennung Lythophyta **Benen-**
ist schon vormals von den älteren und **nung**
nachhero auch von den neueren Natur- **der Ord-**
forschern gebraucht worden, um da- **nung.**
durch dasjenige anzudeuten, was wir sonst gemeiniglich Coralle nennen. Sie ist aus zweyen griechischen Wörtern zusammen gesetzt, davon das
erste einen Stein, und das andere eine Pflanze
bedeutet, welches also durch Steinpflanze müßte
übersetzet werden. Es wurden aber diese Geschöpfe Pflanzen genennet, theils weil sie das Ansehen einer Pflanze haben, theils aber, weil man
sie von jeher für würkliche Pflanzen hielte; daher
man auch diese Benennung mit einer andern ver-
wechselte, und sie Lithodendron, das ist, Steine-
bäume, oder auch in Absicht auf den Ort ihres
Aufenthalts, Meergewächse, oder Seegewächse nannte. Allein die Härte ihres Bestandwesens
und ihre steinige und kalchartige Beschaffenheit
machte, daß man sie von andern Gewächsen durch
die Benennung Steinpflanze unterschiedete. Weil
sich aber unter den Meergewächsen, ausser den
Steinpflanzen, auch solche zeigen, die nicht steinig
sind, und doch auch unter dem Namen Coralle
mit begriffen wurden, so entstund dadurch ein Un-

Linne VI. Theil.   S s   terschied

terschied in den Benennungen, indem man erstere
in ächte und unächte Corallen eintheilete, je nachdem sie dicht und feste waren, letztere aber mit dem
Namen Keratophyta, oder Horncoralle belegte;
da inzwischen die übrigen pflanzenartigen Meergewächse, Corallenmoose, Corallenschwämme,
Seegräser, und dergleichen hiessen, wie solches bey
jedem Geschlecht weitläuftiger soll angezeiget werden.

Alle diese verschiedene Meergewächse bringet der Ritter nun in zwey Ordnungen, davon
die erstr unter dem Namen Lithophyta diejenigen enthält, die würklich steinig sind; die folgende aber solche, welche mehrentheils ein hornartiges
Bestandwesen, oder doch wenigstens ein weicheres
Gewebe haben, und Zoophyta, oder Thierpflanzen heissen, welchen endlich noch eine Abtheilung, unter dem Namen Phytozoa, oder
Pflanzenthiere beygefüget wird.

Kenn-
zeichen
der Ord-
nung. So fremd es nun den Naturforschern älterer
Zeiten vorkommen würde, diese sogenannten Meergewächse oder Corallen samt und sonders hier im
Thierreiche, unter die Classe der Würmer geordnet
zu sehen, (den Imperatus allein ausgenommen,
der schon etwas Thierisches in etlichen Seegewächsen vermuthete,) eben so wunderbar würde es ihnen
scheinen, daß man sie alle für Wurmgehäuse ansie-
het, indem der Ritter folgende Kennzeichen dieser
Ordnung angiebet: Die Corallen nämlich sind Gehäuse welche von Thierchen gebauet und bewohnet
werden. Diese Thierchen sind darinne angewachsen, bestehen aus einem weichen Bestandwesen,
und haben ihre Gliedmassen, so wie die Thiere der
zweyten Ordnung dieser Classe, welche Mollusca
genennet werden, (wovon oben pag. 57. zu sehen
ist.) Diese Thierchen sind übrigens zusammengesetzt;

setzt, und geben die feste kalkartige corallinische Materie zu ihrem Gehäuse her. Dieses sind die von dem **Ritter** angegebenen Kennzeichen dieser Ordnung.

Nichts wird indessen gewisser seyn, als daß diejenigen, die von der neueren Meynung der Naturforscher in Absicht auf den Ursprung der Coralle keinen Unterricht haben, auch von den jetzt angegebenen Kennzeichen nichts verstehen werden; und aus diesem Grunde ist es schlechterdings nothwendig, daß wir eine nähere Nachricht von den alten und neuen Meinungen der berühmtesten Männer, desgleichen von den wunderbaren Entdeckungen, die in diesem Fach seit einigen Jahren gemacht sind, voran schicken, und solche mit einigen Anmerkungen begleiten; damit alle folgende Beschreibungen der Geschlechter und Arten desto besser können verstanden werden.

Einleitung
in die
Geschichte der Corallen.

So wie sich die Kräuterlehrer bemüheten, die verschiedenen Gewächse des Erdreichs zu sammlen, zu beschreiben, und wenigstens einigermassen zu ordnen, so war ihr Auge allerdings auf alles aufmerksam, was nur einigermassen eine kräuterartige Gestalt, und ihrer Meinung nach ein vegetabilisches Leben hatte. Es konnte daher unmöglich fehlen, daß sie nicht auch die aus dem Meer hergebrachten Gewächse in Betrachtung zogen, und sie dem botanischen Fache zugesellten.

Einleitung.

Dioscor

Dioscorides wenigstens hielte die eigentliche Coralle für Seepflanzen, jedoch war Dodonäus
geneigt, die Schwämme und Alcyonien nebst den
Steinschwämmen von den eigentlichen Kräutern
zu trennen, hingegen verband der berühmte Tournefort, noch zu Ende des siebzehnten Jahrhunderts,
alle Meergewächse mit dem Kräuterreiche, und be-
mühete sich, die Art ihrer Vegetation zu erklären.
Alles was er von dieser Sache weitläuftig sagt,
läuft darauf hinaus, daß die Seegewächse ihre
Nahrung nicht, wie andere Pflanzen, durch die
Wurzel aus dem Boden des Meeres, sondern aus
einem salzigen und fetten Schlamm des Meeres ein-
pfangen, welcher sich durch auswendige Luftlöcher
in die Seepflanze einsauge, und bey den Steinpflanzen ordentlich versteinere. Er macht zu dem
Ende vier Classen. Erstlich weiche Seepflanzen, zweitens harte, drittens holzartige, mit
weicher Rinde, und viertens weiche, mit harter
Rinde; an keiner dieser Arten aber wurde von ihm
einiger Beweis von Blüthen, Saamen oder dergleichen entdeckt, welche man doch bey einer Pflanze
vermuthen sollte. Dieses war alles, was man von
den Corallen bis zu Ausgang des vorigen Jahrhunderts wußte: denn wir haben die nähere Erkennt-
niß, von dem Bau und der Beschaffenheit dieser Geschöpfe, lediglich dem jetzigen Jahrhundert zu danken, und werden vielleicht, noch ehe fünf und
zwanzig Jahre vergehen, selbige zu einer weit
größern Vollkommenheit hinansteigen sehen; indem
sich der Eifer der gelehrtesten Naturforscher, in
Untersuchung dieser wunderbaren Seeprodukte,
gleichsam um die Wette verdoppelt hat, und auch
noch täglich Entdeckungen gemacht werden, die
der ganzen Sache ein neues Licht aufstecken.

Gleich zu Anfang dieses Jahrhunderts stellte
der Graf Marsigli in dem mittelländischen

Meere

Meere seine Untersuchungen über die Corallen an, und fand sowohl an den eigentlichen Corallen, als andern Seegewächsen in ihrer äussern Rinde gewisse kleine Theilchen, die sich unterhalb dem Wasser ausbreiteten, oberhalb demselben aber sich wieder zusammen zogen. Diese Theilchen nahmen an dem rothen Corall die Gestalt gelber Kügelchen an, welche auf den Boden des Gefäßes heruntertriefelten. Er hielt sie vor Corallenblüthen, und fand ihren Bau folgender Gestalt: Ihre Länge erstreckte sich auf ohngefehr einen Achtelszoll, und wurde vermittelst eines weissen Kelchs unterstützt, aus welchem acht weisse, gleich lange und gleichweitige Strahlen in einer sternförmigen Figur hervortraten. Nun hatte Tournefort diese gelblichen Kügelchen vor den Saamen angesehen; allein Marsigli verwarf diese Meinung: weil sie durch ihre Schwere auf den Boden herunter sinken; es wäre denn daß sie einen feineren und leichteren Saamen von sich liessen, welcher vermögend wäre, sich von unten wiederum in die Höhe und an die herabhangenden Felsen zu begeben, um so, nach Art der Corallen, an den Felsen herunterwärts hangend zu wachsen. Uebrigens fand der Graf Marsigli ähnliche vermeinte Blüthen, in einem andern stachlichen Seegewächse, welche sich ausserhalb dem Wasser wie Kügelchen zeigten, unterhalb denselben aber die Gestalt ausgebreiteter Blumen annahmen, ohne jedoch einige Spuhren von einem Saamen zu zeigen.

Wir übergehen das übrige, was der Graf Marsigli in dieser Absicht an andern Seegewächsen entdeckte, um zu sagen, daß zur nämlichen Zeit auch der Herr Peysonel, nachmaliger französischer Consul in Smirna, mit Untersuchung der Coralle beschäftiget war, welcher die Seegewächse vor

Ss 3 Be-

Behälter von gewissen kleinen Würmern oder See-
insecten ansahe Sein Bruder, der Doctor Per-
sonel, trat dieser Meinung anfänglich bey, nachdem er ähnliche Theile aus dem feinen Poris hatte heraustreten sehen ; wurde aber bald wieder
auf andere Gedanken gebracht: denn als er bemerkte, daß diese Theilchen sich, auf die uninde-
ste Berührung, wieder in besagte Luftlöcher zurücke
zogen, vermuthete er, statt der vermeinten Blüthen, etwas Thierisches, und wurde darinnen bestättiget, als er im Jahr 1725. an der barbarischen
Küste entdeckte, daß sich diese mehrgedachte Theilchen wie Füße oder Arme bewegten, und im heissen Wasser erstarreten, ohne sich ausser demselben
wieder einzuziehen. Er erkannte also, daß es
schlammige Thierchen wären, die sich auf der Oberfläche, bevor sie sich strahlenweise ausbreiten, nur
als einen weissen Punct zeigen, sonst aber in gewissen Zellen wohnen, die sich halb in der Rinde
und halb in dem Bestandwesen des Seegewächses
befinden. Die milchige Feuchtigkeit, die man aus
diesem Körper druckt, sey ihr Blut, und gienge
bey Ersterbung in eine stinkende Fäulnis über. Es
fand auch dieser Naturforscher, daß die Sternchen
an den Madreporen viel stärker wären, und nennete selbige Thierchen Seenessel, welche sich nach
und nach in die Höhe heben, einen Saft, der sich
sodann verhärtet, von sich lassen, und also die
Madrepore selbsten bauen. Von den übrigen
Corallen und Seegewächsen aber glaubte er, daß
die Thierchen in ihrer Oberfläche wohneten, und
einen nach und nach sich verhärtenden Saft von
sich gäben, der an dem Gewächse herunter liefe,
und also eine steinige Rinde verursache, aus welchem Grunde er sie denn auch Zoophyta, oder
Thierpflanzen nennete.

4   An

An dieser neuen Meinung zweifelte nun an
fänglich der Herr von Reaumur, trat aber der
selbigen gleichfalls bey, sobald er selbst Versuche an
der Seeküste angestellet hatte. Doch der Herr
Bernh. von Jussieu gieng nach seinen an der Kü
ste der Normandie gemachten Entdeckungen noch
weiter, und entschied die Sache dahin, daß einige Meergewächse, die man bisher für Pflanzen angesehen hatte, nichts anders, als Producte kleiner Thierchen wären. Denn er fand daß etliche
Seegewächse aus lauter Cellen oder Gehäusen gewisser Thierchen bestunden, und daß diese Thierchen Polypen wären. Welche Benennung vom
Trembly den weichen Thierchen der süssen Wasser
gegeben war. Die Gegenstände aber, an welchen
er das thierische Wesen entdeckte, waren die Art
Alcyonen, die man Main de Mer, oder Seehand
nennet; ferner die Schwammgewächse; verschiedene biegsame Blasencorallynen; dann Punctcoralle
oder Milleporen und dergleichen, welche Meinung
denn auch hernach durch die Entdeckungen des Donati im mittelländischen Meer, und des Herrn
Ellis an den englischen Küsten bestättiget, erweitert, und auf eine größere Anzahl Meergewächse
ausgedehnt wurde.

Donati nämlich entdeckte, daß diese Thierchen in den Corallen an ihren Cellen fest fassen, und
hielte sogar die ganze Coralle vor das Thier selbst,
davon die aus den Poris hervortretende Polypen
nur die Köpfchen, das übrige aber gleichsam als
ihr Fleisch oder verhärteter Saft anzusehen wäre. In dem rothen Corall fand er lauter acht-
strahlige weisse Thierchen, die sich auf die minde-
ste Berührung zusammenzogen, und sich in ihre
Celle verbargen, welche nur durch einen weissen
Punct sichtbar blicken. Andere Coralle, als die
Madreporen, hatten wiederum andere Polypen von

durch-

durchſichtigem Bau mit haarigen Strahlen, die eine
ſchnelle und ſchwankende Bewegung führen, und
ſo weiter. Er machte einen Unterſchied zwiſchen
Thierpflanzen und Pflanzenthieren, und zog
zu letzteren die Schwämme und Alcyonien.

Der Herr Ellis hingegen, der in Abſicht auf
das vorhergehende mit dem Donati einſtimmig
iſt, hält die Schwämme nur für Neſter, worinne ſich gewiſſe Thierchen aufhielten, ſpricht ihnen
jedoch ein mit dem thieriſchen Leben verbundenes
vegetabiliſches Weſen nicht ab, und ſtellet die Geſchichte und Haushaltung aller dieſer wunderbaren coralliniſchen Seeproducte in ein ſchönes Licht;
davon wir nicht weitläuftig zu reden nöthig haben,
weil ſein eigenes Werk durch Herrn Doct. Joh.
Georg Krünitz mit großem Beyfall überſetzt,
und mit vielen gelehrten Anmerkungen bereichert,
in jedermanns Händen iſt.

Man wird ſich nicht wundern, daß dieſe neue
Lehre von den Corallen ihren ſcharfen Widerſpruch
fand. Doctor Parſon beſtritte zuerſt den Satz,
daß die Polypen die Materie zu den Corallen herge-
ben, und ſolche bauen ſollten; er berief ſich unter
andern auf die Ungewöhnlichkeit der Erſcheinung,
daß ein Thier ſo viele Zellen und Höhlen in der
Aufführung der Coralle bauen ſollte, ohne daß
ſelbige irgend einen weiteren Nutzen hätten, als
Denkmäler eines ehemaligen Aufenthalts zu ſeyn:
da doch zum Exempel die Fliegen, Bienen, We-
ſpen und dergleichen Inſecten ihre Zellen machen,
um ihre Eyer, Futter, oder andere Materialien
hineinzulegen. Um ſo mehr aber ließ ſich dazumahl
der Herr Ellis angelegen ſeyn, zu zeigen, daß
jede Coralline ein ganzes Thier ſey, deſſen thieriſches Beſtandweſen durch den ganzen Stamm und
alle Aeſte durchſetze, und deſſen Köpfchen, oder
Spitz-

Spißchen die auſſen an der Oberfläche hervorragen, vielſtrahlig ſind, und ſich wie Arme oder Hände bewegen, gleichſam für ſoviel Mäuler zu halten wären, welche die von allen Seiten im Meere herumſchwimmende Nahrungstheile einnähmen, und alſo den ganzen Stamm mit allen Aeſten fütterten.

Auf dieſe Elliſiſche Entdeckungen folgten die gelehrten Einwendungen des berühmten Herrn D. Baſters, der ebenfalls läugnete, daß die Corallen von den Polypen gebauet würden, wohl aber das Daſeyn dieſer Thierchen auf den Corallen annahm. Und als Herr Baſter zeigte, daß er Corallinen ohne alle Polypen gefunden hätte, ſo wurde von dem Herrn Ellis bewieſen, daß ſelbige Exemplare keine Corallinen, ſondern blos Conſervae oder Seemoſe, mithin bloſſe Pflanzen geweſen wären, dahero auch ſeinen Saß nicht über den Haufen werfen könnten, und daß ferner einzelne Polypen, welche Herr Baſter an andern Cörpern angetroffen hatte, in der That Corallinen ſeyen.

Unter dieſem gelehrten Streite zweyer verehrungswürdiger Naturforſcher, trat der berühmte Herr Pallas auf, welcher zwar die Sertularia und verſchiedene Corallinen für Thiere hielt, aber die officinelle Coralline aus der Reihe der Thierpflanzen ausmuſterte, und ſie lediglich unter die Pflanzen verwieß, weil ſie keinen thieriſchen Bau noch Geruch hätten. Hierauf wurde der Herr Ellis aufs neue rege, und ſuchte ſeinen Saß von der officinellen Coralline wider Herrn Pallas zu behaupten, indem er ſowohl die thieriſche Structur und Uebereinſtimmung mit andern Thierpflanzen, als auch den thieriſchen Geruch dieſes Seeproducts, den eine ganze Verſammlung bey einer chymiſchen

Ss 5 Un-

Einlei-
tung. Untersuchung wahrgenommen hatte, darthat. Es
schien also Herr Ellis den Satz zu gewinnen, wenigstens siegete er in der allgemeinen Entdeckung
der Thierpflanzen, indem ihm die meisten Engli-
sche, Französische, Italienische und viele Deutsche,
ja auch der Ritter Linne selbst allen Beyfall gaben, und darauf ihre Corallenbeschreibungen grün-
deten. Die Liebhaber in ganz Holland nahmen
auch diese Meinung durchgängig an, daß die Corallen keine blossen Wohnungen der Polypen wären, sondern wirklich von ihnen selbst gebauet und
gemacht würden, und man gab nun nicht mehr auf
die Zweifel acht, die ehedem von dem Herrn Ja-
cob Theodor Klein, und nachhero von andern
gemacht worden, sondern fuhr, ohne sie umzu-
stoßen, lediglich mit der Behauptung, daß die
Polypen die Coralle baueten, und also selbst Thiere wären, fort. Das ganze System, das man
sich bisher von diesen wunderbaren Geschöpfen gemacht hat, läuft nun endlich darauf hinaus:

Bestim-
te Mey-
nung
der Neu-
ern von
Litho-
phyten. Es giebt zweyerley Hauptordnungen der Meergewächse, die Steincoralle nämlich, und die
Horncoralle. Erstere sind Lithophyta, und
entstehen in der Hauptsache folgender Gestalt: Der
Anfang ist ein Ey, das sich in Gestalt eines milchigen oder gelblichen Tropfens auf einen Felsen
ansetzt. Aus demselben brüchet ein kleines fast
unsichtbares Thierchen in Polypengestalt hervor.
Es lebt, nährt sich, schwitzet einen kalchigen Saft
aus, und dieser Saft erhärtet. Es legt seine
Eyerchen in seinem Lager von sich, und stirbt. Diese Eyerchen brüchen auf dem alten Lager aus.
Die herauskommende Thierchen machen es, wie
die Mutter, nähren sich aus dem Seewasser, schwi-
tzen einen kalchigen Saft aus, welcher nach Art der
Conchyliengehäuse, über und um ihren Körper hart
wird,

wird, und natürlicherweise eben die ſtrahlige Geſtalt bekommt, als die ausgebrütete Polypen haben. Sie legen ferner auf dieſem Neſte wieder
ihre Eyer und ſterben ab. Nunmehro iſt der erſte
Corallenpunct durch die erſte Generation ſchon vergrößert, und die Sache gehet in der nämlichen
Ordnung weiter von ſtatten. Die abermahls
auf der alten Maſſe gelegte Bruth kriecht hervor, erhöhet ihr Haus, und legt wegen ihrer Vermehrung mehr Materie an, wodurch das angefange-
ne Corallengewächs in der Dicke und in der Höhe
gewinnet. In dem weitern Fortgange dieſer Generation wird die Familie dieſer Polypen ſo ſtark,
daß ſie unmöglich mehr beyſammen Platz haben,
ſie fangen dahero an, ſich abzutheilen, und durch
dieſe Abtheilung entſtehen die Aeſte, oder die gabelförmige Abtheilung des erſten Stammes,
oder die blätterförmige Ausdehnung derſelben,
nach Beſchaffenheit der vielen Corallenarten.
Bey ſo bewandten Umſtänden ſteigen die Hö-
hen der Coralle, es vermehren ſich die Aeſte,
es nehmen die Breiten und Dicken zu, es überziehen ſich alte Flächen. Eine Lage der Bruth
übertüncht die andere. Es geben alte Stämme
neue Seitenäſte aus, je nachdem es ein Röhren-
Stern-Punct-oder Cellcorall iſt. Kurz, die
ganze Coralle iſt Thier, ja Millionen Thierchen!
Man ſiehet unter den Vergrößerungsgläſern ihre
Arme, man findet ſie eſſen, ihren Raub haſchen,
ſich verſtecken, einkriechen und ausdehnen, Eyerchen oder Saamen von ſich geben, und thieriſche Haushaltung treiben. Sie geben in der
Verbrennung einen alkaliſchen Geiſt, alkaliſch
Salz, fängerliches Oehl, und einen thieriſchen
Geruch! Sie haben gar nichts pflanzenartiges an
ſich, als nur die äuſſerliche Geſtalt, oder vielmehr

Nach-

**Einlei-
tung.** Nachahmung einer Pflanze. So, ſagen wir, iſt die Meinung der neueren Naturforſcher.

**Von
den Zoo-
phyten.** Die andere Ordnung der Meergewächſe ſind die hornartige Coralle, oder Zoophyta, das iſt, Thierpflanzen. Der Anfang iſt abermahls ein Ey, ein kleiner Punct, welcher ſich durch Wachsthum in die länge dehnet, eine vegetativiſche Rinde, aber ein animaliſches Mark hat. Es iſt alſo ein bekleidetes Thier, deſſen Fortpflanzung, nach Art der Vegetation, durch Abgebung neuer Aeſte und Sprößlinge, welche als junge Thierchen an den Alten feſtſitzen, und mit ihm leben, vor ſich gehet. Aus den Poris der Bekleidung kommen die vielen Köpfchen hervor, zeigen ſich vielſtrahlig, und neh-men eine Blumen- oder Blüthengeſtalt an, die aber belebet iſt. Dieſe Köpfchen liegen in der egalen Rinde, oder in blaſenartigen Behälterchen, und wenn ihnen hungert, kommen ſie hervor um Spei-ſe zu haſchen, erſchüttert man das pflanzenartige Thier, oder ziehet es aus dem Wäſſer, ſo geräth es in eine Furcht, und ziehet alle Köpfchen ein, wenn nicht zufällig ein Kopf abſtirbt und drauſſen hängen bleibt. Von den Köpfchen dieſes zuſam-mengeſetzten Thieres dringet ein ſchleimiges Weſen hervor, und dieſes macht an den Horncorallen die äuſſere, rauhe, durchlöcherte Rinde, welche man auch die Polypenrinde zu nennen pfleget. Uebrigens zeiget ſich noch einige Verſchiedenheit des halbani-maliſchen Wuchſes, je nachdem man in dieſer Thier-pflanzenordnung würkliche Horncoralle, Kork, Schwamm, Seerinde, Seeköcher, Corallen-mooß, Coralline oder Seegallert vor ſich hat; wie denn ſolches alles aus der näheren Beſchreibung der Geſchlechter und Arten deutlicher erhellen wird.

So ſind denn nun, nach der Neueren Meynung, die Coralle und übrigen Seegewächſe entweder ſelbſt Thiere, ganze oder zuſammengeſetzte,
oder von Thieren allein ohne Vegetation gebauet.

Und iſt es recht, wenn es wahr iſt. Wir
laſſen uns alle Wahrheiten gerne gefallen. Wir
freuen uns über dieſe große und in der That ſchöne
Entdeckung, wir haben nicht den geringſten Trieb,
einer klaren und deutlichen Wahrheit auch nur mit
einem Jota zu widerſprechen. Wir beſitzen keinen
Eigenſinn, eine widrige Meinung hartnäckig oder ohne Gründe zu behaupten, und der Ehrgeitz dehnet ſich
bey uns ſo weit nicht aus, um gegen große Männer,
die man ihres Fleißes und Gelehrſamkeit halber lieben und ehren muß, Recht haben zu wollen. Nur
aber können wir es von uns nicht erhalten, uns ſo
weit herunter zu ſetzen, daß wir großen Männern zu
gefallen ja ſprechen ſollten, ohne von der Sache recht
überzeugt zu ſeyn. Mit einem Worte, wir haben
noch Zweifel wider dieſes Lehrgebäude.

Wer in dem Felde der Gelehrten arbeitet,
hat die Freyheit ſeine Meinung zu ſagen, und dieſer Freyheit bedienen wir uns, und zwar von
Rechtswegen, ohne eben einen Hercules vorſtellen zu wollen.

Aus dieſer Urſache theilten wir oben ſchon,
im Jahr 1770. unſere Zweifel wider den thieriſchen Urſprung der Coralle in einem Program,
unter dem Titel : Dubia Coralliorum origini
animali opposita, dem Publico mit, davon im
Jahr 1771. eine holländiſche Ueberſetzung zum Vorſchein kam. Des

Dieſe Zweifel, um ſie auch unſern deutſchen Verfaſ-
Leſern ſummariſch bekannt zu machen, waren ſers

nach Zweifel.

nach vorhergegangener Widerlegung etlicher Haupt-
sätze, worauf die neuern ihr System bauen, erst
wider die Lehre v. n dem thierischen Bau der Steincoralle gerichtet, und bestunden hauptsächlich in
folgenden:

Warum haben die Coralle seit der Schöpfung der Welt keinen höheren Bau? Warum
haben sie untereinander jede nach ihrer Art ihre
besondern eigenthümlichen Größen? Gewiß! legte
sich lediglich Bruth über Bruth, so müßten die
Coralle, die seit der Schöpfung, oder auch nur
seit der Veränderung des Erdbodens und der
Sündfluth entstanden sind, Thurms Länge haben,
da die mehresten nicht drey Schuh in der Höhe über-
schreiten, viele aber merklich kleiner sind, ja viele
nach ihrer Art durchaus klein bleiben, sie mögen so
alt seyn, als sie wollen.

2) Warum sind die verschiedenen Aeste der
Coralle eines Stammes, oder ihre verschiedenen
Breiten in einem vegetabilischen Verhältnis erhöhet, so daß der mittlere oder Hauptast, wie
bey den Bäumen, allezeit der längste, und die
Nebenäste um etwas kürzer sind? Gewiß! man
müßte nach dem neuen System viel mehr unregelmäßige Coralle finden, die an einem Stamme viel
höher als an dem andern aufgebauet wären.

3) Warum steigen die Coralle nicht gleich
von dem Boden an vielästig in die Höhe, und
warum fangen sich die Aeste erst in einer gewissen
Erhöhung des Stammes an? Es könnten sich
ja die Polypen schon bey der ersten zweyten oder
dritten Bruth in viele Aeste abtheilen, und dürf-
ten nicht bis zur zwanzigsten oder funfzigsten Bruth
warten.

4) Warum bleiben die Aeste wie auch der
Stamm der Polypen nicht allenthalben gleich
dicke,

Dicke, sondern endigen sich spitzig, und wie ent=
stehet die Dicke der Aeste, da sie doch übereinan=
der in die Höhe bauen? Gewiß! man würde weit
weniger baumartige oder pflanzenartige Gestalt an
ihnen finden, wenn es mit dem Aufbauen der Co=
ralle durch Polypen diejenige Beschaffenheit hätte,
die von den neuern Naturforschern angegeben wird.

5) Warum findet man oft an einerley
Stamm Sternarten, die voneinander abweichen,
wo ein Stern größer ist, und mehrere Strahlen
hat, als ein anderer? Gewiß! eine Polypenbruth
muß sich selbst allezeit gleich seyn und bleiben.

6) Warum bauet sich eine und die nämliche
Polypenart bald als ein Baum mit Aesten, bald
als ein breitlappiges Blat, bald als ein
Schwamm, bald als ein Pfiffer, bald aber nur
als eine überdeckte Rinde auf einer Fläche? Ge=
wiß! Einerley Polype müßte auch, nach Art aller
Thiere, beständig einerley Nest oder einerley Ge=
häuse allein hervorbringen. Nun aber haben wir
Madreporen, deren Sterne einander in Größe
und Gestalt vollkommen gleich sind, und doch hat
die Colonie der Polypen die eine wie einen schönen
Baum, die andere aber wie breitblätterige Lappen
gebauet.

7) Woher kommt der ganzen Polypencolo=
nie an einer einzigen Steincoralle die Uebereinstim=
mung, ihr Gehäuse nicht wie einen Schwamm,
sondern wie einen Baum aufzurichten, da die an=
dere Colonie hingegen einstimmig einen schwamm=
artigen Steincorall und keinen Baum verferti=
get? Gewiß! die Uebereinstimmung so vieler auf=
einander folgender Geschlechter kommt uns unbe=
greiflich vor, und da man doch bey so viel tausend

ja

ja oft Millionen Polypen, die ſich an einer Corallenmaſſe als Arbeiter befinden mögen, nichts weniger
als eine Uebereinſtimmung zu einem gemeinſchaftlichen Riß der aufzubauenden Corallengeſtalt vermuthen kann, woher kommt denn ein ſo richtiger und ac-
curater Entwurf eines Baums, eines Schwamm-
gewächſes, einer Rinde, oder dergleichen?

8) Woher kommt von den Polypen, wenn
ihrer auch viele tauſende an einer Coralle arbei-
ten, ſo viele kalchartige Feuchtigkeit, daß ſie eine
finger- oder handdicke, und zwey bis drey Schuh
hohe Steincoralle aus ihren verhärteten Schleim
herſetzen können, da eine dieſer Polypen ſo klein
und zart iſt, daß man ſchon die beſten Vergröſe-
rungsgläſer haben muß, um ſie nur zu Geſichte
zu bekommen? Gewiß! wenn man hier anfienge
bey dieſer Wirthſchaft einen Calculum zu ziehen, ſo
würde man ſehen, wie weit man zu kurz käme.

9) Was iſt endlich von den ungeheuren Coralliniſchen Maſſen zu ſchlieſſen, die, gleichſam
als ein Vorgebürge, die meiſten indianiſchen Küſten umgeben, und zum Kalchbrennen verbraucht
werden, ohne daß man darinnen einen ordentlichen Bau, oder lebendige Polypen antrift? Gewiß! wenn dieſe auch von Polypen ehedem gemacht worden, ſo iſt die Welt wohl ſchon etliche
Millionen Jahre alt.

Dieſes waren dazumal unſere Zweifel wider
den thieriſchen Bau der Steincoralle. Was aber
nun die andern Seegewächſe oder ſogenannten Thierpflanzen betrift, die ein animaliſches Mark und vegetabiliſche Rinde haben, und wo das vegetabiliſche
in ein animaliſches Weſen übergehen ſoll, dawider
erregten wir nur folgende Zweifel.

1) Wie

1) Wie kommen hier ein animalisches Mark und eine vegetabilische Rinde zusammen, und gerade so, daß eine erforderliche Art zur andern trift? Gewiß! das animalische Mark einer Horn-coralle würde sich nicht zur vegetabilischen Rinde der Blasencoralline schicken? Wächst denn ein animalisches Mark aus einer vegetabilischen Rinde, oder dieses aus jenem? oder sind beyde zwey verschiedene Sachen?

2) Wie soll man die Verwandlung des vegetabilischen in ein thierisches Wesen verstehen? Gewiß! ein vegetabilischer Same, und ein thierisches Ey bleiben zwey von einander sehr verschiedene Dinge, und wir wissen nicht, wie ein Thier aus einer Pflanze könne gebohren werden, so wenig als wie eine Pflanze aus einem Ey wachsen könne.

3) Wie kann man diese Geschöpfe Thierpflanzen nennen, wenn man zum Exempel einen Armpolypen, als in einen vegetabilischen Corallenwuchs gleichsam eingekerkert annimmt? Gewiß! man könnte sodann auch den Galläpfelwurm mit seinem Apfel einen Thierapfel nennen, da doch beydes zwey verschiedene Dinge sind.

4) Wie stimmen die unterschiedlichen Polypenarten mit ihren verschiedenen Gehäusen so wunderbar überein, daß gerade die beyderseitigen Verästungen miteinander überein kommen, da sie doch nicht auseinander entstehen können? Gewiß! ein tägliches Wunder müßte den eigenartigen Arm = oder Gliederpolypen als ein lebendiges Mark in seine eigene Seepflanze führen.

5) Warum findet man nicht die übergebliebene Polype in den zerbrochenen Seegewächsstecken? und woher kann eine so zarte Polype eine

so dicke Rinde bekommen? Gewiß! hier entstehen
die nämlichen Schwierigkeiten als bey den Steincorallen.

6. Wie setzt das lebendige Mark sein Bestandwesen von einer Zelle in die andere fort,
da doch die Zellen abgesondert oder unterbauet
sind? Gewiß! von der Gestalt solcher Polypen
kann man sich gar keinen Begrif machen, man
kennet nur das Maul oder die Köpfchen mit den
Aermchen, das übrige bleibt ein Räthsel.

7) Wie kommts, daß diese Horncoralle so
oft mitten in einer Steincoralle stecken, und
gleichsam die Basis von einer ganzen Madrepore
oder Millepore ausmachen? um welche sich das
Steincorall als eine dicke Rinde setzt, ohne daß
man etwas von den Poris, oder Sternen, noch
weniger von der ehemaligen Eschara des hornartigen Coralles darinn antrift? Gewiß! diese
und dergleichen Betrachtungen und Vergleichungen
einer Coralle mit der andern, machen einem so viele
Zweifel und so viele Verwirrungen, daß man es
kaum für bloß thierisch ansehen, und das Vegetabilische so schlechterdings verwerfen kann. Wenigstens waren solches dazumal unsere Zweifel;
und diese haben sich verstärkt und vermehret, nachdem wir unsere Corallensammlung mit vielen andern corallinischen Massen bereichert fanden, die
dem thierischen Bau noch deutlicher zu widerspre-
chen scheinen.

Inzwischen wurden vorgedachte Zweifel von
zweyen in der Naturgeschichte berühmten Männern in Erwegung gezogen, und einer Widerlegung gewürdiget. Zuerst nämlich suchte der Herr
Doct. Boddaert in Utrecht die thierische Beschaffenheit der Coralle wider unsere neuerlich
auf-

aufgebrachte Zweifel zu behaupten, welches unter folgenden Titel geschahe: Brief van P. Boddaert, Med. Doct. etc. aan den Schryver der Bedenkingen over den dierlyken Oorsprong der Koraalgewaffen etc. Utrecht 1771. 8vo. Darauf folgete der Herr D. Houtuin in Amsterdam, welcher unsere Zweifel in seiner Naturgeschichte über dieses Fach, (dessen gelehrte Ausarbeitung wir in diesem unsern Commentar so weit sie uns dienen können, zu einem Leitfaden gebrauchen,) anführet, und seiner Meinung nach mit einem Schlage ganz aus dem Wege räumt. Beyde diese Herren aber scheinen das Wesentliche unserer Zweifel nicht eingesehen, oder wenigstens unrecht verstanden zu haben. Denn was den Herrn Houtuin betrift, so lässet derselbe unsere Zweifel auf sich beruhen, und sieht nur den Ausdruck an, dessen wir uns bedienet haben: „Daß die „neuern Thierbeschreiber zwar alle behaupteten, „wie die an den Corallen hervortretende Kör- „perchen Polypen wären, solches aber nirgends „bewiesen.„ Er beruft sich nämlich auf die Erfahrungen aller mehrerwehnten Naturforscher, und verwundert sich, daß wir, seiner Meinung nach, ihre Glaubwürdigkeit in Zweifel ziehen, und nicht glauben wollen, daß sie würklich Polypen gefunden hätten. Er behauptet ferner, daß alle die grossen Naturforscher keine mehrere Beweise zu geben nöthig hätten, weil man zum Exempel die Rundung des Erdballes, das Daseyn einer Stadt Lima in Peru, und die Nothwendigkeit der Befruchtung zur Fortpflanzung, auf keine stärkern Beweise für wahr annehme, als diejenigen sind, welche durch das einstimmige Zeugnis vieler geschickter Beobachter in der Natur, die thierische Beschaffenheit der Coralle darthun; allein wir haben oben gesagt, daß unsere Herren

Zt 2 Gegner

Gegner das Wesentliche unsrer Zweifel nicht eingesehen, oder wenigstens unrecht verstanden haben, und dieses wollen wir jetzo nur in ganz kurzen Sätzen darthun.

Keineswegs ziehen wir die Glaubwürdigkeit so vieler großer Männer in Zweifel! Wir halten alles, was sie mit den Microscopiis entdeckt haben, für wahr, wir geben zu, daß die Körperchen, die sie an den Corallen haben hervortreten lassen, also beschaffen sind, eben so aussehen, so viele Strahlen haben, und solche Bewegungen machen, so wie sie, wie Donati, wie Ellis, und wie andere solche abgebildet haben, und freuen uns über diese Entdeckungen, welche man in unsern Tagen den verbesserten Vergrösserungsgläsern, der guten Geschicklichkeit, die Vergrösserungsgläser wohl zu gebrauchen, sodann der grossen Geduld und Unpartheilichkeit vorerwähnter Männer zu danken haben; allein wir zweifelten an dem Schluße: daß nun diese entdeckte Sachen eben Polypen seyn müßten, ja wir zweifelten an dem, schon gleichsam als ausgemacht angenommenen Satze, daß die Polypen Thiere wären, oder in der Reihe der Thiere stehen müßten, und wenn es denn Polypen, und die Polypen ja Thiere seyn sollten, so zweifelten wir, daß diese undenklich kleine Thierchen im Stande wären, alle die kalchartige Corallenmasse abzulegen; daß sie miteinander ohne alle Vegetation, so einstimmig einen pflanzenartigen Bau aufführen, und solche beständige Corallenarten im Meer herstellen können. Ja wir zweifelten: ob ein vegetativischer Bau ohne Gründe der Vegetation in der Welt wohl anzunehmen wäre, und an allen diesen Stücken zweifeln wir noch. Alles was bisher für die thierische Aufbauung der Coralle ist entdeckt und beschrieben worden, welches wir alles gelesen, angenommen und erwogen haben, kann uns

uns noch nicht überführen, daß die Schlüſſe, welche die berühmten Naturforſcher auf den thieriſchen
Bau der Coralle gemacht haben, ganz richtig und
ohne allen Widerſpruch ſeyn ſollten.

Es darf ſich der Herr Houttuin nicht wundern, wenn wir bey dieſem Unglauben noch eine
Weile ſtehen bleiben. Zweifelt dieſer gelehrte
Mann doch, ob die Infuſionsthierchen wohl für
Thierchen können gehalten werden; ohnerachtet er
ihre ſchnelle Bewegung, willführliche Wendung,
und dergleichen vor ſich ſiehet. Warum ſollten wir
nicht auch an der thieriſchen Beſchaffenheit der Polypen zweifeln können, ohne eben dießfalls lächer-
lich zu werden, oder uns einen Mangel an Ein-
ſicht aufrücken zu laſſen.

In unſern Augen ſind alle entdeckte Theilchen
an den Corallen nichts als organiſirte Körperchen
der Vegetation, welche in allen Kräutern und Gewächſen vorhanden ſeyn müſſen. Es ſind die ſogenannten und nunmehro vergrößerten, angewach-
ſenen oder vereinigten und entwickelten Infuſionsthierchen, ohne welche gar keine Vegetation ſtatt
haben kann. Es ſind die Triebfedern des organi-
ſchen Lebens, welche alle Pflanzen beleben und
wachſend machen, und die nur im ſalzigen Meerwaſſer in einer beſſern Conſiſtenz und in einer verbundenen Geſtalt deutlicher zu ſehen ſind, als in
den Pflanzen der Erde.

Eine jede Pflanze blutet, wenn ſie abgeſchnitten oder verletzt wird. Dieſer Saft tritt
durch Haarröhrchen heraus, fließt aber alsdenn
zuſammen, und verſtattet uns nichts anders zu ſehen, als einen Tropfen Feuchtigkeit. Wäre nun
dieſer Saft durch ein ſalziges Weſen zu einer Conſiſtenz gediehen, ſo würde derſelbe durch ſoviel Po-

ros

ros in Gestalt der vielarmigen Polypen hervortreten, und sich in dieser überaus zarten Gestalt auf
vielerley Art bewegen, oder wären die sogenannten
Polypen der Schaale minder consistent, so würden wir statt der Arme auch nichts anders als einen
zusammengeflossenen schleimigen Tropfen sehen.

Wir geben allen Pflanzen ein vegetativisches
Leben zu. Die bloße mechanische Bewegung der
an sich todten oder ruhenden Theile macht noch keinen
pflanzenartigen Wachsthum. Es müssen folglich
organisirte Körperchen vorhanden seyn, die den me-
chanischbewegten Theilchen einer todten oder leblo-
sen Erde die Bildung einer Pflanze und den Wachsthum derselben, (welcher ja mehr als Mechanismus ist,) befördert. Diese organisirte Körperchen
sind die sogenannte Infusionsthierchen im kleinen,
es sind die sogenannten Polypen im größern: denn
wir halten davor, daß diese beyden miteinander
verwandt sind, und daß zum Exempel acht Infusionsthierchen mit ihren Schwänzchen aneinander vereinigt, und etwas herangewachsen, einen acht-
strahlichen Polypen abgeben können. Sie sind einfach, sie sind zusammengesetzt, sie sind in mannichfaltige Gestalten gebildet, und durch sie, als durch
organische Theilchen, wächst, lebt und bildet sich
eine Pflanze im Meer, und alles was wir Coralle
nennen, ein jedes nach seiner Art. Einen Mechanismum zu haben ist noch keine Pflanze, es muß
eine Organisation dazu kommen, und wenn nun
diese beyden Stücke zusammen kommen, ist es denn
schon ein Thier? Keineswegs! Um ein Thier zu
seyn, ist es billig, noch außer dem Mechanismo
und Organismo eine Seele zu haben. Dieses
sprechen wir den Infusionsthierchen, den Polypen
und mehrern wurmartigen Körpern so lange ab,
bis wir weit mehrere Beweise haben, als bisher
von allen Naturforschern für ihre thierische

Be

tung.

Beschaffenheit gegeben sind. Wir kehren uns nicht
an den animalischen Geruch, denn wenn der
Mensch keine Seele hätte, so hielten wir ihn für
eine herumlaufende Pflanze, seine Bestandtheile
möchten in der Verbrennung so animalisch riechen
als sie wollen, sind doch unsere Haare nichts anders als Pflanzen.

Daß wir bisher eben keine ganz ungereimten
Sachen gesaget haben, das meynen wir, müsse
aus denjenigen Gründen erhellen, welche in der
allgemeinen Einleitung von dem vielfachen
Leben der Creaturen von uns angegeben sind.
Siehe den dritten Theil pag. 15. bis 64. desgleichen den ersten Theil pag. 28. und gegenwärtigen sechsten Theil pag. 4.

Es ist damit noch gar nicht ausgemacht, daß
man unsere Zweifel in Absicht auf die übrigen
Umstände vorbeygehet, in der Meinung, die Zweifel verfielen alle von selbst, wenn man nur bewiese,
daß man wirkliche Polypen an den Corallen gefunden habe: denn an dem, was man an den Corallen gefunden hat, zweifeln wir im geringsten
nicht, wir fragen nur ob es Thiere sind? Wir
halten alle diese Körper, sammt den Infusionsthierchen für die organisirten Körper aller Vegetation,
durch welche sich nur ein vegetativisches Leben denken lässet, welches man bey einer bloß mechanischen Bewegung nicht denken kann.

Wohlan aber, wir wollen uns bequemen, wir
wollen den Naturforschern zu gefallen alle diese
Körperchen, sowohl in der Infusion, als an den
Corallen Thiere nennen, nur bitten wir uns dann
aus, daß wir hinführo alle Bäume und Schwämme in den Wäldern, alle Blumen und Kräuter
in den Gärten, ja alles Gras auf dem Felde, auch

Thie-

Thiere nennen dürfen, denn Seegewächse und Landgewächse vegetiren, unter bestimmten Veränderungen nach einerley Hauptgrundgesetzen.

Nehmen wir diesen Satz an, so fallen durchaus alle übrigen Zweifel von selbst weg. Wir dürfen dann nicht fragen: Woher die Polypen ihre Masse in so grosser Menge nehmen; der Mechanismus schleppt sie in dem Wasser herbey, und der Organismus ziehet sie an sich, und deponiret sie durch diese organische Theile, und eben so gehet es mit einiger Veränderung auch mit einer Eiche, oder mit einem Schwamm im Walde zu.

Wir dürfen nicht fragen: Wo die pflanzenartige Structur der Coralle herkomme, und wie die Polypen so einstimmig bauen können? Denn die organisirten Körperchen, die wir Polypen nennen, beleben und bestimmen das Meergewächse nach seiner Gestalt, und eben so gehet es auch im vegetabilischen Reiche vor sich, die belebende Theile der Pflanze sind auch organisch, die Polypen der Bäume sind nur flüßiger, und lassen sich nicht so in Consistenz sehen. Auch die Bäume und Pflanzen essen und trinken, und nähren sich begierig durch ihre Oefnungen, die keine leere, sondern mit Saft angefüllte Köcher sind.

Wollte man aber bey dem Satze der neuern stehen bleiben, und das Leben der Polypen, als ein thierisches Leben, von der Vegetation unterscheiden: so deuchtet uns, daß es billig wäre, alle vorher angeführte Zweifel erst zu heben, ehe man jemanden zumuthen wollte, den neuern Schlüssen Beyfall zu geben. Wir halten das Leben der sogenannten Polypen für nichts anders als eigentliche Vegetation, die mit dem Mechanismo verknüpft, in den Gärten Blumen, und in der See

Coralle

Coralle macht, weil vermuthlich in der See eine mehr mineralische Vegetation obwaltet, die jedoch reichlich mit einem flüßigen Organismo versehen ist.

Der gelehrte Herr Boddaert hat zwar, wir gestehen es, auf unsere Zweifel, einen nach dem andern schön und sinnreich geantwortet, und der Herr Houttuin läßt darum, Kürze halber, unsere meisten Zweifel unbeantwortet, weil er sich auf den Herrn Boddaert beruft, und ihm beypflichtet; allein aus obigen wird nun diesen beyden Herren Gegnern schon einleuchten, daß sie unsere Zweifel von der unrechten Seite angesehen, und dasjenige vertheidiget haben, was wir gar nicht in Zweifel gezogen hatten.

Es bleibt indessen ferne von uns, daß wir in der Naturgeschichte eine Ketzerey anspinnen, oder dem Ruhm der großen Naturforscher, insonderheit der Herren Boddaert und Houttuin, etwas entziehen wollten, nein, wir lieben und ehren diese Männer, und bedienen uns ihrer Schriften zu unserer Belehrung, so wie wir auch zur Ausarbeitung dieses Commentars alles aus des Herrn Houttuins Werke nutzen, was zu unserer eingeschränkten Absicht dienlich ist.

Inzwischen macht unsere Meynung von dem pflanzenartigen Wuchs der Coralle, in der Beschreibung gar nicht die geringste Veränderung. Wir lassen sie hier im Thierreiche stehen, ob wir sie gleich für Pflanzen halten, wir nennen die an ihnen hervortretenden Körperchen Polypen, obgleich wir sie für organische Vegetationstheilchen ansehen, und alles bleibt übrigens in der Linneischen Terminologie eingeschränkt.

Unsere Meinung aber, die wir gar nicht vor unfehlbar ansehen, und sie gerne dem Urtheil derer,

Tt 5 die

die richtiger denken, überlassen, allhier weitläuftiger auszuführen, lässet unsere Absicht und der eingeschränkte Raum, unserer Blätter nicht zu; sondern wir behalten uns solches, wenn es nöthig wäre, bis zu einer andern Gelegenheit vor. Soviel aber müssen wir doch sagen, daß wir in der neuen Entdeckung von den Corallen einen Weg gebahnet finden, näher zum Geheimnis der Bildung und des Wachsthums der Creatur zu kommen, und vielleicht schließt uns die künftige Zeit das ganze Räthsel vollkommen auf.

Nachdem wir also dieses vorausgesetzt haben, so schreiten wir, nach der Linneischen Ordnung, zuförderst zu der Betrachtung der eigentlichen Corallen, welche den Namen Lithophyta oder Steinpflanzen führen. Sie bestehen samt und sonders aus einem kalchartigen, festangewachsenen, einer Pflanze ähnlichen, steinigen Wesen, in welchem welche Thierchen wohnen, die zusammengesetzt und angewachsen sind, und die Coralle aufbauen. Der Ritter bringt die 93. Arten derselben in vier Geschlechter, als Röhrencorall, Sterncorall, Punctcorall und Cellencorall, wie folget.

336. Geschlecht. Röhrencoralle.
Lithophyta : Tubipora.

Die Benennung Tubipora deutet ordentlich
eine Oefnung an, darinnen eine Röhre
ausgehet, daher wir dieses Geschlecht auch Röhrencorall nennen, die Farbe aber scheinet diesen
Massen den Zunamen Corall zu geben: denn in
dem Wachsthum haben sie mit den Corallen gar
keine Gemeinschaft, indem sie auf eine ganz andere
Art gebildet werden. Die Holländer nennen es
Pypkoraal oder Pfeifencorall.

Die Kennzeichen dieses Geschlechts sind, nach
dem Linne, daß der Bewohner dieser Röhren
eine Art Nereis oder Seetausendbeine sey, (siehe
im vorigen Bande pag. 75.) die Röhren selbst
aber, darinne diese Thierchen stecken, sind cylindrisch, hohl, gerade in die Höhe gerichtet, und
stehen gleichweitig von einander. Man hat folgende vier Arten.

1. Die Seeorgel. Tubipora musica.

Dieses unvergleichlich schöne und niedliche
Seeproduct des mittelländischen und indianischen Meeres bestehet in einem Klumpen zusammengehäufter hochrother- oder dunkel-corallenfärbiger zarter Röhrchen, welche durch von einanderstehende Mittelwände laufen, inwendig hohl, und
mit einem wurmartigen Insect bewohnet sind.
Man trift in besagten Meeren von diesen Seeorgelmassen

gelmaſſen zu ein bis zwey Fauſt groß an, und obgleich Herr Pallas die americaniſchen Gewäſſer
und die Kroosſee zum Vaterlande angiebt, ſo
wiſſen wir uns doch nicht zu erinnern, jemals
von daher einige Exemplare geſehen zu haben.
Auch trift man dieſe Maſſen eben nicht allzuüber-
flüßig in den Cabinetten an. Nach dem Rumpf
findet man ſie in Indien ſtärker wie eines Menſchen Kopf, und im rothen Meer ſollen davon noch
gröſſere gefunden werden. Die Indianer tragen
allezeit ein Stückchen davon bey ſich, und ſchreiben dieſen Orgelcorall eine Zauberkraft, und eine
harntreibende Eigenſchaft zu.

Die ſchöne rothe Farbe ſcheinet zu der Benennung, Corall, Anlaß gegeben zu haben, daher
auch Herr Pallas, deſſen 199 Species ſie ausmacht, ihr den Namen Tubipora purpurea
giebt. Franzöſiſch Tuvaux d'Orgue.

Tab
XX fig.
1. 2.&3
Um aber einen Begrif von der Art zu bekommen, ſo haben wir Tab. XX. fig. 1. 2. 3. davon
einige Abbildungen mitgetheilet. Nämlich fig. 1.
ſtellet eine dergleichen mit gebogenen Röhrchen
dar, deren Röhrchen nicht nur in einem Winkel
gebogen, ſondern auch mehr kegelartig gebauet,
und durch wenigere Zwiſchenwände aneinander befeſtiget ſind.

Fig. 2. iſt eine gröſſere Maſſe, wo ſich die Röhrchen aus einem ſchmalen Anfange im Steigen vermannichfaltigen, und oben gleich einem Blumenkohl erweitern. In ſelbiger zeigen ſich noch die
getrockneten Häute der alten Würmer, welche
dieſe Seeorgel bewohnten, und hangen noch
aus etlichen zur Länge eines halben Zolls und
darüber hervor. Es iſt dieſes eine Anzeige,
daß die Röhren eben nicht allezeit eine Vergalle-
derung

derung an den Scheidewänden haben, ſondern daß
manche tiefer durchlaufen.

Endlich zeiget ſich auch fig. 3. noch ein ſchief,
und gleichſam ſtufenweiſe gewachſenes Stück, ſo
daß man verſchiedene abweichende Geſtalten und
Figuren antrift. Auch zeiget ſich im Meer einiger
Unterſchied, in Abſicht auf die Dicke der Röhren,
denn die größten ſind ſo dicke, wie ein Rohr, oder
Schilf, die dünnſten aber auch nur wie ein grober
Zwirnfaden. In einigen Arten ſtehen die Röhrchen etwas weit von einander, als in andern,
und ſind auch etwas länger, oder weniger durch
Querwände abgetheilet. Mehrentheils wachſen
ſie an den Ecken der Felſen, und an andern Corallen. Der Herr Pallas aber berichtet noch, daß
die Querwände durch die Gelenke und Vergliederungen gehen, und daß durch alle Röhrchen ein
Köcher ſtreiche, der am obern Theile eines jeden
Gelenkes ſtrahlich oder geſtirnt ſey, und am innern Theile der Röhrchen feſtſitze. Jedoch dieſen
Umſtand haben wir niemals wahrgenommen, wohl
aber, daß eine Art blaßfärbiger als die andere iſt.
Knorr. Delic. Tab. A. fig. 3.

2. Die Kettencoralle. Tubipora catenu-
laria.

Dieſe Maſſen, welche häufig von der Oſtſee
ausgeworfen werden, führen beym Bromel den
Namen gothländiſche Röhrencoralle. Sie
beſtehen aus feinen gleichweitigen ineinander ge-
ſchlungenen und aneinander ſchlieſſenden Röhrche
deren Enden in feine Oefnungen ausgehen, und
die ganze Maſſe alſo geſtickt oder mit Schnürchen
oder kleinen Ketten belegt, darſtellen. Daher ſie
holländiſch gekettingd Pypkoraal heiſſen.

2.
Ketten-
coralle.
Catenu-
laria.

Es

Es sind nämlich die Röhrchen, welche aneinander liegen, in einander laufen, und ineinander geschlungen sind, cylindrisch rund, und nur etwas zusammen gedruckt. Ihre Oberfläche, wo die Enden zusammen stehen, zeiget aneinanderstehende Cellen, die miteinander Ketten vorstellen, und da man sie meistens als verwittert oder versteinert antrift, so findet man die Poren mit einer thonartigen Erde angefüllet, oder auch wohl hohl. Der Farbe nach sind sie mehrentheils weiß, doch trift man auch röthliche, gelbe, und auch fast durchsichtigweisse an, die Erdmasse die sie anfüllet oder umgiebet, sie incrustiret oder versteinert hat, ist aschgrau.

Bromel. Lithogr. Spec. 2. tab 23. 24. 25. 26. 27

3. Die Kriechröhre.   Tubipora serpens.

3.
Kriech-
röhre.
Serpens

Noch trift man am Ufer des balthischen Meeres, desgleichen im mittelländischen Meer, eine Art an, welche sehr kurze, an den Ecken in die Höhe gerichtete Röhrchen hat, die auf einem kriechenden und gabelförmig von einander weichenden Fuße stehen. Denn man siehet sie, gleich einem dicken Faden, an Steinen oder Corallmassen anliegen, wo sie sich in wurmartige runde, von einander weichende Aeste zertheilen, sich an den Vertheilungen schmälern, und übrigens, gleich einem netzartigen Gewebe, über die Oberfläche des Steins fortlaufen. Bey jeder Vergliederung, oder netzartig und gabelförmigen Abweichung der Aeste, erhebet sich ein cylindrisch Röhrchen. Zwischen den Vergliederungen aber siehet man auf der Oberfläche des Gesteins nichts anders, als einige erhabene oder ausgehöhlte Puncte.

Linn. Amoen. accad. 1. p 105. t. 4. f. 26.

4. Das

4. Das Bündelröhrchen.   Tubipora fascicularis.

Endlich findet man noch an dem nemlichen Ufer der Ostsee, und hin und wieder auf den Kalchgebürgen ein fadenförmig dünnes, aber in Bündel zusammengewundenes Röhrencorall, davon sich die Röhrchen hin und wieder miteinander vergliedern. Die Dicke ist wie ein Federkiel, nicht ganz gerade, und durch dünnere Röhrchen an manchen Orten miteinander verbunden.

᛭ *᛭* *᛭*

Ausser diesen von dem Ritter Linne engegebenen Arten, erwehnet der Herr Pallas noch einer schönen Nebenart der Seeorgel, welche er Tubipora Flexuosa der gebogene Orgelcorall nennet. Der Bau der Masse ist spindelförmig rund, und wird oben nach und nach breiter, so jedoch, daß da die untern Röhrchen senkrecht stehen, die obern hingegen horizontal liegen, mithin die Röhrchen des untern einen scharfen Winkel machen. Ihre Mündungen sind mehrentheils schief, und am Grundstück befinden sich acht Strahlen, wie an den Sternsteinen.

Pallas Lyst der Plantdieren, Tab. 10. fig. 2.

337. Ge=

337. Geschlecht. Sterncorall.

Lithophyta: Madrepora.

Geschl. Benennung. Die Benennung Madrepora stammt vom Imperatus her, welcher sie einer gewissen Art mit ansehnlichen Sternen gab, und soll so viel als Mutter der Sternen, oder sternförmigen Poren bedeuten, wofür auch die Benennung Porus Matronalis gebraucht wurde. Der Graf Marsigli aber wandte obige Benennung fast auf alle Steingewächse des Meeres an, und machte einen Unterschied zwischen Retepora und Millepora. Der Ritter Linneus hingegen, gebraucht diese Benennung nur von solchen Steincorallen, welche Sternförmige Poren haben, sie mögen übrigens ästig, blätterig, schwammig oder röhrenförmig gestaltet seyn, und aus der Ursache nennen wir sie sammt und sonders Sterncoralle. Im Holländischen und Französischen aber behalten sie die Benennung Madreporen.

In selbigen Sternchen nun fand der Graf Marsigli strahlige weiche Körper, und nannte selbige die Corallenblüthen, der Herr Peysonell nannte sie Polypen, mithin seenesselartige Thierchen. Ihm ist nun das ganze Heer der neuern Naturforscher gefolget. Wir halten aber dieselbe vor organische Vegetationskörperchen, die mit den sogenannten Infusionsthierchen in einer Verwandschaft stehen, oder wohl davon herstammen. Es sey nun aber so oder anders, solches thut zur Sache, und zur Beschreibung des äusserlichen Baues nichts.

Diese

Diese Thierchen liegen mit dem Körper oder
Kopfe in der Mitte eines solchen Sternchens.
Um den Kopf herum treten acht Arme hervor, die
in den Blättern des Sterns liegen, das Bestandwesen iſt eine gelbliche oder weißdurchſichtige Gallert.
Die Thierchen geben zur neuen Bruth Saamen von
ſich, die alte Gallert gerinnet und wird Stein oder
Corall, oder legt ein ſolches Weſen ab, der Saame
giebt eine ähnliche Bruth, und ſo wächſt die Coralle,
wie wir oben in der Einleitung angeführet haben,
Ein nämliches geſchiehet auch und muß geſchehen,
wenn wir dieſe Körperchen nicht vor Thiere, ſondern
für Vegetationsorgana halten, denn in der Hauptſache iſt alles einerley.

Aehnliche größere Körperchen machen größere
Sternchen. Einige derſelben befinden ſich allein,
und machen einfache, andere leben in großer Geſellſchaft und Verbindung, und machen zuſammengeſetzte Sternchen. Von ihrer Art übrigens hän-
get die Art des Sterncoralles ab, und zwar un-
ſers Bedünkens eben ſo, wie die Structur einer
Pflanze von dem Saamenkern, und den darinn befindlichen Vegetationsorganis abhängt, die wir
nicht anders als durch Infuſion gewahr werden.

Um alſo nach dem Geſchmack des Herrn Donati zu reden, ſo iſt das Thier einer Aſter, oder
ſtrahligen Sonnenblume zu vergleichen, und nach
dem Linne iſt es eine Meduſa oder ſtrahlige
Qualle (ſiehe den erſten Band pag. 297.) ſo wie
ſie der Herr Ellis in ſeinem Werke von den Corallinen Tab. XXXII. fig A. recht ſchön abgebildet
hat. Das Corall ſelbſt aber iſt mit Höhlungen
verſehen, die in geblätterten Sternen beſtehen.

Da nun aber diese Kennzeichen etwas weitläuftig genommen sind, so lassen sich hier drey Abtheilungen machen.

A. Coralle mit einem einfachen Stern. 8 Arten.

B. Mit zusammengesetzten Sternen. 10 Arten.

C. Mit zusammengesetzten ganzen Stücken oder Körpern. 17 Arten.

So daß wir in allem 35 Arten zu betrachten finden. Die wir nun in fortlaufenden Numern beschreiben wollen.

A. Mit einem einfachen Stern.

A.
Einfache.

5. Das Warzencorall. Madrepora verrucaria.

5.
Warzen
corall.
Verru-
caria.

Es bestehet in einem platten runden festsitzenden Stern, dessen Scheibe aus feinen cylindrischen Strahlen bestehet, die am äussern Umfange strahlich sind, oder nach dem Pallas Sp. 164. ist es ein dünnes, etwas wellenförmig gebogenes und gerändeltes Scheibchen, in der Größe eines Nagels am kleinen Finger, weiß, steinig, und nach dem Rande zu geblättert. Der Rand ist dünn, der Mittelpunct platt und glatt, die Blätterchen, die als Strahlen nach dem Umfange zu laufen, sind fein gezähnelt, und verlaufen sich am Rande, welcher ebenfalls mit feinen Haarzähnchen besetzt ist. Der Aufenthalt ist im mittelländischen Meer und an der englischen Küste.

6. Die

6. Die Kräuſelcoralle.   Madrepora
turbinata.

A.
Eine
fache.

6.
Kräuſel,
coralle,
turbi,
n.ta.

Sie heißt beym **Pallas** Sp. 176. Madrepora Trochiformis, und kann dieſen Namen
mit Recht führen, da der Stern eine kelchartige
tief eingedruckte halbkugelförmige Vertiefung
macht. Es iſt kein Stiel daran befindlich, und
die Blätter welche den Stern vom Mittelpunct bis
zum Umfang ausmachen, ſind nicht gezackt, ſondern haben eine glatte Schneide. Die Farbe iſt
weiß oder hornartig. Man findet ſie in der Oſtſee und am gothländiſchen Strande, ſowohl in
Natur als verſteinert. Einige ſind faſt cylindriſch,
und oft ſo groß wie ein kurzes dickes Ochſenhorn.
Inwendig ſehen ſie einem mit Blättern geſtrahl-
ten Kelche ähnlich, und umgeſtürzt, vergleicht
man ihre Erhöhung mit einem Kräuſel, der mit
der Spitze in die Höhe ſtehet.

7. Die Pfenningcoralle.   Madrepora
porpita.

Eine ganz kleine Art, die häufig unter den
europäiſchen Verſteinerungen vorkommt, führet
einen erhabenrunden Stern, davon der Mittelpunkt eingedruckt und rund iſt, untenher iſt das
Exemplar platt, gerandet und glatt. Es hat
keinen Stiel, und in den Verſteinerungen ſind die
Blätterchen mehrentheils abgenutzt, daher denn
auch der Mittelpunct nicht allezeit vertieft erſcheinet. Inzwiſchen iſt die kleine und platte Geſtalt
dieſer Verſteinerung Urſache an der Benennung
Pfenningſtein. Das Original wird auf der Inſel Gothland ausgeworfen, und die Benennung
Porpita iſt von der Geſtalt einer gewiſſen Qualle
genommen, welche man für das Original dieſer

Steinchen hielt. (Siehe den vorigen Band pag. 123. Die Größe iſt wie eine Lupinenbohne.

8. Die Schwammcoralle. Madrepora fungites.

Unter dieſem Namen verſtehet der Ritter ſo, wohl, als der Herr Pallas Sp. 165. einen ziemlich anſehnlichen und bekannten Corallenſchwamm, den man in Frankreich Champignon de Mer; in Holland Zeekampernoelje ; und lateiniſch Fungus lapideus oder ſaxeus nennet. Die blättrigen Schwämme im Walde drucken faſt ac-curat ihre Geſtalt aus, nur haben dieſe Seeſchwäm-me keinen Stiel, und ſind auch darinne von den Landſchwämmen unterſchieden, daß die dünnen Blätterchen, welche den ſtrahligen Stern ausma-chen, nach oben zu gekehret ſind, und eine erhabene Rundung bilden.

Sie ſind grauweiß, und werden von einem bis acht Zoll im Durchſchnitt groß, bald flach gewölbet bald erhaben und gebogen gefunden. An den jüngern ſiehet man unten im Mittelpunct eine Stelle, womit ſie an den Felſen geſeſſen haben. Die Blätter ſind auf der Schneide etwas bogig ungleich, fein geſäget, und ſcheinen an den Sei-ten nur gegeneinander gekittet zu ſeyn, ſo daß ſich hin und wieder eine Oefnung zeiget, welche den Schwamm von untenher etwan durchſichtig macht, Der untere Boden iſt körnig, und eine Nebenart, die unten etwas ſcharfſtachelich iſt, wird vom Pallas Sp. 165. unter dem Namen Madre-pora echinata zu einer beſondern Art gemacht, zumalen ſie mehrentheils nicht recht rund, ſondern etwas länglich iſt. Die Farbe iſt gemeiniglich weiß-lichaſchgrau, und der Aufenthalt iſt im rothen und indianiſchen Meere.

Was

A. **Ein-** **fache.**

Was den Polypen betrift, der dieſen Steinſchwamm machen ſoll, ſo ſagt Rumpf, daß dieſe
Steinſchwämme mit einem dicken Schleim, als mit
Stärke beſetzt ſind, welcher ſich in Falten legt, und
unzählige Bläschen hat, die einiges Leben zeigen.
So bald man ſie aus dem Waſſer ziehet, ſetzet
ſich dieſer Schleim mit den Bläschen in den ſteinigen Falten nieder, und ſchmelzet, gleich den
Quallen, (ſiehe den vorigen Band pag. 120.) weg.
Wenn man ſie abgewaſchen hat, werden ſie hart
und weiß. (Woraus ſich denn vermuthen läſſet,
daß ſie unter dem Waſſer weiß oder knörpelig ſind.)
Ferner behauptet Rumpf, daß dieſe Geſchöpfe
etwa ein Mittelding zwiſchen den Stein-und Pflanzenthieren ſeyn möchten, da ſie nach Art der Quallen zu leben ſcheinen, und der Ritter meynet, daß
das Thier dieſe Schaale unter ſich auf die nämliche
Art bilde, wie die Schnecke ihr Gehäuſe.

Knorr. Delic. Tab. A. III. fig. 4.
Olear. Muſ. Tab. 34. fig. 2.

* Der Seemaulwurf. Madrepora Talpa.

See- **maul-** **wurf.** **Talpa.**

Unter dieſer Benennung kommt bey den Liebhabern eine Nebenart der vorigen vor, welche von
jener nur darinnen unterſchieden iſt, daß ſie länglich iſt, und eine lange Grube ſtatt einer Rundung
zum Mittelpunkt hat. Dergleichen werden zu
anderthalb Schuh, und einen halben Schuh breit
gefunden, und einige ſind ſogar dreylappig. Die
Blätter ſind ſehr dünne und faſt durchſichtig, aber
ſehr hart, obenher fein gezackt, und an der untern
Seite iſt das ganze Gewächſe etwas bäuchig gewölbet, und heißt holländiſch Zeemol.

Pallas Lyſt der Plantdieren, Tab. 14.

U u 3   9. Die

9. Die Neptunusmütze. Madrepora Pileus.

Es wurde dieses Meergewächse vom Rumpf die polnische Mütze genannt, und der Ritter beschreibt es als einen einfachen, länglichen, erhabenen Stern, der gleichsam aus kurzen zusammengehäuften Blätterchen bestehet, und an der untern Seite hohlrund ist, aber ebenfalls keinen Stiel hat. Sie sind nach Pallas Beschreibung von unten wie eine Glocke, rund, oder länglichrund, oft einen Schuh im Durchmesser groß. Die Blätterchen, welche die Strahlen machen, sind eins ums andere groß und klein, und unterbrochen, um in den Gruben neue Strahlen zu fortgesetzten Sternen abzugeben, dergleichen sind die Blätterchen stark gezackt. Inwendig haben sie Gruben und Körner mit einigen stumpfen Spitzen. Die grossen werden in Indien, die kleinen aber nach Tourneforts Nachricht, in dem rothen Meere und persianischen Meerbusen gefunden.

*Die Steinschnecke. Madrepora Limax.

Als eine Nebenart der vorerwehnten, muß auch ein gewisses Seeproduct gerechnet werden, welches den Namen Steinschnecke; holländisch Steen-Slak führet. Dieser Sternförmige Seeschwamm ist sehr lang und schmal, übrigens aber fast wie der Seemaulwurf beschaffen, und wird in den Indien am Strande der Insel Amboina gefunden.

Von einer Gattung, welche der Breite nach dem Seemaulwurf, der Länge nach aber der Steinschnecke nahe kommt, erscheinet Tab. XX. fig. 4. eine Abbildung, die den Bau von oben anzeiget. Der untere innere Theil aber ist ausgehöhlet, wie

ein

ein Schiff, und rauh. Die Richtung gehet etwas krumm.

Die Indianer gebrauchen dieſe und ähnliche
rauh- und feingeblätterte Meerſchwämme ſtatt eines Reibeiſens, um Ruben darauf klein zu reiben,
und die Chineſer putzen ihre Götzentempel mit den
Neptunusmützen auf. Inzwiſchen verletzen dieſe
Corallenarten manchen Fiſchern die Füße, wenn
ſie unerwartet darauf treten. Zuweilen fallen
dieſe Maſſen etwas ins Bläuliche, doch bleichen
ſie an der Sonne weiß. Pallas nennet dieſe Nebenart Sp. 171. Madrepora areolata.
Olearins Tab. 34. fig. 4.

10. Die Gehirncoralle. Madrepora
labyrinthiformis.

10.
Gehirn-
coralle.
Laby-
rinthi-
formis.

Unter obiger Benennung, die beym Pallas
Maeandrites heißt, verſtehet man ein Corallengewächſe, deſſen ſternförmige Figur wie ein krumm-
laufendes Gehirn anzuſehen iſt. Es giebt davon
ungeheure große Maßen, etliche Schuh lang und
breit, und verhältnißmäßig hoch. Wir beſitzen,
nebſt verſchiedenen andern Größen, ſowohl von
weiſſer als gelber Farbe, ein weiſſes Stück aus
America, welches drey Schuh lang, zwey Schuh
breit, und auf der höchſten Rundung faſt einen
Schuh hoch iſt. Die Blätterchen ſind alle dünn,
kurz, breit, und ſehr fein gezackt. Allenthalben
ſind die Gänge, die einem Irrgarten gleich kommen,
ſchmal gefurcht, und ihre Benennung iſt gemeiniglich
Cerebrites, wenn ſie verſteinert erſcheinen, franzöſiſch Meandrite, holländiſch Herſenſteen;
deutſch Gehirnſtein; engliſch Breinſtone.
Ehe ſie ſich noch zu obiger Größe gebildet haben,
erſcheinen ſie allerdings in allerhand Geſtalten,
welche Anlaß zur Vermehrung der Arten

Uu 4   ge-

A.
Ein-
fache.

gegeben hat, und der Umlauf ihrer Gänge ist wunderbar verschieden aber prächtig anzusehen. Das
Merkmahl der jetzigen Art soll vorzüglich dieses
seyn, daß die Nath stumpf ist. Aber dieser
Ausdruck des Ritters ist höchst undeutlich, daher
auch zwischen dieser und der folgenden Art bey den
Schriftstellern eine große Verwirrung entstanden,
wozu die Linneische Anführung der verschiedenen
Figuren geholfen; denn hier werden diejenigen Ge-
hirnsteine angeführt, die doch dem Pallas zufolge
zu der folgenden Art gehören sollten, und in der
folgenden Art siehet man bey den Schriftstellern
Exemplare angeführt, die nach dem Linne
hieher gehören müßten. Sollten wir uns aber
irren, so gehöret diese Beschreibung zu der
folgenden Art, und die folgende zu der jetzigen. Wir verstehen aber hier die großblätterige
zarte Art, welche viel seltener ist, als die folgende. Mehrentheils sind sie wie eine Halbkugel
gebildet, und werden in beyden Indien gefunden.
Knorr. Delic. Tab. A. III. fig. 2.
A XI. fig. 1. 2.

11. Der Irrgarten. Madrepora macandrites.

11.
Irrgar-
ten.
Macan-
drites.

Diese Art, die beym Pallas Labyrinthica
heißt, zeiget ordentliche breite Gänge, ist fast kugelrund, von gelber und weisser Farbe, hat zwischen den Blättern eine scharfe Nath, und
man findet Kugeln von ein bis zwey Schuh und
mehr im Durchschnitt. Etliche haben oben auf den
Nathen eine breite Furche, andere nicht. Die
Blätter sind kurz und dicke, etwas rauh gesäget,
aber übrigens feste und steif, und nicht so brüchig
als die vorige Art ist. Das innere Bestandwesen ist
blätterig cellulös, und aus dem Mittelpunct nach

der

der äuſſern Fläche zu allenthalben celluös geſtrahlt. **A.**
Zwar findet man ſie mehrentheils ohne Stiel, **Ein-**
jedoch ſcheinen ſie mit der vorigen Art aus einem **fache:**
Stiel ihren Anfang zu nehmen; denn wir haben
beyde Arten mit einem, zwey bis drey Zoll langen Stiel geſehen, und die Oberfläche mannichmal ganz neu und friſch überzogen gefunden. Sie
ſind in beyden Indien, und an manchen Gegenden ſo häufig, daß man Kalch daraus brennet.
Die Holländer nennen dieſe Art Doolhofſteen,
daher wir den Namen Irrgarten gewählet haben, wiewohl uns nicht unbekannt iſt, daß man
dieſe Art Cerebrit oder Gehirnſtein zu nennen
pflegt. Man vergleiche aber hieben dasjenige,
welches wir zu Ende der vorigen Art geſagt haben.

Knorr.Delic.Tab.A.IV.fig.1.

Wagner Muſ.Baruth.Tab.XIII.

Olear.Tab.XXXIV.fig. 1. 3.

* Der Schwimmſtein. Madrepora natans.

Wenn obige zwey Cerebritenarten von den **Schwim-**
Felſen losrucken, verwittern und austrocknen, **Natans.**
alsdann aber durch die Meereswellen herumgeku-
gelt werden, ſo daß ſich die Blätter abſchaben,
und nur die innere Maſſe übrig bleibt, alsdann
ſind ſie oft ſo leicht, daß ſie ſchwimmen, und dieſe
Brocken werden hernach Schwimmſteine genennet,
und zum Kalchbrennen verbraucht. Ohne aber daß
ſie vorher ausgetrocknet, und in ihrem innern Gewebe mit Luft angefüllet ſind, ſchwimmen ſie nicht.
Der Urſprung derſelben aber iſt kein anderer,
als wir jetzt erwehnet haben.

12. Der

12. Der Krösestein. Madrepora areola.

Der Herr Houttuin nennet diese Art Pern=
steen, Herr Boddaert giebt ihr den Namen
Steenamaranth, der aber nicht so gut als der
Houttuinische ist. Wir wissen nichts bessers als
Krösestein. Es ist ein breites, längliches und
durch Bogen, nach Art der Größe, abgetheiltes
Sterncorall, welches der Ritter mit ausgeschwelf=
ten Beeten vergleicht. Untenher sind diese Stücken
zuweilen flach, zuweilen hohl, aber dabey allezeit
glatt, obenher zeigen sich die Strahlen, welche
sich in lappige Bogen ungleich zertheilen, und viele
Aehnlichkeit mit den oben beschriebenen Seeschwäm=
men haben, nur daß sie vielfache Lappen führen,
die ihre eigenen Strahlen haben. Da sich aber
durch die Beschreibung kein rechter Begriff von
ihrer Bauart machen lässet, so zeiget sich Tab.
XX. fig. 5. eine dergleichen gebogene Art, die=
jenigen aber die flach sind, und ihre Bogen auf einer
regelmäßigen Fläche ausbreiten, sind niedlicher.
Der Ritter spricht ihnen einen Stiel ab, und
doch scheinen sie einen solchen zu haben, da sie mit
den folgenden Nebenarten verwandt sind.

*** Der Seeamaranth. Madrepora
amaranthus.**

Diese Nebenart steiget auf einem Stiel hinan,
zertheilet sich in Aeste, welche oben ihre hohlen krö=
senartigen Flächen, und fast gehirnsteinartige Gän=
ge mit vielen Blättern haben, wie aus der Tab.
XXI. fig. 1. zu ersehen ist. Der Stiel an dieser
Art ist größer, als an der vorigen: die Bauart
aber hat mit den Labyrinthsteinen viele Aehnlich=
keit, doch sind die Blätterchen nicht stark gezackt.

* See=

* Der Seeblumenkohl.   Madrepora florida.   **A.**

Diese leztere Nebenart endlich iſt die ſchönſte ſache. unter allen.   Sie hat einen längeren Stiel, macht kurze breite Aeſte, deren gekräuſelter Rand mit feinen Blättern, die etwas vertieft hinunter laufen, beſetzt iſt.   Da ſich nun auf zwey bis drey und mehr Aeſten ſolche tief eingedruckte geſtrahlte Krauſen befinden, die mit ihren bogigen Gängen ineinander laufen, und alſo die Oberfläche ſchlieſſen, ſo iſt die Vergleichung mit einem Blumenkohl nicht uneben.   Wir inzwiſchen halten dieſe und die vorige Nebenart für junge und unausgewachſene Blätterhirnſteine, davon wir die Beſchreibung oben unter No. 10. gegeben haben.

Olear. Tab. 34. fig. 4.

B. Mit zuſammengeſetzten Sternen.

13. Der Steinſchwamm.   Madrepora Agaricites.

Die Benennung iſt von dem Lerchenſchwamm genommen.   Die Stücken dieſer Art ſitzen ohne Stiel auf, ſind gerunzelt und gefurcht.   Die Furchen theilen ſich durch hohe Rippen, die auf allerhand Art bogig laufen, und in den Furchen ſtehen die vielen Sternchen Reihenweiſe dicht aneinander. Mit dieſer Art findet man ganze Flächen, auch Holz und Ziegelſteine überzogen, ja ſie überziehen ſich ſelbſt, ſo daß ſie wie der Lerchen und Holzſchwamm ſchichtweiſe übereinander liegen, oder ſich runzelich übereinander erhöhen, wie aus der Figur Tab. XXI. fig. 2. zu erſehen iſt.   Ihre Farbe iſt entweder ſchneeweiß oder gelb.   Sie werden häufig in den Weſtindien und beſonders in den Antillen gefunden, wo man Schaalen von zwey bis drey

Schuh

Schuh breit findet, die auf mancherley Art gebogen, erhaben, vertieft, oder auch übereinander
geschoben sind.

Zu dieser Art gesellen sich ausserordentlich gerne
die Alcyonien und Schwammgewächse, die gleichfalls daran festgewachsen sind, und ihre Höhlungen
zwischen den Bogen sind oft Behälter von Seester-
nen und allerhand Insecten.

Knorr.Delic.Tab.A.X.fig.1.

14. Der Seehonigkuchen. Madrepora. Favosa.

Man verstehet unter dieser Benennung gewisse große und mit sehr vielen großen Sternen
besetzte Massen, deren Sterne eckig und tief eingedruckt erscheinen. Wenn man diese Massen in
die Quere durchsägt, so zeigen die Sterne nichts
anders als große strahlige eckige Flecken, als ob es
netzartig durchbohrte Löcher wären. Die Corallenmasse ist weiß, und in den Seiten ist weiter nichts
zu sehen, als eine cellulöse strahlige Composition.
Die Größe der fast sechseckigen Sterne und ihre

Tab.
XXI.
fig. 3.

Verbindung lässet sich am besten aus der Abbildung Tab. XXI. fig. 3. schließen. Das Vaterland ist in beyden Indien, besonders aber sind sie
in dem mericanischen Meerbusen. Die Holländer
nennen sie Zeehonigräat, denn es hat viele Aehnlichkeit mit dem Bau der Bienen in ihren Körben,
ja es giebt sogar solche Meeresproducte unter den
Madreporen, die man Waffelsteine nennet, da der
Sternbau ein ordentliches viereckiges Gitterwerk
vorstellet, welches eine noch größere Aehnlichkeit
mit dem Honigkuchen hat. Alle diese Massen sind
unter Wasser mit einem schleimigen gallertartigen
Wesen überzogen, worinn man einige Bewegung
bemerket. Ausserhalb dem Wasser siehet man
nichts

nichts von irgend einiger Bewegung, und der
Schleim, welcher um das Thier ſeyn ſoll, wird
ſtinkend und zerfließt.

Amoen. Acad. 1. p. 96. tab. 4. fig. 6.

B.
Zuſam=
menge=
ſetzte.

15. Die Seeananas. Madrepora ananas.

15.

Es ſind dieſes mehrentheils kleine halbkugel=
förmige Corallenmaſſen, die man in der Größe
der Müſſe bis zu einer Fauſt theils von gelber theils
weiſſer Farbe auf Klippen, und an den Fuß anderer
Corallen angewachſen findet, aber auf ihrem Um=
fange eine Menge rauher Sterne haben, die nur
etwas kleiner als an der vorigen Art ſind, und nicht
gar zu regelmäßig ſtehen, auch ſelbſt untereinander
(wie wir mit Exemplaren darthun können,) nicht
recht übereinſtimmen. Inzwiſchen entſtehen dieſe
Sterne aus ſoviel nebeneinander liegenden Aeſten,
die wie umgekehrte Kegel gegeneinander liegen,
und an ihrer Verbindung eine Nath auf der
Oberfläche machen. Die Sterne ſind erhaben,
und führen einen eingedruckten Mittelpunct.
Schneidet man dieſe Maſſe in die Quere durch, ſo
iſt ſie weiß, und mit ſechseckigen Flecken bezeichnet,
in deren Mitte ein weiſſer Ring ſtehet, welcher
ringsherum Strahlen abgiebet. An einem Exem=
plar ſtehen ſie viel dichter aneinander, als am
andern, je nachdem die Aeſte, oder Kegel, die aus
dem Mittelpunkt ſteigen, dick ſind. Der Aufent=
halt iſt im mexicaniſchen Meerbuſen, und die=
jenigen, die am gothländiſchen Strande ausge=
worfen werden, gehören auch hieher, wiewohl ihre
Sterne durch die Wellen faſt verloſchen ſind.

Seeana=
nas.
Ananas.

Knorr. Delic. Tab. A. IV. fig. 2.

A. VI. fig. 1. auf den Boden.
Amoen. acad. 1. p. 92. t. 4. f. VIII. 2. IX.

16. Das

16. Das Doppelcorall. Maerepora polygama.

Es hatte der Ritter eine Perlenmuttermuschel aus den Indien erhalten, welche er mit einer Corollenrinde überzogen fand, die weiß, und zwey Zoll dick war. Die Oberfläche dieser Rinde war dicht mit zwölfstrahlichen kleinen Sternchen besetzt, zwischen welchen aber hin und wieder große strahliche Sterne saßen, die wohl einen kleinen Finger dick waren und hervorragten. Der Mittelpunct war durchbohret, und hatte eine daumenbreite ovale Oefnung, unter welcher sich eine glatte Röhre etwa wie ein Federkiel hineinsenkte, ohne daß irgend ein Beweiß oder Schaale von einer Lepade anzutreffen wäre, die auch durch die kleine Oefnung nicht hätte heraus kommen können. Hieraus schließt nun der Ritter, daß es eine Vereinigung zweyer Corallenarten sey; allein wir haben verschiedene Sterncoralle in großen Massen, worinne wir das nämliche finden. Wir halten es für eine Durchbohrung eines gewissen weißen Seeinsects, da hernach die gemachte weiche Oefnung wieder durch den Polypenschlamm zum Theil überzogen wird. Indem sich nun dieser Schleim oder Saft in und über die weite Oefnung ergießt, und nach Art der vegetirenden Kraft in viel längere Strahlen dehnet, und nothwendig dehnen muß, so müssen natürlicher Weise solche große Sterne hin und wieder zwischen den kleinen entstehen. Offenbar wenigstens kommen an unsern Exemplaren die Strahlen dieser großen Sterne aus den Strahlen der kleinern, und machen aus den vielen im Umfange der Oefnung stehenden kleinen Sternchen, eine weit größere Menge Strahlen für die großen Sterne. Wenn nun der Fabricant dieser Strahlen ein Polypus oder Thier seyn soll, so muß das-

selbe

ſelbe auch die Geſchicklichkeit haben, ſich nach Befinden der Umſtände zu metamorphoſiren. Nehmen
wir aber dieſen Polypum für einen organiſirten
vegetirenden Saft an, ſo gehet dieſe Ergieſſung
der ausgefloſſenen Sterne nach den Grundſätzen
einer mineraliſchen ſowohl, als pflanzenartigen
Vegetation von ſtatten.

17. Die Sandcoralle. Madrepora arenaria.

Der Herr Brander fand an der algieriſchen
Küſte eine ocherfärbige Corallenmaſſe, ohne inwendige Figuren, die aber auf der Oberfläche mit
groſſen, kaum erhabenen und faſt nichtzu erkennen-
den Sternen beſetzt war, deren Strahlen durch das
Vergröſſerungsglas betrachtet, aus lauter Sandkörnern zu beſtehen ſchienen. Dieſe Sterne waren
zuweilen warzenartig etwas erhaben.

18. Der Weitſtern. Madrepora interſtincta.

Dieſe Art iſt ein runder, feſter, höckeriger
Stein, auf deſſen Oberfläche weit voneinander
kleine runde Sternchen, wie Löcher eingedruckt
ſtehen, deren Boden ſtrahlig iſt. Die Oberfläche
zwiſchen den Stern zeiget nichts als Puncte,
die unter dem Vergröſſerungsglaſe ausgehöhlt erſcheinen.

19. Der Sternſtein. Madrepora aſtroites.

Man findet in den americaniſchen Gewäſſern
auf den Klippen groſſe Klumpen von dieſer Art,
mehrentheils rund oder länglichrund, und wie
eine halbe Kugel gewölbet, auf der Oberfläche
ſowohl ſchneeweiß als gelb. Dieſe Maſſen ſind

ſchwer

schwer, und bestehen aus nichts als Röhrchen, die inwendig geblättert, und gleichsam mit Kammern versehen sind, auswendig aber einen vielstrahlichen Stern auf der Spitze bilden, der einen vertieften Mittelpunkt hat, aus welchem sich die Sternstrahlen in die Höhe begeben, und über den Rand hinüber werfen. Diese Röhrchen stammen aus den ersten und mittlern her, vermehren sich nach und nach, und breiten sich allenthalben zur Oberfläche aus, so daß die ganze halbkugelrunde Oberfläche nichts als Ausgänge solcher Röhrchen, mithin auch nichts anders als Sternchen sind, die so dicht beysammen stehen, daß sie ineinander fliessen, und eine durch die andere verdrenget, oft eine längliche und mehrstrahlige Figur annehmen, wo sie aber Platz haben, desto geräumlicher und grösser ausfallen. Dem Anfühlen nach ist die Oberfläche eben, unter dem Vergrösserungsglase aber sind alle Blätter zackig. Wenn man diese Massen von oben bis unten spaltet, zeiget sich, daß die Röhrchen eben sowohl mit Blätterchen untereinander verbunden sind, als es blätterige Kammern innerhalb denselben giebet. Steckt nun in jedem Röhrchen ein Corallenpolype, der Lage auf Lage bauet, wer macht alsdenn die Ringe und Blätterchen die auswendig an jeder Röhre sitzen, und die eine an die andere bindet? Wer sich einen Begriff von dieser innern Gestalt machen will, der spalte ein Stück Eichen- oder Buchenholz. Die der Länge nach streichende Fasern sind die Röhrchen, und die zur Seite laufende aderige Quersubstanz sind die Blätterchen. Eben diese Art Corall überziehet auch Felsen, Muscheln, ja Ziegel und Holz, und die Sternart ist die nämliche als am Steinschwamm No. 13. Wie können doch diese Thierchen so artig eins werden, ob sie eine Fläche, oder eine Halbkugel, oder einen Schwamm bauen wollen?

Wir

Wir besitzen etliche dieser Massen von einer **B.**
Faust groß, bis zu einem Schuh im Durchmesser, **Zusam-**
etliche sind ganz flach und machen Schaale. über **menge-**
Schaale, andere sind sehr erhaben gewölbet, und **setzte.**
acht Zoll hoch. Einige haben größere andere kleinere Sternchen. Bey einigen stehen die Sterne
etwas von einander, bey andern hat fast ein Stern
vo dem andern keinen Platz; denn diese Verschiedenheiten gehören doch wohl alle hieher, und wer
diese Massen versteinert findet, der hat den Stern-
stein. Wenn nun die Sterne etwas entfernt stehen,
und jeder Stern ein eigener Polype ist. Wer gießt
alsdenn den Zwischenraum voller Corallenmasse?
Knorr. Delic. Tab. A. X. fig. 4.

20. Der Hochstern. Madrepora acropora.

Die Sterne ragen hervor und sind gekerbet. **20.**
Die Masse bildet sich wie eine Halbkugel, deren **Hoch-**
Oberfläche mit erhabenen Ringen dicht aneinander **stern.**
besetzet ist, in welchen hernach die Sterne oder **Acro-**
Blätterstrahlen etwas niedriger fallen. Vielleicht **pora.**
gehöret folgende Figur hieher.
Knorr. Delic. Tab. A. IV. fig. 4.

21. Der Hohlstern. Madrepora cavernosa.

Aehnliche Massen, die aus Westindien kom- **21.**
men, haben tief eingesenkte zwölfblätterige Sterne, **Hohl-**
welche kelchmäßige Höhlungen machen, am Rande **stern.**
aber strahlig bleiben, und sich durch eine erhabene **Caver-**
Naht von einander unterscheiden. Die Sterne **nosa.**
haben die Größe oder Dicke eines Federkiels, und
kommen auch versteinert vor.
Knorr. Delic. Tab. A. IV. fig. 3.

22. Der Punctstern. Madrepora punctata.

In dem europäischen Ocean zeigen sich auch runde, mürbe und weisse Massen, welche dichte mit Sternchen besetzt sind, deren jeder aus zehn Puncten zusammen gesetzt ist.

C. Coralle mit zusammen gesetzten ganzen Körpern, die sich miteinander vereiniget haben.

23. Die Kelchcoralle. Madrepora calycularis.

Bisher sahen wir die Coralle, die sich aus einem Stern zu vielen fortpflanzten; hier scheinen nun solche zu folgen, welche zwar nicht auseinander entstehen, aber sich doch miteinander zu einer Masse vereinigen. Wir zweifeln aber an der Richtigkeit dieser Eintheilung, und auch der Ritter hat sie in seinem Text nicht bemerket.

Der Herr Boddaert nennet diese Art gestempeld Sterrekoraal. Es kann aber dieses nicht mehr bedeuten als eingedruckt Sterncorall. Da nun aber Herr Pallas solches als eine Masse beschreibet, dessen Röhrchen kegelartig sind, und becherförmige Sterne haben, so wollen wir es Kelchcorall nennen. Die Strahlen sind deutliche Blätter, die Röhren so dick wie ein Federkiel, die Zwischenräume bestehen aus einem schwammigen Gewebe. Die Farbe ist braun, oder aschgrau. Der Mittelpunct der Sterne ist gleichsam wurmstichig ausgefressen. Der Aufenthalt ist im mittelländischen Meere.

Tab.
XXI
fig. 4.

Hieher wird nun vom Herrn Houttuin auch diejenige Masse gerechnet, die wir Tab. XXI. fig. 4. abge-

abgebildet finden, und die bey den Holländern den
Namen Sonnenſtein führet, weil die Sternchen
ſich gleichſam wie Sonnen zeigen, und einen mürben löcherigen Mittelpunct haben. Doch, wie
Herr Houttuin auch ſelber zweifelt, ob ſie wohl
hieher gehöre, ſo halten wir es für eine Art von
der Madrepora caverноſa No. 21.

24. Die Knotencoralle. Madrepora
truncata.

Gegenwärtige Art macht einen Bündel kräu-
ſelartiger Gelenke aus, die mehr Junge als Strahlen hervor bringen, welche am Rande vereinigt
ſind. Die Sterne aber ſind abgeſtutzt, und haben
eine cylindriſche Höhlung. Die beſagten kräuſel-
oder kegelartigen Gelenke ſind etwas runzelich,
übereinander geſchlichtet, und ſo breit als hoch,
ſo daß die Höhlung einen ſchönen Stern macht,
der aus dem Rande wieder junge Kegel abgiebet,
die ſodann desgleichen thun, wodurch die Maſſen
anſehnlich groß werden. Dieſe Art wird am gothländiſchen Strand ausgeworfen, und Herr Pallas
rechnet ſie zur obigen Madrepora Turbinata No.
6. wohin er auch des Rumpfs Anthophyllum
Saxeum will gezählet wiſſen.
Linn. Amoen. acad. 1. p. 93. t. 4. f. X. 3.

25. Die Stielcoralle. Madrepora ſtellaris.

Eine andere Art, die gleichfalls am gothländiſchen Strande gefunden wird, beſtehet aus lauter Stielen, die Fingers dick, und eine Hand-
fläche lang ſind. Sie ſtehen wie ein Bündel beyſammen, und ſind nur mit dem Rande aneinander
befeſtiget, da inzwiſchen die Jungen aus ihrem
Mittelpuncte hervor wachſen. Die Gelenke ſind
einen

C.
Verei-
nigte.

einen Zoll lang. Die Sterne machen einen Becher, ſind oben breit, unten dünn, und haben einen etwas breitern Fuß, der den untern Becher wieder deckt.

Linn. Amon. acad. 1. p. 94. t. 4. fig. XI. 4.

26. Die Cylindercoralle. Madrepora organum.

26.
Cylin-
derco-
ralle.
Orga-
num.

Dieſe Coralle beſtehet aus lauter gleichweitigen, von einander abgeſondert ſtehenden glatten Röhren, die ſo dick ſind wie Rockenſtroh. Dieſe werden durch gleichweitige Mittelwände aneinander gehalten, durch welche dieſe Röhrchen gleichſam hingeſteckt ſind, ſo jedoch, daß die Mittelwände ſich etwas herabbiegen, und mit Sternſtrichen geſtrahlt ſind. Die Röhren hingegen haben oben keine Sternchen, ſind aber am Runde eingekerbet. Man findet dieſe Art auch am Ufer des balthiſchen Meeres ausgeworfen.

Linn. Amoen. 1. p. 96. t. 4. f. VI. 1.

27. Der Orgelſtein. Madrepora muſicalis.

27.
Orgel-
ſtein.
Muſica-
lis.

Der Herr Boddaert nennet dieſe Coralle Pans-Fluit, oder die Flöthe des Pan. Wir bleiben mit dem Herrn Gouttuin bey dem Namen Orgelſteine. Es iſt ein zuſammengeſetztes Sterncorall, wo ſich viel einzeln eckige Röhrchen zu einem Bündel vereinigen, und oben auf der gemeinſchaftlichen Rinde mit ihren Sternen hervorſtechen. Dieſe Röhren haben die Dicke eines Schilfrohrs, oder eines dünnen Fingers. Die Sterne beſtehen aus ſechs, ſelten aber mehrern Blättern, zwiſchen ſelbigen liegen aber jedesmahl noch drey kleinere niedrigere Blätter inne, davon das mittlere das größte und erhabenſte iſt, jedoch dieſer Umſtand trifft

trift nicht in allen Exemplaren ein. Wir haben
ſolche Orgelſteine die vier und zwanzig vollkommene Blätter haben, und im Umfange auch vier und
zwanzigeckig ſind. Sie wachſen in ſehr groſſen
Klumpen. Herr Pallas ſchreibet ihnen die india-
niſche See zum Vaterlande zu. Die unſrige iſt
aus Curacao, und nach des Ritters Berichte
trift man ſie auch an der irrländiſchen Küſte an.

Hieher rechnet der Herr Houttuin auch das
Exemplar, welches Tab. XXI. fig. 5. abgebildet,
und aus den ſpaniſchen Weſtindien gebürtig iſt.
Die Röhrchen ſind an ſelbigen mit Querblätter-
chen aneinander befeſtiget. Kaum aber würden
wir das Stück hieher ordnen, wenn nicht die hin
und wieder zuſammengehäuften Blätterchen der
Linneiſchen Beſchreibung ein Genüge leiſteten,
und der Ritter oft verſchiedene abweichende Exemplare unter eine Art zuſammen faßte. Wir haben
weiter nichts zu erinnern, als daß die milchigweiſ-
ſen feſten Röhren in unſerm zwey Fäuſte groſſen
Exemplar fingersdick ſind.

28. Der Binſencorall.   Madrepora caeſpitoſa.

28.
Binſen-
corall.
Caeſpi-
toſa.

Es iſt nicht zu läugnen, daß die Herren Naturforſcher die Naturgeſchichte ſelber erſchweren,
da ſie nicht bey einerley Benennung bleiben, und
nicht nur andere Namen nehmen, ſondern ſie auch
ſogar auf die Gegenſtände vertauſchen. So nennet nun der Ritter dieſe Art Caeſpitoſa, welche
von dem Pallas Flexuoſa genennet war, und den
Namen Flexuoſa giebt nun der Ritter der folgenden Art. Eben ſo gieng es oben mit Madrepora
labyrinthiformis und maeandrites No. 10.
und 11. welches beym Pallas juſt umgekehrt iſt.
Kommen nun unrichtige, oder zweydeutige, oder

wohl

wohl gar zweyerley Figuren hinzu, ſo weiß man gar nicht mehr, was die Schriftſteller wollen.

Daß dieſe vom Ritter Caeſpitoſa genennet wird, kommt daher, weil die Röhren binſenartig ſtark, und wegen der innern Sternfigur hohl ſind; und daß ſie beym Pallas Flexuoſa heißt, ge- ſchiehet wegen ihrer gebogenen Geſtalt. Es iſt nämlich gegenwärtiges Binſencorall ein Bündel von runden, etwas äſtigen, geſtreiften, oben ge- ſtirnten, und dicht beyſammenſtehenden Röhren, deren Sternchen ſich mit dem Mittelpunct etwas ſenken. Die Maſſe der Röhrchen iſt ſteinig weiß, und wächſt oft zu ſehr groſſen Klumpen, deren Herkunft aus dem mittelländiſchen Meere iſt, und vom Imperati Porus matronalis genennet wur- de. Warum aber dieſe Art bey den Holländern, oder wenigſtens beym Houttuin Turfſteen, das iſt, Torfſtein, heißt, ſehen wir gar nicht ein.

Pallas Lyſt der Plantdieren, Tab.9.fig.5.
Knorr.Delic.Tab.VII.fig.2.

29. Der Bogencorall. Madrepora flexuoſa.

Dieſe Art wird am Strande des balthiſchen Meeres ausgeworfen. Sie beſtehet abermals in einem Bündel dicht aneinander ſtehender aber ganz gebogener Röhrchen, die cylinderförmig, rauh, und mit erhabenen Sternen an ihren Enden beſetzet ſind. Der Herr Boddaert verweiſet dieſe Art in ſeinem Anhange zum überſetzten Pallas, zu des Pallas Madrepora flexuoſa. (Siehe ſeine pag. 617.) Allein er irret ſich, wie aus obiger Anmer- kung No 28. erhellet, und dieſe Irrungen gehen beym Herrn Boddaert faſt eben ſo oft vor, als Pallas und Linneus ihre Benennungen gegen einander verwechſeln und austauſchen. Denn wer
einen

C.

einen gewiſſen Namen, den andere Schriftſteller Verei-
für irgend einen Gegenſtand in der Naturgeſchichte nigte.
gebraucht haben, beym Linneus findet, der kann
mehrentheils glauben, daß der Ritter alsdann
ganz was anders darunter verſtehet, als die
Schriftſteller gemeinet haben. Dieſes iſt des Ritters Gewohnheit faſt in allen Fächern, und giebt
allenthalben bey denen, die dieſen Umſtand nicht
beobachten, zur größten Verwirrung Anlaß, wenn
man ſich nicht bey jedem Gegenſtand eine halbe
Stunde hinſetzen will, den Unterſchied durch Vergleichung aller Schriftſteller und aller Figuren zu
finden, und wie glücklich wäre man, wenn man
ihn alsdann nur noch allezeit finden könnte.

Linn. Amoen. acad. 1. p. 96. t. 4. f. XXIII. 5.

30. Die Gewürznägelcoralle. Madrepora faſcicularis.

Dieſe Corallenmaſſen beſtehen aus einer Menge
einfachſtehender glatten Röhren, in der Dicke eines 30.
Federkiels, einen halben, und längſtens einen Gewürz-
ganzen Zoll hoch, die alle oben einen ſchönen nägel-
deutlichen Stern haben, durchgängig gleich hoch coralle.
ſtehen, und oft eine ganze kugeliche oder ſonſt andere Faſci-
Corallenmaſſe ganz dichte beſetzen, eben als ob cularis.
ſie als Seuichen darauf gekittet wären, wie ſolches aus der Abbildung Tab. XXII. fig. 1. ganz
deutlich erhellet. Zuweilen findet man Maſſen,
worauf ſich nur die erſten Anſätze dieſer Sternröhr-
chen zeigen, die kaum etliche Linien hoch ſind.
Rumpf aber will ſie fingerslang, und auch Maſſen mit dicht aneinander geſchlichteten, aber nur
einen Zoll langen Röhrchen geſehen haben, ſo doch,
daß ſelten mehr, als ſechs ſolcher Röhrchen dicht
aneinander ſtünden. Der Herr Pallas nennet
dieſe Art Madrepora Caryophyllites No. 183.

X x 4   Welche

C.
Verei
nigte.

Welche Benennungen urſprünglich vom Rumpf
herſtammen, der das äſtige ſogenannte Cadircorall
(ſiehe unten No. 35.) alſo nannte. Es iſt aber
nicht bekannt, ob ſich dieſe Art, die wir hier beſchreiben, auch in Aeſte bilde. Der Boden iſt
eine ſteinige weiſſe höckerige Rinde, die ſich über
allerhand höckerige Körper hinziehet, aus dieſer
Rinde erheben ſich dieſe Gewürznägeleincorolle
haufenweiſe. Sie ſind unten etwas ſchmäler als
oben, öfters auch etwas in den Seiten gedruckt,
auswendig mit ſchwachen Furchen beſetzt, oben mit
einem ein wenig eingedruckten Stern verſehen,
deſſes Blätterchen eins ums andere gröſſer und
höher ſind. So wie nun die Maſſen, worauf dieſe Röhrchen ſitzen, weiß ſind, ſo ſind auch die
Röhrchen ſchön weiß, doch findet man auch braun-
rothe, denn das in obiger Figur abgebildete Stück
hat bräunlich roſtfärbige Köcherchen auf einem
gelblichweiſſen Grunde. Von dem Thiere meldet
Rumpf nichts anders, als das dieſe Maſſen mit
einem Schleim umgeben ſind, wie die andern
See- oder Corallenſchwämme. Der Aufenthalt
iſt in dem oſtindianiſchen Meer. Der Heer Pallas rechnet aus dem Knorriſchen Deliciis Tab.
A. IV. fig. 4. hieher, allein ſo viel wir ſelbiges
Stück kennen, ſo iſt es des Ritters Madrep.
acropora. Siehe oben No. 20.

31. Der Höckercorall. Madrepora porites.

31.
Höcker
corall.
Porites

Es beſtehet dieſe Art in fingerodicken etwas
gebogenen und oben in zwey Stumpfen abgetheil-
ten, zuſammenſtehenden Maſſen, welche über und
über mit einer weiſſen, aber mehrentheils roſtfär-
bigen Rinde überzogen ſind, in welcher ein
Sternchen dichte an dem andern ſtehet. Dieſe
Aeſte werden ungefehr mit ein paar Nebenzweigen
eine

eine Hand lang, und da die Stumpfen oben etwas C.
getheilet sind, so zeigen sich von oben nichts als Kno- Bereiten oder Höcker.   Die Sternchen sind nur mit ge- nigte.
schärftem Gesichte zu sehen, und machen durch ihre
feine etwas zackige Blätterchen, die Aeste bey
dem Anfühlen rauh.

Da es nun aber Verschiedenheiten giebt, so Neben-
ist zuerst zu merken, eine zarte weisse Art, mit ein- arten.
gedruckten niedlichen Sternchen, und freyen knotigen Aesten. Diese siehet aus, als ob sie mit
durchbrochenen Spitzen überzogen wäre.   Die innere Masse ist hart. Sie kommt aus Ostindien.

Knorr. Delic. Tab. A. I. fig. 3.

Eine dickere mit wollenartiger rauhen Oberfläche, weiß, stumpfästig, mit schwammiger
Steinmasse, und überall mit Sternchen besetzt,
kommt aus beyden Indien.

Seba III. Tab. 109. f. 11.

Endlich eine daumensdicke, langästige, mit
gespaltenen knotigen Enden, und einer braunen
Sternrinde, die rauh ist, überzogen. Sie kommt
aus den Antillen.

Wenn nun diese letztere Art noch kurz und klein
ist, so entstehet folgende Nebenart bey den Söl-
ländern.

*Der Jugwercorall, oder des Pallas
Madrepora digitata.

Jugwer-
corall.

Denn die Stücken, die oft auf großen Flächen
hundertweise an- und ineinander stehen, sehen wie Digi-
abgestumpfte krumme Finger oder Ingwerwurzeln tata.
aus, sind auswendig gelblich rostfärbig, voller
Sternchen, und auf dem Bruche mürbe, wie
schlechter weisser Brodzucker. Das Vaterland ist
America.

X r 5   32. Die

32. Die Hirschgeweihcoralle. Madrepora
damicornis.

32.
Hirsch-
geweih-
coralle.
Dami-
cornis.

Sie ist der vorigen Art ziemlich nahe verwandt,
und wird vom Herrn Boddaert Elandshoorn,
vom Herrn Houttuin aber Herts-Hoornkoraal
genennet. Man findet sie auf vielfache Art ästig,
deren Aestchen wieder gezackt oder mit verdünnten
Aesten versehen ist. Oefters sind sie einen Schuh
hoch, und einem Hirschgeweihe sehr ähnlich. Die
Masse ist fest, an den Spitzen öfters etwas zuckerartig
mürbe, weiß, und über und über mit Sternchen besetzt. Der Herr Pallas giebt dreyerley Verschiedenheiten an, als fingerdickes mit warzigen
Aestchen; Gesträuchähnliches und niedriges mit
warzichen Aestchen; Gabelförmiges dünnes mit
spitzigen Zacken. Die Sternchen sind längliche
Pori die einigermassen, ausgehöhlet sind, und feine
Sternblätter haben. Zwischen den Löchern stehen
feine scharfe Spitzchen auf der Oberfläche.

Da nun diese Art mehr durch die Gestalt, als
durch den eigentlichen Bau, von der vorigen Art
verschieden ist, so wird sie durch obige Benennung
abgesondert. Allein man irret sich, wenn man
glauben wollte, daß dieser Hirschgeweihe ähnliche,
oder gesträuchartige Bau nichts als ein steincoral-
lischer Bau wäre. Denn wir können mit verschiedenen Exemplaren darthun, daß eine Gorgonia, oder Horncoralle, in den mehresten zum Grunde
liegt, welche oft von der Steincoralle fingersdick
überzogen wird, und so eine frey hirschgeweih-
ähnliche Gestalt im Ganzen bekommt; ja wir besitzen dicke zerbrochene Steincoralle, wo die Horncoralle aus dem Mittelpuncte hervorraget. Wenn
nun der Ueberzug und deren Pori und Sternchen,
mit andern Massen übereinkommt, so darf man
eben

eben deswegen keine neue Art von der äuſſerlichen
Geſtalt herleiten, denn ſonſt könnte man von einer
wohl zwanzig Arten machen. Einen Beweiß von
dergleichen Horncorall, ſo mit einer Millepore
überzogen iſt, davon ſich aber das mehreſte herunter gebröckelt hat, iſt in Knorr. Delic. Tab. A. VI.
fig. 3. zu ſehen, woſelbſt ein dicker ſteiniger Ueberzug
die Horncoralle deckt; nnd eben ſo ſetzen ſich auch
Madreporen, Schwammgewächſe und Alcyonien
oft an Hornpflänzchen an, und gewinnen alſo eine
baum- und ſtaudenförmige Geſtalt.

33. Der Dorncorall. Madrepóra muricata.

Unter dieſer Art verſtehet man ſchöne Corallenmaſſen, deren unzählige Sternchen in verlänger-
ten feinen runden Köcherchen die Oberfläche decken.
Dieſe Köcherchen werden von ein zu vier Linien
lang, und ſetzen ſich zuweilen aneinander, oder
wachſen auseinander, wie ein Traubenbuſch, welches alsdenn Kornährencorall, holländiſch
Koorn-Air-Koraal genennet wird. Zuweilen
nimmt die ganze Maſſe die Geſtalt eines zierlichen
Baums mit geraden weiten fingerdicken Aeſten,
oder eines zierlichen Strauchs mit feineren Aeſten
in der Dicke der Schwanenkiele, oder auch die
Geſtalt großer breiter, mehrentheils, von der Wurzel an gerechnet, horizontal liegender Lappen und
Blätter an. In dem vorigen Falle können ſie nur
zuweilen den Boddaertiſchen Namen Harts-
hoornkoraal führen, aber im letzten Falle gar
nicht, daher wir die Köcherchen mit Dornen vergleichen, und es überhaupt Dorncorall nennen.
Diejenigen, die äſtig wachſen, haben die Eigenſchaft, daß wenn die Aeſte aneinander zu nahe kommen, ſolche einander gekittet werden, und ſich
vielfältig mitelnander verbinden. Man hat davon

Maſſen

Massen von zwey bis drey Schuh hoch. Einen anderthalbschuhigen, vielästigen, unvergleichlich schönen Baum, daran die untern Aeste einen Fin= ger dick, die obern aber wie ein Federkiel sind, des= gleichen eine dreyschuhige Mässe von übereinander gekitteten Aesten, und endlich große Lappen wie ein Frauenzimmerfecher auf einer Wurzel, und fast halb trichterförmig, oder wie ein Ausschnitt eines Trichters gebogen, und kleinere voller Kornähren, die wieder aus der Fläche herausgewachsen sind, besitzen wir in unserer Sammlung; und sie beleh= ren uns je länger je mehr, daß die äusserliche Ge= stalt ein anderes Seegewächse zum Grunde haben müsse, widrigenfalls sie alle entweder baumförmig oder lappenförmig seyn würden.

In dem Meere sind diese Gewächse mit einer Gallert umgeben, daher die gelbliche Farbe an den mehresten Corallengewächsen zu entstehen scheinet, doch gebleicht, werden sie auch schneeweiß, oder bleyfärbigblau. Wenn nun die besagte Gallert die zusammen geflossenen hundert tausend Polypen seyn soll, wie kommen denn diese Thierchen ausein= ander, wie bauen sie jedes Köcherchen in ihrer Ruhe, und wer macht den äussern Theil der Kö= cherchen so zart und fast unsichtbar fein gestreift und stachelich? Wir wissen zwar wie solches die Naturforscher auslegen, aber wir sind auch mit ihrer Auslegung nichts weniger als zufrieden. Knorr. Delic. Tab. A. II. fig. 1.2.

34. Der Kohlstrunk.   Madrepora fastigiata.

Herr Boddaert nennet des Herrn Pallas Madrepora fastigiata Seerose. Wir behalten die Hourtuinische Benennung Koolstruik. Es ist nämlich eine in die Höhe fast zu einem Schuh
hoch

hoch hinanſteigende Coraꞁꞁe, die mit einem dicken
Stamme anfängt, auswendig nur ſtachelich rauh,
oder auch blätterig geſtreift iſt, und ſich weiter in
die Höhe in zwey, drey, oder auch mehr Aeſte zertheilet. Dieſer Stamm und Aeſte haben auswendig keinen Stern, ſondern beſtehen ſelbſt aus einem einzigen Stern, der den ganzen Stamm macht;
da aber, wo ſich der inwendige Stern in zweye
theilet, ſteigen zwen Aeſte in die Höhe, und oben
auf der Spitze eines jeden Aſtes zeiget ſich dann ein
einfacher blätteriger großer Stern, der mit dem
Aſte gleichen Umfang hat. Hievon nun giebt es
Verſchiedenheiten; etliche haben an ihren Stern-
blättern keine Zacken, der Stern ſenkt ſich hohl
hinein, und iſt nebſt den Aeſten rund, dieſe ſind
die Kohlſtrünke. Andere haben breitere Aeſte,
deren Stern ſich unten etwas eckig ergießt, und dieſe heiſſen Seeroſen; wiederum andere ſind oben an
den Aeſten ſehr breit, und machen einen ſehr tiefen
becherförmigen gebogenen Stern mit ſtark-gezack-
ten Blättern, dieſe heiſſen Endiviencoraꞁꞁ, und
endlich giebt es noch eine Art, die einen ſehr kurzen nur einen Zoll hohen, aber zuweilen vier Finger dicken Stiel hat, auf deſſen Oberfläche ein
einziger ſehr großer Stern, mit ſehr vielen ſtarken
hochgezackten Blättern ſtehet, zwiſchen welchen
wieder niedrige und kürzere Blätter ſtehen, die
den Mittelpunct nicht erreichen. Dieſe wird Seenelke genennet. Sie kommen aus beyden Judien,
doch am meiſten aus den groſſen und kleinen Antillen. Alſo wären dann erſt vorzüglich zu
merken

*C.
Verei-
nigte.*

a) Das

C.
Verei-
nigte.
Endivi-
enco-
rall.
Angu-
loſa.
Tab.
XXII.
fig. 3.

702 Sechſte Cl. IV. Ordn. Corallen.

a) Das Endiviencorall. Madrepora
anguloſa. (Pallas.)

Es kommt der Faſtigiata am nächſten. (Siehe
Tab XXII. fig. 3.) hat aber gezackte Blätter, und
iſt aſchgrau weiß.

b) Die Seenelke. Madrepora lacera.
(Pallas.)

See-
nelke.
Lacera.
Tab.
XXII.
fig. 2.

Sie macht nur einen ſchönen ſchwammartigen
großen Stern mit gezackten ſägeförmigen Blättern,
davon ſich Tab. XXII. fig. 2. eine ſchöne Abbildung zeiget.

Knorr. Delic. Tab. A. VIII. fig. 5.

Dieſe Art ſteiget vermuthlich höher, theilet
ſich in zwen oder dren Aeſte, und giebt alsdann
den Seeamaranth ab, der bey den Alten Amaranthus taxeus hieß.
Knorr. Delic. Tab. A. III. fig. 1.

35. Die Cadixcoralle. Madrepora ramea.

Man hat ſie, da ſie in der Meerenge von
Gibraltar und an der klippigen ſpaniſchen Küſte
wächſt, von Cadix nach Holland gebracht, daher
iſt ihr dieſe Benennung geblieben, ob ſie gleich
auch im mittelländiſchen Meere und in der Oſtſee
gefunden wird.

Inzwiſchen führet ſie auch den Namen Gewürznägelcorall, weil die Sterne ſich an den
kurzen Aeſtchen, die zur Seite an ten Hauptäſten
ſtehen, eben ſo bilden wie jenes Gewürznägelcorall, das wir No. 30. ſchon beſchrieben, und mit
einer Abbildung begleitet habin.

Man

Man findet hievon große Stücke wohl drey
Schuh lang und unten Arms dicke, der Haupt-
ſtamm zertheilet ſich in einer Höhe von drey Zoll,
in zwey auch drey Aeſte, und dieſe geben in der
Länge von ſechs Zoll wohl wieder einen oder zwey
Seitenäſte ab, die etliche Zoll hinauf laufen, bis
endlich die Spitzen ungefehr einen Daumen dick
bleiben. Die Stämme ſind rund, auf der ganzen
Oberfläche mit zarten Strichen, die zuweilen Bogen und Wirbel machen, gefurcht, auswendig roſt-
fürbig braun, (es ſey denn daß ſie verwittert, gebleicht oder abgeſcheuert wären,) auf dem Bruch
aber grau weiß, etwas porös, aber unvergleichlich hart, feſt und ſchwer. Was die Sterne betrift, ſo liegen dieſelben mit ungezackten Blättern,
in zwey bis drey Linien hohe Köcher einigermaſſen
eingedruckt. Dieſe Köcher haben oben einen gleichſam abgenagten Rand, und ſtehen willführlich einen
Zoll, auch nur einen halben Zoll, mehrentheils
aber nur an einer oder höchſtens zwey Seiten der
Aeſte ſparſam voneinander, ſo daß ſich an einem
ſehr großen drey Schuh langen Stück kaum hundert geſtirnte Köcher zeigen. Die Dicke der Köcher iſt wie ein Gänſe oder Schwanenkiel. Im
Meer haben ſie eine ſchleimige Rinde und in den
Sternen liegt ein gallertartiges Weſen. Kleinere
werden in der Nordſee gefunden, und Herr Pallas fand an den Steinchen bey Jerſey dergleichen
Köcher ſitzen. Wir zweifeln aber gar ſehr, ob aus
dergleichen je eine ſolche äſtige Cadixcoralle entſtehen würde. Die Abbildung dieſer ſchönen Corallenart iſt Tab. XIII. fig. 1. zu ſehen. Auf dieſer
Coralle ſetzen ſich gerne Sertularien und Corallinen an.

Tab.
XXIII.
fig. 1.

36. Die

C.
Vereinigte.

36. Die Achtaugencoralle. Madrepora
oculata.

36.
Achtaugencoralle
Oculata.

Diese Madrepore wächst auf einem Stiele, ist
röhrenartig, glatt, verschieden, wie ein Wurzelstück knotig und gebogen, etwas schief gestreift,
in und aneinander verwachsen, und mit zweyfa-
chen eingedruckten Sternen versehen. Sie ist eigentlich das officinelle weisse ächte Corall, welches
zu verschiedenen zusammengesetzten Arzeneyen als
ein Ingredienz gebraucht wird, und ehedem nur
allein aus Ostindien gebracht wurde, wiewohl man
auch ähnliche im mittelländischen Meere, in der
Nordsee, und in etlichen americanischen Gewässern
findet. Das Bestandwesen ist wie der härteste
weisse Marmor, auswendig, gleich einem Wurzelstück, knotig oder warzig verwachsen und glatt,
nur bricht in den höckerigen oder warzigen Erhöhungen eine runde vertiefte Oefnung, etwas dicker
als eine Stricknadel oder wie ein Rabenfederkiel,
in welchem man einen blätterigen Stern erblickt,
der die Masse inwendig durchbohrt, und zum Theil
hohl macht. Um Amboina herum wächst es dicke,
und etwa nur eine Hand hoch, an den bandaischen
Inseln aber bildet es sich zu einem Bäumchen, das
etwas platt, aber wie Rumpf angiebt, wohl
zwey bis drey Schuh hoch werden soll. Wenn es
aus der See kommt, ist es schön glänzend und
glatt, jedoch an den obern Spitzen mit einem
Schleim umgeben, wächst nicht häufig, und nur
auf den härtesten Felsen.

Knorr. Delic. Tab. A. l, fig. 2.

37. Die

C.

37. Die Jungferncoralle.   Madrepora Verei
                      virginea.   nigte.

Dieſe Art gränzet in Geſtalt und Beſchaffenheit nahe an der vorigen, nur iſt es ſchöner, weiſſer,
dünner, und macht niedliche Bäumchen, wie aus
der Abbildung Tab. XXIII. fig. 2. zu erſehen iſt;
daher es denn auch obige ſchöne Namen erhalten
hat, und im holländiſchen Maagdekoraal genennet wird.   Es kommt aus dem mittelländi
ſchen Meere, und von der americaniſchen Küſte.
Der weſentliche Unterſchied aber von der vorigen
Art beſtehet darinne, daß es mit geraden gabelförmigen Zweigen wächſt, inwendig nicht hohl iſt,
und hervorragende Sternchen von nämlicher Gröſſe
hat, die gleichſam eins ums andere an den Aeſten
hervorbrechen.   Jedoch findet man auch Maſſen,
die der vorigen faſt gleich, und eben ſo durcheinander verwachſen ſind; und auf ſolche Exemplare
zielet vermuthlich die Beſchreibung des Herrn Pallas.   Daß es aber ſelten ſo dick als ein Finger, und
nicht über eine Spanne lang werde, ſolches beſtättigen unſere Exemplare nicht.   Daß auch an den
gröſſern Exemplaren die Sterne gröſſer ſeyn ſollten,
haben wir gleichfalls nicht wahrgenommen, ſondern fanden ſie da nicht gröſſer, als in den kleinſten.
Dieſes erwehnen wir eben nicht, um dem Herrn
Pallas zu widerſprechen, ſondern deuten nur damit ſoviel an, daß wir ſolche Exemplare, von welchen dieſer gelehrte Schriftſteller ſolches behauptet,
nie geſehen haben.

Bey dieſer Gelegenheit erwehnet der Herr
Houttuin auch eines ſehr ſchönen weiſſen Coralls,
welches aus Oſtindien kommt, und Tab. XXIII.
fig. 3. abgebildet iſt.   Er nennet daſſelbe Dopjeskoraal.   Es hat eine regelmäßige Baumgeſtalt,
und ſiehet von weiten wie ein blühender Aſt aus,

(marginalia:)
37.
Jungferncoralle.
Virginea.

Tab.
XXIII.
fig. 2.

Knospencoralle.

Tab.
XXIII.
fig. 3.

Linne VI. Theil.   Y η   denn

C.
Verei-
nigte.

denn die Sternchen ragen in umgekehrten Becherchen weit aus dem Aste hervor, daher die holländische Benennung ihren Ursprung hat, und durch
Knospencorall übersetzt werden müßte.

Rosen-
corall.

Tab.
XXIII.
fig. 4.

Auch giebt es noch ein vor nicht langer Zeit
aus St. Domingo nach Frankreich, und von
da nach Holland überbrachtes niedliches Corall
dieser Art, welches von Herrn Pallas Rosenco-
rall (Madrepora rosea, No. 165. oder 181.) genennet wird, und davon eine Abbildung Tab.
XXIII. fig. 4. zu sehen ist. Man hat sie bis dahin nur noch in kleinen Stauden, etwa einer Hand-
breit hoch von schöner gelblicher Farbe gesehen,
deren Sprossen eine niedliche Rosenfarbe haben,
davon diejenigen, die an der Spitze offen sind, eine
geblätterte Sternfigur zeigen, und eben solche
Sternchen nimmt man auch an den Aesten, ohne
hervorragenden Knospen gewahr.

38. Die Blumencoralle. Madrepora prolifera.

38.
Blu-
menco-
ralle.
Proli-
fera.

In dem norwegischen Ocean findet man
eine weisse harte und dem ächten Augencorall nicht
unähnliche Corallenmasse, welche wie ein dickes
Strickgewebe durcheinander gezogen, und mit den
Aesten wunderbar verwachsen ist, aber dieses voraus hat, daß an den Enden große Sterne befindlich sind, die am Rande wieder junge Sterne machen. Die Gestalt kommt sehr viel mit Knorr.
Delic. Tab. A. VII. fig. 2. überein, doch ist selbige ein Madrepora cespitosa No. 28.

Die Sterne sind an der gegenwärtigen Corallenart so groß, wie ein Groschen, senken sich trichterförmig in die Spitze des Stammes hinein, bestehen etwa in acht großen Blättern, zwischen welchen

chen ſich jedesmahl drey kleinere befinden, deren **C.**
mittleres wiederum am größten iſt. Dieſe Blät- Verei-
ter biegen ſich über den Rand herum, und machen nigte.
eine niedliche offene Blume, dadurch aber entſtehen am Rande oft wiederum kleine Sterne, aus
welchen nach und nach wieder Aeſte hervor kommen: ſo daß man in der Zergliederung der Aeſte
noch Spuren des überwachſenen Sterns findet.
Die Aeſte wachſen ſonſt gabelförmig, weil aber
der breite Rand der Sterne oft aneinander ſtößt,
ſo veranlaſſet dieſes wieder ein ineinanderwachſen
der Aeſte. Es kommt in großen Klumpen vor,
und befindet ſich zuweilen bey den Materialiſten
unter dem officinellen Corall.

39. Der Seetrichter. Madrepora infundibuliformis.

Dieſes rare Seegewächſe ſteigt aus einem **39.**
kurzen dicken Stamm, als ein ſehr weiter Trichter See-
in die Höhe, der auswendig etwas geſtreift, am trichter.
Rande gefalten, und inwendig eins uns andere Infun-
mit ſternförmigen hervorragenden Defnungen be- dibuli-
ſetzt iſt, ſo wie etwa die lappigen Blätter der formis.
Dorncoralle. Siehe oben No. 33. Das Selt-
ſamſte aber iſt, daß zuweilen in dieſem Trichter ein
anderer kleiner ſteckt, als ob es ein Junges in
der Mutter wäre. Es kommt dieſe Coralle aus
Oſtindien, und hat unterer Vermuthung nach
einen Trichterſchwamm zum Grunde, der mit der
ſteinigen Corallenmaſſe überzogen iſt. Sie werden
über einen Schuh weit und hoch).

Hieher könnte nun auch wohl des Herrn Pallas Ele-
* Elephantenohr, oder Madrepora folioſa. phanten-
gerechnet werden, welches ſich als ein Haufen et- ohr.
was Folioſa.

C.
Verei=
nigte.

was zusammengerollter Blätter zeiget, die in einer
Bechergestalt beysammen stehen, und entweder auf
einem Fuße ruhen, oder flach über einem Felsen
ausgebreitet liegen, da man sie denn Elephanten=
ohr nennet. Die Oberfläche ist rauh, und mit
kleinen, zuweilen auf scharfen warzigen Erhöhun=
gen gesetzten Sternchen gezieret, alle aber scheinen
sie uns von der No. 33. beschriebenen Dorncoralle
die blätterigen Unterarten zu seyn.

338. Ge=

338. Geſchlecht. Punctcoralle.

Lithophyta: Millepora.

Imperatus gab die Benennung Millepora Geſchl. dem Gewürznägelcorall, (No. 30. des vori-gen Geſchlechts,) weil daſelbſt ſehr viele Sternco-ralle beyſammen ſitzen. Der Ritter hingegen eignet dieſen Namen auf eine ſchickliche Art demje-nigen Corall zu, welches zwar unzählig viel kleine Poren oder Löcher hat, aber keine Sternchen, ſo viel man wenigſtens ſehen kann, führet, und die-ſes veranlaſſet uns denn, ſolche mit dem Namen Punctcoralle zu belegen, da ſie das Anſehen ha-ben, als ob ſie mit einer Stecknadelſpitze über und über geſtochen, getupft, oder punctirt wären.

Benen-
nung.

Das Thier, welches nach der Meinung der neuern Naturforſcher dieſe Coralle bauet, und be-wohnet, iſt eine Hydra oder Polypenart, davon hernach im 349. Geſchlecht ſoll gehandelt werden. Die Corallenmaſſe iſt auf der Oberfläche mit einer Menge runder trichterförmiger Puncte beſetzt, die oft ſo klein ſind, daß man ſie kaum mit einem Ver-größerungsglaſe ſehen kann. Man kann daraus einen Schluß auf die Kleinheit der Polypen ma-chen, und um ſo größer wird die Verwunderung ſteigen, wenn man ſowohl die Maſſe, als den Bau dieſer Coralle einer thieriſchen Handlung, und kei-ner Vegetation zuſchreibet. Doch wir wollen nur die Arten, deren der Ritter in dieſem Geſchlecht vierzehn zählet, beſchreiben; ſie laufen von den

Geſchl.
Kenn-
zeichen.

Yy 3

Ma-

Madreporen mit ihren Nummern in einer Folge durch.

40. Der Zuckercorall. Millepora alcicornis.

Mit diesem Namen belegt man eine Punct-corall, das einer mit Zucker überstreuten Masse ähnlich siehet. Der Ritter giebt es als ästig, platt und gerade an, mit dem Zusatz, daß die Oberfläche mit zerstreuten verloschenen Löcherchen durchbohret sey. Es soll über einen Schuh hoch wachsen, weiß, platt, gedruckt, in der Breite gedehnet seyn, und eben so stumpf ausgehen. Das Bestandwesen ist bruchig, als ob die Masse von Gyps gemacht wäre, und die Pori sind kaum zu erkennen. Da in-zwischen diese Pori gleichsam als Röhrchen in die Masse hinein gehen, so hat es Herr Boddaert, jedoch unsers Dünkens sehr uneigen, Pfeiffen-corall genennet, weil wenigstens Herr Pallas eine nahe Verwandschaft dieser Coralle mit dem Röhrencorall zu finden glaubet, auch überhaupt die Eintheilung zwischen Stein- und Thierpflanzen nicht leiden kann, sondern alles samt und sonders Thierpflanzen nennet.

Wenn also die Frage ist, wie dieses Corall entstehe? so scheinet in der That nichts anders; als Lage um Lage sich zu überdecken, welches auf dem Bruche an verschiedenen übereinander liegenden Ringen wahrzunehmen ist, und dadurch bekommt es die Dicke, die, nach Beschaffenheit der Umstände, wohl Massen, welche sehr dichte, und bis zu einem Schuh dick sind, hervorbringt. Es ist dann zwey-tens auch die Masse nicht allenthalben gleich dicke, oder gleich flach, sondern setzet sich oft warzig und knoten- oder ästweise an, als ob bey verdickter Masse einiger Trieb zur Vegetation verhanden wäre. Ferner ist diese Masse in dem Wasser gleich-sam

ſam ſchwammig, mit Feuchtigkeit durchdrungen,
und bekommt erſt auſſer demſelben die rechte Härte
in der Luft; und endlich ſcheinet das Anhangen die⸗
ſer Maſſe an andern Körpern vieles zur Bildung
der verſchiedenen Geſtalten, worinne ſie zu erſchei⸗
nen pfleget, mit beyzutragen.

So ereignet es ſich dann manchmal, daß to⸗ **Tab.**
the Brocken Felſen klumpenweiſe damit überzogen **XXIV.**
ſind. Andere Körper, als Ziegel, Pfähle, Fla⸗ **fig. 1.**
ſchen, ja auch Conchylien ſind oft dicke damit
beſetzt, wie ſolches letztere unter andern aus der
Abbildung Tab. XXIV fig. 1. erhellet, da ſich
dieſe Maſſe an eine Kräuſelſchnecke knotig angeſetzt,
und ſie ganz umzogen hat. Eben ſo erhielten wir
einmahl eine dergleichen groſſe mit Punctcorall be⸗
wachſene Lappenſchnecke aus Curacao, welche mit⸗
ten auf ihrem Gewinde einen wilden zackigen, oder
baumförmigen Aſt ſtehen hatte. Ja es giebt eine
Menge (*) Wurmröhren, (**) Horncoralle,
Seefächer und andere gröſſere und feinere Meerge⸗
wächſe, die mit dieſer Punctcoralle gänzlich über⸗
deckt ſind, und die Grundlage der beſondern Ge⸗
wächſe dieſer Coralle zu ſeyn ſcheinen, wie ſolches
an allen ſolchen Exemplaren erweißlich iſt, in wel⸗
chen man auf dem Bruch noch das andere Seege⸗
wächſe ſtecken ſiehet. Hieher gehöret

Knorr. Delic. Tab. A. X. fig. 2. (*)
A. VI. fig. 3. (**)

Nach dieſen verſchiedenen Anlagen, unter⸗
ſtützt durch gewiſſe Vegetationstriebe, und beſtimmt
durch die einwohnenden ſogenannten Polypen, erhal⸗
ten dann dieſe Maſſen mehrbeſtimmte Geſtalten, und
ſind ſowohl von blaßgelber, als weiſſer Farbe, die
nach Beſchaffenheit ihrer Veränderung auch ver⸗
ſchiedene Namen bekommen. Zum Exempel:

Yy 4 a) Ei

a) Ein Elendshornartiges Punctcorallengewächse, als die von dem Ritter hieher gerechnete Hauptart. Diese Coralle steiget auf einer gemachten Fläche mit etlichen daumensdicken Stielen zuerst etwa einen Zoll hoch, verbreitet sich sodann je mehr und mehr, und steiget in etwas gebogenen oft vier bis fünf Zoll breiten Blättern, gegen anderthalb Schuh hoch, so daß es ein lauter Gebüsche von gefaltenen Blättern zu seyn scheinet, die alle senkrecht nebeneinander und hintereinander stehen, und wenn man mit dem Finger dagegen schnellet, einen Klang von sich geben. Von dieser Art besitzen wir vielblätterige Massen, die über einen Schuh hoch, breit und tief sind, deren Blätter oben alle einen verdünnten, und niedlich ausgeschweiften Rand haben. Von Curacao.
Knorr. Delic. Tab. A. XI fig. 4.

b) Rennthiercorall. Man kann diese Benennung füglich aus zweyerley Ursachen gebrauchen: denn diese Millepore erscheinet in einer dünnästigen, weit auseinander stehenden, wilden und unbestimmten Gestalt der Zinken, wie etwa die Hörner oder Geweihe der Rennthiere, oder auch in Gestalt des Rennthiermooß. Davon besitzen wir ein vier Zoll breites und sechs Zoll hohes Stück mit zwey bis drey federkielsdicken, gebogenen und mit Nebenzweigen versehenen Aesten. Von Curacao.

c) Durchbrochenes Blatcorall. Dieses sind Blätter, etwa einen kleinen Bogen Papier breit und hoch, zwey Messerrücken dick, flach, mit ineinander verwachsenen plattgedruckten Aesten, so daß die ganze Fläche mit großen Löchern von allerhand Figuren zierlich durchbrochen zu seyn scheinet. Dergleichen besitzen wir ein schönes Stück, das ein Quartblatt von einem Imperialbogen allenthalben in Größe übertrift, und dergleichen zwey
hinter-

hintereinander gewachſene durchbrochene Blätter Neben‍arten.
zeiget. Von Curacao.

Knorr. Delic. Tab. A. II. fig. 3.

d) **Fingerförmiges Blatcorall.** Dieſe
Gattung kommt in der erſten Anlage der obigen
Lit a) gleich, indem es ſich von unten auf mit
breiten Blättern bildet, die aber keinen ſchmalen,
ſondern breiten Fuß haben. Der vornehmſte Un‍ter‍ſchied aber beſtehet darinne, daß, da an jener
Art der obere Rand ſcharf wie eine Schneide, und
gebogen iſt, hier an dieſer der obere Rand aller
Blätter in ſehr vielen gerade, und ſenkrecht neben
einander in einer Reihe ſtehenden fingerförmigen
Zinken zur länge von einem halben‑bis drey Zoll,
ausgehet, welches dann das Anſehen vieler neben‍einander ausgeſtreckten Finger hat. Hievon beſi‍tzen wir eine Maſſe, die gegen acht Zoll breit und
vier Zoll tief iſt, und aus verſchiedenen ſolchen hin‍tereinander ſtehenden gefingerten Blättern beſte‍het. Aus Curacao.

e) **Baumförmiges Punctcorall.** Es
ſteigt aus einer dünnen Wurzel in die Höhe, be‍kommt viele Aeſte, die ſich untereinander verwach‍ſen, ringsherum Nebenzweige abgeben, die wiede‍rum mit krummen fingerförmigen Hacken beſetzt
ſind. Hievon beſitzen wir ein Stück das einen
Schuh hoch iſt, und davon die Krone acht bis ze‍hen Zoll in der Breite hält. Aus Curacao.

f) **Die Zucker‑oder candirte Millepore.**
Dieſes ſind endlich die Ueberzüge über andere Flä‍chen, davon wir oben ſchon geſagt haben.

g) **Das blaue Punctcorall. Millepora
coerulea.** Es hat im Bau einige Aehnlichkeit
mit obiger erſten Art, iſt aber auf dem Bruche
ganz blau, dergleichen wir auch in kleinen Stücken

Yy 5   von

von Curacao bekamen. Dieser Umstand aber der blauen Farbe schien uns nur zufällig zu seyn, denn wir fanden auch Stücke dabey, die nur zum Theil blau, zum Theil aber gelblichweiß waren. Inzwischen macht Herr Pallas No. 158. eine besondere Art daraus, weil die Pori inwendig gestreift seyn sollen.

Alle diese Verschiedenheiten haben nun noch so viele Abweichungen, und mancherley Gestalten unter sich, daß man sich verwundern muß; indem sich hier das Willführliche mit dem Regelmäßigen zu verbinden scheinet. Inzwischen sind sie alle auf der Oberfläche fein punctiret, und zwar auf folgende Art: Zuerst stehen auf unbestimmten Entfernungen allenthalben größere Puncte, die man mit blossen Augen gut sehen kann; um jeden solchen Punct gesellen sich vier, fünf bis sechs Puncte im Kreiß, die kleiner sind, und wo man schon scharf sehen muß, um sie auseinander zu erkennen; der übrige Zwischenraum aber stehet voll mit unzähligen viel kleineren Puncten, wozu man ein gutes Vergrößerungsglas braucht, um sie zu erblicken. Endlich aber haben wir auch genug Massen gesehen, wo gar nichts regelmäßiges, auch gar keine Puncte, als etliche wenige hin und wieder, zu sehen waren, wo hingegen sich auch andere Massen zeigten, die gleich einem Schwamm mannichfaltig durchlöchert, und überhaupt pords erschienen. Wer nun alles dieses der Wirkung undenklich feiner Polypen zuschreibet, der behauptet einen viel unwahrscheinlichern Satz, als der eine theils pflanzenartige, theils mineralische Vegetation, nebst einer Art der Incrustation annimmt.

41. Die

41. Die rauhe Punctcoralle. Madrepora aſpera.

Dieſe Millepore des Gualthierl beſtehet aus dicht beyſammenſtehenden fingerförmigen Aeſten, die aber warzig rauh ſind, indem die hervortretenden Pori an der untern Seite geſpalten ſind. Man findet dieſe Art in dem mittelländiſchen und im nordiſchen Meere.

41. Rauhe Punkt-coralle. Aſpera.

42. Die punctirte Kräuſelcoralle. Millepora ſolida.

An dem gothländiſchen Strande wird eine Art Millepore ausgeworfen, deren Pori inwendig in ihrer Höhlung ein Zwergfell haben, auch unterſcheiden ſie ſich von den Poris anderer Punctcoralle darinne, daß dieſelben gleichſam eckig ſind, und dicht aneinander ſtehen. Die ganze Maſſe hat eine kräuſelartig in die Höhe ſteigende Geſtalt.

42. Punc-tirte Kräuſel-coralle. Solida.

43. Die Cellenmillepore. Millepora truncata.

Dieſe Corallenart, die man in den Tiefen des mittelländiſchen Meeres antrift, iſt gabelförmig äſtig, mit eckig gebogenen, gerade abgeſtußten und weitſchichtig voneinander ſtehenden Zweigen von grauweiſſer Farbe, ob es ſich gleich friſch aufgefiſchet, röthlich zeiget; hat ohngefehr die Höhe von acht Zoll, und zeiget ſich auch wohl in verwirrten Klumpen vieler durcheinander ſteckenden Aeſte. Es ſiehet auswendig glatt, marmorartig und hart aus, ob es gleich wegen des poröſen Weſens ſehr mürbe iſt, man muß aber die Punct mit einem Vergrößerungsglaſe ſuchen, und da ze get ſich denn, daß es lauter urnenmäßige Cellen

43. Cellen-mille-pore. Trun-cata.

ſin

ſind, in deren jeder, nach Donati Bericht, ein Thierchen oder Polypus befindlich iſt. Die Pori ſelbſt
ſind mit einem Deckel zugedeckt. Der darinnen
wohnende Polypus hebt den Deckel mit zwey Armen auf, und ſtreckt ein becherförmiges Maul
hervor, ziehet ſolches wieder in die Röhre hinein, und verſchließt den Deckel wieder. Die Aeſte
werden höchſtens ſo dick, als ein Federkiel, ſind
aber mehrentheils nur halb ſo dick, und ſteigen
auf Steinen oder Conchylien etwa acht Zoll hoch.
In des Pallas ſeiner Beſchreibung No. 153.
finden wir, daß man auch Trümmer von ſolchem
Corall in der Nordſee gefunden habe.

44. Die gedruckte Millepore. Millepora compreſſa.

44.
Ge-
druckte
Mille-
pore.
Com-
preſſa.

Hieran gränzet zunächſt diejenige Art, welche wir Tab. XXIV. fig. 2. abgebildet finden.
Sie iſt äſtig, gabelförmig, platt gedruckt, mit
hervorragenden Poris, welche die Oberfläche rauh
machen, beſetzt, von braungelber Farbe, und
wird in dem mittelländiſchen Meere gefunden.

45. Die Mooßmillepore. Millepora lichenoides.

45.
Mooß-
millepo-
re.
Liche
noides

Das ſogenannte Lichen Coralloides, oder
Corallenmoos, welches ſehr bekannt iſt, und
im Kräuterreiche vorkommt, hat die Benennung
zu dieſer Millepore veranlaſſet, indem ſie mit
nichts beſſern könnte verglichen werden. Sie
wächſt nämlich auf einem Stiele, kriecht ſo zwey-
fach gabelförmig fort, und hat an der einen Seite
der Aeſte hervorragende Löcherchen, welche die
Aeſte gleichſam als gekerbet darſtellen. Uebrigens
iſt es ſehr dicht mit Aeſten beſetzt, und an denſelben

ſelben etwas gedruckt. Die Gröſſe dieſes niedlichen Seegewächſes iſt etwa einen Finger lang, und
verhältnismäßig wie ein Fecher ausgebreitet. Das
Beſtandweſen iſt weiß, brüchig und der Länge nach
inwendig porös. Der Aufenthalt iſt im mittelländiſchen Meere, wie auch in der Nordſee bey
Island.

Ellis Corall. Tab. XXXV. fig. B. b.

* Hieher gehöret auch des Herrn Pallas Floſſen-
Millepora pinnata No. 151. oder Floſſenmille-   millepo-
pora, welches der Herr Boddaert gevleugeld ꝛc.   ra.
Pyp-Coraal nennet, indem die Pori an der einen
Seite in querſtehenden Dreyecken wie Flügel her-
ausragen. Es wird nur einen Zoll hoch, hat weit
auseinander ſtehende Aeſte, die weit klaffen. Nach
des Marſigli Bericht iſt es aſchgrau, oder auch
grünlich.

Boddaerts Pallas Tab. VIII. fig. 2.

46. Die geſtreifte Coralle. Millepora lineata.

Die Aeſtchen dieſer Millepore, welche auch   46.
gabelförmig wächſt, ſind nicht gedruckt, ſondern   Ge-
rund, und hat eine ſchöne rothe Farbe, die aber   ſtreifte
nach des Herrn Pallas Bericht, gelblich wird.   Coralle.
Die Pori ſtehen ſehr dicht, und alle reihenweiſe,   Lineata
daher es den Beynamen geſtreifte Coralle erhält.
Es wird wohl drey Zoll hoch, und wächſt gerne
auf andern Seegewächſen.

* Da wir aber hier von der rothen Farbe re-   Rothe
den, ſo müſſen wir auch des Herrn Pallas rothe   Mille-
Millepore, Millepora miniacea, gedenken. Es   pore.
wächſt nur einige Linien hoch, iſt einigermaſſen
äſtig, und hat eingedruckte Puncte. Der kurze
Stamm iſt dick, aus ſelbigem treten Aeſtchen hervor,

vor, die verhältnismäßig dünner werden. Da es nun ſehr klein iſt, ſo zeiget es ſich oft nur als einen hochrothen rauhen Tropfen, oder wie ein Wärzchen. Man findet es aber ſehr häufig an andern Corallen, es mögen Stein- oder Horncoralle ſeyn, beſonders aber ſind die americaniſchen Seegewächſe voll davon, wie wir denn ſolche beſitzen, da der ganze Fuß mit dieſer Millepore überzogen iſt. Desgleichen zeiget es ſich auf allerhand erſtorbenen Conchylien.

47. Die Bandcoralle. Millepora faſcialis.

Sie wird holländiſch Lintkoraal genennet, und von Herrn Pallas unter die Eſchara No. 9. oder Seegrind und Corallenrinde; holländiſch Hoornwier gezählet. Es iſt ein dünnblätteriges, oder länglich ſchieferiges, an beyden Seiten punctirtes, auf mancherley Art gefaltenes und gekräuſeltes Gewächſe, welches auf der Oberfläche der Steine und anderer Coralle fortſchleicht, und ſie wie ein Band überziehet. Das Beſtandweſen iſt hart, ſteinig, inwendig weiß, auswendig grau, die Pori treten mit einer würfelartigen Erhöhung hervor, und klaffen am obern Theile des Würfels mit einem kleinen Mündchen. Es giebt auch zuſammengeballte Maſſen wo es durcheinander wächſt, und in Abſicht des ſchieferigen Weſens trift man Verſchiedenheiten an. Der Aufenthalt iſt faſt in allen Weltmeeren auf allerhand Arten der Seegewächſe.

Ellis Tab. XXX fig. A. a. b.

* Eine der Verſchiedenheiten wird von dem Herrn Pallas unter dem Namen Eſchara ceilanica No. 10. zu einer beſondern Art gemacht. Es macht dieſelbe breite aneinander gewachſene häutige Lappen, die ſehr dünn, zerbrechlich, und der länge nach

nach mit reihenweise stehenden Cellen oder Puncten beseßt ist. Diese Reihen sind gedoppelt, die
Puncte erscheinen oval, und haben oben einen zir-
kelrunden Mund mit einem Rande. Man findet
es an der Insel Ceylon, theils allein in Ballen,
theils auf andern Seegewächsen.

48. Die Netzcoralle. Millepora reticulata.

Unter dieser Benennung verstehet man ein
dünnschaliges flachliegendes, durch viele schmale
Aestchen in und aneinander verwachsenes, nieder-
gedrucktes Seegewächse, welches an der obern
Seite viele hervorragende Poros hat, und sich dadurch rauh zeiget, unten aber glatt ist. Es verdienet die Benennung der Netzcoralle mit Recht,
da die Aestchen, wie ein Netz, übers Creutz und in
die Quere zusammen hangen. In der Mitte zeiget
sich gemeiniglich ein großes Loch, wodurch man einen Finger stecken kann, um welches das Netz in
der Rundung herum wächst, und fast die Gestalt
einer zerrissenen Filetmanchette annimmt, so wie
die Abbildung Tab. XXIV. fig. 3. vorstellet.

*Wir können hier auch nicht vorbeygehen,
wie von dem Herrn Pallas einer gewissen Art
unter dem Namen Millepora clathrata, oder
Gittercoralle gedacht werde, welches mit gabelförmigen Adern netz- oder gitterartig verwachsen
ist. Es hat einen harten steinigen Mittelpunct,
ist weiß und steinig, mit flachen Aesten, an der einen Seite mit reihenweise stehenden Poris beseßt,
und gleichsam sägeförmig gezähnelt. Die Abbildung Tab. XXIV. fig. 4. giebt übrigens den besten Begrif davon. Das Vaterland ist Indien.

* Hieher endlich liesse sich auch noch des Herrn
Basters Eschara Frondipora, oder Laubco-

Side notes: 48. Netzco-ralle. Reticu-lata. Tab. XXIV. fig. 3. Gitter-coralle. Tab. XXIV. fig. 4. Laubco-ralle.

ralle, die vom Herrn Pallas unter dem Namen
Eſchara cruſtulenta angeführet wird, ziehen.
Man findet ſie im Seeland im ſalzigen Waſſer in
zuſammengewachſenen Kneulen, davon die platte
Seite an einem Gegenſtande feſtſitzet, die andere
aber frey im Waſſer, zweigartig durcheinander
gewebet, wächſet.

49. Die Spitzencoralle. Madrepora cellulosa.

49.
Spitzen-
coralle.
Cellu-
loſa.

Tab.
XXIV.
fig. 5.

Eine der niedlichſten Milleporen iſt gewiß die
Spitzencoralle, oder Neptunusmanchette aus
dem adriatiſchen Meere, davon Tab. XXIV.
fig. 5. eine Abbildung erſcheinet. Es iſt nicht dicker als ſtark Papier, blätterig gebogen, und ge-
kräuſelt gewachſen, von röthlicher oder gelblicher
Farbe, mit länglichen Löcherchen ganz durchbrochen, immer trichterförmig gebogen, und auf verſchiedene Art durcheinander gewachſen. Die Löcherchen ſtehen eins ums andere, und einigermaſſen
reihenweiſe dichte beyſammen. Zwiſchen dieſen Löcherchen iſt dennoch die Oberfläche mit faſt unſicht-
baren Poris durchſtochen, welche die Röhrchen ſeyn
ſollen, worinne die Polypen wohnen. Und könnten denn dieſe Polypen wohl viel größer als
große ſogenannte Inſuſionsthierchen ſeyn?
In der See giebt es ſchöne über einen halben
Schuh hohe dergleichen Trichter oder Manchetten,
aber wegen ihrer zarten Structur und groſſen Zer-
brechlichkeit findet man in den Cabinetten kaum
zwen bis dren Zoll groſſe Stücke, und es ſind alsdenn
noch ſeltene Erſcheinungen, unter welchen man
doch auch einige Verſchiedenheiten wahrnimmt.
Ellis Coralle Tab. XXV fig. D d.
Knorr. Delic Tab. A. III. fig. 3.

50. Die

50. Die Dratcoralle. Millepora reticulum.

Auf den Conchylien und Muschelschalen des mittelländischen Meeres findet man zuweilen ein netz- oder gitterartiges Gewebe von kalchartigen Haarfäden, fast wie ein übersponnenes Spinnengewebe liegen, und dieses ist die nämliche Art, welche der Ritter hieher rechnet, wiewohl er bezeuget, daran keine Poros oder Puncte wahrgenommen zu haben. Der Herr Houttuin nennet es Lobkoraal, weil es so besonders fein ist.

*50.
Dratcoralle.
Reticulum.*

51. Der Steinschwamm. Millepora spongites.

Diese Masse bestehet in einem festen steinigen Wesen, etwa einen Schuh lang, mit Aesten, die kaum einen Finger dick, gabelförmig oder eckig besetzt, von weisser Farbe, und mit dicht aneinander liegenden, wie Ziegel übereinander geschobenen, lanzetartigen, und kielförmig erhöheten Schuppen bedeckt sind. Die Aeste sind an den Spitzen durchgängig netzartig, nach Art der Schwämme, miteinander vereinigt, und bricht man sie ab, so zeigen sich die Pori der Länge nach, so wie in den Pflanzen, nach deren Art es zu wachsen scheinet, auswendig aber hat es weder Sternchen noch sichtbare Poros, sondern ist wie ein steinerner Schwamm gebildet. (Wie kommt denn dieses Product hieher?)

*51.
Steinschwamm.
Spongites.*

52. Die Ledercoralle. Millepora coriacea.

Dieses rindenartige, halbkugelförmige, fast horizontalliegende Seegewächse, hat nur seltene Poros an der untern Seite. Es ist weiß und gleichsam kreidenartig, liegt als eine Decke mit

*52.
Ledercoralle.
Coriacea.*

vielen Kammern über andern Seegewächsen, so daß es viele Aehnlichkeit mit einer Incrustation vom Tartaro oder Weinstein hat, dergleichen sich auch wohl am Cap der guten Hofnung mit mancherley Farben, als angewachsene Schwämmchen zeiget, welches der Herr Pallas unter dem Namen Millepora agariciformis No. 162. vorstellet.

53. Die Kalchcoralle. Millepora polymorpha.

53.
Kalch-
coralle.
Poly-
morpha.

Tab.
XXIV.
fig 6.

Endlich findet man noch corallenartige Rinden, Ueberzüge, Massen und ästige Producte in verschiedenen Meeren, und an den Küsten, woran es durch die See angespühlet wird, welche in verschiedenen Gestalten und Brocken erscheinen, ein sehr dichtes und schön corallenartiges Bestandwesen haben, aber im geringsten keine Poros zu erkennen geben, so wie davon Tab. XXIV fig. 6. eine Abildung von einem solchen ästigen Product erscheinet.

In Norwegen brennet man von diesem Auswurf des Meeres einen Kalch. In Engelland dünget man die Felder damit, und zuweilen kommt es auch unter dem weissen Corall in den Officinen vor. In den americanischen Gewässern ist es häufig, und bildet sich daselbst zu warzenartigen, ja auch einigermassen ästigen und etwas baumförmigen Gewächsen. Niemand findet Poros darinne, als nur der Herr Ellis. Denn wo wäre sonst Platz für seine Polypen gewesen? Ellis Tab. XXVII. fig. C.

Und der Herr Pallas hilft ihm durch, wenn er meinet: es müßte doch wohl bey der ersten Entstehung dieser Stücke, ein thierischer Bau zum Grunde liegen.

Be-

Belobter Herr Pallas rechnet hieher auch eine thonhartige, aus kalchigen Theilchen beſtehende, aber wie eine Thonart ausſehende grünlich graue Incruſtation, welche von der See bey dem Dorfe Rakanje ausgeworfen wird; worüber in Holland ſelbſt viele mit einiger Anzüglichkeit verknüpfte Streitigkeiten geführet worden, da man einerſeits ſolches als ein animaliſch Product, anderſeits aber für eine thonartige Incruſtation des in ſelbiger See befindlichen Schilfs, und zwar beyde verſchiedene Meinungen aus chineſiſchen Verſuchen erklärte; bey welchen jedoch die Erklärung des Herrn Pallas den meiſten Glauben findet, daß es nämlich eine kalchartige Materie ſey. Daß aber hier an keinen thieriſchen Bau, auch nur im Geringſten zu denken ſey, iſt unſere beſondere Meinung, aus dem Grunde, weil wir überhaupt von der Coral- len Entſtehung bis dahin eine ganz andere Mei- nung hegen, als Herr Ellis, Linneus, Pallas, Houttuin und alle die dem Herrn Ellis folgen.

Und wenn auch gleich der Herr Houttuin zum Beſchluß ſeiner Milleporen, und beſonders der Kalchmilleporen, ſchreibet, daß ein thieri- ſcher Urſprung bey Körpern, die ſich in ſo vielerley Geſtalten zeigen, weit wahrſcheinlicher ſey, als ein pflanzenartiger oder incruſtationähnlicher; ſo macht dieſes uns doch nicht irre, weil wir eben die mannichfaltigen Geſtalten einerley Maſſen weit eher aus einer mineraliſchen und pflanzenartigen Vegetation, als aus einem thieriſchen Bau zu er- klären wiſſen, folglich die Wahrſcheinlichkeit, bey fernern und fortdauernden Unterſuchungen der Naturforſcher, wohl einmahl auf unſere Seite fallen mögte. ?.

339. Geschlecht. Cellencoralle.
Lithophyta: Cellepora.

Geschl. Benennung.

Die Benennung Cellepora hat lediglich daher ihren Ursprung, weil die in dieser Corallenart vorgefundenen Porl weder stern- noch röhrenförmig sind, sondern aus gewissen Höhlen bestehen, daher wir es Cellencorall nennen, wofür die Holländer das Wort Celleporen gebrauchen. Es enthält mehrentheils Arten, die aus den sogenannten Meerrinden, oder Seegrind, (Eschara) ausgemustert sind.

Geschl. Kennzeichen.

Die Kennzeichen dieses Geschlechts bestehen also lediglich darinne, daß der Bewohner ein Hydra, oder Polype (siehe unten das 349. Geschl.) seyn soll, und daß die Coralle mit krugartigen, oder cellenförmigen Löchern besetzt ist, die einigermaßen häutig sind. Es zählet der Ritter folgende sechs Arten in durchlaufenden Numern hieher.

54. Das Sandcorall. Cellepora ramulosa.

54. Sandcorall. Ramulosa.

In der Nordsee zeiget sich bey Norwegen ein sehr mürbes, brüchiges, vieläftiggewachsenes, und gleichsam aus Sandkörnern zusammen gekittetes Corall, welches, wenn man es mit dem Vergrößerungsglase betrachtet, lauter cylindrische Poros zeiget, und diese Art wird durch obige Benennung angedeutet.

55. Der

55. Der Schwammſtein. Cellepora ſpongites.

Wir haben oben No. 51. eine Millepora ſpongites betrachtet, welche wir Steinſchwamm genennet haben, um ſie von dem Schwammcoralll No 8. zu unterſcheiden, wir wollen alſo jetzo nur das Wort umſetzen, und dieſe Cellepore den Schwammſtein nennen, da ſie auch beym Beß-ler in ſeinem Muſeo Tab. 28. den nämlichen Na-men führet.

Es ſcheinet die Maſſe aus vielen gebogenen, gefaltenen, und übereinander gelegten häutigen Geſchieben zu beſtehen, welche, um Steine, Co-rallengewächſe, auch andere Gegenſtände, eine blät-terige Rinde machen, auch wohl in ſich ſelbſt klum-penweiſe zuſammengeballet ſind. Die Cellen ſtehen an dieſer Art reihenweiſe, und haben gerandete Oefnungen, ſo daß doch übrigens die Geſtalt einem ſteinigen Schwamm ähnlich iſt.

Was die Cellen betrift, ſo erſcheinen ſie, nach des Herrn Pallas Angabe No. 11. als viereckige ovale mit glänzenden und geſtreiften Oberflächen, die ſiebartig durchlöchert und mit einer gerandeten Mündung nach der einen Seite zu verſehen ſind. Das Beſtandweſen iſt mürbe, grauweiß und ſaff-ranfärbig. Die weiſſen helmförmigen Bläschen, die man über der Mündung dieſer Cellen antrift, hält der Herr Pallas für Eyerneſter der inwoh-nenden Polypen. Der Aufenthalt iſt in dem mit-telländiſchen und americaniſchen Meere. Es kommt auch in den Officinen unter den Namen La-pis ſpongiae, als ein grießtreibend Mittel vor, und unter den verſteinerten Maſſen zeiget es ſich oft.

·56. Die Bimſencoralle. Cellepora pumicoſa.

56.
Bimſen-
coralle.
Pumi-
coſa.

Tab.
XXIV.
fig. 7.

Eine gewiſſe gabelförmig getheilte, etwas zu-
ſammengedruckte, in die Höhe gerichtete rauhe Coralle, wovon Tab. XXIV. fig. 7. eine Abbildung
erſcheinet, wird unter obiger Benennung verſtanden, und von Herrn Houttuin in Nachfolge des
Herrn Boddaerts, Puimſteen genennet, indem
es einen Bimſenſtein ſehr ähnlich ſiehet. Die
Maſſe aber beſtehet aus vielen Cellen, die nach
auſſen zu mit einer Mündung klaffen, und unter
jeder Celle mit einer ſteinigen Spitze gewafnet ſind,
wodurch es ſehr rauh beym Anfühlen iſt. Es
wächſet in Knoten, Klumpen, oder auch äſtigen
Geſtalten, theils frey, theils an andern Corallen,
theils aber überziehet es auch nur andere Körper.

Was die Polypen betrift, die in beſagten Cellen wohnen ſollen, davon ſpricht der Herr Juſſieu
alſo: In einem Pocal mit Seewaſſer ſchien die
ganze Maſſe von lauter Armen oder Köpfchen der
Polypen zu wimmeln, welche jede mit 16 Hörnern
an den Köpfchen verſehen waren. Bey der mindeſten Bewegung zogen ſie ſich alle in ihre Cellen zurück.
Nach einer nächtlichen Ruhe aber kamen ſie wieder
zum Vorſchein, waren dem Augenmaas nach eine
Linie lang, und ein Achtel einer Linie dick. Ihre
Körper waren länglichkegelförmig, mit einem feinen durchſichtigen Häutchen umgeben, durch welches man einen Canal bemerken konnte, der oben
mit dem Mündchen Gemeinſchaft hatte, und mit
einer minder durchſichtigen Materie angefüllet war,
daher er dieſen Canal für den Magen hielt. Da
das Seewaſſer in die Fäulnis übergieng, verlieſen
alle Polypen ihre Röhrchen, und fielen ohne Bewegung ausgedehnet auf den Boden des Glaſes
nieder. Wollten wir dieſe Beobachtungen des Herrn

Juſſieu

Juſſieu mit unſern Gedanken und Anmerkungen
begleiten, ſo möchte es uns hier zu weitläuftig
fallen; wir verſparen alſo unſere einzelnen Beant‑
wortungen, bis zu ſeiner Zeit.

Ellis Corall. Tab. XXVII. fig. F.
Tab. XXX. fig. D.

57. Die Warzencoralle.   Cellepora verrucoſa.

Sie hat runde eyförmige Cellen mit einer faſt
dreyeckigen Mündung. Dieſe Cellen ſchlagen ſich
wie ein Ring um ſeine Seegewächſe, dergleichen
unter andern die vielfärbigen caapſchen Seekäum‑
chen ſind, wiewohl der Ritter zweifelt, ob des
Herrn Pallas Eſchara anularis No. 13. wohl
hieher könne gerechnet werden, die ſich eben nur an
beſaaten caapſchen Seegewächſe zeiget. Uebri‑
gens aber ſind die Mündungen ſo klein, daß man
ein gutes Vergrößerungsglas dazu braucht, ſie zu
erkennen. Der Aufenthalt iſt an ſeinen Seege‑
wächſen des mittelländiſchen Meeres.

*57.
War‑
zenco‑
ralle.
Verru‑
coſa.*

58. Die Haarcelle.   Cellepora ciliata.

Dieſe Art iſt des Herrn Pallas Eſchara ci‑
liata No. 6. Sie beſtehet in einer ſteinigen Rin‑
de mit erhabenrunden Cellen, welche an der Mün‑
dung mit ſieben Härchen oder Zähnchen beſetzt ſind.
Der Aufenthalt iſt im mittelländiſchen Meer, in
allen corallenreichen Gegenden, wie auch an der
Küſte Engellands, und in America an andern
Seegewächſen. Die Rinden ſind weiß, die Cel‑
len halb durchſichtig glatt, und erhaben Die bo‑
genförmigen Bläschen hält Herr Pallas gleichfalls
für Eyerneſter der Polypen, und uns wundert,
daß dieſer gelehrte Naturforſcher nicht eher auf

*58.
Haar‑
celle.
Ciliata.]*

Bb 4   Luſt‑

Luftbläschen verfällt: allein es muß alles herbey, was nur die Polypenlehre und den thierischen Bau der Coralle einigermaßen begünstigen kann.

59. Die Glascoralle. Cellepora hyalina.

59. Glascoralle. Hyali-

An der untern Seite der oben No. 52. beschriebenen Ledercoralle kommt diese Cellepore öfters vor, sie bestehet aus lauter kugelförmigen durchsichtigen Cellen, welche dicht aneinander stehen, und den Mund selten am Wirbel, mehrentheils aber schief und kaum gerandet haben. Das Ansehen muß also fast wie das Ansehen des bekannten Eißkrauts seyn.

V. Ord=

V. Ordnung.
Thierpflanzen.
Vermes Zoophyta.

Das Wort Zoophyton, welches aus zwey griechischen Wörtern zusammen gesetzt ist, und eine belebte Pflanze, oder Thierpflanze heißt, stammet nicht von der Erfindung der neuern Naturforscher her; sondern wurde schon von den ältern Schriftstellern gebraucht: indem sie schon die Seeschwämme und Alcyonien für etwas thierisches ansahen. Aldrovandus erkläret es durch Plantanimes und Plantanimalia, wohin er solche Geschöpfe wollte gerechnet wissen, von welchen man nicht wüßte, was sie eigentlich wären, indem man sie weder vor Pflanzen noch vor Thiere halten könnte, als: die Seenessel, Seeblasen, Seelungen; welche aber oben in der zweyten Ordnung unter dem Namen Mollusca schon sind abgehandelt worden. Mit mehrerem Rechte also bedienen sich die neuern Naturforscher dieser Benennung, um dadurch eine Ordnung der Geschöpfe anzudeuten, welche sie nach ihren neuesten Entdeckungen, selbst vor halb Thier und halb Pflanze halten.

Dieses erhellet aus des Ritters von Linne Bestimmung, wenn er in der zwölften Ausgabe seines Natursystems also spricht.

Zz 5   „Die

, Die Zoophyta ſind nicht wie die Litho-
„phyta, Urheber ihrer Schaale oder ihres Stam-
„mes, ſondern die Schaale iſt der Urheber ihres
„Daſeyns. Es ſind nämlich die Stämme wahre
„Pflanzen, welche durch eine Veränderung der
„Geſtalt oder Metamorphoſis, in beſeelte Blu-
„men, (das iſt, in würkliche Thiere,) übergehen,
„welche ihre Fortpflanzungswerkzeuge, und Mittel
„der Bewegung haben, damit ſie die Bewegung,
„welche ſie nicht von auſſen her erhalten, aus ſich
„ſelbſt haben und beſitzen mögten.„

Inzwiſchen finden wir doch in dieſer Ordnung
auch ſolche Geſchöpfe mit eingeſchaltet, die nicht in
allen Umſtänden dieſer Linneiſchen Beſchreibung
ein Genüge leiſten; daher man auf einen gewiſſen namhaften Unterſchied acht zu geben hat, der
ſich in des Ritters Erklärung offenbaret, die er in
der zehnten Ausgabe von dieſen Geſchöpfen gegeben
hat. Er ſagt daſelbſt alſo:

„Es ſind zuſammengeſetzte Thierchen, welche
„auf dem Scheidewege zwiſchen dem Thier- und
„Pflanzenreiche ſtehen. Die meiſten derſelben ſind
„angewurzelt, treiben Aeſte, und vermannichfal-
„tigen ihr Leben durch Zweige, abfallende Kno-
„ſpen, und eine Veränderung der Geſtalt oder
„Uebergang in belebte oder beſeelte Blumen, die
„ſich ſelbſt bewegen, und in ſaamentragende Cap-
„ſeln übergehen, gerade als ob die Pflanzen eigent-
„lich Pflanzenthiere ohne Gefühl und Bewegung,
„und die Pflanzenthiere wahre Pflanzen mit einem
„Nervenſyſtem, oder Werkzeugen des Gefühls
„und der Bewegung wären.„

Durch dieſe Erklärung geräth man auf einen
Unterſchied zwiſchen Thierpflanzen und Pflanzenthieren. Erſtere ſind alſo gewurzelte Pflanzen mit
einem

einem thierischen Mark, letztere aber sind bloße
Thiere die pflanzenartig wachsen, und sich nach Art
der Pflanzen, durch ein äugiges Leben vermehren, aber
nicht angewurzelt sind, sondern frey herum gehen.

Wenn wir uns also ein Ey von einer Thierpflanze denken, so ist die äussere Hülse gleichsam
der pflanzenartige Saame, welcher in einen Gegenstand eingewurzelt, und ordentlich wie eine Pflanze, in Gestalt eines Baums vegetiret, aber das innere, oder gleichsam der Dotter dieses Eyes, ist
thierisch, und wächst, nach den Grundsätzen eines
Pflanzenthieres, eben so innerhalb seiner Schaale,
als ein belebtes Mark fort, so wie die Schaale, in
welcher das Pflanzenthier eingekerkert ist, pflanzenartig fortwächst.

Es wäre also auch zwischen diesen Thierpflanzen und den Steinpflanzen der vorigen Ordnung,
dieser Hauptunterschied, daß, da letztere von ihren
Polypen gebauet werden, welche durch alle Poros
von aussen die Nahrungsmittel an sich ziehen, erstere hingegen für sich fortwachsen, und den einwohnenden ästigen und zusammengesetzten Polypen
die Nahrung nur hin und wieder, in voneinander
abgesonderten Knospen, durch soviel Köpfchen oder
Mündungen einsaugen lassen.

Eine so nahe Verwandschaft zwischen dem
Thier-und Pflanzenreiche ist nun schon von Leib-
nitz und andern großen Gelehrten vermuthet, jedoch erst von den neuen Naturforschern entdeckt
worden, und wir selbst läugnen auch eine so nahe
Verwandschaft zwischen beyden Reichen nicht; verstehen aber solche auf eine ganz andere Art, und
glauben sogar eine viel nähere Verwandschaft als
diese ist, welche uns die neuern Naturforscher in
den

den Thierpflanzen vorstellen. Wir sparen aber die Erörterung unserer Meynung mit Fleiß bis zum Schluß dieses Bandes, um in dem Leser kein Vorurtheil zu erwecken, sondern ihm Gelegenheit zu geben, durch fernere Betrachtung der hernach zu beschreibenden Gegenstände, das neue System des Herrn Ellis in seiner vollkommenen Stärke zu fassen, und dann zu urtheilen, ob unsere Bedenklichkeiten einiges Gewicht haben, oder Aufmerksamkeit verdienen oder nicht.

Inzwischen sind nun doch die neuern Schriftsteller in der Sache nicht vollkommen einig: der Herr Pallas unter andern, hebt den Unterschied zwischen den Steinpflanzen der vorigen, und den Thierpflanzen der jetzigen Ordnung ganz und gar auf, indem es, seiner Meinung nach, lauter Thierpflanzen sind, die in folgender Ordnung aneinander gränzen, und gleichsam eine Kette in den Wirkungen der Natur machen, weil die Natur keine Lücken lässet:

1. Geschl. Hydra,   Polype.
2. Geschl. Eschara,   Seerinde.
3. Geschl. Cellularia,   Cellcoralle.
4. Geschl. Tubularia,   Röhrencoralle.
5. Geschl. Brachionus,   Bastardpolype.
6. Geschl. Sertularia,   Blasencorall- Corall-
                           nen,   nen.
7. Geschl. Gorgonia,   Seestauden,] Hornco-
8. Geschl. Antipathes,   Seebaum,   ] rall.
9. Geschl. Isis,   Edel Corall.
10. Geschl. Millepora,   Kalchcorall, Punctcorall.
11. Geschl. Madrepora,   Sterncorall.
12. Geschl. Tubipora,   Orgelcorall.
13. Geschl. Alcyonium,   Alcyonie, Seekork.
14. Geschl. Pennatula,   Seefeder.
15. Geschl. Spongia,   Seeschwamm.

Durch

Durch diese Ordnung, glaubt der Herr Pallas, folge er der Natur schrittweise in ihren natürlichen Stuffen, mustert aber drey Geschlechter, als ganz zweifelhafte Producte, aus der Reihe der Pflanzenthiere aus. Nämlich:

Taenia,   Bandwurm.
Volvox,   Kugelthierchen.
Corallina, Corallenmooß.

Der Ritter hingegen, der nun schon die oben abgehandelten Steincoralle von den Thierpflanzen getrennet hat, übersiehet die Geschlechter aus einem andern Gesichtspuncte, und macht daher auch eine ganz andere Ordnung, welche im vorigen Bande pag. 23. und folgende zu sehen ist, behält aber doch auch die Stuffen der Natur vor Augen, und verbindet ein Geschlecht durch einen natürlichen Uebergang, als in einer Kette, mit dem andern, so wie auch Donati schon eine Kette der Naturkörper aus einem andern Gesichtspunct entwarf. Wir wollen also jetzo nichts anders sagen, als daß alle die grossen Männer verehrungswürdig sind, und man ihnen einen wesentlichen Dank für ihre Entdeckungen und daraus gemachten Entwürfe schuldig sey, obgleich wir ihnen im Ganzen nicht beypflichten.

Lasset uns aber desto begieriger zur Beschreibung ihrer Gegenstände schreiten, und also nach des Ritters Grundsätzen, zuvörderst die Kennzeichen dieser Ordnung in der Kürze bestimmen.

Die Thierpflanzen also bestehen aus einem zusammengesetzten, zur Blüthe knospenden Thiere oder Polypen, der Stamm aber ist pflanzenartig, und gehet durch Verwandlung, in ein blühendes Thier über. Kennzeichen der Ordnung.

Nach

Nach diesen Kennzeichen werden nun zwey Abtheilungen in dieser Ordnung gemacht.

Die erste Abtheilung enthält festangewachsene oder angewurzelte, und diese sind die eigentlichen Thierpflanzen, wozu die ersten neun Geschlechter gehören.

Die zweyte Abtheilung enthält diejenigen, die nicht angewachsen sind, sondern sich frey bewegen, und diese sind die Pflanzenthiere, oder Phytozoa. Es gehören zu selbigen die letzten sechs Geschlechter.

Erste

Erste Abtheilung.

Thierpflanzen,

welche angewachsen sind.

Zoophyta fixata.

340. Geschlecht. Edle Coralle.

Zoophyta : Isis.

Isis ist wohl ein bekannter Name einer egypti- Geschl.
schen Göttin, ob aber diese Göttin blos wegen Benen-
ihrer Vortreflichkeit und Keuschheit, oder weil sie nung.
des Inachus, ersten Königs in Griechenland
Tochter gewesen, ihren Namen ebenfalls einem
schönen und niedlichen Seeproduct des mittelländischen Meeres geben muß, solches lassen wir dahin gestellet seyn, genug der Ritter hat die in diesem Geschlechte vorkommende Coralle also genennet. Wir fassen sie alle nach dem Beyspiel des
Herrn Houttuins, unter dem Namen edle Coralle, weil sie vorzüglich hochgeschätzet werden.

Die Kennzeichen dieses Geschlechts bestehen Geschl.
darinne: daß jede ihrer Art eingewurzelter Stamm Kenn-
von steinigem Bestandwesen, unbiegsam, und öf- zeichen.
ters gegliedert sey, dessen Blumen wesentliche Polypen sind, die hin und wieder an den Seiten hervorkommen, und sich daselbst ausbreiten. Jedoch
merkt der Herr Houttuin mit Recht an, daß nur
allein

allein die Blutcoralle steinig sey, da die übrigen
Arten vielmehr ein knorpeliges, oder wohl gar
mürbes Bestandwesen haben Inzwischen zeigen
sich doch alle Arten mehrentheils in einer baumförmigen Gestalt, haben aber nicht alle Poros, die
in die Augen fallen. Man zehlet folgende sechs
Arten.

1. Die Königscoralle.   Isis hippuris.

I.
Königs-
coralle.
Hippu-
ris.

Tab.
XXV.
fig. I.

Die Benennung Hippuris, welche noch vom
Clusius herstammet, bedeutet so viel, als ein
Roßschweif, und wenn man sich einen weissen
Roßschweif der Gliederweise mit einem breiten
schwarzen Bande unterbunden ist, in Gedanken
vorstellet, so hat man einen ungemein rohen Begrif von der äusserlichen Gestalt dieser an sich überaus schönen Corallenart. Sie bestehet nämlich
aus breiten der Länge nach etwas bogig gestreiften,
auswendig gelblichweissen Ringeln, die auf dem
Bruch schneeweiß, steinhart, und mit etwas dünnern oder gleichsam verengert zugezogenen schwarzen hornartigen Gelenken unterbrochen ist, so wie
die Abbildung Tab. XXV. fig. I. mit mehrerem
lehret. Zweyerley Verschiedenheiten scheinen mehrentheils vor zu kommen. Eine kurze, etwa einen
bis anderthalben Schuh hohe dickstammige Art, mit
wenigen und kurzen, stumpfen und gleichfalls gerin-
gelten Aesten, die sich oben, zuweilen in zwenen gespalten, abgestutzt endigen Sodann eine dünnere
vielästige und gleichsam reisermäßig dünn auslau-
fende drey bis vier Schuh hohe Art. Die eine
wächst gerne am Strande, in einer Tiefe von zehn
bis funfzehn Faden, auf Klippen, die andere auf
der Höhe des Meeres, in tiefen Abgründen. Das
mittelländische Meer wurde zuerst für das Vaterland allein gehalten, man bekam aber hernach
noch

noch ſchöner aus den Indien und zwar vorzüglich
von den moluccischen Inseln. Nicht minder er-
ſchienen prächtige Stücke aus dem nordiſchen
Meere, und nunmehro erhält man auch welche aus
den americaniſchen Gewäſſern. Was den innern
Bau betrift, ſo hangen die weiſſen Ringe inwendig
mit einem ähnlichen weiſſen ſteinigen Mark zuſammen, und die ſchwarzen hornartigen Gelenke
ſcheinen nur um dieſes Mark herum zu liegen. In
Abſicht auf die beſagten weiſſen Ringe und ſchwarzen Gelenke, zeiget ſich auch ſonſt wohl einiger Unterſchied, der aber keine Hauptart ausmacht, ſondern zufällig zu entſtehen ſcheinet, nämlich, daß
einige breiter, andere ſchmäler ſind, kürzer oder
weiter von einander abſtehen, und dergleichen; auch
iſt ſowohl in den ſchwarzen als weiſſen Abſätzen
einiger Unterſchied in der Farbe, indem erſtere
wohl etwas auf das ſchwarzbraunröthliche, und
letztere auf ein milchigweißbläuliches ziehen. Uebrigens iſt die ganze Coralle in ihrem natürlichen Zuſtande mit einer ſehr dicken, ſchwammigen, poröſen, grauen Rinde umgeben, welche ſehr leicht,
und auch noch wohl in der See, durch die Wellen
herunter bröckelt. Es wird bey den Holländern
ebenfalls Konings-Koraal genennet.

Knorr. Delic. Tab. A. I. fig. 5.

2. Die Gliedercoralle. Iſis dichotoma.

Man iſt zwar gewohnt, die vorige Art wegen
ihrer Ringe und Abſätze, auch wohl Gliedercoralle
zu nennen, (wofür man lieber die Benennung Ringel-
corall gebrauchen könnte,) allein die jetzige Art führet dieſen Namen bey den Holländern vorzüglich,
da ſie ſelbige Leedjes-Koraal nennen. Es ſoll
aber dieſe Benennung mehr bedeuten, als was der
Ritter durch Dichotoma auszudrucken geſucht

hat. Inzwiſchen beſchreibet es der Ritter als einen corralliſchen Stamm mit glatten Gelenken und abgeſchälten Knien. Der Herr Pallas beſtimmt dieſe Art genauer: Es ſey nämlich eine Iſis mit Gelenken, ſo in dratförmige gegabelte Aeſte ausgebreitet iſt, und eine goldgelbe warzige Rinde hat. Die Art iſt rar, und kommt nach dem Linne aus dem africaniſchen oder äthiopiſchen Meere. Von einer dergleichen indianiſchen Gliedercoralle iſt Tab. XXV. fig. 2. eine Abbildung zu ſehen.

Tab.
XXV.
fig. 2.

So viel man weiß, wachſen dieſe Gliedercoralle über einen halben Schuh hoch, und ſind etwas gebogen. Verſchiedene Stämme ſteigen oft nebeneinander in die Höhe, und ſind von unten auf einigermaſſen in zweyen vertheilet. Sie werden nach und nach dünner, und breiten ſich mit zuſammengewachſenen Aeſten aus. Der Stamm beſtehet zwiſchen jeder Abtheilung aus lauter Gliedern, die lang, rund, ſteinig, und einigermaſſen durchſichtig ſind. Die Farbe iſt blaßroth und die Oberfläche geſtreift. Die Knie, welche die beyderſeitigen Glieder verbinden, ſind etwas geſchwollen, ein wenig geſtreift und aſchgrau, und von einer lederartigen Subſtanz. Dieſe Knie oder Gelenke ſind unten länger als die Glieder, doch oben ſind die Glieder am längſten. Der Fuß beſtehet aus einer ſteinigen Schaale, und die Rinde iſt blaß roth, überall mit erhaben runden Wärzchen beſetzt, deren Mündung eine becherförmige Geſtalt hat, von der klaffenden Bekleidung unterſchieden iſt und ſich ſchließt. An den obern Aeſten ſind dieſe Wärzchen dicht aneinander, an der untern aber ſtehen ſie weitſchichtig, und verlieren ſich endlich ganz. Die obern Aeſte haben eine ſehr dicke Rinde, und die ganze Art iſt oft mit der Bandcoralle verwachſen.

An Knorr. Tab. A. V. fig. 1.?

3. Die

3. Die rothe Gliedercoralle. Isis ochracea.

Diese Gliedercoralle ist vielmehr blutroth, ob
sie gleich vom Ritter Ochracea genennet wird.
Das aber trift wohl ein, daß sie zuweilen eine ocher-
gelbe Rinde hat. Die Gelenke inzwischen haben, nach
des Ritters Beschreibung, keine Rinde, hingegen
höckerige Knie oder Vergliederungen. Es wird in
Holland gemeiniglich rood Leedjes-Koraal genennet, indem es gleichfalls aus vielen Gliedern bestehet; und dieses ist die rothe Coralle, welche vermuthlich gemeynet wird, wenn man von ostindischen rothen Corallen redet, da die eigentliche rothe Coralle aus dem mittelländischen Meere kommt.

Es ist nämlich die gegenwärtige Art des
Rumpfs rother Accarbaar, und er unterscheidet
es von dem weissen. Es wächst mit einem dicken,
oft drey quere Finger breiten Stamm, der sich in
zwey bis drey Hauptäste zertheilet, und hernach
wieder eine große Menge, immer gabelförmiger
Aestchen abgiebet, davon die äussern sehr dünn,
fein, und spitzig sind, und leicht abbrechen, alle
jedoch eine flache Richtung haben, so daß eine fecherförmige Gestalt heraus kommt. Es giebt aber
davon etliche Verschiedenheiten, einige sind mehr
schwammig, andere mehr steinig, einige haben glatte oder gestreifte Gelenke. Bey einigen sind die
Farben höher, bey andern fallen sie ins gelbliche,
auch sind die Rinden einander nicht gleich, und in
Absicht auf die Gelenke siehet man sie, so wie die
zwischenkommende Verbindungen, entweder länger
oder kürzer.

Die Zusammenfügung des Bestandwesens
giebt dem Herrn Ellis Gelegenheit, einen Beweis
für den thierischen Ursprung dieses Seeproducts zu

füh-

führen. Er berichtet nämlich, daß der ganze
Stamm vor dem blossen Auge aus nichts als einer großen Menge zusammengefügter Wurmgehäuse zu bestehen scheine, die am Ende eine sternförmige Oefnung haben, welche die Bekleidung der
ehemaligen Polypen seyen, die nach und nach in die
Höhe kommen, und immer solche Gehäuse zurücke lassen. Die Gelenke sind knotig, welches man
am besten an den dünnern Aesten wahrnehmen kann,
diese Knoten sind der Anfang der folgenden kleinern Aestchen, welche sich zuweilen wieder miteinander verwachsen, und ein netzartiges Gewebe in
den äussern dünnern Umfange darstellen.

Die Rinde ist von einer mehlartigen und brö-
ckeligen Beschaffenheit, die sich gleich herunterrei-
bet, und nach den neuern Grundsätzen diesen Polypen, oder Polypengebäuden eben so eigen, und
so nöthig, als den Thieren die Haut, die Haare
oder Wolle. Dieses geben wir gerne, aber aus
einem andern Gesichtspuncte zu, nämlich sie ist ihnen so nöthig als den Bäumen die ihrige, oder den
Gewächsen die äussere Haut der Umkleidung, sie
seye nun glatt, oder wollig, oder stachelich. (Nur
sondern wir die Seerinden aus, welche offenbare
Incrustationes seyn mögten.)

Unter dem Microscop zeigte sich dem Herrn
Ellis, daß die auswärts laufenden Köcher steinig,
die innern aber schwammig waren, so daß die Knöpfchen das schwammige, die Zwischenräumchen aber
das steinige Wesen darstelleten. Die sternförmige
Oefnungen aber, die sich in den Wärzchen der Aeste
zeigen, werden durch acht spitzige Klappen beschü-
tzet, welche den Kopf des Polypen (wie Herr Ellis meynet) beschliessen.

Von

Von einem ſolchen kleinen, aber in einer et= Tab.
XXV.
fig. 3.
was vergrößerten Geſtalt dargeſtellten Aeſtchen zei=
get die fig. 3. Tab. XXV. eine Abbildung. Die=
ſes Aeſtchen iſt aus dem Cabinet des Herrn Hout=
tuins, von einem anſehnlichen, unten daumens=
dicken und einen Schuh hohen Bäumchen, das an
der Oberfläche noch mit der weiſſen mehligen, und
an den Aeſten ins Gelbe ziehenden Rinde umge=
ben iſt, genommen, und zeiget die Menge der Wärz=
chen auf das deutlichſte an.

Nach dem Rumpf findet man dieſe Corallen=
art ſehr häufig um Amboina, und überhaupt in
den daſigen Meeresgegenden, wie auch im rothen
Meere, theils auf Felſen, wo es wohl armsdicke und
vier bis fünf Schuh hoch ſoll angetroffen werden,
theils in kleineren Exemplaren auf Conchylien.

Man gebraucht ſie als ein Ingredienz in den
Giftwiderſtehenden und harntreibenden Mitteln
bey den Bewohnern der moluccischen Inseln.
Die Verſchiedenheiten zuſammen genommen, ma=
chen in dem Cabinet des Prinzen von Oranien
in Gravenhaag eine vortrefliche Sammlung
aus.

Seba III. Tab. 104. f. 1.
Ellis Philoſ. tranſ. vol. 50. P. 1. p. 188.
Tab. III.

4. Die Rädercoralle. Iſis entrocha.

Es hat dieſe Art einen ſchaaligen runden 4.
Räder=
Coralle.
Entro=
cha.
Stamm, deſſen Gelenke in runden käſeförmigen
durchbohrten Scheiben beſtehen, die Aeſte aber
ſich um ſelbigen wie eine Krone erheben, und ga=
belförmig auslaufen. Die Dicke des Stammes iſt
etwa wie die Dicke eines Fingers. Die Gelenke
ſind nur platte Scheiben, und das durchbohrte
loch iſt fünfeckig. Aus dem Mittelpunct jeder

Scheibe gehen Strahlen nach dem Umfange zu,
und der äussere Umfang der Aeste ist rauh, nur
zeiget sich eine Reihe oder ein Ring von Buckeln,
welche die Merkmahle der abgefallenen Zweige sind.
Die Benennung, welche dieser Corallenart oben
gegeben worden, und holländisch Rader-Koraal
ist, hat ihren Ursprung von den bekannten Räder-
steinen, die man so häufig in ganzen versteinerten
Massen wunderlich durcheinander geworfen, sehr
selten aber als ein Stiel aneinander liegend findet.
Denn gegenwärtige Corallenart und die Glieder von
dessen Aesten sind, nach des Ritters Meynung,
das Original zu diesen Steinen, wiewohl noch etliche Kenner von Petrefacten, und unter andern
auch der Herr Hofrath Walch daran zweifeln.

5. Der Sternstamm. Isis asterias.

Die Holländer geben dieser Art den Namen
Zee-Palmboom, weil sie von den Herrn Guet-
tard Palmier marin genennet worden. Der
Stamm ist schaalenartig fünfeckig, und bestehet
aus nichts, als zusammengesetzten fünfeckigen platten Gliedern, die vermittelst eines knorpelichen
Wesens, gleich einem Rückgrad aneinander sitzen,
so daß sich der Stamm nach allen Seiten biegen
lässet. Die Aeste treten aus selbigen, wie an dem
Equiseto, ringel-oder kranzweise heraus, und
haben am Ende eine gabel-und sternförmige Spitze, durch die Mitte lauft eine Oefnung, und an
der Spitze des Stammes zeiget sich ein Becken,
das einen Zoll weit, und einen Viertelszoll tief ist,
und in der Mitte eine Oefnung hat, welche Ellis für
den Canal des Thieres, oder wohl für dessen Magen hält, so, wie solches in dem Seestern, welcher Medusenkopf genennet wird, obwaltet. Wenigstens scheinet diese Oefnung mit dem Canal des
Stam-

Stammes und der Aeſte Gemeinſchaft zu haben,
denn das Becken ruhet auf dem Fuße oder auf der
Einſenkung von ſechs gegabelten ſchaaligen Armen
oder Aeſtchen, die wie Strahlen auseinander ſtehen, und gleichſam mit einem Barte von knörpeli-
chen Fingerchen verſehen ſind: denn dieſe Aeſtchen
ſehen wie ſpitzige Klauen aus, die oben erhabenrund, unten hohl, an der hohlen Seite aber mit
zwey Reihen Sänger verſehen ſind, die ineinander
ſchlieſſen, und welche man für Arme oder Werkzeuge hält, womit der Polypus ſeinen Raub packen
und ausſaugen könne. Wenigſtens iſt eine Verſteinerung in Engelland gefunden worden, welche
ſo gebildet war, und die Krone, oder den Kopf
dieſes Pflanzenthieres vorſtellte.

Uebrigens aber hält man die fünfeckigen
Sternſteine, die auch in großen Maſſen häufig und
verworren durcheinander ſtecken, für die Gelenke
oder Glieder der jetztbeſchriebenen Corallenart; da
es aber noch viele andere Arten unter dieſen verſteinerten Sternen giebet, ſo bleibet noch vieles von
dieſen Meergeſchöpfen in Abſicht auf die Originale
verborgen. Der Aufenthalt der Originale aber
mag wohl, ſo wie von dieſer Art, in den Abgründen des nordiſchen Oceans ſeyn.

6. Die Blut-Coralle. Iſis nobilis.

Keine Art der Coralle iſt in der Welt länger
und mehr bekannt geweſen, als dieſe, ſie heißt
Blutcorall; holländiſch Bloedkoraal, obgleich
ſie mehr zinnober-oder hellroth, ja zuweilen nur
blaß, oder fleiſchfärbig, und ganz ſelten etwas
gelblich, oder auch weiß erſcheinet, welches letzte
aber wohl nicht natürlich ſeyn mag. Es iſt glatt,
ungegliedert, mit ſehr ſchwachen ſchiefen Strichen
an der Oberfläche beſetzt, und mit ſparſam ausge-

Aaa 4 breite-

breiteten Zweigen versehen, die verhältnismäßig dünner werden, zuweilen aneinander verwachsen, und sich endlich in kurzen, dicken, und stumpfen Gabeln endigen. Dieses Product des mittelländischen Meeres hieß eigentlich nur Corall, oder auch zum Unterschied des weissen officinellen Coralls, roth Corall, und in den Officinen Corallium rubrum, und siehet in dem polirten Zustande, wie eine Stange rothes Siegelwachs aus.

Es wächset nicht, wie man gemeynet, allein unter sich, sondern auch gerade über sich, senkrecht, auch schief und horizontal, je nachdem die Lage der Felsen ist, woran es sich zeiget, wiewohl man es auch auf Conchylien und andern Gegenständen, ja zuweilen auch andere Sachen gleichsam damit überzogen antrift. Es erhebt sich aus einer Wurzel, höchstens einen guten Zoll dick, in einem gebogenen Aste, mit weitschichtigen Nebenästen, erreicht auf allerhöchste anderthalbe Schuh, und ist an den Enden noch so dick wie ein Federkiel, braucht aber zu dieser Höhe, wie man will wahrgenommen haben, funfzig bis hundert Jahre, indem zwenzollige Coralle, schon fünf, und fünfzollige schon zehn Jahre alt seyn sollen, da denn die Proportion der Jahre immer gegen die Größe steiget. Man findet es von funfzehn bis anderthalbhundert Klafter tiefe, auf verschiedene Art gebogen, angewachsen, ja oft durch Massen durchgebohret. Eine Abbildung von dieser Art ist Tab. XXV. fig. 4. zu sehen, und wer die Farben, Größen und verschiedenen Richtungen der Coralle betrachten will, ziehe folgende Knorrische Tafeln zu Rathe.

Tab. XXV. fig. 4.

Knorr. Delic. Tab. A. fig. 1. 2.
Tab. A. VII. fig. 1.
Tab. A. VIII. fig. 3. 4.

Diese

Diese Coralle hat man von jeher, (jedoch zu einer Zeit, und an einem Orte mehr als am andern,) sehr theuer gehalten, und zu Halsketten, Ringen, allerhand andern Schmuck, und zu Buckeln an Gefäßen, Riemen, Pferdezeuchen, und dergleichen verbraucht, auch wegen den Medicinalkräften, die man selbigen zuschrieb, erstaunlich werthgeschätzet, so daß sie ehedem von Juden und Türken gegen Gold aufgewogen wurden, ja etliche Kunststücke haben einen ganz unbegreiflichen Preiß gehabt, worunter eine Kette gehöret, die vor etlichen Jahren in Amsterdam in einer Auction verkauft wurde. Sie war nämlich aus einem einzigen Stamm künstlich geschnitten, so daß die Gelenke ohne Zusammenfügung alle wie eine Kette ineinander hiengen, und aus zehn Gliedern bestunden, die eine länge von vier und dreisig Zoll hielten, deren Verfertigung dem Künstler eine Zeit von sechs Jahren gekostet. Es wurde selbige für ohngefehr vierzehnhundert Gulden verkauft.

In den Officinen sind sie bis jetzo noch ein Ingredienz der besten Arzeneyen. Sie geben einen urinösen Geist, ein flüchtiges Salz, ein stinkendes Oehl, und eine kalchige Erde. Man eignet ihnen eine herzstärkende, und Säure dämpfende Kraft zu, und verfertiget von selbigen die Corallentinctur, einen Syrup, ein Salz, und einen Geist.

Die Fischerey dieser Coralle war in allerhand Corall-Gegenden des mittelländischen Meeres, als an der barbarischen Küste bey le Bastion de France, am Cap Negro zwischen Tunis und Algier, bey Marseille, an der catalonischen Küste, bey den balearischen Inseln, an der südlichen Seite von Sicilien und im adriatischen Meere, und wird noch hin und wieder mit gutem Erfolg fort-

Coral-lenfi-scherey.

gese-

geſetzet. Man bedienet ſich dazu theils der Netze,
theils gewiſſer mit Werg und Lumpen umwickelter
Creutze, die man auf gerathewohl ſinken läſſet, und
fortſchlept. Wenn nun dieſe Werkzeuge das Glück
haben auf eine Corallengrotte zu ſtoßen, ſo giebt es zuweilen eine reiche Beute; da aber der mehreſte Theil
abgeriſſen wird, ſo ſind auch mehr Trümmer, als
ganze Aeſte dabey.

Wenn nun dieſe Coralle aus dem Waſſer in
die Höhe kommen, ſo iſt ihr äuſſerliches Anſehen
ganz anders, als wie man ſie durchgängig in den
Cabinetten erblickt, denn da ſind ſie ſchon aus der
Hand der Polierer gekommen.

Sie haben nämlich in ihrem natürlichen Zuſtande eine weiſſe mehlige Rinde, auf einer unglei-
chen und etwas höckerigen Oberfläche. Dieſe Rinde
beſtehet aus einem netzartigen Gewebe von Ge-
fäßchen, welche mit einer milchigen Feuchtigkeit
angefüllet ſind, und worüber ſich noch eine mennig-
rothe Umkleidung von einem faſerigen Weſen zeiget, welches voller rothen Körperchen ſteckt, die
nach dem Donati ihren Urſprung von den Polypen haben, und zur Anlegung der ſteinigen Maſſe
dienen ſollen. In dieſer Umkleidung ziehen ſich
der Länge nach gewiſſe gleichweitige cylindriſche
Köcher, die zur Seiten noch kleinere Gefäße abgeben, und wiederum mit beſagtem faſerigen Gewebe in Gemeinſchaft ſtehen. Die Oberfläche der
inneren ſteinigen und kalchartigen rothen Corallenmaſſe iſt der Länge nach ſchwach geſtreift, welches
am deutlichſten an dem untern Theile des Stammes zu ſehen iſt, und das höckerige Weſen iſt nichts,
als eine Menge runder Buckeln, die oben eine geſtirnte Mündung haben, welche mit der innern
Höhlung der Buckel in Gemeinſchaft ſtehet. Folglich ſind dieſe ſehr kleinen Erhöhungen nichts als

Cellen

Cellen, welche mit beſagter weiſſen häutigen oder
faſerigen Rinde umgeben werden, und eben dieſe
Cellen dringen bis in die innere Corallenſubſtanz,
welche jedoch auf dem Bruche dicht, ſteinhart und
einigermaſſen (nach Art der Jahrgänge in den Bäumen) geringelt iſt.

Nach dem Herrn Ellis ſind die äuſſern, der
Länge nach gezogenen Striche dieſer Corallen,
nichts als röhrige Gefäſſe, aus welchen er die ganze Maſſe zu beſtehen glaubet, das milchige Weſen ſey das Beſtandweſen der zarten Polypen, und
wo ein ſolcher Milchtropfen hinfällt, iſt die Anlage zu einer neuen Bruth, mithin auch zu einer
neuen Coralle. Die ſternförmige Oefnungen in
den feinen knotigen Zellen gebe die Structur der
Polypenarme zu erkennen, als welche einen Stiel
mit acht Blättern vorſtellen, die im ſalzigen ruhigen Meerwaſſer alle hervor kommen, bey der
mindeſten Berührung aber ſich wiederum verkrie-
chen, und nur durch Zuſchüttung von Weingeiſt
erſtarren. Und alſo ſey es erwieſen, daß die Polypen, die vom Graf Marſigli für Blüthen gehalten wurden, dieſe Coralle bauen. Wir aber
finden hier noch gar nichts beſonderes, welches
man nicht auch bey der Vegetation der Pflanzen,
unter veränderten Umſtänden finden ſollte.

341. Ge-

341. Geschlecht. Horncoralle.

Zoophyta: Gorgonia.

Geschl.
Benennung.

Gorgones sind in der Fabelgeschichte drey Töchter des Phorcyus, welche Scylla, Medusa und Stheno hiessen, und so erschrecklich heßlich aussahen, daß man auf ihren Anblick für Schrecken in Stein verwandelt wurde. Deswegen nennte Plinius die Coralle, weil sie gleichsam von Holz in Stein verwandelt wären, Gorgonia, und dieser Benennung bedienet sich nun der Ritter, um gegenwärtiges Geschlecht der Horncoralle damit zu belegen, welche, wenn sie noch ihre Rinde haben, von dem Boerhave Titanoceratophyta; ohne Rinde aber bloß Ceratophyta, oder Keratophyta genennet wurden. Ueberhaupt werden diese Coralle, wegen ihres gesträuchartigen Ansehens, von den Holländern unter dem Wort Zeeheester, das ist: Meergesträuch oder Meergewächse verstanden.

Ursprung.

Von diesen Horncorallen behauptet nun der Ritter: daß sie durch eine deutliche Metamorphosis aus einem pflanzenartigen Wachsthum in eine thierische Natur über gehen. Die Pflanze nämlich ist gewurzelt, und schießt nach Art der Meermoose mit einem ästigen Stiel auf, welcher mit einer Rinde bekleidet ist, die sich zu Holz verhärtet, und den Stamm die jährlichen Ringe anlegt, oder sich immer mit einer neuen Rinde überziehet. Innerhalb den Stamm aber befinde sich das beseelte oder thierische Mark, welches mit thierischen Polypen

Inyenblüthen zum Vorſchein kommt, die ſich ſelber
öffnen und ſchlieſſen, Bewegung und Gefühl haben, die herbeyſchwimmende Nahrung verſammlen,
und durch den Mund einſaugen.

Der Herr Pallas giebt an, daß der erſte
Anfang der Horncoralle ein Wärzchen ſey, welches ſich auf den Klippen unter dem Waſſer im
Meere, oder auch an andere feſte Körper ausbreite,
und zuerſt in einer bloſſen Rinde beſtehe, (die
hernach die ganze Horncoralle umgiebt und bedeckt,)
ſodann einen hornartigen Schiefer hervor bringe,
aus deſſen Mittelpunct ſich nach und nach der künftige Stamm bilde, der entweder nur einfach und
grade fortgehe, oder ſich, nach Beſchaffenheit der
Art, in Aeſte zertheile und ausbreite.

Er behauptet ferner, daß in dieſen Seegewächſen allerdings ein pflanzenartiges Wachſen
ſtatt habe, da die Dicke des Stammes und der
Aeſte verhältnismäſig bis zur dünnſten Spitze ab-
nimmt, obgleich die Wurzel nicht zur Nahrung
dieſer Pflanze geſchickt iſt, welche vielmehr durch
die Oefnungen in der Rinde und zwar durch die
Polypen vor ſich gehe.

Es ſoll alſo, nach dem Ritter von Linne und
Herrn Pallas, würklich ein pflanzenartiges Wachſen in den Horncorallen ſtatt haben, und das Mark
nur allein animaliſch ſeyn. Dieſem aber wider-
ſpricht der Herr Ellis ganz, welcher durchaus will,
daß das ganze Horncorall animaliſch ſey, und nicht
bloß das Mark. Er ſagt nämlich, das ganze hornartige Beſtandweſen der Coralle beſtehe aus nichts
als aus Köchern, die durch ihre Leimigkeit aneinander geküttet, keinesweges aber durch Querfaſern,
wie in den Pflanzen ſonſt ſtatt hat, miteinander
verbunden wären, als welche er niemahlen, auch
mit

mit den besten Vergrößerungsgläsern, habe entdecken können. Diese Leimigkeit sey eines thierischen Ursprungs, und die Ursache, daß man gewisse
Horncoralle finde, die viel fester wären, als das
allerhärteste Holz. Mithin sey das ganze Bestandwesen von Thieren gemacht, und habe gar nichts
pflanzenartiges an sich. Dieses sucht denn der Herr
Ellis auch damit zu bestärken, daß man auch sogar an den ältesten und größten Horncorallen, dergleichen man in den nordischen Meeren zu sechszehn
Schuh hoch oder lang gefunden, dennoch keinen
Saamen entdeckte, und daß alle Horncoralle einen thierischen Geruch, wie gebratene Austern geben. Allein es tragen unsere Haare auch keinen
Saamen, haben einen thierischen Geruch, und sind
doch nicht von Thieren gebauet. Inzwischen sind
nun hier die Meynungen großer Männer getheilt,
und wenn man mit dem Ritter von Linne und
Herrn Pallas annehmen will, daß die Horncoralle pflanzenartig wachse, so wird man doch nicht
von diesen Naturforschern belehret, was es denn
für ein pflanzenartiges Wachsen sey, eben so wenig, als wie die Pflanze in ein animalisches Mark
über gehe, oder in beseelte Blumen verwandelt
werde; so, daß uns bey der neuen Meynung, eine Ungewißheit und Dunkelheit nach der andern
aufstößt, und wir derselben unmöglich Beyfall geben können.

Was nun aber die Arten der Hauptcoralle betrift, so ist deren eine sehr große Verschiedenheit:
Einige bestehen in einzelnen geraden oder gewundenen Stämmen, andere sind vielästig, entweder
baum- oder staudenförmig; wieder andere sind
ausgebreitet, wie Fecher oder Wedel, jede Art
aber erreicht eine bestimmte Größe, von einem
Zoll an, bis sechszehen, und vielleicht noch mehr
Schuhe.

Schuhe. Alle ſind in ihrem Naturſtande mit ihrer
eigenartigen Rinde umgeben, welche man die Polypenrinde zu nennen pfleget, zuweilen aber zeiget
ſich eine Incruſtation an ſelbigen, auch ſoll man ſie
wohl ohne Rinde aus dem Meere hervorgezogen
haben, jedoch ſcheinet dieſer letztere Umſtand noch
nicht zu beſtimmen, ob es auch Horncoralle gebe,
die von Natur gar keine Rinde haben, indem ſie
durch einen Zufall kann herunter gebröckelt ſeyn.

Der Herr Pallas inzwiſchen macht einen Unterſchied zwiſchen Gorgonia und Antipathes,
(welche der Ritter alle untereinander in gegenwärtiges Geſchlecht geſetzt hat,) die Gorgonia nämlich, ſagt der Herr Pallas, habe eine kalchartige
Rinde, die Antipathes hingegen eine ſchleimige,
welche in die Fäulnis gehe, und dieſe kommen
dann wohl ohne Rinde aus dem Meere, oder in
den Cabinetten zum Vorſchein.

Unter dem Waſſer ſind alle Horncoralle bieg-
ſam, ſie wachſen gerade in die Höhe, und ſchwan-
ken mit den Waſſerwellen hin und her; auſſer dem
Waſſer aber werden ſie hart. Man kann ſie aber
wieder in Waſſer erweichen, und hernach in einer
ſelbſt beliebigen Stellung wieder trocknen laſſen,
aber alsdann leidet die Polypenrinde, an der ſo viel
gelegen iſt, und welche das rarſte und merkwür-
digſte an dieſen Seegewächſen iſt, noth; welches
wir denjenigen Liebhabern beſonders empfehlen,
die ſonſt die betrübte Gewohnheit haben, die Horncoralle ſo fleißig zu putzen, oder wie ſie ſagen, den
Seeſchlamm herunter zu waſchen, oder die auf
den vorzüglich lächerlichen Einfall gerathen, die
geputzte und rindenloſe Horncoralle mit Farben an-
mahlen zu laſſen, um auch weiſſe, gelbe, braune,
graue, violetfärbige oder dergleichen Exemplare in
ihren Putzkabinetten zu haben, weil ſie dieſe Ver-
ſchie-

schiedenheiten vielleicht einmahl bey rechten Kennern in Natura gesehen haben.

Geschl. Kennzeichen. Was nun die Geschlechtskennzeichen betrift, so sind selbige nach dem Ritter kürzlich diese: Der Stamm ist angewurzelt, hornartig, ununterbrochen, ästig, mit einem breiten Fuß versehen, und mit einer Rinde überzogen. Die Blüthen aber bestehen in Polypen, die an der Oberfläche der Seiten allenthalben aus gewissen Poris der Rinde hervor kommen. Es giebt in diesem Geschlecht folgende sechszehn Hauptarten.

1. Die Seereseda. Gorgonia lepadifera.

1. Seereseda. Lepadifera. Dieses Horngewächse hat vom Grunde auf gabelförmige braune Aeste, und ist mit gelblichweissen glockenförmigen, umgebogenen, und übereinander liegenden Blüthen oder Knöpfchen der sogenannten Polypenrinde bis an die äusserste Spitze dick besetzt.

Der Herr Pallas, bey dem diese Art unter den Horngewächsen unter No. 131. die letzte ist, sagt, daß sie weit ausgebreitet, oft einige Schuh hoch sey, und ein hartes blasses Holz habe. Die Rinde ist weiß, und bestehet aus dicht aneinanderliegenden, krummen, cellenartigen, und etwas eyförmigen Knöpfchen, welche die Gestalt eines Kelches haben, und mit eckigen Schiefern aufeinander schließen. Da nun Clusius solche mit den Saamengefäßchen der Reseda vergleicht, so ist obige Benennung entstanden. Pontoppidan hingegen, verglich dieses Gewächse mit dem Ligustro, und Herr Baster findet eine Aehnlichkeit zwischen diesen Knospen und den Saamenknöpfchen der Radieschen. Er sagt nämlich, sie seyen kegelartig, mit der Spitze an den Ast befestiget, und bestehen
aus

aus vier Gliedern. Jedes Glied ſcheine wieder
aus zweyen zu beſtehen, und am weiteſten Ende
nehme man ein halbrundes, und aus zweyen Klappen beſtehendes Kügelchen wahr, welche das darinnen wohnende Thierchen nach gefallen zu öfnen
und zu verſchließen ſcheine. Er hält auch dieſe
Thierchen nicht für Polypen, ſondern glaubet,
daß ſie zu einem andern Geſchlechte gehören.

In den friſchen Exemplaren ſehen dieſe Knoſpen, womit der Stamm und die Aeſte ſo dicht beſetzt ſind, daß man gar kein Holz ſiehet, gelblich
aus, werden aber durch das Trocknen weiß, und
von dieſen Knoſpen oder Pocken hat die Linneiſche Benennung Lepadifera ihren Urſpruug.
Sie ſind von ſteiniger Art, aber ſo mürbe, daß
man ſie zwiſchen den Fingern zerreiben kann. Der
Stamm iſt an der Wurzel oft fingersdick, und die
Zweige ſind an den äuſſern Spitzen ſo dünn wie
Haar. Der nun ſeelige Gunnerus fand viele feine Striche an dieſem Gewächſe, welche an die Zellen hinanſteigen, woraus die Gemeinſchaft dieſer knoſpigen Rinde mit dem Beſtandweſen er-
heller. Der Kern des Stammes war ſteinig, und
wie Holz geringelt. Der Aufenthalt iſt in dem
nordiſchen Meere.

Beßler Muſ. Tab. XXIV.

2. Die Seefeder. Gorgonia verticillaris.

2. Seefe-der, Verti-cillaris.

Sowohl im norwegiſchen als mittelländiſchen Meere zeigt ſich ein niedliches Horngewächſe, welches dünn, ſtammig, und an beyden Seiten mit eins ums andere ſtehenden Aeſtchen, nach
Art einer Feder, beſetzt iſt, wovon die Abbildung
Tab. XXVI. fig. 1. den beſten Begrif geben kann.
Die Blüchenknoſpen, oder Polypengehäuſe, ſtehen
krumm, und in einem Kranze um die Zweige her-

Tab. XXVI. fig. 1.

um, welche sehr dünn und fadenförmig sind. Was
die Knöpfchen betrift, deren je drey im Kranze
stehen, so sind sie den Fruchtknospen sehr ähnlich und
stehen voneinander abgesondert. Die Mündung
derselben ist nach dem Stamme zu umgebogen.
Diese ganze Rinde ist kalchartig, und weißlich.
Doch das Exemplar des Marsigll war auswendig
gelblichweiß, und unter der Rinde olivenfärbig.
Die Kränzchen hingegen bestunden jedesmahl aus
fünf Knospen, und die Fischer gaben ihm Nachricht, daß diese Art sehr groß und hoch wachse,
wovon das abgebildete Exemplar nur ein Zweig
ist, der über anderthalb Schuh hält, und unten
nicht dicker als ein Federkiel ist. Der Herr Ellis
hat an einem sardinischen Exemplare, nach Ab-
ätzung des kalchigen Wesens, sowohl der Rinde als
des Stammes, nicht nur die in den Knospen wohnende Polypen, sondern auch das thierische Mark,
welches mit selbigen verbunden ist, gefunden. Er
nennet dieses Gewächse: Sea Feather.
Ellis Corall. Tab. XXVI. fig. S. T. V.

3. Das Seeheidekraut. Gorgonia placomus.

Wenn das gegenwärtige Seegewächse noch
klein ist, so hat es, nach Clusii Meynung, einige
Aehnlichkeit mit dem Heidekraut, es wächst aber
wohl drey und mehr Ellen hoch, hat alsdann einen
sehr dicken Stamm, welcher hernach sehr viele dünne Aeste abgiebet, die alle in der nämlichen Fläche
liegen, und folglich einen zwey bis drey Ellen breiten Fecher bilden, daher die Linneische Benennung Placomus genommen ist, jedoch verwachsen
die Aeste sehr selten miteinander, und sind, besonders an den Spitzen, sehr biegsam und dünne. Das
hornartige Wesen ist gelblichbraun, an den Spitzen

tzen faſt gelb durchſichtig, und übrigens mit einer
weiſſen, dünnen, knoſpigen, Polypenrinde überzogen.
Dieſe Rinde beſtehet gleichſam in einer dünnen
korkartigen und faſerigen Lage, welche an getrockneten Exemplaren aſchgrau ausſiehet. Die Blüthen
beſtehen in cylindriſchen hervorragenden Kelchen,
welche oben gezähnelt, und auch mit Bürſtenhär-
chen beſetzt ſind. Alle dieſe Kelche ſtehen ſenkrecht,
und zwar in groſſer Menge, auf der Rinde. In
dieſen Kelchen oder Knöpfchen hat Marſigly eine
rothe ſchleimige Materie gefunden, und dieſes
werden die meduſenartigen Körper geweſen ſeyn,
welche Günnerus angiebt, ob er gleich keine
Polypen darinnen fand. Ein durchgeſchnittener
Stamm zeiget, wie ander Holz, ſeine Ringe, inwendig aber traf der Herr Günnerus noch ein le-
derartiges Weſen an, welches er für das Thier,
oder thieriſche Mark hielt, das durch die Knöpfchen die Nahrung empfienge. Der Herr Ellis
macht aus dem vorgefundenen lederartigen Weſen
einen Polypen, der gerade wie ein Zwirnwinders-
rad ausſiehet. Zuweilen wachſen dieſe Gewächſe
mit einer doppelten Fläche. Der Aufenthalt iſt im
europäiſchen Ocean

Ellis Coralle Tab. XXVII. fig. a. No. 1.

4. Die Seecypreſſe.   Gorgonirs abies.

Dieſe rare Art beſtehet nur in einem einfachen, gebogenen, rauhen Stamme, welcher ringsherum nach Art der Tannen oder Cypreſſen, mit
kleinen krummen Aeſtchen gleichſam gekrönet iſt.
Die Aeſtchen nehmen in der Länge ab, je näher ſie
an den Gipfel kommen, ſo wie ſolches auch bey
den Tannenbäumen ſtatt hat. Der Herr Pallas,
welcher, wie wir oben ſchon erinnerten, die Antipathes von der Gorgonia unterſcheidet, zählet

dieſe Art zu den erſten, und führet ſie No. 138. unter der Benennung Antipathes cupreſſina an. Die Benennung Antipathes ſtammet vom Rumpf her, und iſt von undeutlicher Bedeutung. Diejenigen Gewächſe aber, die von dem Herrn Pallas unter dieſer Benennung von den übrigen Horncorallen abgeſondert werden, haben keine kalchartige, ſondern ſchleimige Rinde, und ſcheinen daher nackt zu ſeyn. Der Stamm aber iſt ſtachlich rauh.

Die gegenwärtige Art ſteckt tief im Meere, wird höchſtens über zwey Schuh lang, doch nicht über einen Federkiel dick, und wächſet durchgängig auf Steinchen, in welche ſich die Wurzel hinein zwinget. Etliche ſind ſchwarz, und haben eine ſteife ſtachliche Crone, andere ſind grau, und haben eine weichere Crone mit feinern röthlichen Blättern, deren Geſtalt ſich faſt wie das Fuchsſchwanzkraut zeiget, wiewohl der Herr Pallas letztere lieber für die jungen der erſteren hält, wie ſie denn auch durchgängig nicht groß in den Cabinetten vorkommen. Der höckerige rauhe Stamm hat inwendig ein mürbes Beſtandweſen, die Oberfläche aber iſt am Stamme mit großen, und an den Zweigen mit kleinen Kelchen beſetzet.

* Der Seeſtrick. Gorgonia ſpiralis.

Seeſtrick. Spiralis

Der Ritter Linneus führet hier ein gewiſſes anderes Seegewächſe an, welches er für eine Nebenart der Seecypreſſe hält, in der That aber als eine ganz beſondere Art angeſehen zu werden verdienet. Es iſt nämlich des Herrn Pallas Antipathes ſpiralis; der Holländer Zeetonn, und des Rumpfs Palmi juncus Anguinus. Es beſtehet daſſelbe in einem einfachen, vier bis fünf Schuh langen Stiel, der die Dicke eines Strohhalms, oder einer Schreibfeder hat. Von der

Wurzel

Wurzel an steiget es erst in einen Schlangenbogen
in die Höhe, und drehet sich dann ringel= oder
schraubenweise, wie ein Pfropfzieher, es sey
rechts oder links, spiral in die Höhe. Die Ober=
fläche ist rauh, und durch scharfe reihenweise ste=
hende Puncte stachlich, wenn aber selbige abge=
nommen wird, so erscheinet ein schwarzes glänzen=
des Holz, oder Horn, das dem Ebenholz nichts
nachgiebt. Durch die Länge schwanken sie gerne
im Meere, und biegen sich, so daß das Oberende
sich in die untern Ringe verwirret, und wenn sie
trocken sind, brechen sie gerne ab. Die Wurzel ist
platt und porös, und legt sich gerne auf Kiesel=
steine an. Es giebt einzelne Exemplare, die wohl
fingerdick und sechs Schuh lang, auch solche, die
nicht gewunden sind, und in Indien als Spa=
zierstäbe gebraucht werden. Ja Rumpf be=
richtet, daß man bey klein Ceram, in dem india=
nischen Meer, wo sie zu Hause sind, einen Stamm
in der See gesehen habe, der so dicke als eines
Mannes Fuß gewesen wäre, und könnten wir ein=
mahl auf den Boden des Meeres eben so, wie in
unsern Gärten herumspazieren, wer weiß! welche
schöne Corallenwälder wir daselbst antreffen
würden?

Valentin Conchylien Tab. LII. fig. B. B.

5. Die Seebimse.   Gorgonia aenea.

Etliche Verschiedenheiten werden hier von dem
Ritter zusammengeworfen, und unter diesen soll
denn auch des Herrn Pallas Antipathes orichal-
cea, No. 139. hieher gehören. Der Stamm ist
einfach, steif, glatt, und kupferglänzend, jedoch
olivenfärbig, und etwa so dick wie ein Federkiel,
dabey aber ringsherum mit gabelförmigen ausein=
ander stehenden Aesten ringsherum besetzet. Diese

Aeste

Aeste ziehen sich in einer weitschichtigen Schlangenlinie in die Höhe. Die länge erreicht oft eilf
Schuh, in welchem Fall sie aber wohl die Dicke
eines Fingers erhalten. Die Oberfläche ist etwas
gestreift mit einem röthlichen Ueberzuge bedeckt,
welcher zusammen trocknet, und herunterbröckelt,
oder sich abschiefert. Das Mark ist dünn, weiß
und feste, und zeiget einige Ringe. Wenn man
zwey Stücke gegeneinander reibt, geben sie einen
Geruch wie gebranntes Horn. Die Wurzel bestehet in einem kegelförmigen Brocken, der auswendig glatt, inwendig aber hohl und löcherich ist. Der
Aufenthalt ist an den moluccischen Inseln.

6. Das Seehorn. Gorgonia ceratophyta.

6.
See-
horn.
Cerato-
phyta.

Der Ritter zielet hier auf eine fast gabelförmige Art, mit weitausstehenden ruthenartigen
Aesten, die zwey Furchen, eine rothe Rinde und
zwey Reihen Poros haben. Der Herr Pallas
hingegen berichtet, daß die Pori einfach, und nur
hin und wieder je zwey und zwey beysammen stehen.
Wie aber beyde Schriftsteller immer verschiedene
und untereinander abweichende Figuren anführen,
so mögen auch hieher wohl etliche Verschiedenheiten gerechnet werden. Man findet die Stämme
etwa einen Schuh hoch. Die Wurzel ist breit,
und haftet feste an den Klippen. Etliche haben
mehr gerade, andere mehr ästige und gebogene
Zweige. Die Pori, die nicht hervorragen, stehen
zur Seiten, und sind einigermassen sternförmig.
Bey einigen ist die Rinde ziegelfärbig, bey andern
rosenfärbig, und an dem Exemplar des Herrn Houttuins war sie blutroth. So sind auch die Aeste bey
einigen rund, bey andern etwas platt gedruckt. Der
Aufenthalt ist in den spanischen und americanischen Meeren.

Knorr. Delic. Tab. A. V. fig. 2.

7. Die

7. Die Seetanne. *Gorgonia elongata.*

An der ſpaniſchen Küſte, wie auch an den antilliſchen Inſeln und bey Curacao, zeiget ſich ein gerades vier Schuh hohes, gabelförmiges und weitausſtehendes äſtiges Seegewächſe, welches eine rothe Rinde hat, die mit warzenförmigen, und ſchuppenweiſe übereinander liegenden Poris beſetzt iſt. Der Stamm iſt ſo dick wie ein Schwanen= kiel, die Aeſte ſind wie Strohhalmen, die Rinde kalchartig mürbe, und das Anſehen wie ein Tannenbaum, doch giebt es Verſchiedenheiten mit dickeren Stamm und kürzeren Aeſten. Die Rinde will in den Cabinetten wohl etwas verbleichen.

8. Der Seebeſen. *Gorgonia verrucoſa.*

Daß die deutſche Benennung von der beſen= artigen Geſtalt der ganzen Horncoralle, und die Linneiſche von der Beſchaffenheit der Rinde her= komme, wird nicht nöthig ſeyn zu erinnern. Ob ſich nun gleich viele nicht unbeträchtliche Verſchie= denheiten dieſer Art in den Cabinetten zeigen, ſo kommen ſie doch darinne miteinander überein, daß das Gewächſe ſich mit vielen biegſamen Aeſten, die aus einem gemeinſchaftlichen Stamme aufſtei= gen, im Umfange erweitere, und eine weißliche kalchartige Rinde mit hervorragenden Poris habe. Der Graf Marſigli führet wenigſtens drey Ver= ſchiedenheiten an, deren Rinden, in Waſſer ge= kocht, eine leimige ſcharfſchmeckende und hornartig riechende Feuchtigkeit gab, und der friſch ausge= preßte Saft war bey der einen Art blaßgelb, bey der andern röthlich, und bey der dritten dotter= gelb, ſo wie die Rinden ſelbſt ausſahen, die aber durch das Trocknen weiß wurden. Merkwürdig iſt es, daß dieſe Art keine eigentliche ausgebreitete

Wur=

Wurzel hat, sondern mit dem Stamme, ohne merk-
licher Verdickung, gerade aus den Steinklippen hervortritt. Die gewöhnliche Größe derer, die aus
dem mittelländischen und ostindianischen Meere
kommen, ist anderthalbe Schuh. Doch zeiget sich
in den westindischen oder americanischen Gewässern auch eine Art, welche recht groß, und im
Gebüsche wohl drey bis vier Schuh in der Breite
halten, mithin recht statthafte und ansehnliche
Seebesen abgeben, auch ohne breite Wurzel mit
einem runden Stamme gerade aus den Klippen
hervortreten.

Tab.
XXVI.
fig. 2.

Die Abbildung Tab. XXVI. fig. 2. zeiget
ein dergleichen Seegewächse von der Insel Ceylon.
Die Rinde desselben ist gelb, und hat eine Menge
Bläschen, wodurch sogar die feinsten haarigen
Zweige noch sehr dicke erscheinen. Es stehen aber
diese Bläschen an einem Exemplar besser als an
dem andern reihenweise. Der Fuß ist nur wenig
ausgebreitet.

Hieher könnte man noch zwey andere besenar-
tige Gewächse ziehen, deren der Herr Pallas
Erwehnung thut. Sie sind folgende:

*Der Stachelbesen.   Gorgonia muricata.

Sta-
chelbe-
sen.
Muri-
cata.

Tab.
XXVI.
fig. 3.

Es ist ein großes oft etliche Schuh hohes ame-
ricanisches Seegewächse, welches besenförmig in
die Höhe steigt, aber eine gelblichweisse Rinde hat,
die aus lauter sternförmigen und in die Höhe ge-
richteten, dicht und gedrungen gegeneinander sie-
genden Köchern bestehet, so wie davon Tab. XXVI.
fig. 3. eine Spitze mit der geborstenen und etwas
abgenutzten Rinde zu sehen ist. Das äusserliche
Ansehen der Rinde ist fast wie das Kornährencorall, Madrepora muricata, wovon oben No.
32. des 37. Geschlechts nachzusehen ist. Wo man
diese

dieſe Rinde abreibet, findet man im Holze regel=
mäßige große Poros, die inwendig eine Violet=
farbe zeigen. Das Holz iſt ſchwarzbraun und leder=
artig, hart.

Knorr. Delic. A. VI. fig. 2.

*Der Löcherbeſen. Gorgonia poroſa.

Noch ein anderes beſenartiges Horngewächſe Löcher=
erſcheinet mit einer alcyonienartigen Rinde, ohne beſen.
Röhrchen, aber mit ordentlich zertheilten tiefen Po= Poroſa.
ris. Dieſe Rinde iſt gelblichgrau, und unter ſel=
biger lieget noch auf dem Holze ein violetartiger Tab.
Ueberzug. Dieſe Art wächſet mehr ſtaudenförmig XXVI.
mit einer knotigen Wurzel, fingerdickem Stamm, fig. 4.
und zwey Schuh langen Aeſten die dünn auslau=
fen. Von der Beſchaffenheit der Rinde iſt aus
der Abbildung einer Spitze Tab. XXVI. fig. 4.
am beſten zu urtheilen. Wir beſitzen dergleichen
zweyſchuhige Exemplare, deren Rinde braun iſt,
desgleichen auch andere mit aſchgrauer Rinde.

* Die Seepeitſche. Gorgonia flagelloſa.

Endlich giebt es noch eine Verſchiedenheit, See=
die unter der Rinde geſtreift iſt, und ſehr lange peitſche.
biegſame Aeſte hat. Die Rinde iſt grau, puncti= Flagel=
ret, dick und äußerſt bröckelich, ſo daß es ein Glück loſa.
iſt, Exemplare zu bekommen, an welcher noch et=
was von der Rinde ſitzet.

Unter dieſen ſämtlichen Nebenarten nehmen
wir einen großen und zugleich willführlichen Unter=
ſchied in Bildung der Aeſte und deren Vergliederun=
gen wahr. Einige ſind an den Vergliederungen
rund, andere plattgedruckt, und an einigen ſind
ſogar die Aeſte gleichſam wie die Zähen der Waſſer=
vögel verwachſen, und was die verſchiedenen Rin=

den betrift, so finden wir einige auf solchen
Keratophyten sitzen, die man der Bildung und
dem Holze nach für einerley halten sollte, so daß
dem Ansehen nach, einerley Seegewächse bald eine kalchige, bald eine schwammige, bald eine korkartige Rinde führen, deren Pori dann einmahl
eingedruckt, und ein andermahl erhaben erscheinen. Es ist also noch zur Zeit ziemlich ungewiß,
hier etwas zuverläßiges zu bestimmen, und es
mangelt in den Cabinetten gar zu sehr an wohl
conservirten Exemplaren, um genaue Eintheilungen der Arten, Unterarten und Verschiedenheiten
machen zu können, zumahl, da wir noch nicht recht
belehret sind, wie viel Einfluß das Vaterland und
Seeclimat auf die beständig vorkommenden Veränderungen dieser Seeproducte haben könne. Inzwischen hat der Fleiß unserer Herren Brüder
auf der Insel Curacao, wodurch wir unsere
Sammlung mit auserlesenen Corallenarten von
da her bereichert sehen, um sie gegen ostindiani-
sche und europäische vergleichen zu können, durch
mühsame und kostbare am Strande und in den Tiefen des Meeres durch Sclaven und Taucher ange-
stellte Fischereyen, uns in den Stand gesetzt, Beobachtungen zu machen, die wir mit dem System
der Neuern unmöglich vereinigen können, und
wir leben der Hofnung, daß sie uns durch ihren
fortdaurenden Eifer Anlaß zu Entdeckungen geben
werden, die den Liebhabern der Naturgeschichte
nichts weniger als gleichgültig seyn können.

9. Die schwarze Coralle. Gorgonia antipathes.

9. Schwar-
ze Coral-
le.
Antipa-
thes.

Was man unter der schwarzen Coralle verstehe,
ist fast einem jeden bekannt. Man zeigt nämlich in
den Cabinetten sowohl gerade als gebogene Stan-
gen,

gen, die wie schwarzes Siegelwachs aussehen, und
auch auf dem Bruche oder Abschnitte die nämliche
Gestalt haben, dabey aber sehr hart, glänzend
und glatt sind. Man meynet, daß es um deswillen
Antipathes genennet worden, weil es von den
Indianern für ein Gegengift wider die Bezaube-
rung gehalten wird. In vorigen Zeiten achtete
man es sehr hoch, weil man es für eine steinige ächte Coralle von pechschwarzer Farbe hielt. Es ist
aber in der That nichts anders, als eine Horncoralle von der härtesten Art, die sich äusserlich
von andern nicht nur in der schönen Schwärze,
sondern auch darinne unterscheidet, daß sie spiral-
artig- oder gewunden-gestreift ist, als ob man den
Stamm mit der Hand gedrehet hätte, daß die Fasern schief gezogen worden.

Es ist diese Art weitschichtig mit ziemlich dünnen und langen kahlen Aesten besetzt, die leicht abbrechen, weil sie fein sind. Eine kalchige dünne
Rinde, die auf Purpur oder Violet ziehet, bedeckt
dieses Gewächse, welche bald herunter geschabet
werden kann, und man findet sie von der Dicke
eines Federkiels und einen bis anderthalbe Schuh
hoch, bis zur Dicke eines Arms, wo sich die Höhe
auf etliche Schuh erstreckt. Das Vaterland ist
Ostindien. Ein ganzes strauchiges Exemplar
kommt nicht viel in den Cabinetten vor, und ist
in folgender Figur zu sehen. Zuweilen aber hangen sie voll von der Muschel, die man Vogel-
doublet nennet, auch hängen sich wohl andere
Conchylien an.

Knorr. Delic. Tab. A. VI. fig. 1.

Einzelne Stämme, die ihre Aestchen verloh-
ren haben, und dabey schön poliret sind, siehet man
öfter, und werden für eine Rarität gehalten.

Knorr. Delic. Tab. A. I. fig. 1.

Die

Die dickern Aeste oder Stämme, welche von den Indianern ziemlich unschicklich abgehauen werden, um daraus Hefte zu ihren Dolchen zu machen, werden gegen Gold aufgewogen, und kommen weit seltener zu uns. Man macht auch aus selbigen Stücken Armringe, und dergleichen Zierrathen.

Knorr. Delic. Tab. A. VIII. fig. 1.

So wie nun diese schwarze Coralle nicht allezeit bis oben aus kohlschwarz ist, sondern oft röthliche Spitzen an den dünnern Zweigen führet, so findet man auch Exemplare die auswendig roth erscheinen, und dennoch inwendig ganz schwarz sind.

Knorr. Delic Tab. A. V. fig. 3.

Endlich ist auch noch zu erwegen, daß man gekünstelte schwarze Corallen habe, welche lediglich von dem dicksten Stamme des schwarzen Seefächers oder irgend eines andern schwarzen Horncoralles gemacht sind, indem man die Aeste abstußt, die Oberfläche poliret, etwas einweicht und drehet, und dann in der gewundenen Gestalt hart und trocken werden lässet, doch sind sie von einem Kenner, in dem Grade der Schwärze, in der Windung der Striche, und in der Art der Politur, wohl zu unterscheiden.

10. Die Seeweide. Gorgonia anceps.

**10.
See-
weide.
Anceps** Beyde obige Benennungen sehen auf die an beyden Seiten des innern Holzes ausgebreitete Polypenrinde. Es ist nämlich ein schwarzes dünnes und nur weniggedrucktes Horncorall, das mit einer platten und breiten purpurrothen Rinde dergestalt überzogen ist, daß die Aeste einem langen schmalen Blatt ähnlich sehen, wie solches aus der

Ab-

Abbildung Tab. XXVI. fig. 5. mit mehreren zu Tab.
ſehen iſt. Der Rand dieſer Rinde erſcheinet gleich, XXVI.
ſam als gekerbet, und dieſes entſtehet durch die fig. 5.
vielen, in einer Reihe hinauf laufenden Zellen,
welche bis in die Seiten des innern Holzes Gemeinſchaft haben, und vom Ellis und allen ſeinen
Nachfolgern für die Wohnungen der Polypen gehalten werden. Wir erhielten aus America ein
zehen Zoll hohes Exemplar mit mehr als vierzig
ſolchen Blättern auf einem Stamme, die einen ordentlichen Buſch machten. Die Aeſte gaben viele
Nebenzweige ab, und die Rinde ſtieg von der kleinen und etwas flachen Wurzel ununterbrochen bis
zu allen Spitzen fort. Jetzt aber, da wir das
Exemplar unterſuchen, finden wir, daß ſich die
Purpurfarbe der Rinde daſelbſt am meiſten conſer-
viret hat, wo die Blätter aufeinander liegen, die
freyſtehenden Blätter aber ſind an der einen Seite
ſowohl als an der andern ſehr verbleicht, und ſo iſt
es uns mit mehreren Rinden der Horngewächſe er-
gangen. Unſer Rath iſt alſo, ſie vor der Luft zu
bewahren.

Ellis Corall. Tab. XXVII. fig. g. No. 2.

11. Die Seefichte. Gorgonia pinnata.

Nach des Herrn Boddaerts Benennung, 11.
welcher die gegenwärtige Art mit dem Namen Seefich-
Kaapſche Heeſter belegt, ſollte man glauben, ꝛc.
daß ſie lediglich vom Vorgebürge der guten Pinnata
Hofnung herſtamme; allein wir erhielten ein ſchönes Exemplar aus Curacao, welches gegen drey
Schuh lang iſt, und aus einer breiten federartigen
Wurzel einen etwas platten oder gedrückten Haupt-
ſtamm in der Dicke eines Fingers, mit drey Ne-
benſtämmen in der Dicke eines Federkiels, abgiebet. Dieſe Stämme ſtehen gerade wie die Fichten,

ten, und ſind von unten auf flügelartig mit ganz feinen borſtenartigen fingerlangen Nebenzweigen beſetzt, welche an beyden Seiten der Stämme, gegeneinander über, oder auch zuweilen eins ums andere ſtehen, und ſich alſo wie ein Wedel aus- breiten. Dieſe flügelartigen Nebenzweige ſtehen gleichweitig, ſind nicht dicker als Pferdehaar, und dennoch, ebenſowohl als der Stamm, bis an ihre äuſſerſte Spitze mit einer dicken rothen Polypen- rinde überzogen, welche längliche Poros haben, die an ihren Mündungen weißlich ſind. Die Hol- länder nennen ſie Zeedenneboom.

Das Horn iſt hornartig, ſchwarzbraun, ge- ſtreift und dornig. Dieſe Dornen entſtehen von den abgebrochenen Borſten, welche an ihren Spi- tzen braunroth und durchſichtig ſind.

12. Die Seeeiche. Gorgonia ſetoſa.

Dieſe führet den Namen Zee-Pynboom, welches eigentlich Seefichte wäre, allein ſie iſt ſchon unter dem Namen Seeeiche bey uns bekannt. Der Wuchs iſt faſt, wie an der vorigen beſchaffen, nur ſind die Zweige rund und nicht ſo dünne, die Rinde liegt etwas gedruckt und in die Brei- te daran, und die Farbe derſelben iſt weißlichgrau und violet. Herr Pallas nennet ſie Gorgonia aceroſa No. 105. In Engelland heißt ſie die lange Seefeder, (large Seafeather,) denn ſie wird beſonders im mittelländiſchen Meere vier bis fünf Schuh lang. Die Pori in der Polypenrinde ſind ſehr groß.

Olear Gottorf. Kunſtkamm. Tab. XXXV. fig 1.

Beßler Muſ. Tab. 24. Quercus marina Theophr.

13. Die

13. Die Petechiencoralle. Gorgonia petechirans.

Eine gewiſſe Horncoralle, die einigermaſſen **13.** gabelförmig in die Höhe wächſt und ſehr äſtig iſt, **Pete-** wird deswegen die Petechiencoralle genennet, **chienc-** weil die Rinde, die zwey Furchen hat, mit vielen **ralle.** kleinen rothen Flecken beſetzt iſt, dergleichen ſich **Pete-** in bösartigen Fleckfiebern zeigen, und die man die **chirans.** Peteſchen zu nennen pfleget. Dieſe rothe Flecken aber ſind die Mündungen der warzenförmigen Po- ren, die ſich in großer Menge in der gelben Rinde befinden. Das Holz iſt dünn, hart und ſchwarz, und an den Enden bernſteinartig durchſichtig. Der Herr Pallas, der der Urheber der Benennung iſt, hat davon ein faſt zwey Schuh hohes Exemplar in dem Gaubiſchen Cabinet in Leiden, aus dem übergebliebenen Boerhaviſchen Corallenvorrathe gefunden.

14. Der Seekamm. Gorgonia pectinata.

Aus den Indien wird noch eine beſondere **14.** Art gebracht, welche man in Holland Kamkoraal **See-** nennet, weil die Aeſte an der einen Seite mit ih- **kamm.** ren ſteifen Seitenzweigen einen Kamm ähnlich ſe- **Pecti-** hen. Es gehen nämlich, wie Herr Pallas nach **nata.** einem gewiſſen Exemplar in dem Cabinet des Prin- zen von Oranien, berichtet, aus einer Wurzel verſchiedene runde, vor ſich hangende Aeſte hervor, die an der einen Seite, die Höhe hinan, mit ein- zelnen, langen, geraden, gleichbreiten Aeſten, die in eine ſcharfe Spitze ausgehen, beſetzt ſind. Das Holz iſt ſteif, mürbe, weißlich, und an dem Stam- me nach der Oberfläche zu bräunlich. Die Rinde iſt kalchartig, zerreiblich, und klaft faſt allenthal- ben

ben durch hervorragende Poren. Diese Art kommt selten vor.

15. Der Seewedel.   Gorgonia ventalina.

Unter den Horncorallen nehmen sich diejenigen gewiß recht schön aus, welche eine fecherförmige Gestalt haben, die aus einem netzartigen Gewebe durch Verästungen entstehet, indem die Hauptäste durch sehr viele Querästchen netzartig miteinander verbunden werden. Ob es nun wohl vielerley Arten derselben giebet, so kann man sie doch nach dem Linneischen System nirgends, als zu dieser und der folgenden Art ordnen.

Es macht aber der Ritter zwischen dieser und der folgenden Art diesen einzigen Unterschied, daß die jetzige von aussen an beyden Seiten plattgedruckte oder flache Aeste und eine rothe Rinde habe, die folgende aber an ihren Aesten in der Tiefe, oder nach den Seiten der nebeneinander liegenden Aeste zu gedruckt, und mit einer gelben Rinde versehen sey. Wohin aber sollen denn diejenigen gehören, deren Aeste ganz rund sind? und wie unmöglich ist es, alle noch übrige Arten der Horncoralle unter diese zwey Arten als Verschiedenheiten unter zu bringen? Es wird auch also hievon in dem Supplementsbande eine Nachlese nöthig seyn.

Diejenige Art inzwischen, welche der Ritter hier vorzüglich erinnert, ist eine Horncoralle mit plattgedruckten Aesten, und einem netzartigen Ansehen. Sie wächst groß, unregelmäßig, doch im äussern Umfange mehrentheils rund, mit einem dünnen Stamme, der sich aber gleich in Aeste zertheilet, die sich durch allerhand Krümmungen gegeneinander wenden, und dahero unregelmäßige große

große und freye Maschen machen. An alten Exemplarien ist das Holz fast schwarz, an jüngern
braun. Die Rinde ist dunkelroth, kalchartig und
mürbe. Die Zellen sind in selbiger kelchförmig,
die mit offenen Mündungen an allen Seiten klaffen, daher sie gleichsam warzenförmig erscheinen.
Kleine Exemplaria haben fast viereckige Maschen,
die größern sind mehr unregelmäßig, und viele haben nicht einmahl schliesende oder feste Maschen,
sondern die Nebenästchen, die nicht mit den andern verwachsen sind, senken sich nur den andern
entgegen, so daß eine netzartige Gestalt mit weiten
Maschen heraus kommt.

Der Aufenthalt dieser Seewedel ist in dem
indianischen Meere, und Rumpf berichtet, daß
es einfache und doppelte gebe, einige haben eine
dunkelrothe, andere eine schwarze sandige Rinde,
die einfachen werden wohl vier Schuh hoch, die
doppelten kaum eine Spanne lang, und gehören dann
wohl als eine Verschiedenheit unter dem Namen:

*Seenetz. Gorgonia reticulum.

bemerket zu werden. Sie haben vielerley gegeneinander gesetzte Flächen, mit schöner warzigen zin-
noberfärbigen Rinde, und einem schliessenden feinge-
strickten Netz, mit viereckigen kleinen Maschen, doch
können die Polypen diese Filet nicht so accurat
als unsere Dames stricken, indem eine Masche lang,
die andere kurz, eine breit, und die andere schmal
ist. Die Zinnoberfarbe lässet sich durch die Sonne
ausbleichen, und dann sind sie weiß. Das Holz
der Aestchen ist nicht dicker als grober Zwirnsfaden,
und man findet diese Art, die auch Seebouquette
genennet werden, in beyden Indien.

*Seenetz
Reticu-
lum.

Knorr. Delic. Tab. A. XII. fig. 2.

16. Der Seefecher. Gorgonia flabellum.

Nach des Ritters Beschreibung kommt nun hier diejenige Art vor, deren Aeste an den Seiten gegeneinander zu plattgedruckt sind, so daß sie an beyden Flächen des ganzen Gewächses scharfe Kannten machen. Ihr fecherförmiges Gewebe bestehet erst aus drey, vier, oder mehrern Fingerdicken und allmählig in eine feine Spitze auslaufenden, und wie die Stäbe in den Fechern nebeneinander aufschiessenden, und sich oben weittrennenden Hauptstämmen. Zwischen diesen steigen allenthalben ganz dünne, seitwärts plattgedruckte parallele, und senkrecht stehende Zweiglein, wie lange Späne hervor, diese werden nun durch Querfäden allenthalben aneinander geküttet, so daß zwischen beyden allenthalben etwas längliche Vierecke durchsichtig bleiben, und also das ganze Gewächse einem durchbrochenen Netze gleich siehet. Die Hauptäste sind der Länge nach gestreift, braun oder schwarz, und vereinigen sich in einem dicken Stamme, welcher auf einem sehr breiten lederartigen, inwendig holzig, faserigen Wurzelstück auf den Klipppen feste stehet. Die Rinde ist ein kalchiges Wesen, mehrentheils gelblich, oder grau weiß, oder auch von untenauf mit einer schönen Purpurröthe oder Rosenfarbe durchzogen, welches vielleicht im frischen Zustande die Hauptfarbe seyn mag. Auf dieser Rinde siehet man unzählige Poros reihenweise stehen, jedoch bemerket man durch das Vergrößerungsglas in diesen Rinden, so wie in der Farbe, also auch in den Poris gewaltig abweichende Verschiedenheiten.

Der

Der Aufenthalt iſt in beyden indianiſchen Meeren, und wir erhielten daher Exemplare von einem bis zu fünf Schuh hoch und breit.

Knorr. Delic. Tab. A. XII fig. 1.
Tab. A. XIII. fig. 2.

Der Herr Ellis giebt ſich große Mühe, an einem Exemplar zu zeigen, wie dieſes Seeproduct von Thieren gebauet ſey, weil eine ſolche gebrochene Horncoralle wieder aneinander geſüttet, und alſo im Stande wäre gehalten worden; gerade, als ob im ganzen Pflanzenreiche keine Exempel wären, daß zerbrochene Aeſte durch einen alsdann deſto häufiger heraustretenden Saft ſich wiederum miteinander verbunden hätten.

Ellis Tab. XXVI. fig. K.

Inzwiſchen zeiget ſich nicht an allen Exemplarien, daß die hinaufſteigenden Aeſte platt gedruckt ſind, denn es giebt viele, deren Aeſte ganz rund ſind.

Knorr Delic. Tab. A. XIII. fig. 1.

Vorzüglich aber haben wir eine kohlſchwarze Art ſehr merkwürdig gefunden, wo allenthalben das Netz mit Knoten beleget iſt, als ob es ein geflicktes Netz wäre, welchen Umſtand wir nicht anders zu erklären geneigt ſind, als daß dieſe Gewächſe von gewiſſen Seewärmern durchfreſſen, oder angenaget worden, und daß darauf der herauſtretende ſchleimige oder gallertartige Saft (der neuern Naturforſcher ihre Polypen,) ſich an allen beſchädigten Oertern ergoſſen, und alſo die Knoten, (wie ſolches auch an andern Pflanzen geſchiehet,) gebildet habe.

Wenigſtens iſt aus den Rumphiſchen und andern Berichten deutlich, daß die Zeewaajers,

oder

oder Meereminnewayers , welches die Wedel und Fecher sind, unter dem Wasser einen schleimigen gallertartigen Ueberzug haben, und die mannichfaltigen Verdoppelungen der Blätter, die man an vielen Exemplarien wahrnimmt, zeigen auch den frechen Wachsthum dieser Horncoralle ganz klar. Das übrige, was noch bey diesem Fache anzuführen und zu erinnern wäre, sparen wir bis zum Supplementsbande.

342. Ge

342. Geſchlecht. Seekork.

Zoophyta: Alcyonium.

Geſchl. Benen- nung.

Es iſt ſehr undeutlich, was die Alten veran- laſſet habe, den in dieſem Geſchlechte vor- kommenden Seeproducten den Namen Alcyonium benzulegen. Gemeiniglich wurden die Eißvögel damit belegt, als welche ſich gerne am Meere auf- halten. Siehe den zweyten Theil pag. 236. Der Herr Houttuin behält das Wort, und nennet dieſe Geſchöpfe Alcyonien, der Herr Boddaert aber macht Seeſchaum daraus; holländiſch Zee- ſchuim, da nun die erſte Benennung allezeit den Deutſchen dunkel iſt, und letztere ganz und gar wider die Eigenſchaft dieſer Geſchöpfe ſtreitet, ſo wählen wir den Namen Seekork, indem das Be- ſtandweſen der Alcyonien, wenn es getrocknet iſt, einem faſerigen korkartigen Weſen am beſten zu ver- gleichen iſt.

Dieſes weiche korkartige faſerige und mehren- theils graue Weſen, das von auſſen mit einer leder- artigen Haut überkleidet, und mit Poris von ver- ſchiedner Art und Größe durchzogen iſt, bildet ſich bald als dicke Rinden, bald als die Baum oder Waldſchwämme und Hirſchbrunſt, bald als ein Gebüſche, oder auch als Maſſen mit Warzen, Fin- gern, Stumpfen und dergleichen, ja die verſchiede- nen Geſtalten ſind oft ſo ſonderbar, daß man ſie mit nichts vergleichen kann, wie denn auch ihr in- neres Beſtandweſen zuſamt den inneren Bau er-

ſtaun-

staunlich voneinander abweicht, so daß sich nicht viel Allgemeines davon sagen lasset.

Geschl.
Kenn-
zeichen.

Die Kennzeichen sind also nach dem Ritter diese: daß es ein gewurzelter Stamm sey, der faserig, und mit einem lederartigen Rock überzogen ist, (welches letztere die Alcyonien vorzüglich von den Meerschwämmen unterscheidet.) Innerhalb diesem Stamme soll sich ein Polypus ausbreiten, und durch gewisse Poros ausserhalb dem äussern Rocke hervorkommen, oder wie Herr Pallas sagt, es sey ein vegetabilisch wachsendes Thier, welches einen angehefteten, knorpelartigen, inwendig mit vielen Poris besetzten Stamm hat, dessen Rinde hart und mit warzigen, einigermassen gestirnten Mundöfnungen versehen ist, aus welchen die Polypen zum Vorschein kommen, welche Eyer legen, und ihre mit Haaren besetzte strahlige Arme haben.

Es sind aber folgende zwölf Arten zu merken:

1. Der Korkbaum. Alcyonium arboreum.

I.
Kork-
baum.
Arbo-
reum.

Dieses Geschöpfe hat seine Benennung von der baumförmigen Gestalt, worinne es wächset. Mehrentheils scheinet es einem alten verstümmelten Stamm mit abgehauenen Zweigen ähnlich zu seyn, denn die heraustretenden Aeste sind stumpf, und die Oberfläche ist mit warzenförmigen Poris besetzt. Die Länge steiget zuweilen bis auf sechs Schuh, und die abgestumpften Spitzen zeigen sich fingersdicke, doch diejenigen, die eine Höhe von zwey bis drey Schuh haben, sind gemeiner, und da ist oft der Stamm untenher schon armsdick. Die äussere Haut ist dunkelroth und voller Bläschen, die zuweilen klaffen, die innere Substanz ist korkartig, und sehr porös. Die Pori laufen der Länge nach, und haben mit den äussern Poris Gemeinschaft.

Ge-

Getrocknete Exemplaria, dergleichen Tab. XXVII. Tab.
fig. 1. zu ſehen iſt, ſchrumpfen gerne etwas zuſam⸗ XXVII.
men, quellen aber im Waſſer wieder auf, und fig. 1.
ſinken dann, wann ſie getränket ſind. In den
klaffenden Poris ſiehet man alsdann ein ſchleimiges
Weſen. Das, ſagen uns die neuern Naturfor⸗
ſcher, war der Polypus, und wir geben es für
den zuſammengetrockneten gelatinöſen und organi⸗
ſirten Pflanzenſaft aus, der allen Meergewächſen
eigen iſt, und davon die Spuren faſt in allen harten
und weichen Corallen gefunden werden. Der
Aufenthalt iſt in den Tiefen des nordiſchen und
indianiſchen Meeres.

2. Der Fingerkork. Alcyonium exos.

Der Stamm ſiehet wie ein abgeſtumpfter
Arm aus, oben auf denſelben kommen abgeſtumpfte
Finger zum Vorſchein, doch verändert ſich dieſe
Geſtalt mannichfaltig. Die Oberfläche iſt ſehr
rauh, röthlich, oder auch roſtfärbig, und ſowohl
das eine als das andere hat die anderweitigen Be⸗
nennungen veranlaſſet, die man dieſem Meerge⸗
wächſe giebet, als Seehand, Main de Larron,
Main de Ladre, Grindhand, und dergleichen.
Es wächſet gerne auf zerſtreueten Steinen und
Muſcheln in einer Tiefe von vierzig bis funfzig
Klafter. Der Fuß iſt insgemein weiß, das übrige
ziehet ſich ins rothe. Die Rinde ſcheinet eine
Zuſammenhäufung von Drüſen zu ſeyn. Die in⸗
nere Subſtanz iſt einem holzigen Mark gleich,
welcher mit einer ſehr ſcharfen milchigen Feuchtig⸗
keit durchdrungen iſt, und was könnte dieſe Feuch⸗
tigkeit wohl anders beweiſen, als daß es ein thieri⸗
ſches Mark ſey. Gewiß unſere Eſula oder Wolfs⸗
milch hat wohl Urſache zu klagen, daß man ſie nicht
auch in den Thierſtand erhoben hat.

Inzwischen ist die weisse Feuchtigkeit nicht der einzige Beweiß, den man für die thierische Natur dieses Products angiebt, man beruft sich auch auf die allenthalben aus der Oberfläche hervorkommende Polypen. Es sind nämlich cylindrische weisse Fühlerchen, welche die Länge von zwey Linien, und die Dicke von einer halben Linie haben, am Ende aber mit acht weissen fleischigen Fasern versehen sind. Diese Fühlerchen strecken sich aus, und ziehen sich wieder ein, und eben durch das hin und her rutschen der acht fleischigen Fasern, bleiben in der übrigen Masse so viele sternförmige Figuren zurücke, welches die Polypenzellen sind. Gerade als ob die Entstehung einer Sternfigur auf eine andere Art unmöglich wäre. Welche Polypen machen denn die mancherley schönen Sterne der Blumen= und Saamencapseln im würklichen Pflanzenreiche?

Uebrigens sind die Stämme drey Zoll lang, und einen halben Zoll dick, fast rund, inwendig voller langen Köcher, auf diesem Stamme wachsen fünf, sieben, bis neun breite Finger, die wiederrum andere Stümpfchen abgeben. Die ganze Masse ist auswendig lederartig, und da inwendig nichts hartes oder knochiges anzutreffen ist, so wurde diese Art schon vom Bohadsch Penna exos genannt. Der Aufenthalt ist im mittelländischen Meere.

Schäfer Polyp. 1755. Tab. 3.

3. Der Federkork. Alcyonium epipetrum.

Die Gestalt lässet sich etwa mit einem fingerdicken, unten etwas zugespitzten Federkiel vergleichen, und weil es auf Klippen wächst, so hat der Ritter es mit dem griechischen Namen Epipetron belegt. Der Herr Pallas nennet es Pennatula

natula Cynomorium No. 221. welche Benen‐
nung vom Ellis aus dem Michelius angefüh‐
ret worden, der eine gewiſſe Art Schwämme auf der
Inſel Maltha mit dieſem Namen beleget hatte.

Man kann eigentlich nicht ſagen, daß es alle‐
zeit eine Finger‐oder kielförmige Geſtalt habe,
denn es gibt auch dicke, die faſt rund ſind, und
gleichſam einen länglichen Boviſt auf einen veren‐
gerten Stiel vorſtellen, durchgängig von aſchgrauer
Farbe.

Ein Exemplar von dem Ellis iſt Tab. **Tab.**
XXVII. fig. 2. zu ſehen.   Daſelbſt ſiehet man **XXVII**
auſſer der ſtumpfen fingerförmigen und unten zuge‐ **fig. 2.**
ſpitzten Geſtalt, auch an dem oberen Theile die
Poros, mit ihren ſehr lang hervorragenden acht‐
ſtrahligen mit Haarfaſern oder federigen Armen be‐
ſetzten Polypen. Sie ſind recht ſchön und deutlich
gemacht, daß man ſie ja recht ſehen ſoll. Allein
das Exemplar, welcher der Herr Pallas abgebil‐
det hat, beſtehet verhältnismäßig in ungleich kleinern
und weit anders gebildeten Polypen, deren Arme
mehr blumenblätterartig ſind. Er glaubt auch,
daß dieſes ganze Alcyonium ſeinen Platz verändern
könne, und daß deſſen Polypen eine willführliche
Bewegung haben. Untenher, wo ſich das Gewäch‐
ſe verdünnet, befinden ſich Runzeln und Wärzchen.
Die innere Subſtanz iſt ſchwammig, mit Köchern
durchzogen, und giebt aus einem gemeinſchaftlichen
Bande Faſern, nach dem Umfange zu ab. Der
Aufenthalt iſt in dem mittelländiſchen Meere.

4. Die Korkniere.   Alcyonium agaricum. **4.**
Kork‐
Dieſes Gewächſe ſtehet auf einem dratförmi‐ **niere.**
gen Stiele, und iſt am obern Ende, oder an der **Agari‐**
Kolbe, nierenförmig. Der Herr Ellis rechnet es **cum.**
unter

unter die Seefedern, ſo wie es auch bey Herrn
Pallas Pennatula reniformis genennet wird,
der Ritter hingegen vergleichet die Geſtalt mit einem Schwamm. Die Worte, womit Herr Ellis,
der dieſes Seeproduct aus Südcarolina bekam,
daſſelbe beſchreibet, lauten alſo:

„Dieſes ſchöne purpurfärbige Thierchen hat
„die Geſtalt einer plattgedruckten Niere. Der
„Körper iſt faſt einen Zoll lang, und einen halben
„Zoll dick. Es iſt mit einem kleinen runden, einen
„Zoll langen Schwänzchen verſehen, welches aus
„der Mitte des Körpers tritt. Dieſes Schwänz-
„chen iſt nach Art der Erdwürmer, von einem En-
„de bis zum andern geringelt, und führet in der
„Mitte des obern und untern Theils ein kleines
„Grübchen, das von einem bis zum andern Ende
„fortlauft. In dem untern Ende dieſes Schwänz-
„chens iſt ſo wenig als in andern pennatulis eine
„Oefnung zu finden geweſen. Der obere Theil
„des Körpers iſt erhabenrund, und etwa einen
„Viertelszoll dick. Die ganze Oberfläche iſt mit
„kleinen ſternförmigen Oefnungen bedeckt, aus
„welchen ſich kleine Sauger wie Polypen hervor
„thun, davon jeder ſechs Fühlerchen oder Faſern
„hat, dergleichen man auf gewiſſen Corallen
„wahrnimmt, die auch die eigentlichen Mündun-
„gen dieſer Thierpflanzen zu ſeyn ſcheinen. Der
„untere Theil des Körpers iſt ganz flach, und dieſe
„Oberfläche iſt voller Veräſtungen von fleiſchigen
„Faſern, welche ſich von der Einſenkung des
„Schwanzes an, als aus einem gemeinſchaftlichen
„Mittelpuncte, allenthalben ausbreiten, ſo daß ſie
„mit den geſtirnten Oefnungen des obern Randes,
„und der ganzen obern Fläche dieſes ungewöhnli-
„chen Thieres Gemeinſchaft haben.“

Boddaerts Pallas Tab. XII. fig. 5.
Ellis act.angl. vol.53. p.427. t.19. fig.6-10.
5. Die

5. Die Mannshand. Alcyonium digitatum.

Wenn wir ſagen, daß dieſes Seegewächſe länglich, runzelich, lederartig, und mit ſtumpfen Fingern verſehen, dabey aber von blaß aſchgrauer Farbe iſt, ſo wird ein jeder nicht nur die Urſache obiger Benennungen einſehen, ſondern auch, warum es bey den Engelländern die todte Mannshand, oder Mannszähen, und bey Herrn Baſter, alte Mannsdaumen, (Oude Mans-Duimen,) heißt. Pallas hingegen führet es unter dem Namen Alcyonium lobatum, oder Lappenalcyonium an, welches der Herr Gouttuin durch Kwabbige alcyonie ausdruckt. Es wird in dem europäiſchen, und beſonders nordiſchen Meere gefunden, wo man platte Maſſen, ohne Stiel antrift, welche, wenn ſie noch naß und friſch ſind, über dreyßig Pfund wiegen, denn die ausgetrockneten Exemplaria in den Cabinetten ſind ſehr leicht. Die Oberfläche iſt mit warzenförmigen Mündungen, die eine Sternfigur haben, beſetzt. Aus dieſen Sternchen kommen Polypen zum Vorſchein, deren Arme haarig oder faſerig ſind, denn dieſe Art iſt eben diejenige, in welcher der Herr Juſſieu zum erſtenmal hinter die wichtige Entdeckung kam, daß die einwohnenden und mit ihren Armen hervortretende Körperchen nichts als Polypen, und folglich ohnſtreitige Thierchen ſeyen, welches dann der Herr Ellis nach ſeinem Geſichtspunct noch deutlicher dargethan: denn er ſchnitte dieſes Alcyonium durch, und fand daß es in lauter Köchern beſtand, welche wieder andere Köcher als Nebenzweige abgaben, und alle bis in die geſtirnte achtſtrahlige Oefnungen giengen. In jeder dieſer Oefnungen fand er einen Sauger, oder polypenartigen Körper mit acht Armen, die an der innern Seite eines jeden Köchers mit acht zarten Faſern befeſtiget

waren,

5.
Manns-
hand.
Digita-
tum.

waren, vermittelst welcher sie sich hervor stossen oder zurücke ziehen konnten. Alle besagten Köcher des ganzen Alcyoniums, waren durch ein faseriges netzartiges Gewebe miteinander verbunden, und in diesem Gewebe lag ein gallertartiges Bestandwesen, welches Herr Ellis für das Thier, das faserige Wesen aber für die Nerven oder vielmehr Sennen desselben hält, indem das Thier durch diese Sennen die Oberfläche der Sterne öfnen und schliessen, die Sauger oder Fühlerchen hervorstrecken oder einziehen, und durch selbige seine Nahrung suchen und samlen konnte. Ja er meynte sogar ihren Saamen oder Eyerchen entdeckt zu haben.

Der Herr Pallas thut noch hinzu, daß diese Polypen etwas träge sind, und im Weingeist gleich ausgestreckt ersterben, welches letztere jedoch auch bey andern Polypenarten, die ganz munter sind, statt hat.

Ellis Corall. Tab. XXXII. fig. 2. A. 1.2.3.

Bey dieser Gelegenheit aber ist doch auch noch zu erwegen, daß es allerhand Verschiedenheiten dieses Alcyonii gebe, welche in der Gestalt und im Gewebe von einander abweichen, und alsdann andere Namen bekommen, als:

*Der Korkschwamm. Alcyonium spongiosum.

Korkschwam. Spongiosum.

Tab. XXVII fig. 3.

Von dieser Art ist Tab. XXVII. fig. 3. eine Abbildung gegeben. Es ist gleichsam zwischen den Alcyonien und den Schwämmen des folgenden Geschlechts eine Mittelgattung, und kommt mit obiger No. 2. ziemlich überein. Man nimmt keinen Stiel daran wahr, und das Gewächse macht verschiedene ästige Lappen, die von aussen mit einer

staubi

ſtaubigen Wolle belegt ſind, welche ſich wie ge-
blümt zeiget. Die Farbe iſt gelblich grau. Es iſt
hand breit hoch, und noch einmal ſo breit. Es kommt
aus den Indien, und iſt des Herrn Pallas Spongia floribunda, No. 224.

*Die Korkwarze. Alcyonium mam-
        millatum.

Ferner erwehnet der Rumpf gewiſſer flei-
ſchiger warzenartiger Auswüchſe, welche ſich in
verſchiedener Geſtalt zeigen, und ein zähes ſennenar-
tiges Beſtandweſen haben, davon etliche wie ein
gerunzeltes Stück Fleiſch, wieder andere fingerför-
mig ausſehen. Sie ſitzen in den Indien auf den
Klippen unter dem Waſſer feſte. Inwendig haben
ſie ein Gewebe von aderigen und mit Waſſer gefüll-
ten Röhren. Wenn man ſie angreift, ſind ſie
ſchleimig, und bewegen ſich etwas, verurſachen
aber ein Jucken in der Hand, welches jedoch faſt
die meiſten Seekörper und coralliniſchen Gewächſe
thun. Von dieſen berichtet beſagter Schriftſteller,
daß er einige aufgeſchnitten habe, die inwendig
blaßroth, und wie Fleiſch ausſahen, auch ſich noch einige Zeit bewegten. In der Sonne aber ſchrumpfen ſie zuſammen, und werden ſo hart wie Leder.

(Marginalie: Kork-warze. mam-milla-tum.)

*Der Asbeſtkork. Alcyonium asbeſtinum.

Dieſes fingerförmige Seeproduct iſt inwendig
roſenroth, und von einem ganz andern Beſtandweſen als auswendig; denn auswendig iſt die Maſſe,
welche große lange, runde Poros hat, faſerig und
gleichſam ſtrahlich, ſo wie die Asbeſtfaſern anzuſehen ſind, an deren Spitzen oder Pfeilchen, welche
Herr Souttum ſalpeterartig zu ſeyn ſchätzet, Boccone ehedem durchſichtige Kügelchen geſehen. Die
                   Farbe

(Marginalie: Asbeſt-kork. Asbeſti-num.)

Farbe ist auswendig röthlichweiß, und das Vaterland ist America.

*Der Seesplint. Alcyonium alburnum.

Seesplint.
Alburnum.

Endlich findet man noch ganze Gebüsche von fingerdicken ästigen Stämmen, die einen halben Schuh hoch werden, und theils gerade stehen, theils gebogen sind. Alle diese stämmige Aeste laufen jeder in eine kelch=oder cylinderförmige Röhre aus. Das Bestandwesen ist etwas mürber als Kork, inwendig der Länge nach mit Höhlungen, und einem cylindrischen Canal in der Mitte versehen, der sich durch jeden Stamm bis an die Spitzen ausbreitet. Die Farbe ist weiß wie Milch, daher sie auch mit dem Alburno der Pflanzen oder Bäume verglichen wird, welches an einigen Oertern Splint; holländisch Spint genennet wird, und der Herr Pallas macht den fertigen Schluß, daß sich aus den länglichen Höhlungen neue Aeste bilden, welche alsdann wiederum neue, polypenführende Röhrchen geben, aus welchen Spitzen endlich die Polypen hervorkommen. Man findet dieses Product in dem indianischen Meere.

6. Der Fleischkork. Alcyonium Schlosseri.

6.
Fleischkork.
Schlosseri.

Der berühmte Herr Doctor Schlosser ließ einmal beym Cap Lezard, ohnweit Falmuth, durch gemiethete Fischer nach dem kleinen englischen Corall, oder des Ray Corallium nostras suchen, statt dessen zogen die Fischer zuerst eine fleischige Substanz auf, welche um den runden Stamm eines andern Seegewächses saß. Sie war hart, über einen Zoll dick, hellbraun oder aschgrau, und auf der ganzen Oberfläche mit goldgelben glänzenden Sternchen besetzt, und eben diese
Art

Art hat deswegen obige Benennungen erhalten, und wird von dem Ritter alſo beſchrieben:

Das Beſtandweſen iſt fleiſchig, bräunlichblau und mit einer zarten Oberhaut bedeckt. Die Sterne ſind zerſtreuet, groß, und von einander unterſchieden, ragen unter der Oberhaut kaum hervor, und ſcheinen einer Madrepore ähnlich zu ſeyn. Sie haben einigermaſſen eine Fleiſchfarbe, führen ſechs bis zehen gleiche Strahlen, die an der Wurzel oder am Boden zuſammen kommen, und daſelbſt mit einem Loche durchbrochen ſind. Der Herr Schloſſer beſchreibt die Sterne, daß ſie aus vielen dünnen hohlen Strahlen beſtehen, und eine birnförmige Geſtalt haben. Jeder Strahl ſey am Ende bey dem Umfange breit, und in der Mitte erhabenrund. Er hielte ſelbige für eine Polypenwohnung, ſie kamen aber nicht zum Vorſchein. So lange aber dieſes Thier lebte, ſahe er doch in jedem Stern eine Oefnung, die ſich zuſammenzog und wieder öfnete, und an dem Boden derſelben einige Faſern, die ſich bewegten. Die Sterne waren einander in Farbe und Geſtalt ſehr ungleich, doch ihr innerer Bau, der Strahlen nämlich, und der Mündung, kam miteinander überein. Der Herr Ellis fand die Zwiſchenräumchen zwiſchen den Sternen mit lauter Eyern von allerhand Gröſſe angefüllet, die alle an einer Seite durch eine feine Faſer befeſtiget waren. Dieſe Eyer waren rund, ſo lange ſie klein ſind, wurden aber bey fernerem Wachsthume länglich, wie die Sternſtrahlen, und er glaubet endlich, jeder Strahl ſey ein beſonderes Thier aus ſich ſelbſt. Der Herr Pallas hingegen, hält das ganze für ein einziges Thier, und die Sterne und Strahlen nur für Werkzeuge, wie etwa die Strahlen oder Stachel der Meeräpfel auch nun als Theile zu einem ganzen gehören.

Jn

Inzwischen rechnet Herr Pallas noch zwey andere Alcronien hieher, nämlich ein grünes, und ein umberfärbiges, beyde mit gelben Sternen, sodann ein rothes und gallertartiges mit madreporenartigen Sternen, aus dem nordischen Meere.

7. Die Seepomeranze.   Alcyonium lyncurium.

7.
Seepo-
meranze
Lyncu-
rium.

Tab.
XXVII
fig. 4.

Die Lyncurier sind im Steinreiche eine Art gelber Chalcedon, die auch wohl in rauhen Kugeln angetroffen werden. Da nun gegenwärtige Alcyonienart ein kugelförmiges, faseriges, gelbes, und warziges Gewächse ist, das zwar anfänglich festsitzet, hernach aber durch die Wellen losgerissen wird, und wie ein Ballen in dem africanischen und mittelländischen Meere herum schleudert; so sind obige Benennungen diesem Meerproducte nicht unschicklich gegeben worden, denn Herr Pallas nennet sie Alcyonium aurantium, No. 210. und die Holländer Zee-Oranje-Appel. Ein dergleichen durchgeschnittenes Exemplar wird in der Abbildung Tab. XXVII fig. 4. vorgezeiget.

Auf dem Durchschnitt nimmt man holzige korkartige Fasern wahr, die sich aus der Mitte nach dem Umfange senken, und daselbst durch kleinere Fasern in die Oberfläche dringen, in welcher Marsigli Poros, und Donati Warzen gefunden, die nun beyde in ausgetrockneten Exemplarien vergeblich gesucht werden, und vielleicht giebt es auch Verschiedenheiten dieser Art. Nach dem Marsigli sehen die innern Fasern wie Federalaun aus, und die Pori der äussern Haut zeigen sich unter dem Microscop sternförmig. In der Destillirung gaben sie dreyßig Gran flüchtig alcalisch, und zwanzig Gran anderes irrdischschmeckendes, und gar nicht riechendes Salz ab, wodurch ein Decoct von Mal-

Malvenblumen, Schmaragdgrün, und mit Zuſatz
von Salpetergeiſt, rubinroth wurde.

Donati ſagt, daß ſie ganz frey im Meere
wüchſen, und ſich endlich an einen andern Körper
feſtſetzten, da ſie denn Thierpflanzen würden. Plancus hingegen ſagt, ſie ſeyen erſt feſt, und würden
dann loßgeriſſen. Das letztere hat ſeine Richtigkeit. Man hat ſie in der Größe einer Fauſt, mehrentheils etwas länglichrund, und an einem Ende
etwas platt.

8. Der Seebeutel.   Alcyonium burſa.

Der Seebeutel; holländiſch Zoebeurs,
(jedoch vom Herrn Boddaert in ſeinem Pallas
weniger ſchicklich Meloendiſtel genannt,) iſt ein
runder Apfel, dergleichen viel an den Ufern des
mittelländiſchen Meeres, der Nordſee und im
Canal zwiſchen Engelland und Frankreich gefunden werden. Die Größe iſt wie ein Rubinerapfel, und die Farbe grün. Sie geben etliche Fa
ſern ab, womit ſie irgendwo befeſtiget ſind. Ihr
inneres Gewebe beſtehet aus vielen Faſern, welche
mit der äuſſeren, einen Achtelszoll dicken Rinde
Gemeinſchaft haben. Das übrige innere Beſtandweſen iſt breyartig, und voller eingeſogenen Seewaſſers, ſo daß ſie im friſchen Zuſtande wohl anderthalbe Pfund wiegen, aber getrocknet, ſind ſie leicht,
werden oft ſchwarz, und laſſen ihre inwendige
Subſtanz durch ein ſchwarzes Pulver fallen.
Nach dem Herrn Pallas iſt die Oberfläche mit
runden Wärzchen beſetzt, die nahe beyſammen ſtehen, und mit Strahlen blühen, und Marſigli
berichtet, daß, als er einen ſolchen Körper aufſchnitte, derſelbe eine Bewegung machte, als ob er be
ſeelet wäre. An der einen Seite zeigt ſich eine

Linne VI. Theil.   Ddd   eine

eingedruckte Falte, daher der Name Seebeutel entſtanden.

9. Der Seeball. Alcyonium cydonium.

Nach der Linneiſchen Benennung ſollte dieſes Alcyonium Seequitte, und nach dem Herrn
Pallas, der es Alcyonium Cotoneum No. 211.
nennet, Cotton oder Baumwollenball heiſſen. Erſtere Benennung iſt von der Gröſse und Geſtalt,
worinn ſie gemeiniglich gefunden werden, genommen worden, wiewohl man auch Bälle, ſo groß
wie ein Kopf, ja anderthalbe Schuh dick, antrift,
letztere Benennung zielet auf das innere verworre-
ne Gewebe, welches ſich mit den Cottonbällen,
oder ſchwammartigen Korfklumpen am beſten vergleichen lieſse. Ueberhaupt aber gehören hier wohl
alle ſogenannte Pilae marinae, oder Seebälle der
Schriftſteller hieher, die bald länglich, bald ganz
rund, und in verſchiedener Gröſse, im mittelländiſchen Meere, am Vorgebürge der guten
Hofnung, in Oſtindien, und in America, ja
faſt im ganzen Weltmeere gefunden werden.

Das Beſtandweſen dieſer Seebälle iſt breu-
artig, auswendig gelb, inwendig roth, mit weiſsen
Faden und Faſern, wie Usbeſtfaſern, wunderbar
durchflochten, nicht übelriechend. Sie ſitzen mit
einigen Faſern an andern Körpern feſt, ſind mit
einer kleberigen anziehenden Gallert, die ein Jucken
verurſacht, überzogen, werden durch die Bewegung des Waſsers von ihrem Grundſatze loßgeriſsen,
und herumgeſchleudert, und ſcheinen, wenn ſie getrocknet ſind, nichts anders als ſchwammige, korf-
artige, durchlöcherte Klumpen zu ſeyn, die ein
binſenſteinartiges Gewebe haben, und dann bockig
riechen. Die Oberfläche iſt im friſchen Zuſtande
voller Löcher, die einen ſtachelichen, (vielleicht

ſtrahli-

ſtrahligen,) Rand haben, aus welchem beſtändig
ein Schleim hervortritt, als ob (wie Rumpf
ſpricht,) einiges Leben darinne wäre. Dieſe ſchleimige, brenige Subſtanz ſchmelzet in offener Luft
wie ein Waſſer weg, und verlieret ſeine Klebrig-
keit, da denn ein harter Cottonballen übrig bleibet, der nun für das Neſt oder den leeren Balg
des ehemahlen darinnen wohnhaften Polypen gehalten wird. Ja! wer weiß, wie wohl die Polypen ausſehen mögen, die in dem ſibiriſchen Schaa-
ſen, und in den Gänſemägen, ähnliche Bälle
machen.

10. Die Seefeige. Alcyonium ficus.

Die äuſſerliche Geſtalt und Gröſe dieſer Alcyonien des mittelländiſchen und europäiſchen
Meeres rechtfertiget obige Benennungen, wiewohl man auch Körner, wie Feigenkerne darinne
findet. Das Beſtandweſen iſt auswendig olivenfärbig, inwendig etwas dunkler, fleiſchig und
übel riechend. Die beſagten Saamenkernchen ſind
gelblich, liegen in länglichen Säckchen, welche
nach der Oberfläche am Ende in ein Sternchen
ausgehen. Mitten durch dieſe Säckchen lauft
ein Canal, voll gelber leimiger Feuchtigkeit.
Ob nun dieſe Kernchen die Eyer der Polypen ſind,
oder ob es die Speiſen ſeyn ſollen, die daſelbſt
gleichſam als in einem Magen ſtecken, das wuſte
Herr Ellis nicht zu entſcheiden, inzwiſchen giebt
er von dem äuſſern und innern Bau eine gute
Abbildung.

Ellis Corall. Tab. XVII. fig. b. B. D. C.

 11. Die

11. Die Seegallert. Alcyonium gelatinoſum.

11.
Seegal-
lert.
Gelati-
noſum.

Tab.
XXVIII
fig. 1.

An den europäiſchen Fucis, Tang oder Meergräſern wird ſehr häufig ein gallertartiges Weſen angetroffen, welches ſtumpfe Hervorragungen hat, die durchbohret ſind. Mannichmahl zeiget es ſich nur als ein Ueberzug, bald in runden oder lappigen Maſſen, bald aber als ein ordentlich äſtiges Gewächſe, dergleichen Tab. XXVIII. fig. 1. abgebildet iſt. In der Hauptſache kommen ſie darinne überein, daß ſie grünlich oder aſchgrau durchſichtig, ſehr weich, und wie eine Gallert beſchaffen, auf der Oberfläche fein ſchuppig und durchlöchert, inwendig aber unregelmäſſig gefleckt ſind. Das Beſtandweſen iſt etwas feſter als Froſchlaich, und Herr Ellis hält es vor Laich von vielerley Art Conchylien. Ausgetrocknete Exemplarien ſchrumpfen ſehr und unförmlich zuſammen, doch in Spiritus behalten ſie ihre äſtige Geſtalt. Zwiſchen Engelland und Frankreich iſt dieſe Art ſo häufig im Meere, daß denen Fiſchern dadurch die Netze verſtopft werden, ſo wie ſolches auch wohl von ähnlichen Waſſerproducten in den ſtilleſtehenden ſüſſen Waſſern geſchiehet.

Ellis Coralle. Tab XXXII. fig. D.

12. Die Teufelshand. Alcyonium Manus diaboli.

An der Küſte Jslands und an der franzöſiſchen Küſte hat man weiche, vielfältig gebildete Maſſen gefunden, die mit kurzen Stumpfen oder warzigen Auswüchſen, als wie mit kurzen Fingern beſetzt ſind. Dieſe Finger ſind am Ende in der Dicke einer Schreibfeder, bis zur Helfte durchbohrt.

bohrt. Die Rinde iſt grau roſtfärbig, wie gedürr⸗
tes Leder, und das innere Beſtandweſen iſt weich,
wie etwa das Mark eines getrockneten Boviſt⸗
ſchwammes. Aehnliche Alcyonien werden vom
Marſigly Champignon de Mer genannt, und
wir bekamen ſelbige öfters zwiſchen den Aeſten der
Madreporen und Milleporen, die wir aus Ame⸗
rica erhielten, angewachſen und getrocknet. In
der äuſſern Geſtalt aber giebt es ſehr viele Ver⸗
ſchiedenheiten.

343. Geschlecht. Meerschwämme.

Zoophyta: Spongia.

Wenn die aus dem Griechischen herstammende Benennung Spongia nicht zu bekannt wäre; so hätten wir hier desfalls Erläuterung zu geben, so aber ist diese Benennung auch in vielen andern europäischen Sprachen angenommen. Denn man sagt italienisch Spongia; spanisch Esponja; französisch Eponge; englisch Spunge; holländisch Spongie oder Spons. Nur wir Deutschen sagen Schwamm. Weil wir aber auch unter diesem nämlichen Worte die Waldschwämme und Baumschwämme verstehen, so müssen wir uns mit einem Zusatze helfen, und sie Meerschwämme nennen, und wenn wir dann die Leser auf diejenigen Schwämme verweisen, die bey Materialisten und in den Apotheken verkauft werden, oder welche man braucht, um die Tische abzuwischen, so wird sich ein jeder bald vorstellen, von welchen Geschöpfen wir in diesem Geschlechte zu reden haben. Allein ein jeder wird sich wundern, wie diese Körper hier im Thierreiche vorkommen? Wir müssen dahero etwas von ihrer Geschichte sagen.

Aristoteles merkte schon an, daß sie sich in dem Meere auf eine Berührung gleichsam zurücke zögen, und folglich ein Leben haben müßten.

Plinius schreibet ihnen ein Gefühl zu, und sagt, daß es Thiere wären, die Blut hätten, die wenn

wenn man ſie von den Klippen herunter ſchnitte,
eine blutige Feuchtigkeit von ſich lieſſen, ja ſogar
mit Gehör verſehen wären, indem ſie ſich auf einen
gewiſſen Schall zuſammen zögen.

Marſigli ſahe in den kleinen runden Löchern
ein Zuſammenziehen, und Erweitern, welches ſo
lange dauerte, als das Seewaſſer in ihnen war.

Ellis nahm in dem Brodſchwamm an der Küſte Suſſex ein ähnliches, in Geſellſchaft des Herrn
D. Solanders wahr.

Peyſonell giebt Würmer an, welche nicht
nur in einigen Meerſchwämmen wachſen, ſondern
ſelbige auch würklich machen und verfertigen ſollen,
wiewohl er letztern Umſtand nur vermuthet, und
nicht beweiſet.

Nun hat man zwar ſcharf nach Polypen ge-
forſcht, aber keine gefunden, obgleich die innere
Feuchtigkeit der Schwämme ziemlich ſchleimig iſt.
Hier war alſo guter Rath theuer, denn es mußte
doch ein Thier ſeyn, welches ſich bewegt. Daß
wir es alſo kurz faſſen, ſo gieng die Meynung der
neuern Naturforſchrr, und beſonders des Herrn
Ellis dahin, daß es ein ganz beſonderes und eigenartiges Thier wäre, welches ſo zu ſagen Athem
holte, und durch ſeine röhrige Köcher das Waſſer,
und mit ſelbigen die Nahrung einſchluckte, wie die
Polypen auch thun. Wir wollen weiter hier nichts
ſagen, als daß es auch ſolche Thiere in unſern Gärten giebt, denn in der Hauptſache, betreffend die
abwechſelnde Bewegung der Schwämme, oder des
Waſſers in den Schwämmen, haben die Naturforſcher recht, aber den Schluß: daß es nun darum Thiere ſeyn müſſen, machen wir ihnen
ſtreitig.

Jn,

Inzwischen kommt nun daher die Bestimmung der Kennzeichen, welche der Ritter diesem Geschlechte vorgesetzt hat: Daß nämlich die Schwämme, statt Polypenblüthen zu zeigen, durch die Löcher das Wasser aus- und einathmen. Der Stamm aber, oder das Gewächse ist angewurzelt, das Bestandwesen aus haarigen Fasern zusammengewebet, biegsam, und ziehet das Wasser an sich.

Freylich gränzen sie zunächst an den Seekork oder Alcyonien, sind aber weicher, haben auswendig keine Haut, sondern klaffen mit allen Poris, nur sind einige strenger und holzartiger, andere feiner und sanfter. Oft dienen sie, so wie es auch mit den Alcyonien gehet, allerhand Seewürmern, ja manchen Schneckchen und Müschelchen zu einem bequemen Nest, wie man denn immer allerhand in ihrem inneren Gewebe findet. Sie sind weiß, roth, schwarz, grün, gelb oder braun, und so wie die Farben unterschieden sind, so weichen auch die Gestalten ab, man hat Bälle, Trichter, Röhren, Aeste, Bäume, Fecher, Wedel, und viele andere Gestalten mehr, wie solches nun aus der Beschreibung der Arten, deren der Ritter sechszehen zählet, mit mehreren erhellen wird.

1. Der Wedelschwamm.   Spongia ventilabra.

Dieses Schwammgewächse, welches der Herr Günnerus, ehemaliger Bischof zu Drontheim in Norwegen beschrieben, war fast anderthalbe Spanne hoch, aber dabey sehr dünne und flach, und hatte also, da der Rand gleichsam mit Lappen ausgerissen war, eine Wedelgestalt. Solche lappige Auswüchse zeigten sich auch an der Wurzel und dem Grundstück desselben. Das innere Bestandwesen sahe in seiner Bildung einem fecherförmigen Horn-

Horncorall ganz ähnlich, ob es gleich nicht hornartig oder holzig war, ſondern weiß ausſahe, und
in einem ſchwammigen Weſen beſtund, das ſich
leicht in ein Pulver zerreiben ließ. Ueber dieſem
fecherförmigen Schwammgewebe zeigte ſich eine
feine wollige Bekleidung, worinne ſich Höhlungen,
wie in den Honigkuchen der Bienenſtöcke, zeigten, wenn man das Gewächſe in Waſſer legte,
da es denn auch weich, auſſer dem Waſſer aber,
und im trockenen Zuſtande hart war. Sonſt wurden in beſagten Cellen allerhand rothe Würmerchen gefunden, und die Oberfläche war mit Coral-
lenmooſen, Corallinen und Milleporen verſchieden
beſetzt. Herr Houttuin nennet dieſe Art Palet-
Spons, nach einem runden Mahlerbrete.

Man findet Verſchiedenheiten mit doppelten
Wedeln, auch andere, mit vielen dünnen grünen
Lappen, und vielleicht wäre des Herrn Pallas
Spongia ſtrigoſa, oder Runzelſchwamm aus
dem Seba mit vielen blätterigen Aeſten, auch
hieher zu rechnen, wenigſtens führet ſie der Ritter hier an, und thut auch des Rumpfs.

* Tuchſchwamm. Spongia baſta.

als eine Verſchiedenheit hinzu. Dieſe Rum-
phiſche Baſta iſt ein zartes, weiches, fecherförmiges Schwammgewächſe von dunkelrother Farbe,
das aber auſſer dem Waſſer ſchwarz abtrocknet.
Dieſer Schwamm hat nur einen kurzen Stamm,
iſt im Umfange lappig ausgeſchweift, wächſt acht
bis zehen Klafter tief, auf einer mürben Wurzel,
an den Klippen in dem oſtindiſchen Meere, beſonders an der ceramiſchen Nordküſte, und erreicht wohl anderthalbe Schuh in der Höhe und
Breite. Wegen der Beſchaffenheit des inneren
Gewebes, führet dieſe Art in Oſtindien, nach ge-

Tuch-
ſchwam.
Baſta.

wiſſer

wisser grober Leinewand, die man daselbst **Bast**
nennet, auch den Namen Seebasta, das ist,
Tuchschwamm; holländisch Doekspons.

2. Der **Fecherschwamm.** Spongia flabelliformis.

Der Unterschied zwischen dieser und der vorigen Art bestehet darinne, daß da jene mit etwas
harten und flockig überzogenen Adern netzartig gewebet war, diese aus knorpelartigen Fasern ganz
dichte wie ein Netz geflochten ist, und wegen eines
mehr runden Umfanges einem Fecher näher kommt,
daher sie auch bey den Holländern Waaijer Spons
genennet wird. Die Aeste oder Rippen stechen
auch in dieser Art nicht so, wie an den fecherförmigen Horncorallen hervor, sondern das ganze Gewebe ist weich, und fast allenthalben gleich fein.
Nichts destoweniger scheinet doch der untere Stamm
holzartig, und die Bestandtheile des ganzen Fe-
chers scheinen steifer zu seyn, als sonst ein anderer
Schwamm ist. Bey Herrn **Pallas** wird sie in
seiner No. 226. als schwarz angegeben. Vielleicht
ist dieser Umstand nur zufällig, denn diejenigen, die
wir aus Westindien erhielten, waren rostfärbig
gelb, und der Herr Houttuin hatte ein ähnliches
Exemplar. Sonst kommen sie vorzüglich von Aru
in Ostindien.

3. Der **Trichterschwamm.** Spongia Infundibuliformis.

Dieses besonders schöne Gewächse aus dem
indischen und nordischen Meere, steiget aus einem fingerdicken, und sich immer erweiternden
Stamme dergestalt empor, daß der obere Umfang
oder Rand sehr weit ist, und also ein vollkomme-

ner

ner Trichter dargeſtellet wird, jedoch findet dieſe
Figur nicht allezeit in der größten Vollkommenheit ſtatt. Zuweilen nämlich wächſet der obere
Rand in Zähnchen, oder in ganzen Lappen aus,
oder der innere, ſonſt leere Raum des Trichters
iſt mit runzelichen Blättern ausgefüllet Die Farbe iſt mehrentheils blaßgelb, und die Dicke dieſer
Trichter iſt nach der Größe beſchaffen. Wir erhielten dergleichen aus Weſtindien von der Dicke
eines Meſſerrückens bis zu einem Viertelzoll, und
in Anſehung der Größe von zwey Zoll bis zu acht
Zoll im Durchmeſſer, doch giebt es noch größere.
Inzwiſchen ſcheinet bloß die Verſchiedenheit des
Wuchſes auch Anlaß zu einigen Verſchiedenheiten
zu geben, die auch bey den Schriftſtellern unter andern Namen vorkommen, als:

*Der Becherſchwamm.   Spongia crateriformis.

An dieſer Art verengert ſich der innere Umfang
nicht ſo ſehr nach unten zu, ſondern bleibet weit,
daher ſie auch vom Herrn Boddaert die Mütze
genennet wird.   Solcher Mützen oder Becher
giebt es einige zu anderthalbe Schuh im Durchmeſſer, und haben ein löcheriges, graubraunes
Gewebe mit vielen runzelichen und zotigen Erhöhungen der äuſſern Fläche. Nicht weniger kann
auch hieher gerechnet werden des Herrn Pallas:

* Blatſchwamm.   Spongia frondoſa.

Ein Gewächſe, das ſich aus einem kurzen
runden Stamm erhebt, und dann ein netzartiges
Laubwerk macht, das ſich verſchieden drehet, nach
und nach in die Breite dehnet, und verſchiedene
Lappen in ungleicher Fläche abgiebet. Dieſe Lap-

pen

Becher-
ſchwamm.
Crate-
riformis.

Blat-
ſchwamm.
Fron-
doſa.

pen oder Blätter sind an der einen Seite glatt mit Löchern netzartig geflochten, und an der andern Seite rauh, und mit Warzenröhrchen und Blätterchen zottenartig besetzt. Der Herr Houttuin hatte solche Exemplare von weißlichgrauer Farbe.

4. Der Röhrenschwamm. Spongia fistularis.

Dieses Gewächse, das sich fast überall im Weltmeere zeiget, bestehet in einzelnen Röhren von verschiedenen Größen. Die Gestalt ist cylindrisch-kegelartig, indem sie unten etwas enger sind als oben. Inwendig ist das Gewebe glatt, auswendig ist die Oberfläche mit schwammigen Wärzchen besetzt, die sich etwas erheben und einigermaßen reihenweise stehen. Man findet sie zu vier Schuh und darüber lang, bey welcher Länge der Fuß unten die Dicke eines Zolls, der obere Rand aber einen Durchmesser von vier Zoll hat, woraus man das Verhältnis des kegelartigen Cylinders schliessen kann. Man könnte sie also das Nachtwächtershorn, oder auch das Kuhhorn, und auf eine edlere Art die Posaune nennen. Bey den Holländern heissen sie Pyp-Spons.

Tab.
XXVIII
fig. 2.
Ein dergleichen noch junges Gewächse wird in der Abbildung Tab. XXVIII. fig. 2. vorgezeiget, welches an der Wurzel einer kammartigen, und hin und wieder mit einer Millepore überzogenen Horncoralle angewachsen ist. Doch dünkt uns, daß dieser Röhrenschwamm von jenem, den wir oben beschrieben haben, in etlichen Stücken abweicht, jedoch muß er als eine blosse Verschiedenheit hieher gerechnet werden.

5. Der

5. Der Trompetenschwamm. Spongia aculeata.

Ein, der Gestalt nach, nicht viel von der vorigen Art abweichendes Schwammgewächse zeiget sich in den beyden indianischen Meeren, welches ebenfalls mit einiger mehrern Erweiterung in einer cylindrischen Gestalt oft armsdicke, und über vier Schuh hoch heran steiget, aber darinne unterschieden ist, daß es in zwey und mehreren Köchern zugleich wächset, auswendig mit Löchern, zugleich aber auch mit ziemlichen etwas in die Höhe gebogenen schwammigen, und dahero nicht stehenden Dornen, die zuweilen reihenweise stehen, besetzt, auch übrigens etwas steifer ist, als die vorige Art. Diese Köcher sind oft der Aufenthalt von kleinen Fischen und Krebsen. Das Bestandwesen hat die länge hinan ringsherum fadenförmige strengere Fasern, zwischen welchen ein feines schwammiges Gewebe eintritt, und von diesen Fasern gleichsam festgehalten wird. Die Farbe ist rostfärbiggelb, wie an andern Schwämmen. Die runden durchbohrten Löcherchen an der Oberfläche sind in unsern Exemplaren oval, und weiß, und scheinen uns etwas zufälliges zu seyn, daß vermuthlich nicht eigentlich zum Schwamm gehöret, da wir die nämlichen Exemplare auch ohne solche Löcher aus America erhalten haben.

(Randnotiz: 5. Trompeten- schwamm. Aculea- ta.)

6. Der Seehandschuh. Spongia tubulosa.

Eine andere Art, die aber ein zäheres Bestandwesen hat, steiget gleichfalls in mehrentheils gleichweitig cylindrischen Köchern vielästig in die Höhe, so wie ohngefehr die Finger aus einem steif aufgetriebenen ledernen Handschuh aufsteigen, daher auch die Vergleichung und holländische Benennung

(Randnotiz: 6. See- hand- schuh. Tubu- losa.)

Tab.
XXIX.
fig. I.

nennung Zeehandschoen entstanden ist. Nur
ist zu merken, daß ein einziger Stamm den ersten
Anfang macht, aus welchen die Finger seitwärts
in die Höhe laufen, so wie aus der Abbildung
Tab. XXIX. fig. 1. zu ersehen ist.

Das Gewebe ist ungemein fein und dichte,
allenthalben mehr gleichförmig, und nicht stark
aderig, aber nichts destoweniger zähe und feste.
Das abgebildete Exemplar ist aus Ceylon. Ob
die fingerförmige Gestalt oft daher rühre, daß
solche Schwämme um die Stiele anderer Seegewächse herum wachsen, solches können wir weder verneinen noch entscheiden.

7. Der Gitterschwamm. Spongia
cancellata.

Nach der Angabe des Ritters von Linne
ist dieses ebenfalls ein köcherförmiges Schwammgewächse des Oceans, dessen Gewebe so weitschichtig ist, daß es einem Gitterwerke ähnlich siehet. Die Köcher sollen fingersdick, rostfärbig,
und auswendig stachelich seyn, und an den Seiten federkielsdicke Löcher haben.

Vielleicht war es, wie Herr Houttuin meynet, eine junge Sprosse des sogenannten Kano-
nenschwamms, dessen Gewebe eben so löcherich
und weitschichtig ist. Selbige Art ist zwey bis
drey Schuh lang, und armsdicke, und kommt aus
den Westindien.

Bey dieser Gelegenheit führet Herr Houttuin
noch die zwey folgenden Arten an, als:

*Der

*Der ſchwarze Gitterſchwamm. Spongia Cancellata nigra.

Dieſer iſt nicht löcherartig, ſondern kommt den gemeinen Schwämmen nahe, iſt aber ſchwarz und gitterförmig, wie ſolches aus einem Tab. XXIX. fig. 2. abgebildeten Stücklein, das von einem fauſtgroßen Gewächſe genommen worden, zu ſehen iſt. Sodann folget:

Schwarze Gitterſchwam. Cancellata nigra. Tab. XXIX. fig. 2.

*Der Bockſchwamm. Spongia hircina.

des Plinius, welcher beym Pallas No. 227. Spongia faſciculata genennet, und alſo beſchrieben wird: daß es ſteif, erhabenrund, und aus faſerigen dreyſeitigen, äſtigen, oben zuſammenlaufenden Bündelchen zuſammengewebet ſey. Dieſe Faſern nämlich ſtehen weit von einander ab, und ſind nur durch ein weitſchichtiges Gewebe mit einander verbunden. Ein dergleichen flach gegen einen andern Körper angewachſenes Stück wird Tab. XXIX. fig. 3. vorgezeiget. Die prismatiſchen Bündel ſteigen nach und nach aus einer Wurzel in die Höhe, ſind gelblich, und durch ein graues Gewebe mit einander vereinigt.

Bockſchwam. Hircina. Tab. XXIX. fig. 3.

8. Der Apothekerſchwamm. Spongia officinalis.

Dieſer gemeine und bekannte Schwamm, der oft größer als ein Huth, und röthlich, oder gelb, oder roſtfärbig iſt, mehrentheils aber in rundlichen Klumpen gebracht wird, verdienet um ſo mehr unſere Betrachtung, da man ſonſt gemeiniglich gewohnt iſt, ſie als eine bekannte Sache zu überſehen, ohnerachtet man unter tauſend kaum zwey finden wird, die einander vollkommen gleich ſind.

8. Apothekerſchwam. Officinalis.

Ju

In der Hauptsache bestehen sie aus einem etwas
ästartigen und also astweise durcheinander geflochtenen Gewebe, welches ihn im äussern Umfange
die Wolligkeit verschaft. Da nun diese Aestchen
erst oben, wo sie sich am meisten vermannichfaltigen ein dichtes Gewebe ausmachen, so sind die Gegenden, wo sie sich nicht zusammen weben, offen,
und macht die vielen größeren Löcher, das eigentliche Gewebe aber ist ausserordentlich fein.
Ledermüller Microscop. I. Tab. X.

Jedoch muß man voraus setzen, daß sich vom
Anfange des Wachsthums viele Conchylienbruch,
Bohrmuscheln, wurmförmige Meersterne, und andere Würmer einnisteln, welche alsdenn wohl Gelegenheit zu anderweitigen Klüften und Durchlöche-
rungen geben, die von den übrigen, so durch den
Verlauf des Wachsthums entstehen, wohl zu unterscheiden sind. Uebrigens sind die Aestche: hohl,
und die Einschluckung des Wassers wird theils dadurch, theils aber auch durch die Zwischenräumchen,
die wie gebogene Haarröhrchen anzusehen sind,
nach den Regeln der Physik befördert. Denn das
Pressen und Eindringen der äussern Luft nach dem
innern luftleeren, oder mit sparsamer Luft angefül-
ten Raume, treibet auch die flüßigen Theilchen hinein, bis sie mit der äussern Luft, oder dem auswendigen Wasser, im Gleichgewichte stehen. In
der chymischen Bearbeitung enthalten sie ein flüchtiges alcalisches Salz, wie die Horncoralle.

Inzwischen sind nicht alle Schwämme einander
im Gewebe gleich, und es giebt in diesem Betracht
Verschiedenheiten, zum Exempel:

* Der Brodschwamm.   Spongia panicea.

Brod-
schwam.
Panicea.

Diese Art ist sehr fein, und siehet wie Brod
aus. Der Färbe nach giebt es hochrothe, purpurfärbige,

fárbige, violetfárbige, oder weiſſe. Der Herr Ellis beſchreibet ſeinen weiſſen Brodſchwamm, daß er voller Höhlungen ſey, die noch eben mit dem bloſſen Auge können geſehen werden, unter dem Microſcop aber ſich mit mehrerem Gewebe und Höhlungen angefüllet zeigen. Die Eingänge in dieſe Höhlungen ſind regelmäßigrund, und ſie beſtehen aus kleinen Bündeln feiner durchſichtiger Faſern, die einander creutzen, als ob ſie von irgend einem Thier gemacht wären. Eben dieſe Faſern ſeyen auch ſo fein und ſcharf, daß ſie ein Jucken in der Haut verurſachen, wenn man ſie berühret. Aber welche Thierchen machen denn wohl die kleinen Faſern an den Brenneſſeln?

* Der ceyloniſche Brodſchwamm. Spongia Ceylonica.

Zuweilen zeigen ſich auch um andere coralliniſche Gewächſe gewiſſe mißförmige Klumpen, die ſich wie ein Brodſchwamm anlegen, und in ihrem inneren Gewebe dem Binſenmark ſehr nahe kommen, auch wohl mit Aeſtchen hervorſteigen, dergleichen olivenfärbige braune Maſſen an andern Seegewächſen aus Ceylon, und überhaupt aus Oſtindien, öfters vorkommen, ſo wie wir ſie aus America von Curacao erhalten haben. Ellis Corall. Tab. XVI. fig. d. D. 1. d. 1.

9. Der Augenſchwamm. Spongia oculata.

Wenn man die Calvaria oder den Keulſchwamm in den Wäldern büſchelweiſe wachſen ſiehet, ſo bekommt man faſt einen Begrif von der äuſſern Geſtalt derjenigen Art Meerſchwämme, die allhier beſchrieben werden, und von den engelländiſchen und norwegiſchen Küſten kommen. Sie sind nämlich sehr ästig, mit runden, und oft auch keulförmigen, büschelweise beysammenstehenden und auseinander wachsenden Stielen, die oben stumpf sind. Ein besonderer Umstand aber, der obige Benennungen veranlasset, ist dieser: daß die Oberfläche bald hin und wieder nur zerstreuet, bald reihenweise mit verschiedenen, mehrentheils runden Löchern besetzt ist, wie solches aus einem abgebildeten Exemplar Tab. XXIX. fig. 4. erhellet. Diese Löcher sind nicht alle warzenförmig, so wenig als rund, und wir halten sie für zufällig. Der Herr Ellis, der nun die Schwämme durchaus zu Thieren macht, hält diese Löcher für Mündungen, wodurch das Thier seine Nährung einnimmt. Aber zu unserm Vergnügen fragt hier Herr Sourtuin selbst, wie denn die andern Schwämme, die diese Löcher nicht haben, ihre Nahrung einnehmen? Ja wir finden überhaupt, daß Herr Sourtuin, der nun das System der neueren annimmt, und uns in seiner Vorrede meisterlich abzufertigen glaubte, sich selbst oft Bedenklichkeiten in den Weg wirft, die unsere Meynung begünstigen, die seinige aber sehr aufs schlüpferige setzen.

Einen Umstand müssen wir aber auch noch erwehnen, daß sich die Aeste dieser Schwämme, wie auch Herr Ellis anmerkt, sehr oft miteinander vereinigen, wenigstens zeiget sich die Möglichkeit einer vielfältigen Verästung der Schwämme an einem braunen acht Zoll hohen Exemplar, welches wir von Lissabon erhielten, wo eine Menge Aeste alle vielfältig miteinander verwachsen sind.

Ellis Corall. Tab. XXXII. fig. F. f. g.

10. Der

10. Der Stachelschwamm. Spongia muricata.

Es ist ein korkartiges Schwammgewächse, welches weit auseinander weichende runde Aeste hat, die ringsherum mit sehr vielen schwammigen Stacheln besetzt sind. Der Stamm ist so dicke wie ein Finger, schießt gerade in die Höhe, und giebt sogleich seine weiten Aeste ab, welche die Dicke eines Federkiels haben. Die Stacheln weichen auch auseinander, und haben jede zwey bis drey feine Spitzen. Man trift es an der Küste von Guinea bey d'Elmina an. Die Farbe ist grau.

11. Der Knotenschwamm. Spongia nodosa.

Die unförmliche Höckerigkeit giebt zu obiger Benennung Anlaß, sonst kann man eben nicht sagen, daß dieses Gewächse im eigentlichen Verstande knotig sey. Es wächset baumartig mit Aesten, und hat diesen besondern Umstand, daß es im Verbande doch ziemlich unordentlich paarweise stehende Löcher hat. Obgleich Herr Pallas solches röthlich, oder Spongia rubens, No. 238. nennet, so ist es doch mehrentheils graubraun, oder auch weißlich. Man bekommt es aus der Südsee.

12. Der Wollenschwamm. Spongia tomentosa.

Ein gewisses wolliges, ein wenig stacheliches, und von aussen mit kleinen Löchern hin und wieder durchbrochenes, blaßfärbiges, sehr sanftes und dichtes Wesen, setzet sich zuweilen an verschiedene Seegewächse in einer runden Gestalt an, und dieses ist es, was der Ritter unter obigen Benennungen verstehet.

Ee 2　　　　3. Der

13. Der Steckenschwamm. Spongia bacillaris.

Die Holländer nennen diese Art Stokspons. Sie kommt aus dem nordischen Meere, wächst wie ein runder Stecken anderthalbe Schuh hoch, hat die Aeste gegen den Stamm angedruckt, und ist voller Stecknadellöcher in einem festen und dichten Gewebe.

Der Herr Pallas beschreibet ein fast ähnliches Schwammgewächse unter dem Namen Spongia fulva, welches durch Herrn Boddaert Oranje Spons gegeben ist, und sagt, daß es andere Seekörper klumpenweise überziehe, und in runden Aesten zur Dicke eines Federkiels, oder eines Fingers ausschiesse. Das ganze Gewebe sey hart, und bestehe aus feinen, mürben, unregelmäßigen Köcherchen. Die Farbe sey röthlich gelb, und käme aus den americanischen Gewässern.

14. Der Hirschgeweihschwamm. Spongia dichotoma.

14.
Hirsch-
geweih-
schwam.
Dicho-
toma.

Die Gestalt ist einer Coralle ähnlich, denn es steiget einen Schuh hoch, gabelförmig in die Höhe, stehet gerade, hat runde Aeste, ist so dicke wie ein Federkiel, und hat weit ausbiegende Aeste. Das Bestandwesen ist dichte, und hat mit dem inneren Wesen des Baumschwammes viele Aehnlichkeit, ist dabey wolligrauh und zähe. Gunnerus spricht zwar, daß es mürbe sey, allein vielleicht hat beydes statt, vielleicht sind die gesunden zähe, die abgestorbenen aber mürbe. Wir haben diese Veränderung an vielen Schwammarten wahrgenommen, die zähe und fest waren, da wir sie bekamen, bey nasser Witterung aber wiederum Feuchtigkeit an sich zogen, anstatt aber aufs neue zu trocknen, sich inwendig auflößten und gleichsam vermoderten, ſo daß ſie endlich, da ſie wieder trocken waren, ſich kaum anfaſſen ließen, und in der Hand zerbroͤckelten. So iſt es uns mit einem von Cadix gekommenen Hirſchgeweihſchwamm gegangen. In der Nordſee ſind dieſe Art Schwaͤmme keine Seltenheit, man findet ſie da noch groͤßer, und von grauer Farbe.

15. Der Weiherſchwamm. Spongia lacuſtris.

In den Landſeen Schwedens und Englands findet man eine Klafter tief unter Waſſer ein fortkriechendes Schwammgewaͤchſe, welches ſehr muͤrbe iſt, und gerade in die Hoͤhe ſtehende runde ſtumpfe Aeſte hat. D. Blom fand im Herbſt in den Poren dieſes Schwammgewaͤchſes gewiſſe blaue Kuͤgelchen, in der Groͤße des Thymſaamens, welche glaͤnzten und in der Flamme eines Lichtes Funken gaben. Ob aber dieſes eigene oder fremde Koͤrper waren, ſolches iſt noch nicht entſchieden.

16. Der Flußſchwamm. Spongia fluviatilis.

Eine andere Schwammart zeiget ſich in den Fluͤſſen der noͤrdlichen Laͤnder, die mit dem Weiherſchwamm zwar darinne uͤberein kommt, daß ſie in ſuͤſſen Waſſern waͤchſt, einen Fiſchgeruch hat, und gruͤn ausſiehet, aber da die vorige Art einen runden fortkriechenden Stiel mit gerade aufſtehenden, aber von einander abgeſonderten Aeſten, in Geſtalt einer Coralle hat, letztere vielmehr auf Holz waͤchſt, und von unfoͤrmlicher Geſtalt iſt, ſo wie Pluckenet eine Art abgebildet hat. Dieſe Pluckeneriſche Art nun hatte ſpitzige gabelfoͤrmige Enden, und war muͤrbe, und Pallas berichtet, daß die Aeſte lang, zart, dratfoͤrmig

Eee 3　　　　und

und rund sind, auch sehr oft zusammen laufen.
Die Aeste sind grün, aber ein weisser Schleim
zwischen dem feinen Gewebe sey Ursache an dem
Fischgeruch, und wenn man diesen Schwamm
brennet, sey kaum ein thierischer Geruch zu spühren.

In den süssen stillen Wassern anderer Gegen=
den giebt es noch einen gemeinen Schwamm, der
sogar den Boden mit einer dicken Rinde überziehet.

Uebrigens trift es bey allen Schwämmen
überein, daß sie ein schleimiges Wesen in ihrem
Gewebe führen, und dieses müßte denn das Thier
seyn; jedoch wollen die mehresten das faserige
Gewebe selbst für das Thier halten, da doch der
thierische Geruch, wenn dieser anders etwas
entscheiden kann, mehr in der Gallert, als im
Gewebe selbst steckt, auch hat die Gallert und
nicht das Gewebe die juckende Kraft, welche wir
dem ihnen beygemischten Salze zuschreiben. Die=
sem allen aber sey wie ihm wolle, wir werden
die Schwämme eben so wenig als die Corallen=
und Horngewächse darum beneiden, daß sie in
das Thierreich erhoben sind. Daß wir uns aber
von dem ganzen Werke ganz andere Begriffe ma=
chen, daß wir an diesen Geschöpfen allen nichts
finden, das wider die Regeln des Pflanzenreiches
streitet, und daß ihr Bau uns noch gar nicht als
ein thierischer Bau vorkomme, das werden wir
am Ende näher erörtern, und jetzo nur noch mit
aller Geduld fortfahren, die folgenden Geschlech=
ter als Thiere, als Polypen, und wie man sie
nur nennen will, unpartheyisch zu beschreiben.

344. Ge=

344. Geſchlecht. Seerinden.

Zoophyta: Fluſtra.

Geſchl.
Benen-
nung.

Unter Seerinden ſind nichts anders, als gewiſſe flache Ueberzüge zu verſtehen, die ſich
auf vielen Meergewächſen und andern Körpern zeigen. Dieſe wurden nun ſämtlich von den ältern
Schriftſtellern, und auch von dem Ritter Linne
Eſchara genennet, und darunter gehören ſowohl
die kalchartigen, als andern Ueberzüge. Daher er
einige unter die Punctcoralle und Milleporen
gebracht, und die übrigen mit dieſem neuen Namen
belegt haben, welches aber auch nichts anders bedeuten ſoll, denn unter Fluſtra verſtehet man eine
Meerſtille, oder ausgebreitete Fläche. Der Herr
Bourruin hat es Korſtgewaſſen genennet, und
wir Seerinde, welches das nämliche ohngefehr ausdruckt. Der Herr Pallas iſt zwar ſehr übel auf
den Ritter zu ſprechen, daß er, ſeines Bedünkens,
ohne Noth eine Namensveränderung vorgenom-
men; aber hat es denn der Herr Pallas ſelbſt
beſſer gemaht, und nicht ebenfalls willkührliche
Namensveränderungen zu ſchulden kommen laſſen.
Freylich erſchweren die vielen neuen Benennungen die Wiſſenſchaft, wenn aber die neuen Namen
ſchicklich ſind, ſo kann man ſie gelten laſſen.

Was nun die Kennzeichen dieſes Geſchlechts
betrift, ſo ſind die Seerinden ein gewurzeltes,
oder auf einem andern Körper feſtſitzendes, und
allenthalben mit celluläſen Poris bedecktes Gewächſe, aus welchen Poris die Polypen als Blümchen

Geſchl.
Kenn-
zeichen

hervor

hervor kommen. Kraft dieser Bestimmung sind denn auch die röhrenartigen Seerinden ausgemustert, und die übrigen, die noch in diesem Geschlechte stehen geblieben, unter zwey Haupteintheilungen gebracht, als:

A. Seerinden, die an beyden Seiten porös sind. 3. Arten.

B. Seerinden, die nur an einer Seite Poros haben. 3. Arten.

Diese sechs Arten wollen wir jetzo mit ihren vorkommenden Verschiedenheiten genauer betrachten, und das, was von ihrer thierischen Art bey den Schriftstellern gesagt wird, getreulich mit anführen.

A.
Zwey-
seitige.

A. Seerinden, die an beyden Seiten porös sind.

1. Die Blätterrinde. Fluſtra foliacea.

I.
Blätter-
rinde.
Folia-
cea.

Diese glatte und flache Seerinde wächst blätterig-ästig mit abgerundeten keilförmigen Lappen. Wenn man es frisch aus dem Meere bekommt, ist es ein sanftes schwammiges Gewebe, welches einen fischigen Geruch führet, getrocknet aber, wird es steif und hornartig, bekommt eine aschgraue Farbe mit einigem Glanze, als ob es gewürkte Seide wäre, siehet aber sonst einem dürren ästigen Blat ähnlich. Beyde Oberflächen, sowohl an der einen als andern Seite, sind ganz und gar mit eins ums andere aneinander schliessenden bogigen Zellen auf das allerordentlichste und niedlichste besetzt, und ob es gleich so dünne wie Papier ist, so siehet man doch

doch auf dem Schnitte, wie die Zellen von jeder der
beyden Flächen, durch eine noch dazwiſchenkommen-
de äuſſerſt dünne häutige Lage von einander unterſchieden ſind, ſo wie der obere Staub der Papillons-
flügel von dem untern durch das pergamentartige
Flügelhäutchen getrennet iſt.

Die Zellen ſind, wie geſagt, bogig, aber nur
an ihrem obern Theile, und die Schenkel oder
Seitenwände biegen ſich etwas nach einander, um
für den Bogen der untern Zelle, der zwiſchen zwey
obere einſchließt, Platz zu machen. Dieſe Seitenwände ſcheinen dornig zu ſeyn, und der Eingang
einer jeden Zelle iſt gleich unter dem Bogen in der
Mitte. An dieſen Eingängen fand der Herr Ellis kleine ſchaalige Körperchen in Geſtalt einer
Doubletmuſchel von durchſichtiger Bernſteinfarbe,
und dieſe waren die todten Thierchen.

Der Herr Juſſieu beſchreibet nun dieſe Thierchen, daß ſie nur zur Helfte mit ihrem Körper zum
Vorſchein kommen. Der Kopf ſey eine kleine Erhöhung, welche mit zehen feinen Hörnern umgeben, durch ihre Stellung zuſammen eine Trichter-
geſtalt machen. Zerreißt man nun einen Lappen
dieſes Gewächſes, ſo werden gelegenheitlich etliche Zellen ganz geöfnet, und da ſiehet man die
Thierchen durch das Vergrößerungsglas ganz, in
Geſtalt kleiner weiſſer Würmchen, deren Unter-
theil am Boden der Zelle feſtſitzet. Dieſe Würmerchen ſind dann kleine Polypen, die ohngefehr
eine halbe Linie lang ſind, und haben oben an
Kopfe beſagte zehen Arme.

In welcher Geſtalt nun dieſes blätterige Rin-
dengewächſe zu wachſen pflege, ſolches läſſet ſich
aus der Abbildung Tab. XXX. fig. 1. ſchließen,
woſelbſt ein dergleichen, das hin und wieder noch

Tab. XXX. fig. 1.

mit

mit einer weissen Coraline bewachsen ist, vorgestellet wird.

Diese Art wächset an der engelländischen
Küste, wird oft einen halben Schuh hoch, und ist
im Wuchs der Blätter etwas verschieden.
Ellis Corall. Tab. XXIX. fig. a. A.

2. Die Meisselrinde. Fluſtra truncata.

**2.
Meiſſel-
rinde.
Trun-
cata.**

Faſt von nämlicher Beschaffenheit iſt eine andere
Art Blätterrinde, welche einigermaſſen gabelförmig wächſt, aber an den Blättern eine meiſſel-
förmige Geſtalt annimmt, indem die Blätter
allmählich breiter werden, und oben gerade abge-
schnitten ſind. Noch ein Unterſchied zeiget ſich in
der Lage und Geſtalt der Zellen, denn ſie ſind nicht
dornig, oder länglich viereckig, und ſtehen nicht eins
ums andere, ſondern nach der Schnur in Reihen.
Bey Herrn Pallas heißt es Eſchara securiformis,
mis, und eignet demselben unten wurzelartige
Stielchen zu. Dieſes Gewächſe des europäiſchen
Oceans iſt etwa fünf Zoll hoch, blaßgrau, dünn,
mürbe und glänzend, als ob ein Firniß darauf läge.
Ellis Corall. Tab. XXVIII. fig. a. A.

3. Die Haarrinde. Fluſtra piloſa.

**3.
Haar-
rinde.
Piloſa.**

**Tab.
XXX.
fig. 2.**

Dieſes Gewächſe iſt blätterig, und auf verschiedene Art äſtig. Die Zellen ſind länglichrund,
liegen eins ums andere auf der Oberfläche, und
ſind jede am untern Theile mit einem hervorſte-
chenden borſtenartigen Härchen verſehen. Es wird
als eine ungemein feine und zarte Rinde, um den
gemeinen Seetang und andere Seegewächſe, häufig in der Nordsee, und also auch an der englischen und niederländischen Küſte gefunden, ſo
wie ſolches in der Abbildung Tab. XXX. fig. 2.

unten

unten an dem gemeinen Seetang oder Meerlinde. **A.**
ſitzend vorgeſtellet wird: denn das übrige, was zwey-
dieſes Gewächſe als Fäden beſetzt, iſt eine Coral- ſeitige.
line. Eine vergrößerte Figur aber, die den Bau
deutlicher darſtellet, iſt beym Ellis zu ſehen.

Ellis Corall. Tab. XXXI. fig a. A.

Jedoch wir müſſen auch erwähnen, was man
an dieſem Gewächſe in Abſicht auf die einwohnenden
Thierchen oder Polypen entdeckt hat: Vorerſt ſagt
Herr Pallas, daß der Polype aus jeder Zelle, als
aus einer Scheide oder Vorhaut hervor krieche,
und zwanzig Arme ausſtrecke, welche zuſammen
die Geſtalt einer Glocke annehmen, die ſo lang als
der ganze Körper des Thieres iſt. Der Herr Löf-
ling hingegen hat ſeine Entdeckungen viel weiter
getrieben, und die Fortpflanzung der Polypen wahrgenommen, indem die äuſſern Seitenzellen neue
Sprößlinge bekamen, die wieder vollkommene Zellen werden müßten, in welchen ein Polype wäre.
Zuweilen kamen zwey junge Zellen aus einer Zelle,
aber nicht zwey Polypen zugleich, und auf ſolche
Art fand er, daß ſich die Reihen der Zellen ver-
doppelten, und das Gewächſe breiter machten.
Da er nun in den mittelſten Zellen gar keine Polypen fand, ſo glaubte er, daß ſie nur ein gewiſſes
Alter erreichten, und dann abſtürben. Er bemerkte auch, daß wenn man einen Polypen anrührte,
die andern kein Gefühl davon hätten, und wenn
ſie einmahl alle durch einen verurſachten Schrecken
zurücke gewichen wären, ſo wären ſie hernach doch
nicht alle zum Vorſchein gekommen, bey dem Her-
vorkriechen aber erſt ihre Scheide, und ſodann
nach und nach ihre Arme ausſtreckten, und damit
beſtändig ſchleuderten.

B. See-

B. Seerinden, die nur an einer Seite porös ſind.

4. Die Papierrinde. Fluſtra papyracea.

Sie iſt platt, geblättert und äſtig angewachſen, die Zellen befinden ſich nur an der einen Seite, und ſind würfelartig. Es hat dieſes Seeproduct einige Aehnlichkeit mit dem genabelten Erd-
mooß, wächſt horizontal, und wie eine Haut, hat
eine gelbe Farbe, und die Seite, an welcher ſich
keine Zellen befinden, iſt rauh, und frey. Der
Aufenthalt iſt im mittelländiſchen Meere. Der
Herr Pallas hat es mit einer Nebenart ähnlich
gefunden, welche er

* Die Laubrinde. · Fluſtra, (oder Eſchara) frondiculoſa,

nennet. Dieſe beſtehet in Kneueln zu einer halben
Fauſt groß, ſehr dick, mit laubartiger Rinde, die
vielfältig vertheilet, und mit Reihen weiſſer Zellen
verſehen, beſetzt iſt. Dieſe kommt aus Indien.
Ellis Coralle. Tab. XXXVIII. fig. 8. O. P.

5. Die Hautrinde. Fluſtra membranacea.

Sie iſt häutigdünn, flachblätterig und dicht
angewachſen. Die eine Seite iſt nur mit länglich-
viereckigen Zellen beſetzt, die an den Ecken auf beyden Seiten eine hervorſtechende Spitze haben,
übrigens aber mit den Zellen der oben No. 2. beſchriebenen Neſſelrinde ziemlich überein kommen.
Der Aufenthalt iſt an Seepflanzen, Steinen und
kalchartigen Maſſen der Oſtſee, welche öfters damit überzogen gefunden werden.

6. Die

6. Die Streifrinde. Fluſtra lineata.

Noch findet man an dem Tang und Meer‐
gräſern, oder Fucis des Oceans, eine andere Art
Meerrinde, die zwar auch, wie die vorige, ſehr
dünne, flachgeblättert, ungetheilet und ange‐
wachſen iſt, aber die Zellen, die ſich auch nur an
der einen Seite befinden, ſind oval, und ſtehen in
Querlinien dichte aneinander, jedoch ſo, daß zwi‐
ſchen jeder Querlinie ein Raum übrig bleibt, der
eben ſo breit iſt, als die Zellen ſind. Die Zellen
ſind an dem Rande mit ohngefehr acht Härchen
gezähnelt.

345. Geschlecht. Seeköcher.

Zoophyta : Tubularia.

Geschl. Benennung.

Sowohl der Herr Pallas als der Ritter von Linne gebrauchen diese Benennung, um damit ein gewisses inwendig hohles Meergewächse anzudeuten, welches vom Herrn Boddaert Pypkorallyn, vom Herrn Houttuin aber Pypgewas, oder Pfeifengewächse genennet wird, wir können keinen schicklichern Namen als Seeköcher finden.

Geschl. Kennzeichen.

Es ist ein angewurzeltes Gewächse, welches einen dratförmigen Köcher macht, aus dessen Ende ein einiger Polype in Gestalt einer Blume hervor tritt. Man hält aber das innere Mark für den Körper dieses Polypen, wovon wir bey den Arten reden werden, deren wir achte zu betrachten finden:

1. Der Cylinderköcher. Tubularia indivisa.

1. Cylinderköcher. Indivisa.

Dieser ungetheilte Seeköcher bestehet aus einzelnen Halmen, mit gedreheten Absätzen. Herr Pallas hat es unter dem Namen Tubularia calamaris; Herr Boddaert nennet es die Schreibfeder. Sonst hieß es verguldetes Seevennshaar, weil die Blüthen einige Aehnlichkeit mit selbigen zu haben scheinen. Luidius war der erste, welcher glaubte, daß sich an dieser Pflanze etwas thierisches befände, weil sich die Blumen hervorstreckten, und

auch)

auch) wieder zurücke zogen. Nach dem, was uns
die Herren Jußieu und Ellis davon berichten,
so sind es Bündel von verschiedenen häutigen Röhrchen, die ziemlich steif und gelblich sind, deren
Länge sich wohl auf fünf bis sechs Zoll erstreckt, in
der Dicke aber sind sie einem Strohhalm ähnlich,
doch diese ganze Länge entstehet erst aus nach und
nach wachsenden Aufsätzen, welche die gedreheten
Knie oder Gelenke oder Glieder abgeben. Unten
stehen diese Cylinderchen dichte beysammen, sind
dünne, und oft verworren, oben weichen sie vonein- Tab.
ander ab, und haben denn besagte Dicke, wie aus XXX.
der Abbildung Tab. XXX. fig. 3. zu ersehen ist. fig. 3.

Wenn man diese Köcher frisch aus dem Meere
bekommt, so nimmt man in ihrer Höhlung eine
rothe Feuchtigkeit wahr, und oben sind sie mit einem
dunkelrothen Körper verstopft. Legt man sie aber
gleich wieder in Seewasser ein, so verwandelt sich
der obere Körper, der den Köcher verschließt, in
ein hervorragendes Köpfchen. Dieses wird nach
und nach größer, steiget mehr in die Höhe, und
breitet sich aus, alsdann kommen dünne weiße Hörner an selbigen zum Vorschein, die sich als Strahlen ausbreiten, und gleichsam das Köpfchen in
zween gleiche Theile abtheilen, davon der obere
Theil etwas kegelförmig, und mit vielen kleineren
fleischfärbigen Fühlerchen besetzt ist. Diese obern
Fühlerchen breiten sich mannichmal auch wie ein
Federbusch aus, mannichmal aber stehen sie wie ein
Pinsel dicht beysammen. Der untere Theil des
Köpfchens ist eine Halbkugel, ringsherum mit den
längern Fühlerchen umgeben, und stehet auf einem Halse, dessen Fuß an dem obern Theile des
Köchers befestiget ist.

Erschüttert man nun das Wasser, so ziehen
sich diese Ärmchen, und endlich auch die Köpfchen
ein. Wird das Wasser stinkend, so fallen sie heraus,

aus, und liegen der Länge nach auf dem Boden des
Gefäßes geſtreckt. Das können ja wohl nun nichts
anders als Polypen ſeyn! Ja, ſie ſollen es auch
bleiben, bis wir mit unſern Beſchreibungen aller
Thierpflanzen und Pflanzenthiere zu Ende ſind.
Man trift dieſe Gewächſe auf Auſtern, Muſcheln
und auch auf Sand und Klippen in dem Ocean
an, und eben dergleichen wurden uns auch aus Curacao unter dem Namen Flos animalis in Kil-
duivel, oder Zuckerbrandtwein geſandt.

Ellis Corall. Tab. XVI. fig. C. b.

2. Der Aſtköcher.   Tubularia ramoſa.

**2.
Aſtkö-
cher.
Ramoſa**

Gegenwärtige Art iſt von der obigen nicht viel
unterſchieden, denn der ganze Unterſchied zeiget
ſich vorzüglich in dem wichtigen Umſtande, daß ſie
nicht, wie vorige, aus einzelnen aufſteigenden Köchern beſtehet, ſondern nach baumart äſtig iſt. Sie
iſt auch viel feiner und dünner, und bekleidet andere Seegewächſe dergeſtalt, daß ſelbige oft dadurch wie haarig erſcheinen. Aus dem Grunde
nennet es auch der Herr Boddaert Hair Pypje;
bey Herrn Pallas führet es den Namen Tubularia
Trichoides. Die Polype iſt faſt die nämliche.
Die Aeſte gehen eins ums andere heraus. Das
Vaterland iſt im Canal zwiſchen Frankreich und
Engelland.

Ellis Corall. Tab. XVII. fig. a. A.

3. Der Röhrenköcher.   Tubularia fiſtuloſa.

**3.
Röhren-
köcher.
Fiſtu-
loſa.**

Weil dieſes ein ſteiniges Meergewächſe iſt, ſo
hat es der Herr Pallas unter ſeine Cellularias,
mit dem Zunamen Salicornia, (nach dem Kali
oder Salzkraut,) geſteckt, der Herr Ellis hingegen ordnet es mit dem Namen Bugle-Coralline,
(weil

(weil die Glieder dieſes Krauts gewiſſen länglichen Glaßcorallen gleichen,) unter die Corallenmooße, nach dem Linne aber iſt es eine Tubularia.

Es iſt ein zartes Gewächſe, etwa drey Zoll hoch, mit fadenförmigen Stielchen, die aus einem Stamme von Haarröhrchen entſtehen, und länglich gegliedert ſind.

Dieſe Glieder ſind aus reihenweiſe ſtehenden, ſchiefgeſchobenen vierecfigen Zellen zuſammengeſetzt, und durch Köcher miteinander verbunden, die hornartig häutig ſind. Wenn dieſes Gewächſe verdorret, wird es weiß und hart. Man findet es an den europäiſchen Küſten.

Ellis Corall. Tab. XXIII. fig. a. A.

4. Der Kalchköcher. Tubularia fragilis.

Dieſe Art iſt des Herrn Pallas Corallina tubuloſa. Sie iſt in der Dicke wie Graßſtengel, gabelförmig röhrig, mit gedruckten Gelenken, kalchartig weiß, ſo dünne wie Papier, und ungemein zerbrechlich. Man findet ſie in America.

4. Kalchköcher. Fragilis.

5. Der Mooßköcher. Tubularia muſcoides.

Das äuſſerliche mooßartige Anſehen, verſchaft dieſem Meerproducte obige Benennungen. Es beſtehet aus ſehr dünnen fadenförmigen, etwas äſtigen Stielchen, die allenthalben mit ringförmigen Runzeln gedeckt ſind, und eine Hornfarbe haben. Doch mangelten dieſe Ringel an den Elliſiſchen Exemplarien, die er an der Mündung der Themſe, und auch an Schiffen fand. Herr Pallas ſagt, ſie ſeyen nur auf gewiſſen Abſtand geringelt, und Herr Houttuin hat es auch ſo an ſeinen Exemplarien gefunden. Es wächſt

5. Mooßköcher. Muſcoides.

auch am niederländischen Strande, etwa einen Schuh hoch.

Der Polypus ist incarnatfärbig, hat zweyerley, nämlich große und kleine Arme, welche sich, um einen birnförmigen Körper ausbreiten. Herr Baster fand, daß diese Arme rauh wären, wie Corduan oder Schagrinleder, und nahm auch traubenförmig-aneinanderhangende Bläschen wahr, die er für den Eyerstock hielt.

Die ferner gemachten Entdeckungen zeigten, daß sich diese Polpen absonderten, und alle aus ihren Köchern herausfielen, daß nach neun bis zehn Tagen, wieder neue Blumenpolypen hervorkamen, welche Hervorbringung etwa drey bis vier Tage währte, und also ein und zwanzig Tage fortdauerte, wornach diese neue Polypen wieder abfielen, und Platz für die neue Bruth machten, die auf ähnliche Weise nach kam, bis auf den Winter, da die Pflanze ganz ohne solchen Polypen war, und erst im Frühjahr wieder zu blühen anfieng.

Ellis Corall. Tab. XVI. fig. b.

6. Der Nabelköcher. Tubularia acetabulum.

5. Nabelköcher Acetabulum.

Gegenwärtiges schöne Seegewächse bestehet aus einfachen dratförmigen, dünnen und etwa fingerlangen Röhren, die oben am Ende mit einem runden gestreiften und gestrahlten kalchartigen Schildlein ausgehen. Dieses Schildlein hat Anlaß zu der Benennung Acetabulum gegeben, da es im frischen Zustande eine etwas becherartige Gestalt hat, aber getrocknet flach wird, und alsdann grünlichweiß aussiehet. Mitten aus dem Becherchen kömmt ein erhabener Punct zum Vorschein, unter welchem der Stiel, mit einem Rande umgeben, einge-

eingeſenkt iſt. Man findet dieſes Gewächſe im mittelländiſchen und americaniſchen Meere auf den Felſen und runden Kieſeln, wo oft ein ganzes Gebüſche, ohne ſichtbare Wurzeln, aus den Poris des Steins aufſteiget. In den Cabinetten ſind ſie eine Seltenheit, weil ſie ſo brüchig ſind, und die obern Schälchen gerne verlieren. Die Holländer nennen es genaveld Pypgewas, und darum haben wir den Namen Nabelköcher gewählet, ob man wohl auch acetabulum durch Eßigſchälchen überſetzt hat. Exemplaria, die wir aus Curacao erhielten, waren Gebüſche von mehr als hundert Stielchen, die alle fingerlang waren. Eine Abbildung iſt Tab. XXX. fig. 4. zu ſehen. Herr Pallas hat den botaniſchen Namen des Bauhins behalten, und es Corallina Antroſace genennet.

Tab. XXX. fig. 4.

7. Der Haarköcher. Tubularia ſplachnea.

In dem mittelländiſchen Meere wird noch ein dergleichen Gewächſe gefunden, deſſen Stielchen ebenfalls einfach, nicht dicker wie ein Pferdehaar, und oben auch mit einem ſolchen, aber glatten und ungeſtreiften Schildlein gedeckt ſind. Es wird zwey Zoll hoch, und iſt hornfärbig.

7. Haarköcher. Splachnea.

8. Der Glockenköcher. Tubularia campanulata.

Unter dieſer Art wird ein Product der ſüſſen Waſſer verſtanden, welches Trembley zuerſt entdeckte, und es Polypus a Pannache nannte. Sie ſind bey uns unter dem Namen Büſchelpolypen bekannt. Der Herr Backer nannte dieſes Product Bell-Flower-Animal, oder Glockenblumenthier, daher unſere Benennungen ge-

8. Glockenköcher. Campanulata.

Fff 2 ge-

genommen sind. Es kriecht als ein sanftes durch-
sichtiges Wesen zu großen Klumpen fort, und steckt
glockenförmige Röhrchen aus. Der Stamm ist
häutig bläulich, vieltheilig und gleichsam in Finger
abgetheilet, aus jeder Abtheilung tritt eine Scheibe hervor, deren Spitze ein halbmondförmiges
Köpfchen unterstützet, dieses ist mit gleichweitigen
Haarstrahlen umsteckt, welche umgekrümmte Spitzen haben. Aus dem Stamme kommen neue Auswüchse von jungen Polypen, diese sondern sich ganz
ab, und suchen einen andern Wohnplatz aus, und
alsdann haben sie die Gestalt einer Glocke. Wegen der Durchsichtigkeit haben sie bey Herrn Pallas
den Namen Tubularia Cryſtallina erhalten. Der-
selbige giebt noch folgende Arten an:

* Der Federbuſchpolype.   Tubularia gelatinoſa.

Feder-
puſch-
polppe.
Gelati-
noſa.

Dieſer ſogenannte Federbuſchpolype ſiehet
aus wie ein äſtiges Dratförmiges feines Gewächſe.
Die Ende der Aeſte ſind abgeſtutzt, und geben aus
der gerandeten Oefnung einen federbuſchartigen
Polypen aus, davon beym Röſel mit mehrerem
nachzuſehen iſt.

Röſel Inſ. Polyp. Tom. III p. 447. Tab.
LXXIII. LXXIV. LXXV.

* Der Pinſelköcher.   Tubularia penicillus.

Pinſel-
köcher.
Penicil-
us.

Es ſind einfache beyſammenſtehende Röhrchen,
aus deren Oberende ein Pinſel entſtehet, woſelbſt
die junge Polypenbruth fortgepflanzet wird. Die
Röhrchen ſtehen, nach des Herrn Pallas Bericht,
dichte beyſammen, und zwar etliche in einer Reihe,
ſie ſind unten dünner und in verſchiedenen Wurzel-
chen äſtig, welche miteinander verwirret, einen
Kneuel

Kreuel machen. Ferner ſind die Köcher über einen
Zoll lang, aus einem weiſſen durchſichtigen häutigen Weſen zuſammengeſetzt, einen Strohhalm
dicke, allenthalben dünne geringelt, und faſt wie
die Lungenröhre eines kleinen Vogels geſtaltet.
Die kurzen Röhren haben eine ſtumpfe Spitze
und ſind verſchloſſen, die ältern Köcher aber ſind
oben rauh, und endigen ſich in einen kolbenarti-
gen mooßigen Pinſel ohngefehr in der Größe einer Erbſe. Dieſer Pinſel beſtehet in einer Menge dichte beyſammenſtehender Haarröhrchen, die
oben dicht ſind, und das nämliche Beſtandweſen
als die vorbeſagten großen Röhren haben, jedoch
waren alle dieſe Köcherchen, die Herr Pallas
geſehen, leer und mehrentheils zuſammengefal-
len. Sie ſollen haufenweiſe auf den Corallen-
felſen um Curacao wachſen, doch unter den
vielen Meergewächſen, die wir von daher erhielten
ten, waren wir nicht ſo glücklich, auch nur ein
einziges Exemplar zu bekommen.

* Der Papierköcher. Tubularia papyracea.

Endlich erwähnet der Herr Pallas noch
eines Seeköchers, welcher in einer großen papier-
artigen und eins ums andere mit Aeſten beſetzten
Röhre beſtehet, Dieſe Köcher ſind ſo dicke wie
ein Federkiel, ſtehen gerade, breiten ihre Aeſte
weit auseinander, haben allenthalben einerley
Dicke, ſind auswendig rauh und höckerig, inwendig aber glatt und ſehr weiß. Die äuſſere Spitze der ganzen Aeſte iſt mit einem Häutchen verſchloſſen, und das Beſtandweſen iſt papierartig, ſo
wie die Weſpenneſter, nur aber weiß. Es giebt
wohl dergleichen Köcher, welche ſo dick wie ein
kleiner Finger ſind. Man bringt ſie aus Oſtindien, beſonders von Ceylon und Sumatra.

Papier-
köcher.
Papy-
racea.

Fff 3 346. Ge=

346. Geschlecht. Corallenmoose.

Zoophyta: Corallina.

Da die officinelle Coralline unter dem Namen Corallenmooß bekannt ist, so behalten wir diese Benennung für das ganze Geschlecht. Inzwischen sind die Corallinenmoose von dem Herrn Pallas angefochten worden, indem er sie nicht vor Thiere hat erkennen wollen, und sie nur aus Gnaden, ganz hinten, zum Beschluß seiner Thierpflanzen gesetzet hat.

Er hat dreyzehen Arten, wie folget.

Corallina 1) pavonia,

2) opuntia,
3) nodularia, } Linn. Corallina No. 1.

4) officinalis, Linn. Corallina No. 2.

5) corniculata, Linn. Corallina No. 4.

6) cristata,
7) rubens, } Linn. Corallina. No. 3.

8) terrestris, Linn. Corallina No. 8.

9) barbata, Linn. Corallina No. 6.

10) penicillus, Linn. Corallina No. 7.

11) rigens, Linn. Corallina fragilissima No. 5.

12) tubulosa, Linn. Tubularia fragilis.

13) antrosace, Linn. Tubularia acetabulum.

Von diesen hat der Ritter nur acht als Hauptarten in dieses Geschlecht angenommen, die zwey letztern aber in das vorige Geschlecht gebracht, und die erste in das Pflanzenreich verwiesen. Daß aber Herr Pallas

Pallas ſie alle zu den Pflanzen rechnet, dazu giebt
er folgende Gründe an:

1) In ihrer Verbrennung riechen ſie nicht animaliſch, ſondern der Geruch iſt pflanzenartig.

2) In der See haben ſie nie ein Zeichen des Lebens gegeben.

3) Man findet keinen ſchleimigen Polypenüberzug.

4) Die Pori ſind ſo klein, daß keine Polypen darinnen wohnen können.

5) Die Pori, welche Herr Ellis als groß genug
angebe, wären nur in Exemplaren gezeiget,
die ſchon durch Eßig verdorben waren.

6) Die Endcoralline, welche eine wahre Coralline
ſey, und doch auf dem Lande wachſe, zeige
deutlich, daß die Corallinen alle mit einander
Pflanzen wären.

7) Sie haben Saamenknöpfchen, und kommen
theils mit den Fucis, theils mit den Con-
fervis überein.

Der Herr Ellis, dem dieſes Spolium ſeines
Thiergartens gar nicht gefällt, vertheidigt die thieriſche Natur der Corallinen folgender Geſtalt:

1) Ihre Structur ſey ganz cellulös.

2) In der chimiſchen Bearbeitung liefere die
officinelle Coralline die nämlichen Grund-
ſtoffe, welche man bey Thieren, und deren
Theilen antrift.

3) Ihre Pori ſeyen nicht kleiner, als an verſchiedenen Arten der Kalchcoralle.

4) Die von dem Herrn Pallas ſogenannten Saamenknöpfchen, kämen vielmehr mit den
Bläschen, Zellen, und Ovariis der Polypen überein, als mit pflanzenartigen Saamenknöpfchen.

5) Die Corallinenmooſe wären ein Mittelding zwiſchen den Sertularien und Con-
ferven.

Wie-

Wie? Wenn wir nun ſagten? Herr Pallas und Herr Ellis haben beyde Recht? Doch wir wollen mit unſerer Meynung zurück halten, und erſt unſern Linne ausreden laſſen, und hören, was derſelbe von dieſem und allen fernern Geſchlechtern ſagt.

Die Kennzeichen des jetzigen Geſchlechts beſtehen alſo darinnen:

Geſchl. Kennzeichen.
Der Stamm iſt gewurzelt, fadenförmig, aus lauter Gelenken beſtehend, und von einer kalchartigen Natur, Polypenblüthen aber ſind noch nicht entdeckt. Ihre kalchartige Beſchaffenheit iſt indeſſen eine hinlängliche Urſache, die jetzigen Corallenmooſe von den Corallinen oder Sertulariis, die im folgenden Geſchlechte vorkommen, zu unterſcheiden.

Daß die Corallenmooſe ſehr äſtig und ausgebreitet ſind, ohne daß jedoch bey ihrem Wachsthum der Stamm merklich dicker wird, will zwar von einigen als ein Beweiß wieder einen Pflanzenartigen Wachsthum angeſehen werden; allein dieſer Beweiß wäre gar nicht einer der ſtärkſten, eben ſo wenig, als die Pori der Oberfläche einen ſo ſtarken Beweiß für ihre thieriſche Natur abgeben ſollten: denn wenn dieſe Beweiſe von einiger Gültigkeit ſeyn ſollten, ſo muß dargethan werden, daß keine Pflanze äſtig ſeyn könne, ohne einen verdickten Stamm zu bekommen, und keine Pflanze auswendige Poros und Zellen beſitze, und daß endlich in den Höhlungen, Köchern oder Zellen keiner einzigen Pflanze ein flüßiges oder ſich bewegendes Weſen angetroffen werde.

Inzwiſchen ſind die Pori der Corallenmooſe ſo klein, daß man ſie friſch aus dem Meer gleich mit dem Vergrößerungsglaſe ſuchen muß, denn durch das Trocknen der kalchichen Mooſe fallen ſie gleich zuſammen.

Es ſind folgende acht Arten zu betrachten:

Das

1. Das Feigenmooß.   Corallina opuntia.

Die Aehnlichkeit, welche die Blätterchen dieſer Seepflanze, ſowohl als ihre Verbindung aneinander, mit der indianiſchen Feigenpflanze haben, welche man Opuntia nennet, und worauf die Cochenille eingeerndet wird, (Siehe den fünften Theil pag. 145. hat obige Benennungen veranlaſſet.

Es iſt ein gleichſam in drey abgetheiltes Gewächſe, welches aus flachen nierenartigen oder vielmehr runden ſecherförmigen Gliedern aneinander geſetzt iſt. Dieſe Glieder gehen von unten an bis oben aus, und veräſten ſich ſo häufig, daß man Büſchel und Ballen davon, in der Größe eines Huths antrift. Will man dieſe Büſchel auf Papier auflegen, ſo bekommt man der Aeſte ſoviel übereinander, daß man keinen Platz für ſie findet. Der Anfang iſt eine Reihe ſolcher faſt ſecherförmig runden Glieder, dieſe Reihe gehet ſodann in drey Reihen aus, und jede wieder in drey Reihen, die ſich dann abermals in drey Reihen zertheilen, ſo daß zuletzt ein ganzer Büſchel herauskommt, wie wir dergleichen zu verſchiedenenmalen in ſehr ergiebigen Büſcheln zur Länge eines halben Schuhes, aus Curacao erhielten. Sie ſind kalchartig weiß, oder auch wohl grün angelaufen.

Der Herr Ellis weichte dieſe Art in Eßig ein, wodurch der kalchartige Ueberzug weggieng, und dann kamen die Zellen zum Vorſchein, wodurch er die thieriſche Natur behauptet, und worüber eben der Herr Pallas ſich aufhält. Die Glieder ſind durch viele Faſern aneinander verbunden, und ſo groß wie die größten Linſen.

Ellis Corall. Tab. XXV. fig. B. b. a.

Im

Im mittelländischen Meer befindet sich eine Art, deren Schilde so groß wie die Nägel am Finger sind, und die fast nur zweyästig ist, da hingegen eine kleinere vieläftige Art, die sehr steinig ist, so wie Herr Pallas sagt, aus Westindien kommt.

2. Das Apotheker-Corallenmooß. Coralina officinalis.

2. Apothekercorallenmooß. officinalis. Es wird französisch, englisch und lateinisch unter obigen Namen in den Apotheken gefunden, bestehet aus kräuselförmigen gedruckten Gelenken, steiget astförmig auf, und giebt gegen einanderstehende Seitenzweige ab. Die Pori sind klein und cirkelrund. Der Farbe nach findet man sie an der engelländischen Küste, auf Klippen, Steinen und Conchylien roth, grün, aschgrau und weiß, sie werden aber alle an der Luft weiß, und es giebt davon etliche Verschiedenheiten, die bey dem Ellis zu sehen sind; denn der Anblick der Figuren ist weit unterrichtender, als eine mühsame Beschreibung, die doch keine deutlichen Begriffe giebet.

Ellis Corall. Tab. XXIV. fig. A. a. 1. 2. 3.

Eine besondere Verschiedenheit aber macht der Ritter namhaft, welche das schuppige Corallenmooß des Ellis ist.

Ellis Corall. Tab. XXIV. fig. C. 4.

Ceylonisch. Tab. XXI. fig. 1. Bey dieser Gelegenheit ist auch eine Art aus Ceylon in Betrachtung zu ziehen, welche Tab. XXXI. fig. 1. abgebildet ist. Es wird in verschiedenen Farben gefunden, man hat weiße, rothe und grüne. Das weiße ist gabelförmig vertheilet, und breitet sich fecherförmig aus. Das grüne und violetfär-

letfärbige wächſt mehr Büſchelweiſe. Eine bunte
Art hat die Aeſte doppelt beſetzt, indem die abgege-
bene Aeſte wiederum neue Aeſtchen austretten laſſen. Dieſes iſt das längſte, wird aber nicht über
drey bis vier Zoll hoch, und iſt auf dem Rande einer Patelle wachſend vorgeſtellet. Sonderbar iſt
es, daß man zuweilen an einem Stamme Gelenke
von verſchiedener Bauart findet.

3. Das Saamenmooß. Corallina rubens.

Es wächſt gabelförmig, haarig in die Höhe
und hat die obern Glieder erhaben oder hervorragend, und wird deßwegen Saamenmooß genennet,
weil die letzten Glieder durch ihre Hervorragungen
gleichſam Saamenknöpfchen vorſtellen. Dieſe
Art wäre dann des Herrn Pallas Corallina
criſtata, wächſt einen halben Zoll hoch, ſiehet
einem Federkamm ähnlich, und kommt in den
mittelländiſchen, africaniſchen und nordiſchen Meeren vor.

Ellis Corall. Tab. XXIV. fig F. n. 7. f.

Eine andere Art hat cylindriſche Gelenke, iſt
ſehr fein und weiß, wird aber von Herrn Pallas
für den Anfang der vorigen Art gehalten.

Ellis Corall. Tab. XXIV. fig. G. n. 8. g.

Des Herrn Pallas Corallina rubens aber,
die von dem Ritter hieher gezogen wird hat dickere, rundere Gelenke, und iſt an den obern Abtheilungen nicht abgeſtutzt. Man trift ſie an der
engelländiſchen Küſte, und im mittelländiſchen
Meere an.

Ellis Corall. Tab. XXIV. fig. e. E. n. 5. e.

4. Das

4. Das Hörnermooß. Corallina corniculata.

4. Hörnermooß. Corniculata. Diese Art führet obige Benennungen, weil die Glieder der Aeste an ihren obern Theile gleichsam mit zwey Hörnern versehen sind. Es wächset dieses Corallenmooß gabelförmig, ist ungemein fein am Stiel mit runden langen Gelenken versehen, und wird überhaupt kaum einen Zoll hoch, untenher ist es gleichsam geflügelt, und der Farbe nach röthlich oder weiß, es wächst unter dem Tang, an den engelländischen Küsten.

Ellis Corall. Tab. XXIV. fig. d. D. n. 6

5. Das Stammmooß. Corallina fragilissima.

5. Stammmooß. Fragilissima. Dieses Corallenmooß wächst gerade, und steifstehend, in die Höhe, ist gabelförmig, mit weit ausstehenden Aesten, die aus langen zusammengefügten rollrunden Gelenken bestehen, durch welche eine weiche Senne läuft, die sie aneinander befestigt. Das Bestandwesen ist weiß und ausserordentlich mürbe, wächst zwey Zoll hoch, und wird in dem amerikanischen Meer gefunden. Es ist des Herrn Pallas Corallina rigens.

6. Das Bartmooß. Corallina barbata.

6. Bartmooß. Barbata. Es ist gabelförmig gewachsen, hat rollrunde Glieder, und zoten- oder bartartige Spitzen an den Aestchen. Die Aeste sind nicht dicker als ein Drath, jedoch wächst dieses Mooß über drey Zoll hoch, nnd wird in dem amerikanischen Meer gefunden.

Ellis Corall. Tab. XXV. fig. C. c.

7. Das

7. Das Pinſelmooß. Corallina penicillus.

Es beſtehet dieſes niedliche Gewächſe aus einem **7. Pinſel-mooß.** dicken, und gleichſam mit einer lederartigen Haut überzogenen Stiele, der ſo dick wie eine Schreibfe-der iſt. Dieſer Stiel iſt oben mit einer groſſen Menge langer ununterbrochener gabelförmiger Aeſtchen, die nicht dicker als eine Borſte ſind, pin-ſelartig im Umfange, und wohl einen Zoll lang, wie ein runder Kehrwiſch beſetzt, wie ein ſolches aus der Abbildung Tab. XXXI. fig. 2. mit mehrern zu er-kennen iſt. **Tab. XXXI. fig. 2.** Eben dieſes abgebildete Exemplar des Herrn Houttuins war fleiſchfärbig, und Herr Pallas ſagt, er habe ſie buſchweiſe beyſammen ſte-hen ſehen, und ihr Aufenthalt ſey in Weſtindien. Linneus giebt Oſtindien, als das Vaterland an, vielleicht ſind ſie alſo in beyden Indien. Wir be-ſitzen ein vier Zoll langes, und einen Federkiel dickes Exemplar aus Curacao, welches weißlich grün, an der Wurzel faſerich, und an der Pinſel-crone mit mehr als tauſend Spitzchen beſetzt iſt.

8. Das Erdcorallenmooß. Corallina ter-reſtris.

Dieſes iſt endlich das berüchtigte Corallen-mooß, welches den Grund zu den Zweifeln des **8. Erdco-rallen-mooß.** Herrn Pallas legte, denn es wurde nicht in der See, auch nicht unter dem Waſſer, ſondern auf der Bergumer Heyde, in der niederländiſchen **Terre-ſtris.** Provinz Frießland, von dem Herrn Meeſe, ehe-maligen Gärtner in Franecker, gefunden. Es hat gegeneinander über ſtehende Aeſte, weiße kalch-ichte rollrunde Gelenke, und an deren Seiten quer gerunzelte Befruchtungstheilchen an Stielchen hän-gen. Es wächſt nur einige Linien hoch und zwar mehr in die Breite, als in die Höhe.

Weil

Weil nun dieſes, den anfängliche Berichten des Herrn Meeſe zufolge, eine Erdcoralline wäre, ſo ſchloß Herr Pallas um ſo williger daraus, daß alle Corallenmooße nur bloße Pflanzen wären. Der hinkende Bothe aber kam hinten nach. Herr Meeſe nämlich ſchickte den Herrn Pallas einige Stückchen davon, und ſchrieb dabey: daß dieſe Mooſe durch den Sturm vom Strande auf das feſte Land geſchlagen wären, und ſich daſelbſt feſt geſetzt hätten, daher er, als er ſelbige auf dem Lande gefunden, anfänglich geglaubet hätte, daß ſie daſelbſt auch gewachſen, und folglich Erdpflanzen wären. Es ſey ein Corallenmooß von einem röthlichen Corallengewächſe. (Siehe Pallas Lyſt der Plantdieren &c. durch Herrn Boddaert überſetzt. Anhang pag. 644. Mithin verfällt nun auch die obige Benennung, und das angegebene Vaterland. Wir ſehen aber auch dabey, wie leicht es möglich ſey, ſich zu irren, und Scheingründe für wahre, zu Behauptung eines gewiſſen Satzes anzunehmen, oder durch übereilte Schlüſſe, die man aus neuen vorgegebenen Entdeckungen ziehet, auf unrichtige Vorſtellungen geführet zu werden.

347. Geschlecht. Corallinen.

Zoophyta : Sertulariae.

Sertularia kommt, als ein neues Wort, vom ita- Geschl. liänischen Sertolara her, womit Impera- Benen- tus die Opuntia marina, (No. 1. des vorigen Ge- nung. schlechts betittelte, und dieses stammt wohl vom lateinischen Sertum, oder Sertula, welches eine Krone oder einen Kranz bedeutet. Mit dieser Benennung zielet der Ritter auf eine gewisse Art Seegewächse, die beym Ellis den Namen Coral- linae führen, davon nur etliche in dem vorigen Geschlechte vorkamen. Da nun diese letzte Benen- nung schon von alten Zeiten üblich war, und die Holländer diese Gewächse auch nur Korallynen nennen, so haben wir den Namen Coralline be- halten, wie die Engelländer, und Franzosen auch thun.

Sowohl der Herr Ellis als Herr Baster, halten diese Gewächse mit dem Ritter für Thierpflanzen. Herr Baster hält sie für Pflanzen, die Polypen hervorbringen, und also ein thierisches Leben ha- ben; Herr Ellis aber hält sie für Polypen, die dieses pflanzenähnliche Gewächse selber machen und bauen, und der Ritter giebt folgende Kennzei- chen an:

Der Stamm ist mit hervortrettenden Wurzel- fasern gewurzelt, faserhaft, nackt und gegliedert, aus jedem Glied kommt nur eine Blume hervor, und diese Blume ist ein Polype, so wie der Herr

Ellis

Ellis davon nach ſeinen Wahrnehmungen die
Abbildungen gegeben hat:

Ellis Corall. Tab V. fig. A.
Tab. IX fig. C.
Tab. X. fig. A.
Tab. XX. fig. C.

Ferner iſt die Meynung des Ritters, daß dieſe
Blumen ihre Bewegung nicht von auſſen, oder
von dem Winde, ſondern als Thierchen aus einem
eigenen willführlichen Trieb erhalten. Herr Baſter und mit ihm Herr Pallas, ſtimmen auch darinne überein, daß das ganze Mark thieriſch ſey,
und die Polypen abgebe.

Nun giebt es allerdings noch einen Unterſchied, wodurch eine Unterabtheilung entſtehet.
Einige Corallinen nämlich haben gewiſſe Knoſpen
oder Blaſen in gewiſſen Entfernungen, die ſich
durch ihre Größe von dem übrigen Theile der Pflanze unterſcheiden. In ſelbigen fand Herr Ellis
gewiſſe Polypen und Eyer, ſo daß er ſie für Eyerneſter hielt, in welchen ſich traubenförmige Eyer-
büſchlein an einer Schnur befinden, die an dem
thieriſchen Mark feſtſitzen, und darum heiſſen nun
die Bläschen Ovaria.

Andere Corallinen ſcheinen ganz und gar aus
Zellen und Saamenbehältern zu beſtehen, und
dieſe zuſammen ſind durch den Herrn Pallas unter
ein eigenes Geſchlecht gebracht, welches er Cellularia nennet. Wir haben alſo auf zwey Abtheilungen zu ſehen.

A. Blaſencorallinen, die in einigen Entfernungen gewiſſe größere Blaſen
hervorbringen. 29. Arten.

B: Zel-

B. Zellencorallinen, die aus lauter Zellen zuſammen geſetzt ſcheinen. 13 Arten.

Folglich finden wir zuſammen 42 Arten zu beſchreiben, die übrigens faſt alle ein mooßartiges Anſehen haben und klein ſind, wie nunmehro folget.

A. Blaſencorallinen, die in einigen Entfernungen gewiſſe größere Blaſen hervorbringen.

1. Die Liliencoralle. Sertularia roſacea.

(margin: 1. Liliencorallen. Roſacea.)

Es iſt ein federartiges Gewächſe, mit gegen einander überſtehenden abgeſtutzten Zähnchen, und eins ums andere geſtellten Aeſten, deren Eyerneſte, oder hin und wieder hervorkommende Blaſen, dornartig gekrönet ſind. Eben dieſe Bläschen gaben zu verſchiedenen Benennungen Anlaß. Herr Ellis nannte ſie Granatblüthencoralline, hernach Liliencoralline, (dafür der Ritter Roſacea genommen.) Dieſe Benennung behält Herr Boddaert bey, obgleich Herr Pallas ſie Nigellaſtrum, genennet hatte.

In dieſer Pflanze nahm Herr Ellis zuerſt ein thieriſches Mark wahr, welches durch Stamm und Aeſte gehet, zuletzt ſich aber mit Armen ausbreitet. Dieſe Coralline wächſt auf Conchylien und andern Cörpern gleich einem feinem Mooß an den europäiſchen Stranden, beſonders an der engelländiſchen Küſte, wo es Herr Ellis auf der Cypreſſencoralline fand.

Ellis Corall. Tab. IV. fig. A. No. 7.

2. Die

A.
Blasen-
corall.

2.
Zwerg-
coralli-
ne.
Pumila.

Tab.
XXXI.
fig. 3.

2. Die Zwergcoralline. Sertularia pumila.

Sie wird holländisch Zeerug - Korallyn, das ist, Tangcoralline genennet, weil sie darauf wächset, wie sie denn auch in länglichen Fädchen darauf sitzend, in natürlicher Größe auf der Tab. XXX. fig. 2. zu sehen ist; in einer vergrößerten Gestalt aber jetzo Tab. XXXI. fig. 3. vorkommt. Warum sie aber Herr Boddaert Zee - Eike ge- nennet hat, sehen wir nicht ein. Es ist fast ein- fach, oder einfädig, gegliedert, an dem obern Theile der Glieder die eine Bechergestalt haben, mit hervortrettenden zurückgebogenen Spitzen gleich- sam gezähnelt. Die Eyernester oder Bläschen sind einigermaßen eyerförmig, und die Nebenäste kommen nur sparsam und ohne Ordnung hervor. In der Abbildung nimmt man nicht nur das fleischi- ge Mark in den Gliederstamm wahr, sondern sie- het auch, welche Gemeinschaft die Blasen mit sel- bigen haben, und wie endlich aus den Blasen eine Polypenblüthe hervor komme, so wie es Herr Ellis wahrgenommen hat. Diese Polypen der Bläschen sind die größten, kleinere aber kommen aus den gebogenen Spitzen der Gelenke heraus, und Herr Ellis nahm wahr, wie sie ihre Nahrung suchten, und paarweise in jedem Gelenke an dem Mark befestiget saßen, welches durch den ganzen Stamm gehet. Die Farbe dieser Pflanze ist braun- gelb, und sie fällt auf den schwarzen Tang Tab. XXX. fig. 2.) sogleich in die Augen.
Ellis Corall. Tab. V. fig. A. No. 8.

3. Die Deckelcoralline. Sertularia operculata.

Holländisch Haair-Korallyn, nach der Pallas Benennung Sertularia Usneoides, Zee- Hair,

Hair, in Vergleichung mit den Haarmoosen alter
Fichten und Tannen. Die Aeſtchen treten eins
ums andere heraus. Die Zähnchen an den Aeſten
ſtehen gegeneinander über, ſind ſpitzig und faſt gerade. Die Eyerneſter oder Bläschen aber ſind
ſpitzig eyrund und mit einem Deckel verſehen, woher obige Linneiſche und unſere Benennung genommen iſt, und dieſe Art war es, welche von den
alten Seemooß genennet wurde. Die Zähnchen,
worunter die hervorſiechende Ecken der Gelencke verſtanden werden, ſind ſchief abgeſchnitten, zugeſpitzt,
und haben innwendig ein bürſtenartiges, gerade in
die Höhe gerichtetes Zähnchen. Die Bläschen
kommen willkührlich an den Aeſten oder in deren
Vergliederungen heraus. Man findet dieſe Art
in den europäiſchen, mittelländiſchen, oſt-
und weſtindianiſchen Meeren.

Ellis Corall. Tab. III. fig. b. B. No. 6.

4. Die Seetamarende. Sertularia tamariſca.

Die Zähnchen oder Ecken der Gelenke ſtehen
faſt gegeneinander über, ſind einigermaſſen abge-
ſtußt, jedoch noch ſpitzig. Die Bläschen ſind länglich eyrund, (oder die Vergleichung mit der Ta-
marindenfrucht entſtanden,) und zwenzähnig, die
Aeſtchen aber treten eins ums andere hervor.
Holländiſch Tamariſch-Korallyn. Herr Ellis
ſagt, die Bläschen ſeyen einigermaſſen herzförmig,
mit einer kurzen Röhre an der Spitze, die der
Mündung einer abgeſchnittenen Ader ähnlich ſiehet.
Dieſes Pflänzchen wurde an der irrländiſchen
Küſte gefunden, und wächſt auf Conchyllen.

Ellis Corall. Tab. I. No. 1. fig. A. a.

5. Die Tannencoralline. Sertularia abietina.

Die Ecken der Gelenke oder Zähnchen sind röhrig und stehen gerade gegen einander über. Die Bläschen sind eyrund, und die Aeste stehen eins ums andere. Man findet dieses Gewächse auf Austern und Mießmuscheln der Nordsee, und wird noch keinen halben Schuh hoch. Die Wurzeln sind röhrig, gedrehet, und steigen in verschiedenen Stämmen in die Höhe, welche durch die regelmäßig abgegebenen Aeste die Gestalt der Tannen oder des Farrenkrauts im kleinen etwas nachahmen. Die Bläschen haben, durch eine Oefnung im Boden, Gemeinschaft mit dem Mark. Der Hals der Bläschen ist enge, wie an den Wasserkrügen. Sie sind röthlich, und hangen zuweilen, wie Herr Ellis sagt, voll kleiner gewundener Schneckchen, wie Ammonshörner.

Ellis Corall. Tab. I. No. 2. fig. b. B.

6. Die Cypressencoralline. Sertularia cupressina.

Die Zähnchen stehen an den Aesten fast gegen einander über, denn ihre Stellung ist doch einigermassen eins ums andere. Die sogenannten Eyernester sind oval, und die Aeste, die ein federartiges Ansehen haben, sind lang.

Es giebt aber zweyerley, die hieher gehören, als die eigentliche Cypressencoralline, und die Eichhornschwanzartige, welche der Ritter argentea, oder die Silberfärbige nennet, wiewohl Herr Pallas sie beyde für einerley hält. Es wächst wohl anderthalbe Schuh lang, in der Nordsee, auf allerhand Conchilien und Steinen. In den frischen Exem-

Exemplaren traf Herr Pallas in den Bläschen
einen pomeranzenfärbigen Polypenschleim an, und
ſahe auch an der engelländiſchen Küſte ein Exemplar, wo aus allen Zähnchen der Aeſte lebendige
Polypen hervortraten, doch Herrn Ellis iſt dieſe
Entdeckung nicht gelungen.

Wer nun den Unterſchied der Cypreſſen - und
der Silbercoralline bemerken will, der vergleiche die
Figuren des Herrn Ellis. Die erſte iſt:

Ellis Corall. Tab. III. fig. A. a. No. 5.

Die andere Art aber, welche dichter gewachſen iſt, hat mehrere gabelförmige Aeſtchen, und
länglichere Bläschen.

Ellis Corall. Tab. II. fig C. c. No. 4.

7. Die Schneckencoralline. Sertularia rugoſa.

Die Medica Cochleata, oder der Schnecken-
klee, iſt Urſache an obiger deutſchen Benennung,
die nach der holländiſchen: Slakhoornkorallyn,
gemacht iſt, denn die Bläschen dieſer Corallne ſollen eine Aehnlichkeit mit den Saamengehäuſen beſagten Klees haben, obwohl die Medica doliata
ein näheres Recht zu dieſer Vergleichung haben
möchte. Inzwiſchen iſt die Linneiſche Benennung
von den Runzeln, welche die Bläschen haben,
abgeleitet. Die Zähnchen ſind faſt wie ein Bläschen, aber ſehr ſchwach, und eins ums andere geſetzt, die Aeſte aber treten nur hin und wieder vor.
Die Wurzeln ſind röhrenförmig, und mit ſelbigen
ſchlinget ſich dieſe Coralline an der Blätterrinde,
(Fluſtra foliacea) in der Nordſee.

Ellis Corall. Tab. XV. fig. A. a. No. 23.

8. Die

A.
Blasen
corall
nen.

8.
Hering
coralli
ne.
Hale
cina.

8. Die Heringcoralline. Sertularia halecina.

Die Benennung kommt daher, weil die Stielchen mit ihren feinen Aestchen viele Aehnlichkeit
mit dem Gräthe eines Herings haben. Die Zähnchen sind schwach, und stehen eins ums andere. Die
Kelche oder Gelenke zeigen sich zwengliederig, die
Eyernester oder Bläschen sind oval, und die Stielchen mit einander vereiniget: denn es bestehen dieselben aus etlichen aneinander gleichsam gefütterten
Köcherchen, deren der Herr Ellis bey dem Durchschnitt wohl über hundert zählte. Alle diese Köcher
nehmen ihren Ursprung aus den Wurzelfasern, und
machen bey ihrer Vereinigung einen Stamm, der
Aeste hat, woran sich zwengliederige Fortsätzchen
zeigen. Aus diesen kommen die Polypen zum Vorschein, die mit dem untern Theile am fleischigen
Marke befestiget sind, welches durch alle Köcher
lauft. Dieses Gewächse ist fast in allen Meeren
auf Conchylien und andern Körpern zu Hauße,
wird über einen halben Schuh hoch, indem es steif
stehet, dahero aber auch, wenn es trocken wird,
desto mürber ist. Die Bläschen sind mit einer
gelben Masse angefüllet, beschreiben ein unre-
gelmäßiges Oval, mit einem Köcherchen, welches
aus dem Stielchen entspringt, an der einen Seite hinauf steiget, und sich etwas über der Spitze
des Bläschens erhebt.

Ellis Corall. Tab. X. No. 15. fig. A. B.

9. Die Bürstencoralline. Sertularia. thujia.

Thujia ist der sogenannte Lebensbaum, und
nach diesem, oder sonst auch nach den Cypressen
und Fichten, wird gegenwärtiges Gewächse genennet.

nennet. Herr Ellis aber berichtet, daß die engelländiſchen Fiſcher dieſe Coralline mit denjenigen,
in einem eiſernen Drath geflochtenen Bürſten verglichen, womit man Gefäße, die eine enge Mündung haben, inwendig ſauber macht; daher denn
auch in Holland die Benennung Kannewaſſer,
oder Bottelſchuijerkorallyn entſtanden iſt, wofür wir Bürſtenkoralline, nach unſern Drath-
bürſten, gewählet haben.   Die Aeſte ſind mit einer
doppelten Reihe Zähnchen verſehen, die gegen ſelbige anliegen.   Die Eyerneſter ſind länglichrund,
und gerandet, der Stiel aber hat an zwey Reihen
gabelförmige Aeſte.   Die Wurzeln ſind Röhrchen,
mit welchen ſich dies Gewächſe auf Steinchen befeſtiget.   Es wird einen halben Schuh hoch, iſt
bräunlich ſchwarz, und ſtehet gerade.   Der Stamm
iſt gerunzelt, und zwiſchen den Aeſten gebogen, die
Aeſte aber ſtehen auf dreyerley Art eins ums andere, und ſind zwey bis dreymal gabelförmig.   Die
Zähnchen oder Kelche, welche gegen die Aeſte anliegen, ſind ebenfalls eins ums andere, in einer gedoppelten Reihe geordnet.   Die Bläschen oder
Eierneſter hangen an Stielchen, und ihre Mündung hat einen Rand, iſt aber nicht gedeckt.   Die
Nordſee und das mittelländiſche Meer bringen
dieſes Gewächſe häufig genug fort.

Ellis Corall. Tab. V. fig. B. b. No. 9.

A.
Blaſen-
coralli-
nen.

10 Die Federcoralline.   Sertularia My-
riophyllum.

Nach den Elliſiſchen Vergleichungen, der
ſie zwar auch gefedert nennet, ſollte ſie Faſanen-
ſchwanz heiſſen, und Herr Donati, der die Kelche oder Zähnchen mit Anis Saamen vergleicht,
nennet ſie Aniſocalyx.   Es beſtehet aber das ganze Gewächſe aus Stielchen, die an der einen Sei-

10.
Feder-
coralli-
ne.

Myrio-
phyl-
lum.

te

A. Blasen- coralli- ne.

te hie und da einen Höcker haben, an der andern
Seite aber mit einem Federbarte von vielen Aestchen besetzt sind. Jedes Aestchen ist hernach an
der innern Seite, die sich etwas sichelförmig krüm-
met, mit Zähnchen oder den sogenannten Kelchen
besetzt. Denn vor blossen Augen sind es nur feine
Zähnchen, unter dem Vergrösserungsglase aber
sind es bauchige Krüge oder Kelche, welche der
Ritter für die Eyernester hält, da weder Herr
Pallas noch Herr Ellis einige andere daran gefunden. Diese Kelche sind an der einen Seite
von einem spitzigen Blat begleitet. Die Wurzel
scheinet ein schwammiges Gewebe zu seyn, und das
Gewächse steiget bis über einen Schuh in die Höhe. Die Fischer hatten es in tiefem Wasser an der
irrländischen Küste aufgezogen.

Ellis Coralle. Tab. VIII. No. 13. fig. a. A.

11. Die Sichelcoralle. Sertularia fal-
cata.

11. Eichel- coralle Falcata

Tab. XXXI. fig. 4.

Diese Art ist von der vorigen nicht viel unterschieden, der wesentliche Unterschied aber bestehet
erstlich darinne, daß die Aestchen mehr sichelförmig gebogen sind, und daß die Zähnchen oder Kelche an denselben fast wie die Ziegel gegeneinander
geschlichtet liegen, und auch mit keinem spitzigen
Blut begleitet sind. Wie solches aus der Abbildung Tab. XXXI. fig. 4. am besten zu ersehen, davon die natürliche Grösse in der nämlichen Figur
bey fig. * angegeben ist. Nur hat man zu merken,
daß das übrige, was sich daran herumgeflochten
hat, oben die Corallenwinde, No. 16. und unten die Flötencoralline No. 17. ist.

Diese Sichelcoralline steiget auf Conchilien
und anderen Körpern aus einer Wurzel von gebogenen

genen Köchern, in einem geraden etwas wellenför- **A.**
mig gebogenen Stamme in die Höhe, der von un- Blaſen-
ten bis oben aus, durch viele Aeſtchen federartig corall-
beſetzt iſt. Die Bläßchen ſind eyrund, unten breit, ne.
oben ſpitzig. In den getruckneten trift man ein po-
meranzenfärbiges leimeriches Weſen an, und aus
den Zähnchen hat Herr Ellis Polypen vorkommen
ſehen.

Ellis Coral. Tab. VII. No. 11. fig. a. A.
Tab. XXXVIII. fig. 5. 6. V. E. E.

12. Die Buſchcoralline.   Sertularia pluma.

Gegenwärtige Coralline hat glockenförmige **12.**
Zähnchen, die in der Reihe aufeinander liegen, Buſch-
die Aeſtchen ſind eins ums andere äſtig, und lauffen coralli-
lanzetartig aus. Die Eyerneſter haben eine ſcho- ne.
tenförmige länglichrunde Geſtalt, und kammartig Pluma.
gezackte Näthe, welche aufſpringen, und auf dieſe
Art laubähnlich werden. Dieſes Gewächſe ſchleu-
dert ſich mit den löcherartigen Wurzeln um den
Tang, und andere Seegewächſe. Dabey merkt
denn der Herr Pallas an, das aus der Verſchiedenheit des Orts und der Meergewächſe, worauf ſich dieſe Coralline ſetzt, auch Verſchiedenheiten entſtehen. Sie wachſen etwa einen halben
bis ganzen ja auch wohl zwey Zoll lang, je nachdem ihre Verſchiedenheit iſt, und der Caapſche
Fucus Cartilagineus iſt oft ſtark damit beſetzt.
In dem mittelländiſchen Meer; deßgleichen in
Oſtindien, trift man ſie eben ſo, wie in dem nordiſchen Ocean an.

Ellis Corall. Tab. VII. No. 12. fig. b. B.

Die

A.
Blasen-
coralli-
ne.

13.
Sta-
chelco-
ralline.
Echina-
ta.

13. Die Stachelcoralline. Sertularia echinata.

An der schwedischen Küste wird eine Art gefunden, welche der vorigen fast gleich kommt, nur daß die Kelche oder Zähnchen an beyden Seiten der Aestchen stehen.

Eine gewisse Verschiedenheit, die man etwa zu dieser oder der vorigen Art rechnen könnte, wird bey Ceylon gefunden, und ist von dem Herrn Pallas angegeben unter dem Namen:

* Die Krauscoralline. Sertularia speciosa.

Welche Herr Boddaert Zee Aegret. nennet. Diese Art wächst steif in die Höhe, ist durch Aestchen geflügelt, welche sich sichelförmig biegen, und an der innern Seite ihre Zähnchen haben, die aus ausgebreiteten glockenförmigen Kelchen bestehen, welche gezähnelt sind, und mit einem schmalen Blätchen unterstützet werden. Die Wurzeln bestehen aus Röhrchen, welche sich um die Horncoralle flechten, der Stamm ist hornartig braun, und das Gebüsche erstreckt sich in der Länge bis auf vier Zoll. Die Flügeläste, oberhalb den Zähnchen, stehen gegeneinander über, biegen sich durch das trocknen nach der Seite, wo die Kelche stehen, sichelförmig krumm, und haben eine graue Farbe. Die Kelche liegen fast auf einander, haben an jeder Seite drey Zähnchen, wovon das mittelste verlängert ist, und sich nach aussen zu kehret; das Blätchen, welches die Kelche unterstützt, ist zweymal so lang, krumm, gestutzt, und macht mit selbigen ein Stück aus. Eyernester aber oder Bläschen hat Herr Pallas niemals daran angetroffen.

14. Die

14. Die Hörnercoralline.　Sêrtularia antennina.

Es hat dieſe Coralline an den Aeſten lauter Kränzchen von vier bürſtenartigen Zähnchen, wel-che durch die Benennung Antennina, holländiſch Spriet Korallyn, mit den Fühlhörnern der Krebſe oder Inſecten verglichen wird, eben ſo gut aber könnte man auch dieſe Sträuſſe mit den Aehren der Gerſte vergleichen.　Die Eyerneſter ſind eyerför-mige Bläßchen, davon gleichſam das ſpitzige Ende ſchief abgeſchnitten iſt, und ſie ſtehen rings um die Aeſte herum, die Stielchen aber ſind faſt einzeln, oder doch wenig äſtig.

Die beſagten Kränzchen zeigen ſich an jedem Gelenke.　Die Bürſtchen ſind nach dem Stamme zu etwas krumm gebogen, und haben feine Zähn-chen, die Bläßchen enthalten mehrentheils ein ſchleimiges gelbes Beſtandweſen, der Stamm, die Aeſte und Stielchen derer, die am Ufer gefunden werden, zeigen ſich alle hohl　Die Wurzeln ma-chen ein ſchwammiges Gewebe, und kommen aus den Gelenken fort, und in den Zähnchen hat man lebendige Polypen geſehen. Ellis Corall. Tab. IX. No. 14. fig. b. B.

Hieben führet nun der Ritter noch eine Ne-benart an, die ſich in dem Ocean befindet, und nur einſtämmig, etwa eine Spanne lang iſt.　Der Stamm iſt rund, bürſtenartig, und doch ziemlich ſteif, ringsherum mit vier Vorſtenſpitzen, die ge-gliedert und kurz ſind, als mit vielen Cränzchen umgeben.　Die Bläßchen befinden ſich ſehr ein-zeln an den Gelenken der Bürſten an der innern Seite, die nach oben zu gekehret iſt.

15. Die

A.
Blasen-
coralli-
ne.

15.
Cranz-
coralli-
ne.
Verti-
cillata.

15. Die Cranzcoralline. Sentullaria verticillata.

Diese Roßschweifcoralline des Herrn Ellis hat einen fadenförmigen Stamm, der eins ums andere weitschichtig mit Aestchen versehen ist, die zuweilen gabelförmig ausgehen. Jedes Aestchen ist sowohl wie der Stamm schwach gezähnelt, und führet in gleichen Abtheilungen gewisse Kränzchen von fünf, oder nach Herrn Pallas, mehreren, langen, schraubenförmig gedrehten Stielchen, auf welchen, wiewohl nicht auf allen, offene, oben gezähnelte Bläßchen, wie Glöcklein stehen. Diese gedrehete Stielchen kommen aus den feinen Röhrchen her, welche zusammengesetzt den Stamm außmachen, und da sie allezeit in gleicher Höhe aus den Stiel hervorkommen, so hat das Gewächse Aehnlichkeit mit dem Equisetum; und rechtfertigt die Ellisische Benennung, so wie die Linneische von den quirlförmigen Wuchs der Tannenwedeln oder ähnlichen Gestalten im Kräuterreiche genommen ist. Das Ellisische Exemplar ist fünf Zoll hoch. Nach Herrn Pallas aber sind hier wohl etliche Zoll nicht zu bestimmen.

Ellis Corall. Tab. XIII. No. 20. fig. a A.

16. Die Corallenwinde. Sertularia volubilis.

16.
Coral-
lenwin-
de.
Volu-
bilis.
TAB.
XXXI.
fig. 4.

Wir haben oben bey No. 11. angezeiget, daß dasjenige Gewächse, welches sich in der Abbildung Tab. XXXI. fig. 4. um die daselbst beschriebene Sichelcorallineschlinge, oben eine Corallenwinde, und unten eine Flötencoralline sey. Erstere ist dann ietzo der Gegenstand unserer Betrachtung, und letztere kommt in der folgenden Art vor.

In

In der natürlichen Größe iſt dieſes kleine Gewächſe kaum mit bloſſen Augen zu erkennen; vergröſſert aber zeigt es ſich, wie eine um andere Gewächſe, ſich hinſchlingende Schnur, die auf gewundenen oder gedreheten Stielchen glockenförmige, offene und oben ſchwach gezähnelte Bläßchen führet.
Auch in dieſen hat man, wie die Figur zeiget,
Polypen gefunden. Dieſe müſſen dann wohl rechte
Ritter ſeyn, wo auch ein gutes Microſcop ſie kaum
ſichtbar macht. Der Aufenthalt iſt in den indianiſchen und europäiſchen Meeren, auf andern,
mehrentheils aber Sichelcorallinen. Herr Pallas
nennet ſie Sertularia uniflora.

Ellis Corall. Tab. XIV. No. 21. fig. a. A.

**17. Die Flötencoralline. Sertularia
ſyringa.**

Die gegenwärtige Art, die mit der vorigen
einerley Größe und Beſchaffenheit hat, wird vom
Herrn Pallas Sertularia volubilis genennet,
ohnerachtet ſie ſich nicht ſehr zu winden ſcheinet.
Sie iſt ebenfalls an der Sichelcoralline Tab. XXXI.
fig. 4. und zwar am untern Stamm abgebildet.
Man erſiehet wohl ſogleich aus der Figur, worinn
der Unterſchied zwiſchen dieſer und der vorigen Art
beſtehe. Denn erſtlich ſind die Eyerneſter oder
Bläßchen länglich und rund, zweytens aber oben
am Umfange nicht eingeſchnitten, und nur ſehr
ſchwach gezähnelt, auch ſind die gedrehten Stielchen
viel kürzer, und das Beſtandweſen iſt nach dem
Herrn Pallas, gelblich, und mehr hornartig. Eine
gewiße Verſchiedenheit an der Küſte von Cornwall
ſtehet wie ein Bäumchen ganz gerade. Die linneiſche Benennung iſt von der Syringa oder Fliei
der hergenommen, wlewohl Herr Houttuin meinet,

A.
Blaſen-
coralli-
ne.

17.
Flöten
coralli:
ne.
Syringa.

Tab.
XXXI.
fig. 4.

A.
Blaſencorallne.

net, daß ſie von gewißen altmodiſchen Bechern, die wie Röhren ausſehen, und holländiſch Fluiten genennet werden, herſtamme. Es kann aber bendes ſeyn, denn eins iſt doch nach dem andern genennet, und darum ſind wir auch bey der Benennung Flötencoralline geblieben.

Ellis Corall. Tab. XIV. fig. b. B.

18. Die Flachsſeidencoralline. Sertularia cuſcata.

81.
Flachs
ſeidencoralline.
Cuſcuta.

Die Aehnlichkeit dieſer Pflanze mit dem FlachsSeidenkraut hat die Benennung Cuſcata veranlaſſet. Sie iſt ſchwach gezähnelt, hat in den Ecken der Veräſtungen eyrunde Eyerneſter oder Bläßchen. Die Aeſte aber ſtehen einzeln gegeneinander über. Dieſe Coralline iſt ungemein fein und kriechend, und wurde von Herrn Ellis nur auf den Schoten tragenden Tang gefunden. Herr Pallas hat nicht viel Luſt dieſe Art in dem Thierreich anzunehmen, ſondern mögte ſie gerne unter die Seemooſe zählen. Sie heißt holländiſch Viltkruidkorallyn.

Ellis Corall. Tab. XIV. No. 26. fig. c. C.

19 Die Traubencoralline. Sertularia uva.

19.
Traubencoralline.
Uva.

Eine noch viel feinere Coralline, die noch feiner iſt als ein dünnes Haar, wird auf der Blätterrinde oder (Fluſtra foliacea, Geſchlecht 244. No. 1.) gefunden, die deßwegen die Traubencoralline genennet wird, weil die runden Bläßchen büſchweiſe ſitzen. Es hat dieſes Gewächſe ſehr ſchwache Zähnchen und ausgebreitete Aeſtchen. Die Bläßchen werden von Linne für Eyerneſter, und von

vom Ellis für abgeſtorbene Polypen gehalten,
Nach dem Herrn Pallas, der dieſes Gewächſe
Sertularia acinaria nennet, ſind die Enden der
Aeſte mit glockenförmigen Kelchen verſehen, aus
welchen Polypen zum Vorſchein kommen. In
dem andern Bläßchen fand er einen ſchwarzen Punct
wie ein Froſchlaich. Die holländiſche Benen=
nung iſt Druifkorallyn.
Ellis Corall. Tab. XV. No. 25. fig. c. C.

A.
Blaſen=
coralli=
ne.

20. Die Nußcoralline. Sertularia len-
digera.

20.
Nußco=
ralline.
Lendi-
gera.

Eine faſt eben ſo kleine Coralline, hollän=
diſch Neetkorallyn, hat ſchwache Zähnchen, cy=
lindriſche Bläschen, die wie Pans Flöte anein=
der liegen, und drathförmige Stielchen. Die
Wurzeln ſind Köcherchen, welche in einen Stamm
zuſammen gehen und an andern Gewächſen hinan
laufen, denn die Bläschen ſich nur dem bloßen
Auge wie Nüſſe zeigen, mithin die ganze Pflan=
ze wie ein Büſchel verwirrter Haare, die mit Nüſ=
ſen beſetzt ſind.
Ellis Corall. Tab. XV. No. 24. fig. B. b.

21. Die Knotencoralline. Sertularia
geniculata.

21.
Knoten=
coralli=
ne.
Geni-
culata.

Dieſe Coralline ſiehet, mit bloßen Augen
betrachtet, wie ein Drath oder Faden aus, der mit
Knoten geknüpft iſt. Sie kriecht gerne mit ih=
ren köcherartigen Wurzeln auf die Oberfläche des
Schotentangs herum, und giebet Zoll lange Stiel=
chen ab. Dieſe Stielchen ſind eben dem geknüpf=
ten Drath ähnlich, gehen mehrentheils einzeln aus,
und beſtehen in Gelenken, an deren gebogenen
Einſenkungen die Eyerneſter in Eyergeſtalt mit
einer

A.
Blasen:
coralli:
nen.

eine Art einer Schnautze oder Hals, gleich den Oehlkrügen hervortreten, und neben sich ein gedre-hetes Zähnchen hervorragend haben. Herr Lös-ling fand ein thierisches Mark darinne, welches in Polypen ausgehet. Der Aufenthalt ist in der Nordsee und im Canal.

Ellis Corall. Tab. XII. No. 19. fig. b. B.

* Die Gallertcoralle. Sertularia gelatinosa.

Gallert.
coralle
Gelati-
nosa.

Der Herr Pallas erwähnet noch dieser Art, welche nicht vorbey zu gehen ist. Sie ist im fri-schen Zustande wie eine Gallert, einen halben Schuh lang, dick und sehr ästig, und kommt aus einer lö-cherigen Rinde, welcher die Conchilien überziehet. Die Aeste sind an der Spitze mit glockenförmigen Bläschen besetzt, am Rande gekerbet oder gewun-den, doch länglicher als an der Corallenrinde. Aus diesen Glocken kommen die Arme des Poly-pen zum Vorschein, die mit dem Mark in Verbin-dung stehen, und daselbst sowohl in den geschraub-ten Stielchen, als in dem Stamme zu gleicher Zeit eine Bewegung verursachten. Am nächsten kommt diese Art mit der folgenden Figur des Ellis überein.

Ellis Corall. Tab. XII. fig. c. C.

NB. Wir haben diese Art des Herrn Pallas gerne mit eingeschaltet, weil der Herr Houttuin meynet, daß unsere Zwei-fel wider den thierischen Ursprung der Co-ralle, eben durch des Herrn Pallas Be-schreibung dieser Art, am vorzüglichsten widerlegt würden. Und einstweilen könn-ten wir dem Herrn Houttuin Recht geben, denn was könnte wohl (wenigstens in den Augen des Herrn Houttuins) überzeugen-der seyn, als wenn Herr Pallas sagt: Er habe die Arme der Polypen aus den Kel-chen

chen hervorſtoſſen ſehen, um Nahrung zu
ſuchen, und wahrgenommen, daß ſie zur
nämlichen Zeit ihre Kelche mit ſamt den
geſchraubten Stielchen bewegen, da ſich
denn auch ſogar der ganze Rumpf, der
inwendig in dem hornartigen Stamme
ſteckt, bewegte. Wir glauben dem Herrn
Pallas ganz gerne, und halten ſogar dafür,
daß es unmöglich anders ſeyn könne, und
dennoch halten wir weder das Mark, noch
die hervorkommenden Aermchen vor ein Thier
wie wir am Ende mit Gründen darthun
wollen Am allerwenigſten können wir hier
dem Herr Houtruin Recht laſſen, daß dieſe
fortgepflanzte Bewegung in dem Marke der
Stielchen und Aeſte, das Daſeyn eines
Thiers oder Polypen beweiſe. Gewiß!
Sie beweiſt eben ſo wenig, als daß die
fortgepflanzte Bewegung des Waſſers, die
von auſſen an dem Schlauche einer Feuer-
ſprütze zu erkennen iſt, das Daſeyn eines
Thieres in dem Schlauche, oder das
Hervorkommen eines Polypen aus der Mündung der Sprütze, beweiſet. Doch wir
übergehen auch dieſen Artikel, und ſparen
alle unſere Erinnerungen bis zuletzt.

A.
Blaſen-
coralli-
nen.

12. Die Dratcoralline. Sertularia dichotoma.

Weil dieſe Coralline gabelförmig iſt, nennet
ſie der Ritter Dichotoma. Weil ſie faſt einen
Schuh lang wird, heiſſet ſie bey Herrn Pallas
Longiſſima. Ihre dünne fadenartige Geſtalt aber,
gab Herrn Ellis Anlaß, ſie Seedrat zu nennen.
Es iſt alſo ein ſehr dünnes fadenförmiges Gewächſe,
mit langen in Winkeln ſtehenden Gelenken oder

12.
Dratco-
ralline.
Dicho-
toma.

A.
Blasen-
coralli-
nen.

Tab.
XXXII.
fig. 1. *

Knien, die in gabelförmigen Aeste ausgehen, an deren Zusammenfügungen sich eyrunde Eyernester befinden, davon die wahre Gestalt natürlich und auch vergrößert Tab. XXXII. fig. 1. * zu sehrn ist. Es zeigen sich da an den Enden gewisser gedreheten Stielchen einige Kelche, aus welchen Polypen hervor kommen. Was aber die Eyernester betrift, so hat man wahrgenommen, daß sich diese Eyerchen nach und nach in Polypen verwandelten, die ihre Arme hervorstreckten, mit einer Schnur aber an dem innern Mark befestigt wären, (so wie die Abbildung hin und wieder zeiget,) bis daß sich diese junge Polypenbrut ganz absonderte, auf den Boden des Glases niederfiel, und daselbst die Arme wieder aufs neue ausbreitete, so wie man das nämliche an den Polypen der süssen Wasser wahrgenommen. Der Aufenthalt ist in der Nordsee, wo oft ganze Büschel dieser Coralline an den Strand geworfen werden.

Ellis Corall. Tab. XII. No. 18. fig. a. A. Tab. XXXVIII. fig. 3.

23. Die Seidencoralline.   Sertularia spinosa.

23.
Seiden-
coralli-
ne.
Spinosa.

Dieses Gewächse hat schwache Zähnchen, spitzig eyrunde Kelche, und gabelförmige, gedornte Aeste. Dieses rechtfertiget also die Linneische Benennung. Inzwischen aber ist daß Gewächse ausserordentlich fein, und so sanft wie Seide, daher es vom Ellis die Seidencoralline genennet wurde.

Sie ist schlank und durchsichtig, sitzt mit vielen röhrigen Seidenfasern an Steinen und Conchylien feste, aus diesen Fasern entstehet bey ihrer Vereinigung ein Stamm, der viele lange Aeste

abgiebt,

abgiebt, dieſe machen viele Bogen und Winkel, an welchen noch feinere kurze Aeſtchen ſeitwers aus-treten, die an einer Seite mit regelmäßigen Höh-len beſetzt ſind, welche einen ordentlichen Rand ha-ben, und jemehr die Aeſtchen ſich verdünnen, je dich-ter ſtehen dieſe Höhlungen beyſammen.

Der Herr Ellis ſchöpfte dieſes Seidengewäch-ſe an der Mündung der Themſe friſch aus dem Waſſer heraus, und fand daß in ieder Höhlung ein Bläschen ſtack, in welchem ein Polypus mit acht Armen wohnte. Er bemerkte auch, daß das innere Mark thieriſch ſeyn müßte, weil daſſelbe durch ihre Bewegung auch in Bewegung gerieth. Ja er ſahe auch, daß ſich die Eingeweide dieſer Thier-chen bewegten, bis daß das Waſſer verdarb, da fielen nicht nur die Bläschen wie die Blüthen der Bäume ab, ſondern es krämpfte ſich auch die inne-re gallertartige Subſtanz ſo zuſammen, daß man ſie kaum mehr ſehen konnte.

Herr Pallas ſagt, dieſes Gewächſe würde oft acht Zoll lang, wiewohl man es mehrentheils nur vier Zoll lang finde. Der Aufenthalt iſt ſo-wohl in dem mittelländiſchen Meere, als in der Nordſee an den europäiſchen Küſten. Ellis Corall. Tab. XI. No. 17. fig. b. B.

24. Die Federbürſtencoralline. Sertularia pinnata.

24.
Feder-
bürſten-
coralli-
ne.
Pinnata.

Der Heer Ellis nennet ſie Bürſtencoralline, und der Ritter die gefederte, nun haben wir oben No 9. ſchon eine Bürſtencoralline, und bekom-men unten No. 26. eine Federcoralline, wir wol-len uns alſo dadurch helfen, daß wir die ge-genwärtige die Federbürſte nennen, um zweyen Herrn zu dienen. Sie hat ſchwache Zähnchen,

lang-

A.
Blasen-
corolli-
nen.

längliche ovale Eyernester, und einen einfachen lanzetförmig gefederten Stamm, der im Zusammendorren eine kleine Bürste vorstellet. Die Zähnchen sind gewisse Kelche, die in Kästchen stehen, aus welchen die Polypen hervor kommen. Die Eyernester sind mit Eyern angefüllet, und haben eine röhrenförmige Mündung. Der Aufenthalt ist in der Nordsee, und im indianischen Meere, auf Muscheln.

Ellis Corall. Tab. XI. fig. a. No. 16.

25. Die Gürtelcoralline.   Sertularia polyzonia.

25.
Gürtel-
coralli-
ne.
Poly-
zoa.

Am allerwenigstens schickt sich zu dieser Art die Ellisische Benennung, welche Groszahncoralline ist. Besser reimet sich der Name den ihr Herr Pallas gegeben, da er sie Ericoides, oder Heidekrautcoralline nennet, denn auch die Holländer mit Hey - Korallyn folgen. Allein wir sind nun Linneisch, und gegen ihr obigen Namen, welcher von den Gürteln hergenommen ist, womit die Eyernester häufig gestreift sind. Das ganze Gewächse ist übrigens ästig, und die Zähnchen, die eins ums andere stehen, sind wiederum ein wenig gezähnelt.

Der Herr Ellis giebt zwey Arten an, eine die wenig ästig und auf Austern gerade stehend gefunden wird, dieselbe hat große Zähnchen, die sich in der Vergrößerung wie Krüge zeigen, aus welchen Polypen hervorkommen, die sich schnell bewegen. Die andere Art hingegen kriecht an andern Gewächsen in die Höhe, hat mehrere Aeste, und die Zähnchen sind weitmündiger. Beyde Arten aber haben Bläschen, welche in die Quere gerunzelt sind. Aus dem mittelländischen Meere und vom Caap der guten Hofnung, desgleichen aus

In-

Indien, kommen größere Exemplare als aus der Nordſee.

Ellis Corall. Tab. **III.** No. 5. fig. a. A.
Tab. **XXXVIII.** fig. 1.

26. Die Federcoralline. Sertularia pennaria.

Sie hat einen Stiel von anderthalbe Schuh hoch, iſt rauh, gedrehet, und mit langen Aeſten eins um andere federartig beſetzt. Dieſe Aeſte haben wiederum ihre Strahlen, wie der Bart an den Federn. Dieſe Strahlen ſind an der obern Seite rinnenförmig hohl, und an der Rückenſeite rund. Dieſe Art kommt aus dem indianiſchen Meere.

Diejenige Art, welche von dem Ritter aus dem Pallas mit No. 98. angeführet wird, iſt dieſes Schriftſtellers Sertularia Filicina, und nicht ſpecioſa, denn letztere haben wir ſchon oben, hinter No. 13. angeführet,) und dieſe ſeine Filicina oder Farrencoralline iſt nur drey bis vier Zoll hoch, und in verſchiedene Aeſte abgetheilet, die deutlich röhrig, und in gewiſſen Entfernungen mit langen ſchmalen, abermahls gefederten Blätchen federartig beſetzt ſind.

27. Die Mooßcoralline. Sertularia lichenaſtrum.

27.
Mooß.
coralli-
ne.
Liche-
naſtrum.

Sie hat ſtumpfe Zähnchen, die ſchuppenweiſe in zwey Reihen liegen. Die Eyerneſter ſind oval, klaffen, und ſtehen an einer Seite gleichweitig beyſammen. Die Stiele ſind federartig mit Aeſtchen beſetzt, und die Aeſte ſind gabelförmig. Der Auf

ent-

enthalt ist an Ramtschatka, Indien, Ceylon
und in der Nordsee.

Ellis Corall. Tab. VI. fig. 10. a. A.

28. Die Cederncoralline. Sertularia cedrina.

28.
Cedern-
corall-
ne.
Cedrina. Diese bey Ramtschatka gefundene Coralline
hat lange schmutzige unansehnliche Stiele, öfters
gegabelt, wird nach und nach, gegen den Spitzen zu
dicker, und lauft stumpf aus. Sie ist ganz und
gar mit einer vierfachen Reihe cylindrischer gelber
Röhrchen besetzt, daher die Aeste fast viereckig
erscheinen. Von der Bürstencoralline No 9. unterscheidet sie sich darinne, daß die Schuppen nicht
abgesondert sind, indem sie ganz über einander liegen, und so in vier, selten in fünf, oder zwey Reihen liegen. Die Aeste sind an dieser Art nur hin
und wieder zertheilet.

29. Die Purpurcoralline. Sertularia purpurea.

29.
Purpur-
coralli-
ne.
Purpu-
rea. Sie führet obige Benennung, weil sie ganz
und gar dunkel purpurfärbig ist. Die Zähnchen
sind eyrund-köcherartig, die Aeste sind gabelförmig,
vierfach schuppig, und daher viereckig. Die Eyernester oder Bläschen haben eine Glockenfigur, und
stehen gerade in die Höhe. Die Schuppen oder
Zähnchen liegen nicht so dichte beysammen, als an
der vorigen Art, denn sie berühren einander nicht.
Es ist dieses Gewächse durch Herrn Steller (so wie
die zwey vorigen Arten) bey Ramtschatka gefunden worden.

B.) Zell

B. **Zellencorallinen, deren Eyerneſter nicht offen, ſondern innerhalb den Gelenken verſteckt liegen.**

B. Zellencoralli nen.

Sie ſind des Herrn **Pallas** Cellulariae, mehrentheils kalchartig, und ihre Polypen kommen aus einer Oefnung, am obern Theile eines jeden Gelenkes, zum Vorſchein.

30 Die Taſchencoralline. Sertularia
　　　　　　　 burſaria.

30. Taſchen coralli ne. Burſa ria.

Sie hat ihre Benennung von der Burſaria oder Täſchelkraut erhalten. Die Zähnchen ſtehen gegeneinander über, ſind zuſammengedruckt und gleichſam gekrönt, die Aeſte aber ſteigen gabelför mig in die Höhe. Die ganze Pflanze iſt perlenfär big, und klebt mit kleinen Röhrchen an den Fucis, aus dieſen Röhrchen erweitert ſie ſich von Glied zu Glied in Täſchlein, die unten enge und oben breit ſind, und paarweiſe gegen die Röhrchen, (das iſt an jeder Seite eine,) liegen. Dieſe Täſchlein ſind nun die Zellen, die oben offen ſind, und aus deren vielen ein gewiſſer Körper in Geſtalt einer Tabacks pfeiffe hervortritt, deſſen dünneres Ende in der mitt lern Röhre eingepflanzt zu ſeyn ſcheinet. Das Vaterland iſt hin und wieder im Ocean.

Ellis Corall. Tab. XXII. No. 8. fig. a. A.

31. Die Panzercoralline. Sertularia
　　　　　 loriculata.

31. Pan zerco ralline Loricu lata.

So wie die vorige Art mit taſchenartigen Zellen verſehen war, eben ſo haben die Zellen der jetzigen Art eine Panzergeſtalt, wenn man nämlich zwey, ſo wie ſie paarweiſe gegen den Stiel anſe tzen, zuſammen rechnet. Gegen den Stiel nämlich

H h h 4　　　　　 erhebt

B.
Zellen-
coralli-
nen.

erhebet sich eine unten spitzige und oben breite Zelle, die schief abgestützt, und daselbst offen ist, wenn nun an der andern Seite des Stiels die zweyte Zelle dagegen kommt, so ist die Panzergestalt da, welche Herr Houttuin nicht unschicklich mit einer Schnürbrust vergleichet, und dahero diese Art die Keorslyf-Korallyn nennet. Wenn nun der Ritter sagt, daß die Zähnchen gegeneinander über-stehen, so sind solche die schief abgestutzten Oeffnun-gen der Zellen, welche an dem Panzer oder Schnür-brust die Armlöcher vorstellen, denn vor den blos-sen Augen scheinen diese Hervorragungen nichts anders als Zähnchen zu seyn. Sie wächst in gros-sen Gebüschen mit gabelförmigen Aesten, die sanft und glänzend sind. Diese Aeste sind köcherförmig, und geben aus ihrem Mark die Zellen ab, in wel-chen man zu gewissen Zeiten kleine schwarze Puncte entdeckt, die ja nichts anders als die Polypen seyn können. Der Aufenthalt ist im Ocean.
Ellis Corall. Tab. XXI. No. 7. fig. b. B.

32. Die Kronencoralline. Sertularia fastigiata.

32.
Kronen-
coralli-
ne.
Fasti-
giata.

Herr Ellis nennet sie sanfte Federcoralli-ne, die Holländer Dons- (oder Pflaumenfeder) Korallyn. Es ist ein sehr feines sa ftes Gewäch-se mit einer schönen Krone. Die Zähnchen stehen eins ums andere, und machen die halbrunden Zellen. Jeder Ast ist gabelförmig abgetheilt, und jede Abtheilung führet zwey Reihen Zellen, die oben eine scharfe Spitze haben. An dieser Spitze sahe Herr Ellis gewisse schnirkel- oder schnecken-artige Körperchen, und fieng sogar an zu glauben, daß die Polypen sich hernach in Conchylien ver-wandelten. Freylich kann man es weit bringen, wenn man seiner Einbildungskraft alle Freyheit

lässet

läſſet, ohne Rückſicht auf gewiſſe Grundſätze der
Natur, und man hat alſo die Meynung der Alten,
daß die Enten aus Muſcheln an Bäumen wüchſen,
nicht einmahl ſo auszuklatſchen, denn neuere Naturforſcher ſind im Stande, gröſſere Wunder in
der Natur zu finden. Es heißt aber da oft: Mit
Gewalt gefunden!

B.
Zellen-
coralli-
nen.

Ellis Corall. Tab. XVIII. No. 1. fig. A.

33. Die Vogelcoralline. Sertularia avicularia.

Zur Erläuterung obiger Benennung iſt zuvörderſt anzumerken, daß ſich an dieſem Gewächſe
gewiſſe Angehänge zeigen, welche einige Ähnlich-
keit mit den Vogelköpfchen haben. Die Zähnchen
oder Zellen ſtehen eins ums andere einander faſt
entgegen. Die Kelche ſind kugelrund, und geben
Polypen aus, welche ſchnell aus und ein gehen.
Zuweilen vermannichfaltigen ſich dieſe Zellen, und
machen ein breites Blatt. Die anhangenden Vogelköpfchen bewegen ſich gleichfalls, und öfnen ihre
Schnäbel, ohne daß man ihre Beſtimmung aus-
fündig machen können. Die Aeſte ſind gabelförmig, ungetheilt, und machen oben eine Krone.
Eine Abbildung von dergleichen dreyfachen Zellen-
Schichten und beyhangenden Vögelköpfchen iſt
Tab. XXXII. fig. 2. zu ſehen, woſelbſt fig. * die
natürliche Größe zeiget. Herr Pallas hält dieſe
Art für eine Mittelgattung zwiſchen der Eſchara
und Cellularia. Der Aufenthalt iſt in der
Nordſee.

33.
Vogel-
coralli-
ne.
Avicula-
ria.

Tab.
XXXII.
fig. 2.

Ellis Corall. Tab. XX. No. 20. fig. a. A.

B.
Zellen:
coralli:
nen.

34.
Neriten:
coralle:
Neritea.

34. Die Neritencoralle. Sertularia neritea.

Bey der Untersuchung gegenwärtiger Art, fiel der Herr Ellis zuerst auf die Gedanken, daß sich die Polypen in Conchylien verwandelten, oder doch diese Pflanze für ein Eyernest von kleinen Neriten zu halten wäre, denn es zeigten sich an den, eins ums andere geordneten Zellen, gewisse Käpchen, welche wie Neriten aussahen. Der Herr Pallas aber beschuldiget den Herrn Ellis, daß er durch das Microscop sey verführet worden, und daß die runden vermeyntlichen Neriten nichts als häutige Bläschen wären, die mit einer Querspitze klaffeten. Solche Vorwürfe machen allerdings die ganze Thierpflanzenlehre wankelbar. Nicht recht sehen! Nicht lange genug sehen! Zu wenig sehen! Zu viel sehen! Durch das Microscop verführet werden! und dergleichen Verweise mehr, erregen bey so undenklich kleinen Geschöpfen, und bey der Nachricht von der Art ihrer Bewegung, einen Zweifel um den andern, wievielmehr muß man denn an den Schlüssen, die aus diesem microscopischen Gesichtspuncte gefolgert werden, zweifeln? da man die Schlüsse als Schlüsse schon ohne Microscop beurtheilen, nnd ihre Ungewißheit erörtern kann. Uebrigens stehen die Aeste dieser Coralline gerade, sind ungleich und gabelförmig. Das Vaterland ist America.

Ellis Corall. Tab. XIX. fig. a. A.

35.
Stein:
coralli:
ne.

Scru-
posä.

35. Die Steincoralline. Sertularia scruposa.

Sie ist steinartig mürbe, setzt sich häufig an breitblätterige Seerinden an, ist eins ums andere mit Dornen besetzt, hat eckige Zähnchen, kriechende

de und gabelförmige Aeſte, und wird an der engli- **B.**
ſchen Küſte gefunden. In den Zellen traf Herr **Zellen-**
Ellis ſchwarze Puncte an, welche er für abgeſtor- **coralli-**
bene Polypen hielte, und ihre Verwandlung in **nen.**
Schneckchen glaubte.

Ellis Corall. Tab. XX. N. 4. fig. c. C.

36. Die Kriechcoralline. Sertularia reptans.

Dieſe Art wird ebenfalls auf der breitblätteri- **36.**
gen Seeruthe gefunden. Sie kriecht dergeſtalt **Kriech-**
daran fort, daß die Aeſte immer neue Wurzeln ab- **coralli-**
geben, wie die Erdbeeren, und andere kriechende **ne.**
Gewächſe thun. Uebrigens ſind die Aeſte gabel- **Reptans.**
förmig, und an beyden Seiten eins ums andere
mit zweyzähnigen Zellen oder Zähnchen beſetzt.-Es
haben nämlich die Zellen an der runden Mündung
zwey Dornen, und ſcheinen umgekehrte Kegel zu
ſeyn, da ihr unterer Theil ſich mit einer Spitze in
die Aeſte ſenkt, ſo wie die Abbildung Tab. XXXII. **Tab**
fig. 3. in einer ſtarken Vergrößerung zeiget. In **XXXII**
jeder Zelle iſt ein Punct abgebildet, und das ſollen **fig 3**
nun durchaus nichts anders als todte Polypen ſeyn.
Ja, da Herr Ellis in den Mündungen der Zellen
bey andern Exemplarien ſchon ſchaalige Kügelchen
wahrgenommen, wie könnte denn nun noch ein
Menſch in der Welt, er ſey den ein Thomas,
wie wir, (ſo wie wir auch vom Herrn Houttuin
davor gehalten werden, und uns gerne davor halten
laſſen,) daran zweifeln, daß ſich hier ſchon die Polypen in Conchylien zu verwandeln angefangen haben. Der Herr Pallas verſichert, daß dieſes Gewächſe nie höher als einen halben oder dreyviertels
Zoll ſteige. Legt man dieſe Pflanze in Eßig, ſo
brauſet das kalchige Weſen herunter, und es bleibt
eine köcherartige Haut übrig, woran Wurzel, Aeſte und Zellen ununterbrochen aneinander hängen,
wie

B.
Zellen-
corall-
nen.

wie solches auch an andern Zellencorallinen wahrgenommen wird.   Der Aufenthalt ist hin und wieder im Ocean.

Ellis Corall. Tab. XX. N. 3. fig. b. B.

37. Die Klebcoralline. Sertularia parasitica.

37.
Klebco-
ralline.
Parasi-
tica.

Eben deswegen, weil sich diese Coralline so
sehr an dem rothen oder saamentragenden Corallenmoß, (No. 3. des vorigen Geschlechts)
im Ocean anhängt, daß man die Stielchen des
letztern für die Stielchen gegenwärtiger Art halten sollte, wird sie vom Ritter parasitica genennet, denn es bedeckt oft besagte Pflanze ganz, oder
doch einige Aeste derselben.

Sie bestehet aus lauter aneinander gesetzten
Kränzchen von fünf zusammengesetzten, weissen,
durchsichtigen, etwas punctirten und geradestehenden kräuselartigen Zähnchen, die mit ihrem inneren
Rande gegen das Corallenmooß angewachsen sind.
Die Kelche sind mit geradestehenden Bürsten, als
mit Augenhärchen, gerandet, diese Härchen sind
so lang als die Kelche, und nur die innern zuweilen etwas kürzer.   Auch ist der Rand der Kelche
nach innen zu, gegen dem Corallenmoß etwas gewölbet, auswendig aber niedriger.   Was die Gestalt der Zellen betrift, so hat sie viele Aehnlichkeit
mit der Haarrinde No. 3. des 344. Geschlechts,
ob sie gleich eine ganz verschiedene Art ist.   Denn
die Haarrinde legt sich wie eine aneinander hangende Rinde, diese Coralline aber in Kränzchen an.

38. Die Haarcoralline. Sertularia ciliata.

38.
Haarco-
ralline.
Ciliata.

Es ist ein kleines geradestehendes ästiges Gewächse, mit trichterartigen eins ums andere stehenden

den Zellen, die mit dem dünnsten Ende an einander   B.
sitzen, oben aber eine weitklaffende Mündung haben, Zellen-
dessen Rand mit Wimpern oder feinen langen Här-   coralli-
chen besetzt ist. Die Aestchen entstehen aus verei-   nen.
nigten köcherartigen Wurzeln. Durch das Microscop zeiget sich ein feines weisses Härchen, welches als das Mark durch alle Aeste gehet, und mit
den Zellen Gemeinschaft hat. An dem obern Theile
der Pflanze entdeckte Herr Ellis, schaalige Körper,
die wie Kappen der Helme gebildet sind, und an
den Seiten von etlichen Zellen zeigten sich dem
Herrn Ellis einige kleine Figuren wie Vogelköpfe,
die Herr Pallas jedoch niemals wahrgenommen.
Der Aufenthalt ist an den englischen Küsten, wo
es häuffig am Seemooße, Schwämmen und Blasencorallinen als ein Nebengewächse, etwa einen
halben Zoll hoch gefunden wird.

Ellis Corall. Tab. XX. No. 5. fig. d. D.

39. Die Elfenbeincoralline.   Sertularia eburnea.

An gegenwärtiger Art ragen die Zähnchen   39.
eins ums andere hervor. Die Aeste stehen ausge-   Elfen-
breitet, und die Eyernester zeigen sich wie bäuchige   beinco-
Bläschen, die mit einer Schnautze versehen sind. ralline.
Das ganze Gewächse scheinet unter dem Microscop   Ebur-
aus zusammengedruckten Kügelchen zu bestehen,   nea.
die an irgend einem Seemoos geleget sind; denn
in der Mitte solcher Kügelchen ist eine Oefnung,
aus selbiger kommen ganz dünne gegliederte Röhrchen hervor, diese steigen ferner in Aeste auf, welche aus einer gedoppelten Reihe eins ums andere
gestellten Köchern bestehen, deren Hervorragungen
die oben nach der Linneischen Mundart erwehnte
Zähnchen sind, und mit den Seiten gegeneinander anliegen. Aus den Seiten dieser Aestchen kommen

B.
Zellen-
coralli-
nen.

men hin und wieder vorbesagte Bläschen hervor. Diese sind sehr mürbe, punctiret, und mit einem hervorstechenden Röhrchen versehen. Kraft dieser Bläschen aber scheinet diese Zellencoralline nahe mit den Blasencorallinen verwand zu seyn, denn es hat ja Herr Ellis darinne auch rodte Polypen gefunden. Die Größe dieses Gewächses ist gemeiniglich nur ein Viertelszoll und erreicht höchstens einen Zoll. Man trift es auf der Blätterrinde No 1. des 344. Geschl.) und auf der Tannencoralline (No. 5. des 347. Geschl.) in dem Norder Ocean sehr häufig an. Die Farbe ist wie Elfenbein, daher obige Namen entstanden.

Ellis Corall. Tab XXI. No. 6. fig. a. A.

40. Die Bockshorncoralline.   Sertularia cornuta.

40.
Bocks-
horncо-
ralline.
Cornuta.

Die Zähnchen, welche eins ums andere stehen, sind etwas krumm gebogen, daher sie Cornuta, und Bockshorn, von Herrn Pallas aber Cellularia falcata, oder Schildförmige genennet wird. Inzwischen sind diese Zähnchen oben abgestutzt, und haben daselbst runde Oefnungen, die nach der inneren Seite, oder nach dem Stamme zu gekehret sind, an der andern Seite dieser Zellen aber erhebt sich ein feines Härchen. Die Aeste gehen auch eins ums andere auseinander, und hin und wieder zeigen sich ebenfalls blasige puctirte Eyernester, mit einer Schnautze oder Röhrchen, wie an der vorigen Art. Der Aufenthalt ist im Ocean, und auf den bunten Fucis des mittelländischen Meeres, so wie Herr Houttuin wahrgenommen hat.

Ellis Corall. Tab. XXI. No. 10. fig c. C.

41. Die

41. Die Krebsscheerencoralline. Sertularia
loricata.

Herr Ellis nennet diese Art wegen der Gestalt der Zähnchen oder Zellen, Ochsenhörnercoralline, und der Herr Hoittwin folget dem Herrn Ellis mit Ossenhoornkorallen. Der Ritter aber, der vermuthlich diese Benennung nicht schicklich fand, gab ihr in der zehnten Auflage seines Natursystems den Namen Chelata. Diesem folgte Herr Pallas, und nannte sie Cellularia chelata. Nun verändert der Ritter in der zwölften Ausgabe den ersten Namen in loricata, welche Veränderung gewiß nicht unter die Verbesserungen gehöret, denn die Zähnchen mit einem Harnisch zu vergleichen, wird einem legen viel schwerer ankommen, als wenn er sie mit Krebsscheeren vergleicht, daher wir dieses letztere behalten haben.

42.
Krebs-
scheeren
corallin.
Lorica-
ta.

Es bestehen nämlich die Aeste, welche nach innen zu krumm gebogen sind, in einer einfachen Reihe hörnerartiger Köcher, die an ihrer obern runden Mündung an der innern Seite ein langes Horn, und an der andern Seite ein kurzes haben, welche der Ansatz zu neuen Köchern zu seyn scheinen, und in diesen langen und kurzen Zacken, nebst der bauchigen Gestalt der Zähnchen, lieget die Aehnlichkeit mit den Krebsscheeren. Sie ist eine der allerkleinsten Corallinen, von schaaliger mürber Substanz, und läßt sich im Ocean und im mittelländischen Meere auf andern Seemoosen finden.

Ellis Corall. Tab. XXII. No. 9. fig. b. B.

42. Die Ottercoralline. Sertularia
anguina.

Dieses Gewächse macht nur einen geraden Stamm, aus welchem ohne weitere Zähnchen gewisse

B.
Blasen.
corallt-
nen.

wisse schlangen und keulförmigen Aestchen, in einem geraden Winkel sichelförmig austreten. Die keulförmige Dicke am Ende dieser Aestchen soll also den Otternkopf vorstellen, und da sich unten an der Seite desselben eine Oefnung befindet, so ist selbige gleichsam das Ottermaul. Der Stamm kriecht an andere Seegewächse oder Moose hinan, und wird öfters an den caapschen Knörpelpflanzen, (Fucis Cartilagineis, Linn.) gefunden. Sie ist weiß, und siehet vor blossen Augen nicht anders aus, als ob kurze, krumme, stumpfe Härchen gegen einen Stiel angesetzt wären.

Ellis Corall. Tab. XXII. No. 11. fig. c. C.

348. Geschlecht. Seegallert.

Zoophyta : Vorticella.

Vorticella kommt von Vortex ein Wirbel, Wasserwirbel, oder Strudel,
her. Mit dieser Benennung zielet der Ritter
auf einen gewißen Umstand, der sich an diesen Geschöpfen ereignet, daß sie nämlich, da sie sich als
Blumen ausbreiten, durch ihre Bewegung einen
Wasserwirbel verursachen.

Wir haben sie Seegallert genennet, weil
ihr Bestandwesen, ehe sie getrocknet werden, aus-
und innwendig steif-gallertartig ist, und auch aus
solchen Gelenken an einander gesetzt zu seyn scheinen.

Der Herr Houttuin nennet sie Bastardpolypen, weil theils viele süße Wasserpolypen hieher
gezogen werden, theils auch ihr gallertartiges Bestandwesen mit dem sogenannten Polypen sehr übereinkommt, daher auch dieses Geschlecht zu der
folgenden Abtheilung der Phytozoa, oder Pflanzenthiere gerechnet hat, welches wir zwar nicht
mißbilligen, (denn wir sehen doch die Kette dieser
Geschöpfe aus einem ganz andern Gesichtspuncte
an,) dennoch aber bey der linneischen Eintheilung
bleiben wollen.

Der Herr Pallas nennet diese Geschöpfe
Brachionus, wiewol er verschiedene andere hieher
ziehet, und etliche dagegen wegläßet, welches
alles anzuzeigen, uns unnöthig aufhalten, und

den Leser verwirren würde. Es kommt dahero nur auf eine deutliche Beschreibung an, welche Geschöpfe man hier nach der Meynung des Ritters zu suchen habe.

Geschl. Kenn- zeichen. Es sind angewachsene oder an andern Kör- pern mit einem Stamm ansißende Geschöpfe, de- ren Blüthen einen Wirbel machen, indem sie aus ihren Armen eine Blume zusammen seßen, die einen Kelch darstellet, dessen Mündung mit Fa- sern als mit Härchen besezt ist, und sich zusammen ziehen kann. Diese Blumen machen das Ende des Stammes aus, und ihre Verschiedenheit zeiget sich nicht nur in der sehr abweichenden Gestalt, son- dern auch in den Orten des Aufenthalts; denn von den 14. Arten, die nun folgen, befinden sich nur fünfe im Meer, neun aber in süssen Was- sern.

1. Die Seelilie. Vorticella encrinus.

I. Seeli- lie. Encri- nus. Es ist den Liebhabern und Sammlern ohne Zweifel eine gewiße Versteinerung bekannt, wel- che man Encriniten oder Seelilien nennet; we- niger bekannt aber wird vielen das Original dazu seyn, und gerade dieses ist es, wovon wir hier unter obigen Benennungen zu handeln finden.

Man fand nämlich im Jahr 1752. im Nor- der Ocean auf der Breite von neun und sieben- zig Graden, und zwar fünf und zwanzig Meilen von der grönländischen Küste, in einer Tiefe von etwa zweyhundert und sechs und dreyßig Faden oder Klaftern ein Geschöpf, welches durch das Senkbley aufgezogen wurde. Dieses Geschöpf bekam vom Herrn Ellis den Namen eines Busch- polypen,, doch Herr Mylius nannte es eine
Thier-

Thierpflanze, deſſen Beſchreibung in Knorr: Lapides Diluvii Teſtes zu finden iſt.

Es iſt nämlich ein Seegewächſe, beſtehend in einem langen Stiel und einer Krone. Der Stiel iſt etliche Schuh lang, einigermaſſen knörpelich und beſtehet aus gedrehten Scheiben. Er ſteckt unten in einer Scheide, und wird nach ſiben zu allmählich dünner. Auf dieſem Stiel beſondet ſich oben ein Buſch von zwanzig bis dreyßig Körpern, die fleiſchlich ſind und die Geſtalt der Polypen haben. Sie ſind rund und gerunzelt, oben aber rings herum mit acht Armen, die auch aus Gliedern beſtehen, umgeben. Dieſe Arme breiten ſich wie eine Glockenblume aus, und ſind am Rande faſerig. Stirbt dieſes Thier, (wenn es ein Thier ſeyn ſoll) ſo ziehet es die Arme in eine Spitze zuſammen, wie ſich etwa die Jerichoroſe oder die Meduſa krämpft, und dann iſt die Geſtalt des Lilienſteins oder Encriniten, welche von unwiſſenden für eine verſteuerte Kolbe des türkiſchen Korns gehalten wird,) da. Beym Aufſchnelden fand Herr Ellis, daß die Subſtanz in einer Muſcul beſtund, die wellenförmig in Ringel gedrehet war, deſſen innere Höhlung gewiſſe ſaamenartige Körperchen enthielte. Herr Pallas hat ſie, als ob ſie nicht gewurzelt wäre, unter die Pennatulas gerechnet. Daß es inzwiſchen Verſchiedenheiten gebe, daran iſt nicht zu zweifeln.

Ellis Corall. Tab. XXXXVII.

2. Die Seepolype. Vorticella polypina.

Dieſes Geſchöpfe beſtehet in einem fingerartigen federigen Stiel und aneinander verbundenen Blumen. Es iſt ungemein klein, und muß durch

ein

ein Vergrösserungsglaß betrachtet werden. Unter
demselben zeigete es sich dem Herrn Ellis als ein
Häuslein kleiner Kügelchen, die an einem Aestchen
sitzen, er sah aber, daß es sich erhob, und sich
vor seinen Augen als ein regelmäßiges baumarti-
ges Gewächse mit Aestchen ausbreitete, an welchen birnförmige Bläßchen saßen. Jedes Bläßchen hatte einen Polypen und würkte besonders,
ohne Gemeinschaft mit den übrigen, ja er nahm
wahr, daß jeder Polype fleißig vor sich nach Futter umsuchte, soweit es die Lange des Stiels zu-
ließ. Am allerwunderbarsten aber war, daß sich
alle Polypen, gleichsam als ob sie es mit einander
abgeredet hätten, oder als auf ein gegebenes
Zeichen, sich miteinander zugleich zurücke zogen, sich
einkrämpften, und die Gestalt einer Maulbeere
oder eines Traubenbusches annahmen, nach etlichen Secunden aber sich wiederum baumartig ausbreiteten, und dann wiederum wie vorher, einkrämpften, welche abwechslende Bewegung so in einem
fortdaurete, so lange Herr Ellis seine Wahrnehmung fortsetzte. Der Aufenthalt ist im europäischen besonders aber im mittelländischen Meer.

Ellis Corall. Tab. XIII. No. 22. fig. b. B. c. C.

3. Die Buschpolype.   Vorticella ana-
staticA.

3.
Busch-
polype.
Anasta-
tica.

Der Ritter hat dieses Product des süssen
Wassers, wegen des sich ausbreitenden und ein-
krämpfenden Vermögens nach der sogenannten Jerichorose, anastatica genannt. Man nennet
diese und dergleichen ähnliche Arten mit einander
Busch- oder Büschelpolypen, holländisch
Tros - Polypen, französisch Polypes a Bou-
quet, nach dem Trempley, und von selbigen sind
schon viele von Herrn Rösel, Schäfer, Baster,
Brady,

Brady und andern entdecket worden, darunter ſich diejenige ſehr heraus nimmt, welche Herr Brady bey Brüſſel entdeckte, und welche allhier in einer ſehr ſtarken Vergröſſerung Tab. XXXIII. fig. 1. ab. gebildet worden: denn die eigentliche Gröſſe iſt nur zwiſchen anderthalb und zwey Linien, mithin erſt durch das Vergröſſerungsglas genau zu erkennen. Der Körper iſt weiß und durchſichtig, und die in der vollkommenſten Ruhe ausgebreitete Geſtalt einem Baume mit glockenartigen Blumen ähnlich. Sobald ein Geräuſch entſtehet, oder an das Glas, worinne man es betrachtet, geſtoſſen wird; ſo krämpft ſich das ganze Geſchöpf in der Geſchwindigkeit zuſammen, braucht aber eine längere Zeit, um ſich wiederum erſt traubenförmig, und ſo nach und nach baumförmig zu entwickeln. Nach zehn Tagen fallen die Glocken ab, und bewegen ſich dann noch einzeln, ſiehe fig. 2.

Man nennet dieſe Art, welche eben nicht allezeit baumförmig und mit Glöcklein erſcheint, und an Verſchiedenheiten ziemlich reich iſt, deßwegen Büſchelpolypen, weil ihrer viele beyſammen an einem einzigen Gegenſtande gefunden werden, es ſey an den Wurzeln oder Blättern der ſogenannten Waſſerlinſen, oder auf andern Pflanzen und Conchylien, welche von denen darauf erſtorbenen und angebackenen Buſchpolypen oft rauh erſcheinen. Auſſer den Glocken findet man auch hin und wieder etliche runde Bläßchen, welche Herr Trembley für die Saamenhäuschen oder Eyerneſter hielte. Der engliſche Geſandte Herr Mittſchell, nahm um dieſe Bläschen gewiße ſich drehende Kränzchen wahr, ſo wie auch der Rand der Glocken damit verſehen iſt, und womit dieſe Geſchöpfe eine wirbelige Bewegung im Waſſer machen. Ja ſogar ſahe derſelbe, wie die Speiſen in dem Stamme durch einen Canal hinunter giengen?

Tab. XXXIII fig. 1.

fig. 2.

Jii 3　　Der

Der Herr de Geer entdeckte ähnliche kleine Buschpolypen, die mit bloßen Augen kaum zu sehen sind, unter dem Microscop aber zweyerley Bewegung verrathen, eine nämlich, kraft welcher sie die obern Theile des Körpers in sich ziehen, so daß eine Höhlung entstehet, wie in einer Schaale; die andere, daß sie sich schnell nach dem Körper biegen, jedoch sich allemal langsam wieder herstellen. Die durch ein Messer abgesonderte länglich eyrunde Körperchen, bewegten sich hernach im Wasser vor sich alleine, welzeten sich um, oder drehten sich wie ein Rad, oder zogen sich ganz ein, woraus man ihre thierische Art muthmaßte. Der Körper endlich, aus welchem die Aeste kommen, ist vermittelst eines langen Schwanzes an andere Gegenstände befestiget.

Bey einigen sehen die Glocken mehr den Beeren gleich, bey andern haben die Aeste eine andere Gestalt und Richtung, welche jedoch alle feiner als ein Haar, und ungemein klein sind. Herr Bobdaert hat sie beym Pallas Thlaspus Bloem übersetzt. Man kann übrigens des Herrn Rath Schäfers Beobachtung hiebey zu Rathe ziehen.

Schäfer Polyp. 1754. Tab. 1. fig. 3. 4.
Rösel. Inf. III. Tab XCVII. fig. 1. 2. 3.

4. Die Pinselgallert.   Vorticella conglomerata.

Diese Art wäre wohl nach der ersten die größte, denn der Stamm ist so dicke wie ein Federkiel einer Taube, und hat viele, gleichsam abgenagte Blumen. Die Länge beträgt etwa einen Zoll, die Aeste zertheilen sich unregelmäßig, und sind an den Enden dick. Der Aufenthalt ist im ostindischen

ſchen Meer, und wird von Herrn Pallas zu ſeiner Corallina penicillus gerechnet.

5. Die Birngallert. Vorticella pyraria.

Sie iſt ebenfalls äſtig, und trägt ſtumpf
eyrunde Blumen, die mit ein paar Spitzchen am
Rande verſehen ſind. Die birnartige Geſtalt der
Blumen oder ſogenannten Polypen, hat Anlaß zur
obigen Benennung gegeben. Der Herr Röſel
fand dieſes ſehr kleine Geſchöpf an Schneckchen
und am Schwanz der Waſſerläuſe ſitzen. Es kommen nämlich aus einem Stamme dünne Stielchen
hervor, an deren Spitzen die birnförmigen Blumen ſitzen, welche eine gerandete Mündung mit
zweyen Spitzen an jeder Seite haben. Dieſe
Spitzen oder Fäſerchen ſtehen in beſtändiger Bewegung und ſchießen wie eine Otterzunge aus.
Wenn die Mündung enger zugezogen wird, verſchwinden beſagte Fäſerchen, und durch Einkräm-
pfung ziehet das ſogenannte Thier ſeine Nahrung
an ſich, denn alle dergleichen Bewegungen, als
ausbreiten, einkrämpfen, drehen, hervorſtrecken
der Faſern, zurücke ziehen derſelben, und dergleichen, ſind den neuern Naturforſchern ſattſame Beweiſe, daß dieſe vor bloſſen Augen unſichtbare
Körperchen, Thiere ſind. Wir aber nehmen alle
dieſe Erſcheinungen gar nicht als Beweiſe an, wie
wir hinten näher erörtern wollen. Der Aufenthalt iſt in ſüßen Waſſern.

Röſel Inſ. III. pag. 606. Tab. XCVIII.
fig. 2. dd. e.

6. Der Vogelbeerwirbel. Vorticella crategaria.

Diejenigen Polypen, welche Herr Backer mit den Maulbeeren vergliche, werden von dem Ritter mit dem Namen Vogelbeer belegt, und Rösel findet einige Aehnlichkeit zwischen selbigen und dem Traubenhyacinth. Es lauft aber alles auf eins hinaus, denn es sind runde Körperchen an sehr kurzen Stielen, die buschweise wie eine Maulbeere, oder Hohlbeere zusammen sitzen.

An dem Rande dieser Körperchen haben sie an jeder Seite ein Härchen oder Fühlerchen, welches sich bald herausbegiebt, bald wieder einziehet, oder eine zitternde Bewegung macht. Ausserdem nimmt man ein beständiges Saugen durch Zusammenziehung des Körpers wahr, wo sich eine Oefnung durch ein vertiefes Eindrucken zeiget, die sich verengert, indem sich oben besagte Härchen oder Fühlerchen einziehen, und dann endlich eine gänzliche Verschliessung der Mündung zuwege bringen, bis sie sich wieder öffnen. Und eben diese Bewegung ist es, welche im Wasser einen Wirbel verursachet. Besonders aber ist es, daß man wahrgenommen, wie sich diese Körperchen von ihren Stielchen, die an dem Hauptstamme sitzen bleiben, absondern, und eines nach dem andern, davon schwimmen, (so wie sich vielleicht die Melonen von ihrem Stiel scheiden, wenn sie überreif sind) und bald gerade, bald krumm, bald in einer schlangenlinie, und bald in einem Wirbel fortfahren.

Rösel Jns. III. p. 604. Tab. XCVIII. fig. 2. a. fig. 3.

Ledermüller Microf. Tab. LXXXVIII. fig. o. p.

7. Der

7. Der Deckelwirbel. Vorticella opercularis.

Dieſes aus vielen zuſammengeſetzte Geſchöpfe hat einen äſtigen Stamm mit eyerförmigen
Blumen, die mit einem Deckel eingeſchloſſen ſind, an
deſſen Rande viele Härchen oder Fühlerchen ſitzen.
Herr Backer fand dergleichen in den ſüſſen Waſſern Engellands, und Herr Röſel in Deutſch-
land. Jene waren etwas länglicher, dieſe hingegen hatten längere Stielchen, und waren mehr
buſchförmig, und wenn die Bläschen die Mündung
ſchloſſen, nahmen ſie eine Citronengeſtalt an. Wenn
ſich die Deckel öfnen, ſo ſtoſſen ſie gerade vor ſich
mit ihrer ganzen Fläche hervor, indem ſie unten
in der Mitte an einem Stiele ſitzen, welcher in dem
innern Theile oder an dem Boden der Bläschen
befeſtiget iſt, und alsdann ſteigen die Fühlerchen
am Rande hinauf, vermittels besagten Stiels ziehet ſich der Deckel der in dieſer Geſtalt einem ge-
zähneten Rande ähnlich ſiehet, wiederum herunter, bis innerhalb den Rand des Bläschens, ſo
daß man als in eine Glocke hinein ſehen kann.
Dieſe Bläschen endlich, löſen ſich auch ab, wie ja
die reifen Blüthen auch abfallen, und machen mit
einer freyen Bewegung Wirbel im Waſſer; ſo wie
ja auch wohl die herumſchwebenden Blüthen
in der Luft thun. Die Farbe iſt gelblichweiß,
und weniger durchſichtig, indem ſich in der Mitte
der Bläschen ein dunkler Flecken und körniges Weſen zeiget, welches Herr Röſel für Eyer und junge Polypenbruth hält, gerade, als ob nicht das
nämliche in den Frucht- oder Blüthenkno-
ſpen der Pflanzen auch ſtatt finde. Gewiß,
wir finden bey allen dieſen wunderbaren Polypen-
geſchichten auch keinen einzigen Umſtand, der nicht
in ſeiner Art in dem Pflanzenreiche ſtatt hätte: denn

Jll 5   wir

wir haben ja auch Blumen mit ordentlichen De-
ckeln. Wir haben Pflanzen und Theile von Pflanzen, welche eben die einzelnen und zusammengesetzten Gestalten führen, als alle sogenannte Thierpflanzen immer haben können. Wir haben endlich
alle Bewegungen der sogenannten Polypen auch im
Pflanzenreiche, nur daß sie daselbst wegen mehr
verdickter und veründener Masse träger von statten
gehen, als in einem slüßigen Elemente, und ihre
Undurchsichtigkeit uns verhindert, ihr mit dem Gesichte zu folgen. Doch wohin verirren wir uns?
Wir haben noch mehr Thierpflanzen zu beschreiben.
Wer inzwischen die jetzige Art, die doch mit bloßen
Augen nicht zu erkennen ist, näher betrachten
will, der ziehe folgende geschickte Microscopisten
zu Rathe.

Rösel. Inf. III. p. 609. Tab. XCVIII. fig. 5. 6.
Ledermüller Mic. Tab. LXXXVIII. fig. W.

8. Der Sonnenschirmwirbel. Vorticella umbellata.

**8.
Sonnen-
schirm-
wirbel.
Umbel-
lata.**
Auf einem langen Stiele breiten sich oben im
Umfange kürzere einfache fadenförmige Stielchen
aus, an deren Enden eine gleichsam mit Körnern
angefüllte Beere sitzt, die bey ihrer Oefnung auf
ihrem Stielchen eben so die Gestalt eines Sonnen-
schirms nachahmet, als alle Stielchen zusammen
mit ihren Köpfchen an dem großen Stiel. Der
körnige Umstand der Beere veranlassete, daß Herr
Pallas sie Brachionus acinosus nennete. Die
Ausbreitung der kleinen Stielchen an den großen,
wird durch die Linneische Benennung umbellata
angezeiget, und da jedes Stielchen mit seinem
Köpfchen auch einen Sonnenschirm macht, so sind
wohl alle Benennungen, bis auf den Namen
Polype gerechtfertigt. Es zeiget sich aber, daß
die

die runden Knöpfchen oben eine Mündung haben,
dieſe erweitert ſich und giebt Faſern aus. Was
wäre denn dieſes wohl anders als ein Polype?
auch ſind ſchwarze Puncte wie Beere in den Knöpfchen, das ſind ja natürlicher Weiſe die Eyer!
Endlich ſcheiden ſich die Knöpfchen ab, und ſchwimmen in verſchiedenen runden Geſtalten in dem Gla-
ſe herum. Das kann ja kein anderer Körper
in der Welt thun, als ein Thier! Geduld!
Am Ende wird ſichs zeigen.

Uebrigens iſt dieſes Product der ſüſſen Waſſer ungemein klein, man muß es durch ein gutes
Microſcop ſuchen, und dann zeiget es ſich weißlich
gelb und durchſichtig. Die Durchſichtigkeit der
Körper aber iſt bey den Vergrößerungsgläſern ein
unangenehmer Umſtand, denn da höret alles Zu-
ſchauen und alle fernere Entdeckung auf einmal
auf, und giebt der Einbildung freyen Platz. Jedoch wollen wir dieſes den großen Microſcopiſten
unſerer Zeit nicht zur Laſt legen. Es iſt genug,
wenn ſie ſich untereinander beſchuldigen, nicht
Recht, oder zu viel, oder zu wenig geſehen zu haben, beſonders was den Artickel der willkührlichen
Bewegung betrifft.
Röſel Inſ. III. pag. 674. Tab C. ſuppl.
Ledermüller Microſc. Tab. LXXXVIII.
fig. t. u.

9. Der Reiſelbeerwirbel. Vorticella berberina.

Die Blumen ſind ſtumpf eyförmig, und ſitzen
zuſammengeſetzt an einem äſtigen Stamme. Der
Herr Röſel fand ſie am After eines Waſſerkäfers
ſitzen. Die Stielchen werden nach unten zu dünner,
und kommen ihrer zwey, drey oder vier aus einem
andern Stiele hervor. Die Bläschen oder Blumen
ſind mit ſchwarzen Puncten als mit Beerenkernen angefüllet,

9.
Reiſel-
beer-
wirbel.
Berbe-
rina.

gefüllet, und haben in der Mitte einen weissen
Flecken. (Sollte dieser weisse Flecken nicht wohl
der Eyerstock seyn, an welchem die schwarzen Pünct-
chen mit einer Nabelschnur als junge Bruth, oder
als noch unausgebrütete Eyer festsitzen?) Wir
wollen wenigstens gerne helfen, damit doch endlich
ein Thier, und aus dem Ganzen ein Pflanzenthier heraus kommt. Doch was bedarf es unserer
Hülfe, die Bläschen sondern sich ja ab, und
schwimmen hernach eigenmächtig in Schnirkelzü-
gen herum.

Rösel Inf. III. pag. 673. Tab XCIX.
Ledermüller Microscop. Tab. LXXXVIII.
fig. q. s.

10. Der Dutenwirbel. Vorticella digitalis.

Dieses Geschöpf ist ebenfalls in einen ästigen
Stamm zusammengesetzt, und führet an den Enden
der Stielchen cylindrische unten verengerte, und
also dutenähnliche Blumen mit einer Spalte oben
an der Mündung. Diesen Duten des Rösels haben Linneus und Pallas eine Fingerhutgestalt
zugeeignet, und sie digitalis genennet; im holländischen aber heissen sie nach den Duten: Peper-
Huis-Diertjes. Sie werden im Frühjahr auf
den Wasserläusen gefunden, und kommen bald
buschweise, bald einzeln vor. Die Mündungen
können sich verengern und erweitern, wodurch ein
Wirbel im Wasser entstehet. Auch diese Blumen
sondern sich ab, und schwimmen hernach im Schnirkel herum. Die zurückgebliebenen Stielchen zeigen
dann keine Bewegung mehr, bringen auch keine
neue Blumen, und die Wasserinsecten, woran
man solche Geschöpfe gefunden, sterben bald hernach.

Rösel Inf. III. p. 607. Tab. XCVIII. fig. 4.

11. Der

11. Der Glockenwirbel. Vorticella convallaria.

In der Abbildung Tab. XXXIII. fig. 2. ſiehet man eine ſtark vergrößerte Geſtalt derjenigen
Glockenpolypen, die ſich in faulen ſüſſen Waſſern
aufhalten, und hier gemeynet werden. Sie ſind
einzeln oder auch buſchweiſe mit Stielchen an andere Körper befeſtiget, und haben an dem Umfange
der Mündung an jeder Seite ein gedoppeltes Zähnchen, das ſich beſtändig bewegt. Da nun Herr
Backer eine große Menge dieſer Zähnchen oder
Faſern abbildet, ſo beſchuldiget ihn Herr Houttuin, er habe ſich vermuthlich dadurch geirret, daß
ſich das Thierchen gedrehet habe, wie ein Rad,
und es den Augen alſo vorgekommen wäre, als ob
eine große Menge ſolcher Faſern vorhanden wären.
Inzwiſchen zeiget die eine Glocke mit geſpanntem
Stiel die natürliche Stellung, die andere aber ſoll
einen Begrif geben, wie ſich das arme Thierchen
ſchraubenförmig zuſammen ziehet, wenn man es
plagt. Der Körper iſt eine weiſſe, durchſichtige,
förnige Gallert. Der Stiel iſt in der ſtärkſten
Vergrößerung erſt ſo dicke wie ein feines Haar,
mit ſelbigem ſchwimmen ſie frey herum, und ſetzen
ſich auch wieder feſte.

Röſel. Inſ. III. pag. 597. Tab. XCVII.
Ledermüller Micr. Tab. LXXXVIII. fig. I.

Marginal notes:
11. Glocken wirbel. Convallaria. Tab. XXXIII fig. 2.

12 Der Krugwirbel. Vorticella urceolaris.

Herr Pallas nennet dieſe Art Brachionus
capſuliflorus, oder gleichſam aus einer Schach-
tel hervorblühend. Es iſt nur ein einfacher Polype mit einem Kelche, und platten Köcher, der
hinten gezähnelt, und deſſen obere Lippe des Münd-
chens

Marginal notes:
12. Krug wirbel. Urceo laris.

chens mit ſechs Zähnchen beſetzt. Dieſer Köcher iſt durchſichtig, oben erhabenrund, hinten
bäuchiger. Von den ſechs Zähnchen ſind die zwey
mittleren, die beyſammen ſtehen, am längſten.
Der untere Rand iſt eingeſchnitten, und hat eine
Spalte. Das Thier wird vom Herrn Backer
ein ſchaaliges Räderthierchen genennet, und
die räderartigen Werkzeuge kommen auch würcklich
aus dem Köcher zum Vorſchein, hinten aber aus
der Spalte tritt das Schwänzchen hervor! das am
Ende geſpalten iſt, und an den Seiten dicke, eyrunde Eyerneſter führet. Dieſes Geſchöpfe
ſchwimmt mit dem Schwanze ſchief herunter hangend, womit es ſich anheftet, und es bewegt den
Körper hin und wieder, und ziehet die Räderchen
oder Faſern aus und ein. Der Aufenthalt iſt in
europäiſchen ſtehenden Waſſern.

Schäfer Polyp. 1755. Tab. I. fig. 8. h. k.
Tab. II. fig. 7. 9.

13. Der Sternwirbel. Vorticella ſtellata.

Ein gewiſſes einfaches Gewächſe, welches
kriecht, ſelten mehr als ein oder zwey Aeſte aus-
giebt, und ſternförmige Blumen hat, wird in gegenwärtiger Art gemeynet. Das Gewächſe, oder
der Stiel des Thierchens ſtehet gerade, iſt etwa
einen Viertelszoll lang, fein, und nicht dicker als
ein Haar. Die Blume oder der Körper hat eine
glockenförmige Geſtalt, und iſt bis über die Mitte
ſternförmig in zehen Theile abgetheilet, ohngefehr
ſo groß wie ein Thymianesſaame. Man trift es
in dem africaniſchen Ocean unter der Oberfläche
des Meeres auf den Seepflanzen an.

14. Der

14. Der Eyerwirbel. Vorticella ovifera.

Dieſes Geſchöpfe beſtehet in einem einzigen rauhen Stiel, welcher einen Schuh lang,
und ſtrohhalms dick iſt. Die Bruth ſitzt an dem
Ende, und macht einen eyrunden Klumpen, ſo
groß wie eine Zwetſchke oder Pflaume. An dem
Wirbel klaft dieſer Klumpe mit einer Sternfigur, und an der Wurzel dieſes Klumpens zeiget
ſich zur Seiten eine Oefnung. Der Aufenthalt
iſt in Amerika.

Man hat es nämlich in der Bay von St.
Laurenz im Jahr 1759 mit einer Fiſcherſchnur
aufgezogen. Die ganze Maſſe war elaſtiſch,
glatt und ſilberfärbig grau. Der Stiel war zehn
Zoll lang, blaßbraun, rund, hohl, rauh und
faſerig wie Leder, und ſaß an einem Steine feſt
angewachſen. Die obere Decke des Körpers beſtund aus einem netzartigen Gewebe von Faſern,
die in der Mundöfnung und am After ausliefen.
Der Körper war ein Beutel, welcher etwas in
ſich enthielte, das ſeine eigene Bewegung zu haben ſchien. Als man es in Spiritus gethan
hatte, fand man ein därmerähnliches Beſtandweſen inwendig gegen die äuſſere Rinde ankleben.

Hiebey fällt uns die vor wenig Jahren von
unſerm wertheſten Gönner und Freunde, dem
Herrn D. und Stadtphyſicus Bolten in
Hamburg bekanntgemachte Thierpflanze ein; wir
werden aber von ſolcher, ſo wie von andern
neueren Geſchöpfen, in dem Supplementsbande
ausführliche Nachricht an ſeinem Orte ertheilen,
und beſchließen einſtweilen hiemit die erſte Abtheilung, welche die Thierpflanzen, ſo angewachſen ſind, (Zoophyta fixata) enthielte.

Zweyte

Zweyte Abtheilung.

Pflanzenthiere.

Man verstehet hier solche Geschöpfe, die nicht angewachsen sind, und sich frey herum bewegen, auch ein pflanzenartiges Leben haben, dennoch aber von den neuern für Thiere gehalten werden, so wie solches aus den folgenden sechs Geschlechtern erhellen wird. Der Ritter nennet sie Zoophyta locomotiva, welches zum Unterschied der ersten Abtheilung, mit dem einzigen Worte

Phytozoa.

kann angedeutet werden.

349. Se

349. Geschlecht. Polypen.

Zoophyta oder Phytozoa: Hydra.

Wenn die mehresten Arten des vorigen Geschlechts Polypen genennet werden, so geschiehet es auf eine uneigentliche Art, daher sie
auch nur für Bastardpolypen anzusehen sind.
Diejenigen Geschöpfe aber, die in diesem Geschlechte vorkommen, sind die eigentlichen Polypen
der berühmtesten Wahrnehmer, als Jußieu,
Trembley, Backer, Rösel, und andere, und
werden sowohl französisch als englisch und holländisch mit dem nämlichen Namen belegt. Sie
heissen also Polypen, nach einem gewissen Seege-
schöpfe, welches acht Arme hat, (siehe den vorigen
Band pag. 113. Saepia octopodia.) und von
den Griechen Polypus, das ist, Vielfuß, genennet wurde: denn auch diese kleinen Geschöpfe
der süssen Wasser haben sechs, sieben, zwölf und
mehr Arme. Der Ritter aber ist von dieser ge-
wöhnlichen Benennung abgegangen, und hat den Namen Hydra gewählet, welches auch Herr Pallas
gethan. Bekanntermassen ist Hydra ein Fabel-
thier mit vielen Köpfen, die wieder nachwuchsen,
wenn man sie herunter hieb; und in dieser Rück-
sicht zielet der Ritter auf die wunderbare Eigenschaft der Polypen, daß sie abgerissen, wieder
nachwachsen, durch Spaltung und Zerstückung
sich vermehren, zur Seiten durch neue Knospen
nach Art der Pflanzen auswachsen, und folglich ein
augiges Pflanzenleben haben, ja sogar, wenn sie

Geschl.
Benen-
nung.

Linne VI. Theil.　　Kkk　　getrock-

getrocknet sind, wieder im frischen Wasser aufleben, sich durch Saamen fortpflanzen, Aeste ausschlessen, und dergleichen. Sie sind ungemein klein, und nur noch vor blossen und guten Augen sichtbar, von einem gallertartigen durchsichtigen Wesen, wachsen in frischen süssen Wassern an Wasserlinsen und andern Pflanzen, nehmen allerhand Gestalten durch Ausdehnung an, und erscheinen als ein Körnchen in einem zusammengezogenen Zustande, aus welchem sie sich wiederum zu einer wunderbaren Länge dehnen können, so daß sie bald als ein Stern oder Blume, bald als ein Büschel Haare, bald aber mit kurzen Armen unter dem Vergrößerungsglase erscheinen, je nachdem ihre Art beschaffen ist. Insgemein aber giebt der Ritter folgende Kennzeichen an:

Geschl. Kennzeichen

Sie haben am Ende eine Mündung, welche mit bürstenartigen feinen Härchen umgeben ist. Der Stamm ist gallertartig, (von unbestimmter Richtung, führet nur eine Blume, streift frey herum, und befestiget sich mit dem untern Ende an einen gewissen Gegenstand. Nach diesen angebenen Merkmalen kommen nun folgende sieben Arten zu beschreiben vor.

1. Der grüne Polype. Hydra viridis.

I. Grüner Polype. Viridis.

Tab. XXXIII fig. 3.

Ehe wir etwas anders von diesem Geschöpfe sagen, als daß Rößel es schon den grünen Polypen, nannte, weil er inwendig aus lauter grünen Körnern bestehet, da die auswendigen Körner vielmehr weiß und durchsichtig sind, so weisen wir den Leser auf die Abbildung Tab. XXXIII. fig. 3. und melden nur dabey, daß der Ritter diesem Polypen etwa zehn nicht sehr lange Arme zueignet.

Es

Es werden dieſe Polypen in reinen, jedoch ſtilleſtehenden Waſſern gefunden, ſie beſtehen aus einem dicken, oben ſich verdünnenden, und am Ende mit verſchiedenen Armen umgebenen Stiel. Die Zahl dieſer Arme iſt eben ſo unbeſtimmt, als ihre Länge; ſie dienen ihnen für Hände und Füße, denn ſie gehen damit, und gebrauchen ſie auch ihren Raub damit zu fangen, ſo wie es die Microſcopiſten erklären, und ſolchen dem Munde und der Kehle (welcher am Ende befindlich iſt) zuzuführen. Zuweilen verändern ſie ihre Geſtalt mit dieſen Armen, bald ſehen ſie aus wie ein geſtrahlter Stern, bald wie Blätter, bald ſind es nur beyhangende Faſern, die den Kopf umgeben, bald ſind ſie alle miteinander, bald aber nur einige davon ausgeſtreckt, bald ſtehen die Strahlen gerade, bald machen ſie Bogen oder Schlangenlinien. Zwiſchen den Armen ſteckt der Kopf, welcher eine Mündung hat, deren Lippen ſich auf allerhand wunderliche Art verziehen. Das Beſtandweſen des Körpers iſt körnig, die inwendigen Körner ſind unveränderlich graßgrün, die auswendigen aber, welche die innern als eine Rinde umgeben, ſind weiß, hell, und durchſichtig. Wann ſich der Körper dehnet, iſt er allenthalben gleich dicke, wirft ſich aber in unzählige mannichfaltige Geſtalten, krämpfet ſich der Körper zuſammen, ſo wird er kurz und dicke, wie eine Rolle, Spindel, Kegel, Knopf oder Keule. Kurzgearmte dehnen den Körper lang, und oft wohl zu einem Zoll. Langgearmte aber kurz, und kaum bis zu einem Drittelzoll.

Sie knoſpen wie die Gewächſe an den Seiten aus, und bekommen ſo junge Polypen. In ein paar Stunden ſiehet man aus den Knoſpen ſchon junge Stämme mit Armen hervortreten. Wenn dieſe Sprößlinge ihre Größe haben, reiſſen ſie ſich von der Mutter loß, und leben für ſich, wie ſol-

ches

ches, obwohl mit längerer Zeit, auch bey den Pflanzen vor ſich gehet. Wärme und nahrhaftes Waſſer befördert dieſes Geſchäfte.

Man vermuthet, daß ſie mit ihren Armen die kleinſten Waſſergeſchöpfe, (die man nicht mehr ſehen kann,) an den Mund bringen, und davon leben, ſo daß ſie von nichts zu leben ſcheinen. Sie leben etliche Monathe in einem Glas mit Waſſer, ſind unruhig und flüchtig, können auch die Kälte und das Erfrieren ertragen, denn bey der Aufthauung leben ſie wieder fort, eben ſo, wie auch manche Gewächſe das Erfrieren und Ausdürren vertragen, und durch zukommende Wärme und Feuchtigkeit wieder von neuen leben können. Der Aufenthalt iſt unter den Waſſerpflanzen.

Röſel Inſ. III. pag 531. Tab. LXXXVIII. und LXXXIX.

Schäfers grüne Polyp. Regensb. 1775.

2. Der Armpolype. Hydra fuſca.

2.
Armpo-
lype.
Fuſca.

Es iſt ein brauner Polype, des Herrn Pallas oligactis, und anderer Schriftſteller Armpolype. Er hat die längſten Arme, deren man ohngefehr achte zählet. Um aber alles auf das deutlichſte zu erklären, was Herr Tremblen von dieſen Geſchöpfen entdeckt hat, und durch den Herrn Rath Schäfer iſt beſtättiget worden, ſo nehme man die Tab. XXXIV. zur Hand, und betrachte die fig. 1. 2. 3. 4. mit allen Buchſtaben, wie folget:

Tab.
XXXIV
fig. 1. 2.
3. 4.

Fig. 1. der Armpolype in natürlicher Größe, mit allerhand angenommenen veränderlichen Geſtalten, an einer Waſſerpflanze vielfach vorgeſtellet.

Lit. a. die fortgehende Bewegung, da ſie nach Art der Spannenmeſſerraupen,

den vördern Theil des Körpers mit
den Armen in die Höhe heben.

Lit. b. ſich ſodann umkrümmen, und die
Arme ſo weit als möglich nieder laſſen, und anſetzen.

Lit. c. alsdann den Schwanz nach ſich ziehen, und den Körper in einen Bogen biegen,

Lit. d. ſich ſodann nach voriger Art wieder
fortſetzen.

Dieſes iſt die erſte Art ihres Fortſchreitens.
Die zweyte Art aber gehet auf eine andere Weiſe
von ſtatten. Denn

Lit. e. heben ſie ſich erſt wie bey lit. a. in
die Höhe,

Lit. f. ſetzen ſich ſodann, wie bey lit. b. geſchehen iſt, wieder nieder,

Lit. g. heben aber alsdann den Schwanz
gerade über ſich,

Lit. h. und taumeln alſo über ſich, bis ſie
ihren Schwanz wieder an der andern
Seite anſetzen können.

Wie ſie aber nicht allezeit einzeln und allein,
ſondern in Geſellſchaft gefunden werden, ſo zeiget

Lit. i. auf welche Art ſie miteinander, theils
mit langen Armen, beyſammen
wohnen, und

Lit. k. l. theils mit verkürzten Armen an-
ſitzen.

In einem ruhigen Zuſtande nun, laſſen ſie
ihre Arme erſtaunlich lang fahren, ſo daß keine
Spinnewebe endlich ſo fein ſeyn kann, als dieſe
Arme, oder beſonders deren Spitzen ſind. Allein

Kkk 3　　　　wenn

wenn man das Glas berühret, oder ſie ſtöhret, ſo
wird man gewahr, daß ſie dieſe Arme durch Einziehen verkürzen, ja ſo gar faſt ganz einziehen, wie
ſolches erhellet aus

Fig. 2. woſelbſt ſich die Arme alle miteinander
ungemein kurz, der Körper hingegen
dick und aufgeſchwollen zeiget. Bey
dieſer Einziehung der Arme nehmen ſie
nun ebenfalls allerhand Geſtalten an.
Nämlich:

Lit. a. ſtellet ſie als einen Kegel dar,

Lit. b. macht ſie allenthalben faſt gleich
dicke,

Lit. c. bildet ſie gleichſam mit einem Hals,

Lit. e. zeiget ihre Bewegung, wenn ſie
ſtille ſitzen, und ſich wie ein Poſt-
horn krümmen, oder

Lit. f. ſich mit einem Arme nur an ein Blat
vom Schilfgraſe anhangen.

Um nun aber dieſe Polypen noch genauer kennen zu lernen, ſo iſt

Fig. 3. eine ſtark vergrößerte Abbildung davon
gegeben.

Lit. a. iſt der Kopf, der oben eine Spalte
zur Mündung hat,

Lit. b. der Körper, welcher hohl iſt, und
den Maaen vorſtellet.

Lit. c. Der Schwanz, womit das Geſchöpfe an einem andern Gegenſtande an-
ſitzet.

Lit. d. Ein langer Arm, der mit ſeiner äuſ-
ſerſten Spitze vermittelſt einer Kleb-
rigkeit einen Waſſerfloh packt.

Lit. e. e. Die übrigen Arme.

Man

Man wird nun begierig seyn, zu wissen', wie diese Polypen sich nähren, und solches zeigen die übrigen Ausbildungen an.

Fig. 1. Daselbst nämlich siehet man den Polypen

Lit. m. ein Wasserwürmchen mit einem Arm packen, und in

Lit. n. wird ein Wasserinsect mit vielen Armen zugleich gefasset, endlich aber

Lit. o. ein Wasserfloh an das Maul gebracht, dergleichen

Lit. p· schon etliche mit den Armen angezogen, ins Maul gesteckt, und verspeiset werden, so daß der Körper oder Magen des Polypen schon aufgetrieben und ganz voll gefressen ist.

Ein ebenfalls merkwürdiger Umstand ist dieser, daß die Polypen das Vermögen haben, sich wie ein Strumpf umzukehren, bey welcher Gelegenheit man die Verschüttung einiger Körner beobachtet hat, sind wovon man nach der nämlichen Fig. 1. einen Begrif bekommen kann, wenn man

Lit. q. zu rathe ziehet, woselbst dergleichen Körner, Eyerchen oder Kügelchen aus der Mündung fallen.

Lit. r. zeiget die Umkehrung des Polypen, so daß das inwendige auswärts kommt.

Lit. s. endlich stellet eine anders ausgedehnte Gestalt und Verschüttung vor.

Es ist noch übrig, daß die wunderbare Fortpflanzung sowohl durch Zerschneidung als durch Knospen vorgestellet werde, und davon belehret uns.

K kk 4 Fig 4.

Fig. 4. Man nimmt nämlich, was das erste betrift einen Polypen und spaltet ihn, alsdann siehet man

Lit. a. wie sich die gespaltenen Helften gleich umkrümmen,

Lit b. wie sich diese Helften einige Zeit nach den Schnitt wieder ausdehnen.

Lit. c. wie jede Helfte schon wieder ganz gewachsen und rund geworden ist.

Lit. d. wie jeder neugewachsene Theil abermahl gespalten, und nun bereits zu einem sechsfachen Polypen angewachsen sey.

Lit. e. Wie ein alter Polype oder Polypenmutter durch Knospen neue Jungen bekommt.

Dieses sey genug zur Erklärung dessen, was man an diesen Geschöpfen wahrgenommen. So viel ist gewiß, daß sie aus lauter organischen Puncten bestehen, die ein sich selbst bildendes Vermögen haben, und aus diesem Satze folgern wir alle anscheinende Bewegungen, und glauben, daß ein Organismus mit einem Mechanismo verknüpft, bey Körpern, die so zart, so klein, so welch, und so sehr ja aus viel hundert und tausend organischen Theilchen) zusammengesetzt sind, und welche den unmerklichen Trieben des Drucks, des Ansaugens, der steten und niemalen ruhenden Bewegungen der elementarischen Luft und Feuertheilchen, sogleich folgen, alle die Erscheinungen hervor bringen können, welche an diesen Polypen von den Naturforschern, ein Anpacken des Raubes, ein Essen und Verzehren derselben genennet werden, ohne daß man nöthig habe, sie für Thiere zu halten, da sich alle das nämliche im Pflanzenreiche zeigen würde, wenn

wenn nicht ein verhärtetes Wesen den Umlauf ihrer organischen Säfte und Theilchen in gewissen Schranken hielte, und uns die Beobachtung derselben unmöglich machte.

Jedoch wir wollen unsere Gedanken hierüber erst hinten in unsern allgemeinen Anmerkungen über die Thierpflanzen vortragen, um jetzo nicht allzusehr von unserm Zwecke abzuweichen, und die Ordnung unserer Beschreibung nicht zu unterbrechen.

Wir haben aber von der gegenwärtigen Polypenart nichts weiter anzumerken, als daß sie eben nicht allezeit braun ist, wie sie von dem Ritter genennet wird, sondern auch wohl durchsichtig erscheinet, welches die Microscopisten von der Beschaffenheit des Futters oder Nahrung, oder auch von einem ausgehungerten Zustande herleiten; denn es sollen diese Polypen sehr lange Hunger leiden können, so wie man ja auch wohl Pflanzen hat, die sehr verarmen können, und sich doch hernach eben so gut wieder erholen, als ob es ihnen niemals an Nahrungstheilchen gefehlet hätte.

Röf. Inf. III. pag. 505. Tab. LXXXIV. und LXXXV.

Schäfer Polyp. 1754. Tab. III. fig. 1.

3. Der gelbe Polype. Hydra gryfea.

Die gelbe Farbe ist zwar mehrentheils, jedoch nicht allezeit, an dieser Art befindlich, denn sie ist sehr vielen Veränderungen unterworfen, ziehet sich bald ins Blasse, bald ins pomeranzenartige, und bald ins rothe. In den mehresten Gegenden ist sie die gemeinste Art, hat ohngefehr sieben Arme, die eben nicht sehr kurz sind. Der Schwanz ist nicht so abgesondert, oder vom Körper unter-

3.
Gelbe
Polype.
Gryfea.

Kkk 5   schieden,

TAB.
XXXIII
fig. 4.

schieden, als an der vorigen Art, jedoch ist der
Körper auch hohl, die Arme aber breiten sich keul-
förmig aus, wie solches die Abbildung Tab.
XXXIII. fig. 4. mit mehrerem belehret. Der Fuß
scheinet unten mit Fasern besetzet zu seyn, um sich
damit anhalten zu können. Man giebt ihre
Nahrung an, daß sie in schwarzen Wasserflöhen,
Wasserschlangen und dergleichen kleinen Geschöpfen
bestehe, und daß, wenn zwey Polypen ein Aaß zu
packen bekommen, sie darum kämpfen, auch wohl
ein Polype den andern verschlucke, ihn aber bald
wieder von sich gebe. An dieser Art merkte Rösel
wie eine mannichfaltige Zerschneidung ein Grund
der Vermehrung sey, indem die abgeschnittene
Stücke nach und nach doch etwas langsam, wieder
zu ganzen Polypen wuchsen. Ja sogar nahm er
wahr, daß sie einer gewissen Läusekrankheit unterworfen waren, Blasen und Auswüchse bekamen,
sich wie eine Kugel zusammen zogen, und dann star-
ben, worauf sie sich in einen durchsichtigen Schleim
verwandelten. Die übrigen Umstände haben sie
mit der vorigen Art gemein.

Rösel. Ins. III. pag. 437. Tab. LXXVIII. bis
LXXXIII.

4.
Blasse
Polype.
Palleus.

4. Der blasse Polype. Hydra palleus.

Tab.
XXXIII
fig. 5.

Er ist strohfärbig, hat ohngefehr sechs Arme,
die wiederum etwas kürzer sind, als an der vorigen Art. Der Körper ist ein hohler Canal, nach
unten zu am dicksten. Der Kopf ist ein runder
Knopf zwischen den Armen. Die Arme können
sich wie ein Schnirkel dehnen, und scheinen aus
lauter durchsichtigen Kügelchen zusammengesetzt zu
seyn. Die Abbildung Tab. XXXIII. fig. 5. zeiget einen dergleichen ziemlich zusammengezogenen,
aber sehr stark vergrößerten Polypen. Derselbe
kann

kann ſich dergeſtalt einziehen, daß der Körper rund
wird, und die Arme ſich ganz verliehren.

Röſel Jnſ. III. pag. 465. Tab LXXVI, und
LXXVII.

6. Die Waſſerblaſe. Hydra hydatula.

In dem Unterleibe vierfüßiger Thiere, beſonders der Schaafe und Schweine, ja ſogar zwiſchen
dem Darmfell und den Gedärmern auch im Netz,
ſind ſchon von Bartholin, Redi, Haller, und
andern gewiſſe mit Waſſer angefüllte Blaſen gefunden worden, welche man endlich wegen ihrer Structur und Bewegung für thieriſch erkannt, und nunmehro unter die Thierpflanzen geordnet hat, jedoch
mit dem Unterſchiede, daß ſie vom Ritter unter
die Polypen, vom Pallas aber mit der Benennung
Tenia Hydatigena unter die Bandwürmer geſetzt ſind.

Der Herr Tyſon nahm dergleichen an einer von Aleppo geſchickten Gazelle wahr. Dieſe Blaße ſaß in einer Matrix, hatte einen eigenen
Hals mit einer Mündung, um die Feuchtigkeit an
ſich zu ſaugen, und zeigte eine Bewegung, wodurch
ſich der Hals verlängerte und wiederum verkürzte.
Unter dem Vergrößerungsglaſe zeigten ſich an dieſem Halſe ringförmige Einſchnitte, und inwendig
zwey, oder nach Herrn Pallas nur ein Band,
das in der Feuchtigkeit der Blaſe ſchwimmt. Die
ganze Blaſe iſt alſo der Magen, und das ganze
Geſchöpfe ein häutiger Wurm, der ſich mit dem
Halſe feſt anſauget, und zu ſeiner Nahrung ſich
rund und voll Feuchtigkeit ſäuft. Dieſe Geſchöpfe kommen in die Körper der Thiere, wenn die
Thiere, (als Schaafe und Schweine, oder auch andere) aus unreinen Teichen oder Waſſern trinken.
Es ſind gleichſam lebendige Sauger, die ſo viel

Feuch-

Feuchtigkeit an sich ziehen, daß sie die Größe einer Null, eines Eyes, oder auch wohl einer Faust bekommen, und eben diese Feuchtigkeit scheinet zugleich zu ihrem Wachsthume zu dienen. In dem Halse bey der Mündung zeigen sich vier kaum sichtbare, und fast verloschene Fühlerchen die sich bewegen. Alles aber zusammen genommen, scheinet uns nichts mehr als ein organisches Wesen zu seyn, welches noch keinen Platz unter den Thieren verdienet. Daß sie aber mit unter den Polypen und dergleichen Naturproducten stehen, dawider haben wir nichts einzuwenden.

6. Der Wassertrichter.   Hydra stentorea.

6.
Wasser-
trichter.
Stento-
rea.

Man denke sich hier ein Gehörrohr, nach der Linneischen Benennung, oder ein Sprachrohr, oder einen langen Trichter, nach Backers Vergleich, oder eine Schalmeye nach dem Rösel, oder auch eine Trompete und Flöte, nach dem Ledermüller, so wird es doch alles darauf herauskommen, daß sie oben eine weite Mündung, und ferner einen engen langen Hals oder Körper haben, der sich mit dem untern Theile ansauget. Sie sind kleiner als andere Polypen, und kaum einen Zwölftelszoll lang, können sich aber so einkrämpfen, daß man sie fast gar nicht mehr siehet. Wenn sie sich dehnen und ihre trompetenförmige Mündung öfnen, so ist der Rand mit lauter Fasern oder Härchen besetzt. Ziehen sie sich ein, so scheinen sie nur Kügelchen zu seyn.

Herr Trembley merkte ihre Vermehrung, daß sie in einer schiefen Theilung bestünde, wobey aus einem zwey wurden, deren einer zum alten Kopfe einen neuen Schwanz, und der andere zum alten

alten Schwanze einen neuen Kopf bekam, letzteren
Anwuchs möchte man ihnen faſt mißgönnen.

Röſel Inſ. III. pag 594. Tab XCIV. fig 7. 8.
Ledermüller Micr. Tab. LXXXVIII. fig. h. l.

7. Der Geſellſchaftspolype. Hydra ſocialis.

Es ſind lange runzählliche kegelförmige Körper, Geſel.
die in großer Menge mit dem ſpitzigen Ende oder ſchafts-
Fuße beyſammen ſitzen. Mit dem breiten Ende aber polype.
ſich von einander ausbreiten. Das breite Ende iſt
die offene mit feinen Härchen beſetzte Mündung,
und die Abbildung Tab. XXXIII. fig. 6. giebt den Socialis.
beſten Begrif davon. Mit dieſen Mündungen XXXIII
drehen ſie ſich, und machen Wirbel, in welche ihr fig. 6.
Aas eingezogen, und dann ſo verſchluckt wird.
Wenn ſie in Geſellſchaft ſitzen, ſo drehet bald der
eine, bald der andere, bald zwey oder drey zugleich
den Wirbel, jedoch können ſie ſich auch abſondern,
und einzeln herum ſchwimmen, oder ſich irgendwo
feſtſetzen. Dieſes thut beſonders die junge Bruth,
welche ſich eigene Colonien macht, denn gleich und
gleich geſellt ſich gerne.

Durch eine ſechs bis ſiebentauſendfältige Vergrößerung fand Röſel auch die Härchen am Rande, ſodann gewiſſe rothe Puncte und andere eyförmige Körperchen. Ob nun dieſe Körperchen
würkliche Eyerchen oder nur Nahrungstheilchen
ſeyn ſollen, ſolches iſt unter den Herren Microſcopiſten noch nicht ausgemacht.

Wegen der Wirbel, die dieſe und die vorige
Art macht, ſcheinen beyde zum vorigen Geſchlechte;
wegen

wegen des freyen Herumschwimmens aber zu diesem Geschlechte zu gehören. Vielleicht können sie ein eigenes Geschlecht zwischen beyden ausmachen.

Rösel Inf. III. pag. 584. Tab. XCIV. fig 1 - 6
Tab. XCV. und XCVI.
Ledermüller Micr. Tab. LXXXVIII. fig. F.

360. Ge

350. Geſchlecht. Seefeder.

Zoophyta: (oder Phytozoa) Pennatula.

Die federartige Geſtalt dieſer Geſchöpfe, die **Geſchl.** gleichſam in einem Kiel beſtehen, der an **Benen-** den Seiten mit einem Barte verſehen iſt, hat An- **nung.** laß zu obiger Benennung gegeben, und ſie führen auch deßwegen im Holländiſchen den Namen Zee - Pennen, ſo wie ſie ſonſt im Lateiniſchen auch Penna marina heiſſen.

Der Herr *Pallas* nennet ſie gleicherweiſe Pennatula, welches durch Herrn Boddaert Zee- Scaft gegeben iſt. Es werden aber bey belobtem Schriftſteller verſchiedene Arten hieher gezogen, die von dem Ritter ſchon unter andere Geſchlechter gebracht ſind.

Die Kennzeichen beſtehen darinne, daß **Geſchl.** der Stamm frey iſt, einen Federkiel vorſtellet, **Kenn-** und an der Spitze an beyden oder nur an einer **zeichen** Seite einen Bart hat. Die Polyppenblumen kom- men an dem gezähnelten Rande der Faſern heraus, welche den beſagten Bart machen, und das Ge- ſchöpfe bewegt ſich ziemlich geſchwinde mit der Spitze, voraus im Meer.

Es ſind folgende ſieben Arten zu betrach- ten.

I. Die

1. Die Dornfeder. Pennatula grisea.

Der Herr Bohadsch traf im adriatischen
Meer, an der neapolitanischen Küste, dieses Geschöpfe an, es war im frischen Zustande grau,
(denn getrocknet sind sie braun, oder in Weingeist,
wo die Farbe ausgezogen ist, weiß) hatte die Länge von acht Zoll, indem fünf ein halber Zoll mit
einem Barte versehen, der übrige Theil aber von
zwey einen halben Zoll kahl war.

Unten an der Spitze befindet sich eine Spalte
der dickere Theil des Kiels hat einige Runzeln,
der Bart bestehet aus mehr als dreyßig Strahlen. Jeder Strahl ist etwas sichelförmig, und
giebt am Rande verschiedene gezähnelte Lappen ab,
die an der Seite eine Menge kelchartige Höhlungen haben, welche in der Mitte mit verschiedenen
scharfen hervorragenden Beinchen versehen sind.

Die Substanz des Kiels und des Bartes
ist lederartig hart, und bestehet aus einem netzartigen Gewebe verschiedener Fasern, zwischen welchen sich ein weiches Bestandwesen befindet, welches, wenn es sich etwas zusammen ziehet, die
würffelartigen Höhlungen der Fasern zurücke lässet,
so daß die Haut oder Oberfläche dadurch rauh erscheinet. Besagte Fasern sind graublau, die Zwischenräume aber weißlich. Inwendig steckt ein
langes feines und scharfes Bein, welches weißlich
ist.

Aus den Zähnchen des Bartes kommen viele
kleine Polypen zum Vorschein, und Herr Pallas
schreibet ihnen auch Eyer zu.

2. Die Leuchte. Pennatula phoſ-phorea.

2.
Leuchte.
Phos-
phorea.
Tab.
XXXV.
fig. 1.

Sie iſt Tab. XXXV. fig. 1. abgebildet, und kann auch einigermaſſen zur Erläuterung der vorigen Art dienen. Der Kiel iſt häutig, der Stiel rauh, und die Zähnchen liegen übereinander. Wenn ſich dieſes Geſchöpf im Ocean auf dem Boden befindet, ſo erleuchtet es denſelben durch ein phoſphoreſcirendes Licht, daher obige Bennennungen entſtanden ſind.

Sie ſind vier bis acht Zoll lang. Der Kiel iſt rund, und weiß, das übrige woran der Bart ſitzt, platt und röthlich. Der Bart beſtehet an beyden Seiten aus vier und zwanzig und mehr Strahlen, die in der Mitte am längſten, unten und oben aber kürzer ſind.

Ein jeder Stahl des Bartes iſt mit Köchern beſetzt, die oben gezähnelt ſind. Jeder Köcher giebt einen Polypen mit acht Armen aus, ſo daß man dieſe Köcher mit den Zähnchen der Corallinen vergleichen kann. Ein ſolcher Strahl vergröſſert, iſt Tab. XXXV. fig. 2, mit den Polypen darinnen zu ſehen. fig. 2.

3. Die Drathfeder. pennatula filoſa.

3.
Drath-
feder.
Filoſa

Der Kiel iſt fleiſchich, der Stiel an beyden Seiten mit einem Barte verſehen, der aber nach Verhältniß der Länge kurz iſt, und gleich beym Anfange zwey ſehr lange Drathfaſern abgiebet. Die ganze Länge iſt vier bis ſechs Zoll. Der Kiel iſt ganz unten glatt und weiß, weiter hinauf aber undurchſichtig, lederartig, und in die Quere gerunzelt. Der Bart hatte eine Menge durcheinander geflochtener Faſern, die einen Federbuſch

dar-

darstellen. Die langen Drathfasern aber, die gleich zu Anfang des Barts hervorteten, sind länger als der Kiel und knorpelartig. Diese Art bohret sich in die Haut der Schwerdfische und sauget sie aus, denn sie sind inwendig hohl, und haben vier darmartige Gefässe, die gleichsam als eine Pumpe dienen, die Säfte abzuziehen. Dahingegen fand auch Boccone an einem solchen Geschöpfe eine Laus sitzen, die bey fig. 3. angedeutet ist, und vielleicht eine kleine Meerelchel kann gewesen seyn.

Tab. XXXV. fig. 3.

4. Die rothe Feder. Pennatula rubra.

4. Rothe Feder. Rubra. Tab. XXXV. fig. 4.

Der Herr Pallas, ziehet diese Art, als eine Verschiedenheit, zu obiger No. 2. Allein die Abbildung, welche Tab. XXXV. fig. 4. vorkommt, verglichen mit der fig. 1. der nämlichen Tafel, zeiget schon einen sehr grosen Unterschied.

Der Kiel ist fleischich, und dicht mit kleinen röthlichen Wärzchen besetzt. Der Stiel ist gefedert, und die übereinander liegenden Bartstrahlen sind glatt. Der Körper ist geschwollen, und hat die Gestalt einer länglichen Eichel, an selbigem befindet sich der Bart, welcher roth ist. Er bestehet aus lederartigen Strahlen, die in der Mitte wohl einen Zoll lang sind, und eine sichelförmige Gestalt haben. An der einen Seite dieser Strahlen zeiget sich erst eine einfache, und nach der Spitze zu eine gedoppelte Reihe kleiner herüber und hinüber gezogenen Cylinder, die jede acht bewegliche weiße Fasern abgeben, und dadurch ein polypenartiges Wesen anzeigen. Einen solchen Strahl mit seinen Zähnchen siehet man fig. * besonders und vergrößert abgebildet.

fig. *

Der

Der Körper dieſes Geſchöpfes iſt zwiſchen dem Barte mit vielen weißen Puncten beſetzt, an welchen ſich, nach der Abbildung des houttuiniſchen Exemplars, noch drey weiße Federchen zeigen. Der Herr Houttuin nämlich meynet, es mögte etwa auf jedem Punct ein ſolches Federchen geſeſſen haben, die wohl junge Bruth ſeyn könnte, welche ſich von der Mutter abgeſondert habe, und wovon dieſe drey nur übrig geblieben wären.

Uebrigens iſt der Stiel hohl und mit ſalzigem Waſſer angefüllet. In der Gegend des Bartes aber befinden ſich im Stiele, zwiſchen der obern lederartigen und innern dünnen Haut, eine große Menge gelblicher Eyerchen. Und in dem übrigen hohlen Theile des Stiels trift man nur ein etwa zwey Zoll langes und ſehr dünnes Beinchen an, welches mit einem gelblichen, durchſichtigen Häutchen umgeben iſt, deſſen verlängerte Enden unten und oben in den Spitzen des ganzen Stiels eingepflanzet ſind.

Dieſe Seefedern ſchieſſen im Waſſer vor ſich, ziehen ſich oft mit dem Kiel krumm, wodurch die Farbe mehr roth wird, indem ſich die röthlichen Wärzchen dichter aneinander begeben, und während dem Krummziehen, ſiehet man dunkelfärbige Purpurringe von unten auf in dem Kiele bis zum Barte in die Höhe ſteigen, und daſelbſt den Körper ſchwellend machen. Wie aber alles dieſes organiſche Maſchinenwerk vor ſich gehe? Dazu haben wir noch viel zu wenige Entdeckungen und Einſichten.

5. Die Zahnfeder. Pennatula mirabilis.

Der Stiel iſt drathförmig an zwey Seiten gefedert, mit halbmondförmigen Strahlen, die eins ums andere und weit von einander ſtehen. Die

5.
Zahnfeder.
Mirabilis.

Farbe iſt weiß. Der Aufenthalt iſt im nordiſchen und americaniſchen Meer. Die Länge gehet über einen halben Schuh, der Herr Pallas ſagt, daß die Kelche je zwey und zwey eins ums andere geordnet, und alle nach einer Seite zu umgebogen ſind. Ihre Mündungen ſind mit acht Zähnchen beſetzt. Die Abbildung, die jedoch nicht alle angeführte Merkmale deutlich genug zu erkennen giebet, iſt Tab XXXV. fig. 5. zu ſehen.

Tab. XXXV. fig. 5.

6. Die Pfeilfeder. Pennatula ſagitta.

6. Pfeilfeder. Sagitta.

Der Kiel iſt drathförmig der Stiel an beyden Seiten dicht gefedert, und die obere Spitze kahl. Die Länge iſt kaum Daumenbreit, und man findet ſie mannichmal an den Seiten kleiner Fiſchlein ſtecken. Tab. XXXV. fig. 6.

Tab. XXXV. fig. 6.

Rumpf redet auch von Pfeilfedern an der Küſte von Ceram, die wohl anderthalbe Schuh lang ſind, und in einem dicken Wurme ſtecken, welcher ſich bey der Elbe im Sande verkriecht, ſo daß man ſie bey hohem Waſſer durch einen geſchwinden Rucker herausziehen müſſe. Ihre Farbe ſey weiß. Auch gebe es ſchwarze zu zwey bis dritthalb Schuh lang, deren hervorragendes Ende mit zweyen Reihen feiner Kämme beſetzt ſey, die ſich im Waſſer wie eine Blume mit verſchiedenen Farben ausbreiten, und eine brennende Eigenſchaft haben. Inzwiſchen ſind dieſe Geſchöpfe noch zu wenig bekannt, um etwas ausführliches, oder zuverläßiges davon zu melden,

7. Borſtenfeder. Antennina.

7. Die Borſtenfeder. Pennatulla antennina.

Der Kiel beſtehet in einem faſt viereckigen bürſtenartigen Stiel, welcher an der einen Seite mit

mit Zähnchen und dicht aneinander ſtehenden Blumen beſetzt iſt, wie ſolches aus der Abbildung
Tab. XXXV. fig. 7. am beſten ſchließen läſſet. Tab.
Dieſes Geſchöpfe kommt aus dem mittelländi- XXXV.
ſchen Meer, iſt beinig, etwa gegen drey Schuh lang fig. 7.
und dabey mürbe. Außwendig iſt es mit einer gelblichen dünnen Haut überzogen, und der Fühllerchen
zählet man an dreyen Seiten über dreyzehnhundert.
Sie ſtehen reihenweiſe in ſchiefen Linien, und wo
ſie abſtreifen, bleiben doch Merkmale in der lederartigen Haut zurück. Aus allem dieſen wäre
alſo ſoviel zu ſchließen, daß es ein aus vielen
Polypen zuſammen geſetztes Geſchöpfe ſey, von
deſſen übrigem Verhalten und Lebensart auch
noch wenig bekannt iſt.

351. Geschlecht. Bandwürmer.

Zoophyta: (oder Phytozoa) Tænia.

Geschl. Benennung. Diejenigen Geschöpfe, welche in diesem Geschlecht vorkommen, sind von den Alten unter die Würmer gezehlet, und zwar unter diejenigen, die in dem Körper der Menschen vorkommen. Man unterscheidete sie aber von andern Würmen der Menschen und Thiere, durch das Wort Tænia, und verstund darunter solche platte Würmer, die wegen ihrer Dünne und Breite Landwürmer, holländisch Lintworm genennet werden. Da nun diese Würmer aus lauter Gelenken bestehen, deren jedes am füglichsten mit einem Kürbis- oder Kümmerlings-Saamenkern kann verglichen werden, so gab man ihnen auch den unterscheidenden Namen Vermes curcubitini, wovon die Franzosen noch ihr Vers Curcubitins behalten haben. Man hat also diese Landwürmer von den Bindwürmern, die wir oben pag. 42. in dem 278. Geschlecht Intestina fasciculata) abgehandelt haben, wohl zu unterscheiden.

Diese wunderbare Geschöpfe nehmen in den Eingeweiden der Menschen und Thiere aus einem unendlich feinen Puncte ihren Anfang, und bestehen aus aneinander hangenden Gelenken oder Gliedern, davon jedes sein eigen organisches Leben mit den dazu gehörigen Werkzeugen hat. In so weit nun der erste Punct den Anfang zu dieser Kette macht, in soweit wäre derselbe gleichsam und uneigent-

uneigentlich als der Kopf anzuſetzen, denn die ab-
geriſſene Kette wächſet immer wieder nach, ſo lange der erſte Punct nicht ausgerottet oder ganz erſtorben iſt, welchen zu tödten, oder ganz aus
dem Menſchen heraus zu bringen, eine der
allerſchwereſten Kuren iſt. Man muß ſich dahero
nicht wundern, wenn Perſonen, die damit behaf-
tet ſind, achtzig hundert und mehr Elen durch den
Stuhlgang auf einmal abgeben, ja nach und nach
etliche hudert Elen in abgeriſſenen Stücken ablöſen,
je nachdem die Krankheit viele Jahre dauret: denn
ſie wachſen, wie der Ritter ſagt, nach Art der
Quecken ins unendliche fort und werden an einem
Ende immer ſo jung, wie ſie am andern alt
werden.

Man erkläret alſo ihren Wachsthum wie den
Wuchs der zuſammen geſetzten Polypen in den
Coralllnen, und bringt ſie aus dem Grunde allhier mit nuter die Thierpflanzen oder Pflanzenthiere. Wie aber dieſe Würmer in die Körper der
Menſchen und Thiere kommen, iſt eine andere Frage. Jedoch iſt wohl zu vermuthen, daß ſolches
am leichteſten durch die Getränke, oder unreinen
Waſſer geſchehe, indem man ſchon dergleichen, obwohl ganz kleine, in ſchlammigem Waſſer gefunden hat. Setzet ſich alſo ein ſolcher verſchluckter
Punct an einem bequemen Ort im Körper feſt, ſo
iſt der Bandwurm da, und erreget nach Maaßga-
be ſeines Wachsthums unangenehme Zufälle, als
Magen und Darmſchmerzen, Ohnmachten, Eckel,
Durchfall, Hundshunger, verlohrne Eßluſt, Er-
brechen, Verſtopfung und dergleichen, wogegen man
mit Stahl-Mercurial-und abführenden Mitteln
vornämlich aber mit Steinöl, Hülfe zu leiſten ſucht.

Es ſind dergleichen Bandwürmer, ſo wie bey
Menſchen alſo auch bey Thieren, z. E. in Schaa-

fen, Katzen, Straußvögeln, Lachsen, Weißfischen, Brachsemen und dergleichen gefunden worden jedoch wohl mit einiger Verschiedenheit in der Gestalt und Größe der Art.

Der Ritter giebt folgende allgemeine Geschlechtsmerkmahle an: Der Stamm sey ein freyer gegliederter Körper, der nur eine einfache Kette ausmache, davon ein jedes Glied seinen eigenen Mund und eigene Eingeweide habe.

Ihr Unterschied aber bestehet in den längeren oder kürzeren, schmäleren oder breiteren Gliedern, desgleichen in der Anzahl und der Richtung der Mündungen, so daß man wenigstens folgende vier Hauptarten zählen kann.

1. Der einmündige Bandwurm. Taenia solium.

Warum der Ritter diese Art Solium nenne, können wir nicht entscheiden. Die Franzosen nennen solche Würmer Vers solitaire, oder einsame Würmer, und Herr Pallas hat diese Art unter dem Namen Taenia cucurbitina; holländisch Kauwoerde - Zaatsworm vorgestellet. Ihr bestes Unterscheidungsmerkmahl ist, daß sie nur einen Mund zur Seite an jedem Gelenke hat, daher wir sie einmündig genennet haben. Sie sind einigermassen aufgetrieben, doch mannichmal auch ziemlich platt, allenthalben gestreift und weiß. Jedes Gelenke ist oval, etwas gedruckt, mit zwölf Strichen der Länge nach gefurcht, und in der Mitte durchbohret. Der obere Rand raget etwas hervor und ist ein wenig ausgeschnitten, der untere Theil aber ist abgestutzt, und hat in der Mitte der Fläche eine Hervorragung.

Von

Von den zuſammengeſetzten Gliedern alſo, kann man ſich keinen beſſern Begrif machen, als wenn man ſich eine lange Reihe plattgedruckter und ineinander geſteckter Becher denkt, davon immer einer größer wird, als der andere, ſo wie auch die Abbildung Tab. XXXVI. fig. 1. die Sache ſogleich erläutern wird. Es ſtellet nemlich erwehnte Figur einen dergleichen Bandwurm aus einem Hunde dar, und in Lit. A. iſt ein Stück eines ſolchen Wurms aus einem Menſchen vorgeſtellet, um den etwaigen Unterſchied in der Bildung, und die Stellung der Mündungen zu bemerken. *Tab. XXXVI fig. 1. Lit. A.*

Es zeiget ſich nämlich, daß jedes Gelenke an einer Seite nur eine Mündung habe, doch ſind die Mündungen nicht alle an der nämlichen Seite befindlich, indem die Gelenke wechſeln, ſo daß das eine den Mund an der rechten, das andere aber an der linken Seite führet.

Dieſe Mündungen nun an einem andern Kürbisbandwurme genauer zu ſehen, ſo ſind Lit. B. drey andere abgeſonderte Gelenke, die man Kürbisſaamen nennet, einzeln und etwas vergrößert, abgebildet. Es zeiget ſich nämlich aus ſolcher Abbildung, daß ein jeder Mund in einem röhrigen Saugewerkzeuge beſtehe, und dieſes macht die Art des Wachsthums begreiflich. *Lit. B.*

Vermuthlich bereitet jedes Gelenke als ein organiſches Werkzeug ſein eigenes Junges, welches, nach Art der Ableger an den Pflanzen, anfänglich theils von der Mutter lebt, theils durch ſeinen eigenen Mund Nahrung an ſich ſauget, bis es keiner Nahrung mehr von der Mutter bedarf, und an dieſem unwürkſamen Theile zwar abſtirbt, aber doch befeſtiget bleibet.

Lll5   2. Der

2. Der zweymündige Bandwurm. Taenia vulgata.

2.
Zwey-
mündi-
ger.
Band-
wurm.
Vulgaris

Da dieser Bandwurm in den Menschen sehr gemein ist, so wird er Vulgaris genennet, wiewohl er beym Pallas, mit Verwerfung der Linneischen Benennung, Grisea heißt, das wäre also weißgrau.

Von einem kleinen und geringen Anfang erhebt sich dieser Wurm in sehr platten und immer breiteren Gelenken, so daß die Gelenke zuletzt fast die Breite eines Daumens, oder doch eines Fingers erhalten. Die Seiten und Ecken der Gelenke sind scharf, und da immer das schmälere Ende des obern Gelenkes auf der Breite des untern stehet, so tretten die obern Ränder der Gelenke sägeförmig hervor. Jedes Gelenke ist einigermaßen viereckig platt, mehr breit als lang, und darum wird dieser Wurm im eigentlichen Verstande unter dem Namen Band oder Riemenwurm genennet. Auf der einen flachen Seite der Gelenke befinden sich zwey Mündungen: die eine ist unten, ohnweit der Einsenkung, und bestehet aus einer deutlichen Oefnung mit einem Sauger. Die andere Mündung ist oberhalb der ersten, etwa in der Mitte des Gelenkes, und bestehet in einer fast unsichtbaren Oefnung, die mit einer Spalte klaft. Beym Fortkriechen dehnen sie die Gelenke etwas in die Länge, und gegen das Licht betrachtet, enthält jedes Gelenke seine eigene darmartige Werkzeuge, so wie alles in der Abbildung Tab XXXVI fig 2. und in einiger Vergrößerung Lit. C. zu sehen ist.

TAB.
XXXVI
fig. 2.
Lit. C.

Der Sitz dieser Würmer ist in menschlichen und andern thierischen Körpern, bald höher bald niedriger, und sie gehen dahero bald unten, bald

oben

oben ab, wie solches letztere unter andern aus dem Exempel eines Bauern in Holland erhellet, welcher bey einem nachlassenden Fieber eine Ueblichkeit und Würgen bekam, worauf ihm von einem Wundarzt ein Brechmittel gegeben wurde, welches auch seine Würkung that, indem ein solcher Wurm zum Halse heraus kam. Da aber der Bauer dieses für ein Stück seiner Därmer hielte, bat er den Wundarzt flehentlich, ihm den Darm wieder hinein zu stecken, der Wundarzt aber wollte nicht hören, sondern zog allgemach den Wurm bis zu einer Länge von vierzig Elen hervor. Allein die Angst die der Bauer empfand, über der Furcht, er möchte alle seine Därmer auf diese Art verliehren, führte ihn auf den ihm selbst so schädlichen Entschluß, diesen vermeintlichen Darm abzubeissen, welches er denn auch unversehens bewerkstelligte.

Der Ritter hat nebst sieben Reisegefährden diesen Bandwurm, jedoch kleiner, in einem schwedischen Brunnen im Ockerschlamm; und Herr Unzer dergleichen Gelenke und Glieder, wohl zwey Hände breit zusammen, auch in einem Brunnen gefunden. Wir sehen also gar nicht ein, warum Herr Pallas noch an der Richtigkeit dieser Entdeckung zweifelt.

3. Der breite Bandwurm.   Taenia lata.

Dieser weisse Bandwurm, welcher sich durch seine Breite von allen andern hinlänglich unterscheidet, ist Tab. XXXVI. fig. 3. vorgestellet, und wird ebenfalls bey Menschen und Thieren gefunden. Die Gelenke sind sehr breit, aber desto kürzer, und dahey platt. Das Bestandwesen scheinet häutig zu seyn, und ist in die Quere gerunzelt,

gerunzelt, denn man zählet auf jedem Gelenke
an der breiten Seiten wohl fünf Runzelſtriche.
Dichte bey der Einſenkung befindet ſich nur eine
einzige Mündung, auf einer drüſenartigen Erhö‐
hung, und gegen das Licht gehalten, zeigen ſich
nur ein bis zwey dunkle Puncte oder auch wohl
gar keines, und von andern darmartigen Werk‐
zeugen ſiehet man gar nichts. Am ſpitzigen En‐
de will der Herr Bonnet einen Kopf gefunden
haben, allein es wird das erſte Glied im kleinen
wohl eben ſo ausſehen, als das letzte im groſ‐
ſen. Vermuthlich aber iſt bey deſſen Anklebung
an den innern Theilen der Gedärme, etwas durch
die Abreiſſung oder Trennung an dieſem ſpitzigen
Ende hängen blieben, welches man etwa für
Theile deſſelben kann gehalten haben. Unterdeſ‐
ſen giebt es von dieſer Art noch manche Ver‐
ſchiedenheiten, die vielleicht nach genauer Be‐
trachtung wohl eigene Arten ausmachen mögen,
als zum Exempel, der breite Bandwurm aus ei‐
nem Haſen, davon wir ein Stück bey Lit. D.
abgebildet ſehen.

Lit. D.

4. Der ſchmale Bandwurm. Taenia canina.

4.
Schma‐
ler
Band‐
wurm.

Caniua.

Tab.
XXXVI
fig. 4.

Obgleich dieſe Art, bey dem Ritter, ſowohl
als beym Pallas, der Hundswurm genennt wird,
ſo iſt doch der Aufenthalt derſelben in allerhand
Arten der ſäugenden Thiere. Da ſie aber nicht
dicker als ein Drat und dennoch platt ſind, wie
die Abbildung Tab. XXXVI. fig. 4 zeiget, ſo
unterſcheiden wir ſie durch die Benennung ſchma‐
ler Bandwurm. Sie ſind hell, durchſichtig,
aus etlichen, nur einen Zoll langen linealförmi‐
gen Gelenken zuſammen geſetzt, und haben nicht
auf

auf der Fläche, ſondern jeder Seite eine, und
alſo zwey gegeneinander über geſetzte Mündungen
davon die eine ſehr klein, und faſt nicht ſichtbar
iſt.   Es haben auch allerhand Fiſche dergleichen
ſchmale Bandwürmer, ob ſie aber alle gegliedert
ſind, und hieher, oder vielmehr zum 278. Geſchlecht der Bandwürmer gehören, ſolches iſt
noch nicht genugſam unterſucht worden.

352 Geschlecht. Kugelthierchen.

Zoophyta: (oder Phytoyoa) Volvox.

Geschl. Benennung. Das Volvox ein Wälzen andeuten soll, ist wohl nicht nöthig zu erinnern, und schickt sich also zu diesem Geschlechte ganz gut, weil die Geschöpfe, die hier zu betrachten sind, allezeit in einer wälzenden Bewegung angetroffen werden. Ihre mehrentheils runde Gestalt aber hat ihnen schon längst den Namen Kugelthierchen; holländisch Klootdiertjes erworben.

Geschl. Kennzeichen Sie haben einen freyen, gallertartigen, runden Körper ohne Gliedmaffen, der sich im Wirbel drehet. Die Jungen sind gleichfalls rund, stecken in den Poris der Alten, und liegen durch deren Körper zerstreuet, so daß sie ihre Kinder und Kindskinder bis ins fünfte Glied in sich selbst erzeugen, so wie die Bandwürmer des vorigen Geschlechts ihre Enkel und Urenkel auffer sich in einer Kette ohne Ende hervorbringen. Es sind in diesem Geschlecht abermahls vier Arten zu betrachten, wie folget.

1. Eyerkugel. Beroë. 1. Der Eyerkugel. Volvox Beroë.

Boeroë war der Name einer Säugamme des Bachus, ob aber Broune in seiner Geschichte diesem Geschöpfe in solcher Absicht den Namen Beroë, beylegt, stehet dahin. Wenigstens, als Herr

Herr Baſter am ſeeländiſchen Strand ein ähnliches Geſchöpfe fand, nennete er es auch ſo, und der Ritter folget dieſen beyden.

Es iſt ein, nach Art der Quallen (ſiehe den vorigen Band pag. 102) gallertartiger, aber eyrunder Körper, in der Größe eines Taubeneyes, hat (wie in dem Browniſchen Exemplar,) acht, (oder wie in dem Baſteriſchen Exemplar,) neun Rippen, die den Umfang begränzen, und mit einer unzähligen Menge kleiner Faſern beſetzt ſind. Man kann ſchon mit bloſſen Augen in der inneren Subſtanz gewiſſe Röhrchen, und dergleichen entdecken, übrigens aber weiß man nichts davon anzugeben, als daß es ſich und die Faſern beſtändig drehet, beweget, oder wälzet, alſo ein gewiſſes ſtarkes Leben zeiget, und ein Einwohner des Oceans zwiſchen Europa und America iſt. Man findet ſie im Monat April in dem Hafen von Zirkzee, und Herr Houttuin nennet ſie gehaairde Beroë.

2. Das Achteck. Volvox bicaudata:

Der Herr Gronovius entdeckte am holländiſchen Strande eine andere Art, welche der Ritter hier erörtet, und ſie doppelt geſchwänzt nennet, wovon die Urſache ſogleich erhellen wird, und ſchon vorläufig aus der Abbildung Tab. XXXVII. fig. 1. wird zu erkennen ſeyn.

Die ganze Größe dieſes Geſchöpfes iſt faſt wie eine Erbſe, vollkommen rund, aber wie eine Melone gerippt, ſo daß daraus eine achteckige Rundung entſtehet. Dieſe acht Eintheilungen ſind nur Erhöhungen, die durch eben ſo viel Furchen oder Segmenten verurſachet werden. Alle Erhöhungen ſind mit einer ganz unzähligen Menge feiner

Här-

Härchen oder Fasern besetzt, welche miteinander dem Geschöpfe zum Schwimmen dienen.

Während dem Fortschwimmen ist der Wirbel vorwärts gekehret, indem sich an dem entgegen gesetzten Polus dieser Kugel, oder am After zwey lange Federfasern wie Schwänze befinden, die an der innern Seite mit unzähligen Härchen besetzt sind, und also den Fühlhörnern mancher Insecten ziemlich ähnlich sehen. Diese Schwänze sind un-

Lit. A gemein lang, wie aus der Abbildung Lit. A. zu sehen ist, indem sie wohl zehnmal die Länge des Körpers annehmen können, dem ohnerachtet haben sie auch die Fähigkeit, sich dergestalt einzukürzen, daß man sie kaum mehr siehet, wie unter andern

Lit. B. aus der Figur bey Lit. B. erhellet.

Der ganze Körper ist übrigens gallertartig, und halb durchsichtig; inzwischen besitzt derselbe doch eine sehr merkliche Elasticität, die sich mit dem Tode verlieret, denn da verschmelzt die ganze Kugel in einem flüßigen Schleime.

Ein ganz besonderer Umstand aber, den man an diesem Geschöpfe wahrnahm, bestunde darinnen, daß es unter dem Schwimmen an der Oberfläche des Wassers eine Menge Kügelchen oder Bläschen auswarf, die sich sogleich ebenfalls auf dem Wasser herumdreheten, und in der Mitte einen dunkeln Punct hatten, so wie man in den großen Kugeln auch ein bluthrothes Eingeweide fand, welches alles die starke Vermuthung befestiget, daß diese kleine Kügelchen die Eyer oder Jungen der Alten gewesen sind. NB. Wir vermeiden mit Fleiß den Ausdruck Thier, weil wir sie so wenig als die andern Geschöpfe dieser Ordnung dafür erkennen.

3. Der Wälzer. Volvox globator.

Dieſes Geſchöpfe iſt vollkommen rund, ohne
alle äuſſerliche Gliedmaſſen, und wälzet ſich dahero
nach allen Seiten. Die Abbildung deſſelben iſt
Tab. XXXVII. fig. 2. zu ſehen, woſelbſt es in Tab.
XXXVII.
fig. 2.
vielerley Gröſſen vorgeſtellet wird, obgleich die natürliche Gröſſe nur wie ein Kohlſaamen iſt, und
man daher recht gute Vergröſſerungsgläſer zur
Hülfe nehmen muß, alles dasjenige daran zu ſehen,
was bereits von groſſen Naturforſchern, als beſonders dem Herrn Backer, Röſel, und Herrn Geer
iſt entdeckt worden.

Ihre Farbe iſt vorerſt wie das lautere Waſſer, und ziehet nur etwas ins grüne, oder, nach
der Röſeliſchen Illumination, ins gelbe, das
Beſtandweſen iſt gallertartig, ſo daß man ſie kaum
anfaſſen kann, ohne ſie zu zerſtören. Ihre Bewegung beſtehet entweder in einem Wälzen oder Rol-
len, es ſey nach einer geraden oder krummen Richtung, oder in einem Fortſchieben ohne Wälzung,
oder auch in einem Drehen um die Axe. Zuweilen
aber ſtehen ſie im Waſſer ganz ſtille. Der Umfang
der Oberfläche iſt mit unzählichen punctähnlichen
Körnern beſetzt.

Inwendig wird man nichts von Eingeweiden
oder dem ähnlichen Theilen gewahr, als nur acht,
zehn, zwölf und mehr kleinere Kugeln, von der
nämlichen Beſchaffenheit, wie die groſſe iſt, welche
wegen ihrer meergrünen oder dunklern Farbe durch-
ſcheinen, aber ohne Ordnung und ohne Bewegung
in der Mutter liegen. Von dieſer Lage und von
der verſchiedenen Anzahl und Gröſſe dieſer kleinen
Kugeln, welche die Jungen ſind, kann man ſich
aus der oben angezeigten fig. 2. der Tab. XXXVII.
belehren, woſelbſt

Lit. a. Eine Mutterkugel mit zwanzig,

Lit. b. Eine andere mit fünf, und

Lit. c. Eine dritte mit acht Jungen vorstellet.

Diese junge Kugeln haben wieder kleinere in
sich, und diese wiederum andere, so, daß man sie
durch die Vergrößerung schon bis auf das fünfte
Geschlecht in einander steckend gefunden hat.

Wenn die Stunde der Geburt kommt, dringen die jungen Kugeln (siehe die angeführte Figur
lit. d.) durch eine Ritze langsam und bedächtlich
nach einander heraus, so daß man acht in einer
Stunde herauskommen sahe. Die heraus gekommenen Jungen gehen sogleich drehend und wälzend
ihrer Wege, die Mutter aber fällt zusammen,
wird eckig und runzelig, und stirbt als eine fast
unsichtbare Faser.

Rösel Inſ. III. pag 617. Tab. CI. fig. 1. 2. 3.

4. Die Halbkugel.　Volvox dimidiatus.

Dieses eben so wunderbare Geschöpfe wird oft
an den Fröschen, und an den Schwänzen der Eydechsen gefunden. Es ist klein, rund, gallertartig,
und von der nämlichen Art, als die vorbeschriebe-
nen Kugelthierchen, nur macht es im Fortgehen
in dem Wasser eine Halbkugel, und wenn es ruhet, bildet es sich rund, gerade also das Gegentheil von dem was man erwarten sollte.

(Randglosse) 4. Halb-kugel. Dimi-diatus.

353. Ge-

353. Geſchlecht. Höllendrache.

Zoophyta: (oder Phytozoa) Furia.

In dieſem Geſchlechte kommt ein den Menſchen ſchädliches Geſchöpfe vor, welches, wenn es den Menſchen trift, ihm unleidliche Schmerzen verurſacht, daß er faſt toll darüber wird, darum hat der Ritter dieſem Geſchlecht den Namen Furia gegeben. Wenn wir nun an die höllischen Furien gedenken, und von dieſem Geſchöpfe beſchrieben finden, daß es aus der Luft fällt, ohne zu wiſſen woher es komme, ſo dünkt uns, kann man es wohl Höllendrache nennen.

Geſchl. Benennung.

Der Körper iſt frey, allenthalben wie eine Linie gleich ſchmal und gleich, doch an beyden Seiten mit Härchen beſetzt, und mit umgebogenen Stacheln, die gegen den Körper angedruckt ſind, gewafnet. Es giebt nur folgende einzige Art:

Geſchl. Kennzeichen

I. Der Tollwurm. Furia infernalis.

In den wüſten Torfmoräſten des nördlichen Schwedens fällt zuweilen ein wunderbares Geſchöpfe auf Menſchen und Thiere, welches in einem Augenblicke in die Haut und den Körper dringet, und höllische Schmerzen verurſacht, die oft in einer Viertelstunde den Tod nach ſich ziehen. Der Ritter ſelbſt wurde im Jahr 1728 in Lund dadurch angefochten, und Herr Solander has es beſchrieben; doch der Ritter hat nur ein getrocknetes Exemplar geſehen, welches nicht anders, als eine kleine

Toll-Wurm. Infernalis.

Mmm 2
Faſer

Faser aussahe, und einem Prediger Erwaß in Riemi, in die Schüssel gefallen war, der es dem Ritter zugeschickt hatte.

Soviel ist vom Avelin angegeben, daß man in Finnland, wenn die Moräste in heissen Sommern austrocknen, glaubt, es zöge die Sonne etwas schädliches an sich, welches, wenn es auf Menschen oder Thiere herunter falle, dieselben grausam quäle, und ihnen den Tod verursache. So bald man dahero etwas gewahr werde, mache man gleich einen Einschnitt an den verletzten Ort, und treffe einen braunen Punct an, auf welchen man ein Stück jungen Käs legte, da denn hernach ein kleiner Wurm von einem Sechstelszoll lang in den Käse kröche, und also glücklich herausgezogen würde.

Diejenigen, die in heissen Ländern wohnen, erzehlen, daß ihnen in freyer Luft des Abends ein starkes Jucken und Brennen im Gesicht anfalle, welches aber schnell vorüber gehet. Vielleicht sind es ähnliche Geschöpfe der Luft, die dieses verursachen, und, wie Würmer, durch die Haut in den Körper hinein dringen können, solches ist von dem Fadenwurm oder Gordius (siehe den vorigen Band pag. 30. bis 33.) hinlänglich angezeiget worden.

———

354. Geſchlecht. Infuſionsthierchen.

Zoophyta: (oder Phytozoa) Chaos.

Dieſes letzte Geſchlecht enthält ſolche Geſchö- **Geſchl.**
pfe, die man durch das Microſcop mit ei- **Benen-**
ner eigenthümlichen Bewegung in verſchiedenen **nung.**
Waſſern und Feuchtigkeiten herumſchwimmen ſiehet, und von welchen man kaum weiß, was man davon zu halten habe. Der Ritter nennet dieſes Geſchlecht daher ein Chaos. Es ſey, daß es ihm
als ein Chaos der Verwirrung vorkomme, oder
als ein Urſtoff, woraus fernere Bildungen entſtehen. Weil nun die, jetzt je länger, je mehr, berüchtigte Infuſionsthierchen dazu kommen, ſo
haben wir das ganze Geſchlecht mit dieſen Namen
belegt, da ſie nach ihrer Art alle dafür können angeſehen werden. Der Herr Houttuin hat ſie
Wardiertjes, das iſt, Thiere der Verwirrung
genennet.

Es ſind nämlich freye, einförmige, aufleben- **Geſchl.**
de Körperchen, an welchen man weder Gliedmaſ- **Kenn-**
ſen, noch gewiße Werkzeuge der Sinne, äuſſerlich **Zeichen**
antrift. Sie ſind ungemein klein, und nur microſcopiſche Gegenſtände; davon der Ritter folgende fünf Arten angegeben hat.

I. Der Kleiſteraal. Chaos redivivum.

Unter dieſer Art werden alle diejenigen Ge- **Kleiſter-**
ſchöpfe verſtanden, welche in verdorbenem Eßig, **aal.**
Redi-
Mmm 3 **im vivum.**

im Buchbinderkleiſter, Stärke, Sauerteig, Brandkorn und dergleichen, gleichſam durch eine leben-
dig machende Kraft aus einem vieljährigen Tode
oder Ruheſtande, nach vorhergehender Einweichung,
Erwärmung und Gährung entſtehen. Man wird
nämlich alsdann gewahr, daß ſich gewiße fadenförmige, an beyden Seiten zugeſpitzte Schlängel-
chen und Aelchen, die zuvor nicht geſehen wurden,
hervorthun, ſich unter dem Microſcop in einem
Tropfen Waſſer, wie in einer See, gleich den
Fiſchen, Schlangen, und Aalen bewegen, hurtig
herum ſchwimmen, und ein wunderbares Schau-
ſpiel darſtellen; ja was mehr iſt, Eyer und lebendige Jungen abgeben, und ſich alſo unter den Augen vermehren, und ſobald ſie erſtorben und trucken geworden ſind, wohl nach zweyen und mehr
Jahren, durch zugethane Feuchtigkeit und Gährung,
wieder aufs neue leben.

Wenn man dieſe Aelchen durchſchneidet, ver-
ſchütten ſie oft hundert Junge, die jede in ihrem
Häutchen, als in einem Ey eingeſchloſſen ſind,
gleich aber herauskriechen, und gleich den Alten
fortleben, ſich bewegen, herumſchwimmen, und
wachſen.

Dieſes ſind nun einige allgemeine Bemerkun-
gen, denn die beſondern Geſtalten ereignen ſich in
beſondern Verſchiedenheiten, als zum Erempel,
daß die Eßigaale, ſehr lang, und aus zweyen pa-
rallellen dunkeln Linien mit dazwiſchen kommenden
durchſichtigen Körper zu beſtehen ſcheinen, und ſo
weiter. Bey den Wahrnehmungen der Verſchiedenheiten war nun freylich immer ein Micro-
ſcopiſt glücklicher, als der andere, und am ähnlichen Geſchöpfen, die Geſtalt, die Anzahl der
Eyer und lebendigen Jungen, die zugleich zur
Welt kommen, die gedoppelten Schwänze, die
Lebensart, und was dergleichen mehr, zu entdecken;

decken; worinnen man allerdings den · jetztlebenden
und neuern Microſcopiſten den Vorzug laſſen, ihren
Fleiß und Genauigkeit bewundern, und ihre Entdeckungen hoch ſchätzen muß. Denn ſie ſind es ſämtlich, die uns den Weg bahnen, um etwas gegrün-
detes und höchſt wahrſcheinliches von den Würkungen der Natur zu erfahren, und aus dem Grunde
nehmen wir gerne alle ihre glaubwürdige Nachrichten mit der nöthigen Behutſamkeit an, obgleich
wir ihren allzeit fertigen Schlüſſen auf die thieriſche Natur ihrer entdeckten Körperchen, gar nicht
fertig beypflichten, ſondern alles aus einem ganz
andern Geſichtspuncte, wie ſich am Ende zeigen
wird, betrachten. Da nun aber die microſcopiſchen Wahrnehmungen über allerhand microſcopiſche
Gegenſtände heutiges Tages in jedermanns Händen ſind, und die wißbegierige Welt nicht nur äl-
tere Schriftſteller, als Löwenhöck, Swam-
merdam, Backer, Needham, Röſel, Ledermüller, ſondern auch die Werke der Neuern, und
zwar zuverſichtlich ſcharf ſehenden und ſcharf denkenden Wahrnehmer, als des Herrn geheimen
Raths von Gleichen, des Herrn Juſtizraths
Müllers, des Herrn Paſtor Götze, und mehrerer
anderer nicht minder berühmter Männer, vor ſich
hat, ſo tragen wir Bedenken, dieſen unſern kurz-
gefaßten Commentar, welcher nur das weſentliche und nöthigſte enthalten ſoll, mit jenen aus-
führlichen Nachrichten der mancherley Beobachtungen, unnöthiger Weiſe anzufüllen, und wir glauben daher, von gegenwärtiger Art vor jetzo bereits
genug geſagt zu haben. Wer aber etwas von beſagten Geſchöpfen in einem vergröſſerten und zugleich illuminirten Zuſtande ſehen will, der vergleiche, auſſer andern Schriftſtellern, nachfolgende
Anweiſung:

Ledermüller Microſc. p. 33. Tab. XVII.

M m m 4   2. Der

2. Der Unbeſtand.   Chaos Protheus.

Proteus iſt in der Fabelgeſchichte ein Meer-
gott, und Sohn des Oceans, der zugleich aber ein
Sinnbild der Wankelmüthigkeit und Unbeſtändig-
keit, ſo wie das Meer und die Waſſerwogen un-
beſtändig ſind. In dieſer Rückſicht hat der Ritter
gegenwärtige Art mit dieſem Namen belegt, weil
es ein gallertartiges Geſchöpf iſt, das ſich zu keiner feſten Figur beſtimmt, ſondern tauſend verſchiedene und unregelmäßige Geſtalten mit der gröſ-
ten Geſchwindigkeit annimmt, welches alſo durch
unſere Benennung Unbeſtand, eben o gut aus-
gedruckt wird.

Dieſes Geſchöpfe beſtehet aus einer Verſammlung von lauter großen und kleinen Kügelchen von
heller und durchſichtiger Beſchaffenheit, die alle
mit einander wunderbar durcheinander gekugelt
werden, eben dadurch aber dem ganzen eine immer
unbeſtändige Figur zuwege bringen. Bald ſiehet
alſo die Maſſe, die in natürlicher Größe einen
Senfkorn gleich kommt, einem Kleeblat, bald einem Hirſchgeweihe, bald irgend einer andern Figur ähnlich. Sie erweitert ſich, dehnet ſich in
die Länge, krämpft ſich wieder ein, theilet ſich in
zwey Haupttheile, oder macht ſich wieder zu einer Kugel, mit einem Halſe, aus welcher ein
Stroh von kleinern Kügelchen, in Geſtalt einer
brennenden Granate oder Bombe, herausfahren,
wie ſolches alles aus der Abbildung Tab. XXXVII.
fig. 3. lit. a. b. c. d. e. f. zu ſehen iſt.

Tab.
XXXVII.
lit. a. b.
c. d. e. f.

Hier zweifelt der Herr Houttuin ſelbſt, ob
er dieſe Geſchöpfe für Thierchen halten ſolle? Da
es faſt nichts als Bläßchen ſind, die lebendige Kü-
chelchen in ſich zu enthalten ſcheinen, die, wenn
ſie verſchüttet ſind, verurſachen, daß der ganze
Protheus verſchwindet. Er meynet nämlich, es
beſtün-

beſtünden dieſe Kügelchen nur aus einer, aus dem
Pflanzenreiche abgeſonderten öhlichen Materie,
die durch Fäulniß in Wärme, und durch die Wärme in Bewegung gerathen wäre, glaubt aber dem
allem unerachtet, daß ſie mit Recht hier unter die
Waſſerthierchen geordnet wären. Wie ſich aber
Ideen zuſammen reimen, iſt uns viel zu hoch, um
ſie zu begreifen.

Röſel Inſ. III. Tab. CI. fig. A. —T.
Ledermüller Microſc. Tab LXXXVIII. fig. 48.

3. Der Schwammſtaub. Ghaos fun-gorum.

Dieſer Staub iſt ein Saame, welcher ſich, **3.**
wie der Saame des Schimmels, Boviſt, Schwäm- Schwam-
me, und dergleichen, in der Mutter aufhält, bis Fungo-
er ſich zerſtreuet. Wenn dieſer Saame nun in das rum.
Waſſer kommt, ſo lebt er, nach des Herrn von
Münchhauſen Wahrnehmung, und beweget
ſich, ſetzt ſich endlich irgendwo feſte, und wächſt wiederum in einen Schwamm auf.

Der Ritter macht hierauf dieſe Anmer-
kung: daß, gleichwie die Thierpflanzen durch
Veränderung aus dem Pflanzenreiche in das
Thierreich übergehen, alſo gehen die Schwämme aus dem Thierreiche in das Pflanzenreich über. Daß man aber würklich nicht nöthig
habe, der Natur ſo viele Gewalt anzuthun, weil
ein viel kürzerer Weg vorhanden iſt, ſolches werden wir am Ende in unſern Anmerkungen vortragen.

4. Das

4. Das Brandkorn.   Chaos uftilago.

Man findet zuweilen auf dem Felde in der Gerste, in Weitzen, in Graßpflanzen, Bocks-bart und Scorzoner ganz versengte, und zu einem schwarzen Pulver gleichsam verbrannte Aehren, die gemeiniglich Brandkorn genennet werden. Dieses Pulver etliche Zeit in warmen Wasser geweicht, verändert sich nach des Herrn von Münchhau-sen Wahrnehmung, in längliche durchsichtige Thier-chen, die wie die Fische im Wasser spielen, wenn man sie mit dem Vergrößerungsglase betrachtet.

Dieses aber ist der einzige Fall nicht, wo sich dergleichen Erscheinungen zeigen. Man darf nur die innere weiße Substanz des sogenannten schwarzen Mutterkorns einweichen, so wird man aus diesen Faserchen längliche Aelchen entstehen sehen, das ist, sie bewegen sich wie die Aelchen, nach Herrn Backers Beobachtung.

Der Ritter merkt auch noch an, daß wenn man runde und eingekrämpfte Weitzenkörner, die verschiedene Jahre trucken bewahret worden, in lau-lichem Wasser aufweicht, sich alsdann innerhalb einer Stunde Würmerchen wie Maden zeigen, hier aber zweifelt der Ritter selbst, ob er sie wohl für Thierchen halten dürfe?

5.   Die Infusionsthierchen.   Chaos in-fusorium.

5.
Infu-
sions-
thier-
chen.

Infuso-
rium.

Hierunter verstehet man alle übrigen Geschöp-fe, die unter dem Vergrößerungsglase entdeckt werden, wenn man auf gewiße Sachen, als Ger-ste, Getralde, Blätter, Blumen, Gras, Heu, Früchte und dergleichen, etwas Wasser schüttet,
es

es einige Zeit an einem laulichen Orte ſtehen läſſet, und dann einen Tropfen davon unter das Microſcop bringet, da ſich denn ein ganzes Meer voller Wunder zeiget, nämlich Geſchöpfe, die oft millionenmal kleiner als ein Sandförnchen ſind, und
nichts deſtoweniger ſchnell durcheinander fahren,
wieder umkehren, ſich wälzen, an einander anhangen,
wieder loßreiſſen, und was dergleichen mehr iſt.

Alle dieſe ſogenannten Infuſionsthierchen haben eine nicht viel von einander verſchiedene Geſtalt, mehr Verſchiedenheit aber findet man in ihrer Bewegung, aber ihre Durchſichtigkeit macht
öfters, daß ſie verſchwinden. Man muß recht
und gut, und geduldig ſehen, wenn man weſentliche Entdeckungen machen will, und dann mögte es
einem gelingen, wie dem Leeuwenhoeck, um in
einer Infuſion auf geſtoſſenen Pfeffer Geſchöpfe
zu finden, die tauſend millionenmal kleiner als
ein Sandkorn ſind. So wie es inzwiſchen auf
ein gutes Microſcop, und auf einen geſchickten
Wahrnehmer ankommt; eben ſo liegt auch viel an
der rechten Zubereitung der Infuſion, oder vielmehr an dem beſtimmten Grade der Fäulniß und
Gährung, welcher erfordert wird, dieſe Geſchöpfe
erſt aus ihrem trockenen Zuſtande zu entbinden,
und frey zu machen, daß ſie der Bewegung und
Sichtbarkeit fähig ſind.

Das Pflanzenreich iſt es indeſſen nicht alleine,
welches dergleichen Geſchöpfe enthält. Die In-
fuſionen auf Theile von Thiere, bringen ähnliche
Geſchöpfe hervor. Es erhellet ſolches aus derje- Tab.
nigen Infußion, welche der Engelländer Ed- xxxvII.
ward Wright im Jahr 1752. auf getrocknete fig. 4.
Aſſelwürmer machte, davon eine Abbildung Tab. Lit. A.
XXXVII.

XXXVII. fig. 4. Lit. A. zu sehen ist. Es wimmelte nämlich in selbiger von länglichen Körperchen, die dünne, platt und undurchsichtig waren.

Lit. B. Needham und Büffon fanden die Geschöpfe in dem männlichen Saamen fast von ähnlicher Beschaffenheit, als in der Kräuterinfusion, wie solches aus der Figur Lit. B. zu sehen ist.

Lit. C. Besonders versuchte Herr Needham, ob sich auch diese Geschöpfe aus dem Pflanzenreiche zeigen würden, während der Zeit, daß die Pflanze in ihrem Wachsthume begriffen wäre. Er steckte deswegen ein Gerstenkorn in eine durchlöcherte Korkscheibe, und legte sie auf das Wasser, so daß der Keim oben stund, unten aber die Würzelchen ins Wasser wuchsen. Er schnitte sodann die untere Spitze mit den Wurzeln ab, und brachte sie unter das Vergrößerungsglas, wie die Abbildung Lit. C. zeiget. Daselbst fand er dann, daß etliche Wurzelfasern Kolben hatten, und eine Menge solcher kleiner Theilchen abgaben, dergleichen sonst in den Infusionen herum zu schwimmen pflegen,

Lit. D. wie solches noch in einer stärkern Vergrößerung bey Lit. D. vorgestellet ist.

Wir müssen jedoch hieben erinnern, daß die sogenannten Infusionsthierchen nicht allezeit rund, oder länglich rund sind, sondern daß man auch längliche, bratförmige, ringelartige, desgleichen traubenförmig miteinander verbundene Geschöpfe darinne finde, die theils mehr, theils weniger durchsichtig sind, und allerhand rollende, wälzende, zitternde, fortschiessende, schlängelnde, tauchende und schwimmende Bewegungen machen.

Ueb-

Uebrigens nimmt der Herr Houttuin einen
Anſtand, dieſe Bewegung für thieriſch zu erkennen,
indem er glaubt, es könne eine Bewegung ohne
Leben, nämlich, ohne thieriſches Leben, ſeyn, und
darinne pflichten wir ihm bey, verwundern uns
aber nicht wenig, daß er dieſen Körperchen das
thieriſche Leben abſpricht, da er doch die Polypen
(vielleicht weil ſie größer ſind,) für Thiere er-
kennet: denn wenn die thieriſche Natur der Polypen aus der Bewegung ſoll geſchloſſen werden, ſo
ſind die Inſuſionsthierchen gewiß Thiere, weil
ihre Bewegung viel lebhafter als die Bewegung
der Polypen iſt, und weit mehr auf eine Willkührlichkeit Anſpruch macht, als alle Bewegungen
der Polypen.

Wir erinnern dieſes nicht ohne Urſache; denn
es iſt uns nicht unbekannt, daß die Herren Microſcopiſten ſich über den Unglauben ſo vieler Liebhaber der Natur beſchweren, da es hin und wieder
noch etliche giebt, welche die Coralle nicht für Thiere, und die Inſuſionsthierchen nicht für beſeelet
halten wollen. Sie glauben daher, daß alle dieſe
Zweifler, oder, Thomaſſe, (mit welchem Namen
der Herr Houttuin uns beſchenket hat,) unfähig
ſind, über dieſe Sache zu urtheilen, weil ſie keine
Microſcopiſten ſind, und denken, daß alle Einwürfe, die ihnen gemacht werden, aus bloſſer Un-
wiſſenheit herſtammen: denn ſie meynen, daß alle
diejenigen, welche den Inſuſionsthierchen und den
Polypen das thieriſche Leben abſprechen, von der
Sache eben ſo urtheilen, wie der Blinde von den
Farben; und zum Theil mögen ſie auch nicht ganz
unrecht haben. Aber wir verbitten es bey allen Herren Microſcopiſten recht ſehr, uns nicht weit in die
Claſſe hinein zu ſchieben.

Wir

Wir haben nicht nur Microscopia gesehen, sondern auch durch dieselben gesehen. Wir haben Beobachtungen über Saamen- und Infusionsthierchen angestellet, wir haben es gethan, sowohl allein, als auch in der angenehmsten Gesellschaft eines großen und berühmten Kenners des Microscops, nämlich des Herrn Geheimen Raths von Gleichen, dem die naturforschende Welt schon vieles zu danken hat, und dem sie noch ein weit mehreres wird zu danken haben, wenn sie mit den neuern Entdeckungen dieses so fleißigen Beobachters, (die gewiß die größte Aufmerksamkeit verdienen,) beschenket werden sollte, welches wir unsers Theils sehr wünschen.

In der Hauptsache reden wir also aus eigener Erfahrung, wir haben die Entdeckungen richtig befunden, wir sahen Körperchen herumschwimmen, mit großer Behendigkeit durch das Wasser fahren, sich wälzen, umwenden, Gegenstände vermeiden, sich einander herumjagen, kurz alles, was die Herrn Microscopisten sahen, einige wenige Umstände ausgenommen, woran unser, oder anderer Auge, Schuld seyn mag.

Wir haben bey der Gelegenheit viele Einwürfe geprüfet, welche oft den Herren Beobachtern vorgeworfen werden: daß nämlich die Bewegung der Luft; die Wärme des Zimmers; die Feuchtigkeiten in dem Auge des Zuschauers; ein Stossen am Tisch; die Einbildung, und was dergleichen mehr ist, solche Bewegungen hervor bringe, aber wir haben alle diese Einwürfe unrichtig befunden, ob wir gleich nicht allen Fehlern der Herren Beobachter hierdurch das Wort sprechen wollen. Wir sahen unter allen Proben immer standhaft das nämliche

liche, und fanden die Nachrichten der Microſcopiſten, wenigſtens in der Hauptſache, richtig.   Wir
ſahen alles, was ſie ſahen, wir ſahen das Leben,
die Bewegung, die Geſtalten, die anſcheinende
Willkührlichkeit, die Veränderungen, die Gebur-
then, und was dergleichen mehr iſt, nur das einzige
ſahen wir nicht, nämlich den Schluß: daß dieſe
Körperchen Thiere ſind.   Kein Wunder! denn
der Schluß liegt nur in der Vorſtellung des Beobachters, und nicht unter dem Microſcop.   Wir
werden alſo den Schluß wohl ohne Microſcop miteinander ausmachen können.

Der Herr Juſtizrath Müller in Copen-
hagen, deſſen Unterſuchungen und Beobachtungen
uns gewiß äuſſerſt ſchätzbar ſind, führt zwar trif-
tige, und annehmliche Gründe für das thieriſche
Weſen dieſer microſcopiſtiſchen Körperchen an,
wenn er von ihrem Bemühen, ſich in den ſchon ver-
trocknenden Tropfen zu erhalten, von ihrer Aengſt-
lichkeit gegen ihren Untergang, von ihrem Matt-
werden und wieder Aufleben, von ihrer Vorſicht,
Gefahren auszuweichen, und dergleichen redet;
allein, ſie haben uns noch nicht überreden können,
da wir einen andern Grund vor uns ſehen, dieſe
Erſcheinungen zu erklären, und wenigſtens den
Schluß, daß es deswegen Thierchen ſind, für all-
zu voreilig halten.

Wir wollen uns aber gleich zu einer nähern
Erörterung unſerer Meinung anſchicken, wenn
wir zuförderſt noch den Beſchluß werden erwogen
haben, welchen der Ritter auf alle dieſe wunderbaren Geſchöpfe folgen läſſet.

Es

Es glaubet nämlich dieſer große Naturforſcher, daß es noch verſchiedene belebte Theilchen
in der Welt gebe, welche vielleicht auch zu dieſem
Geſchlechte gehören, aber noch nicht genug entdeckt oder unterſucht worden ſind, als da ſind:

I. Die Anſteckung derjenigen Krank-
    heiten, welche mit einem Aus-
    ſchlage verknüpft ſind.

II. Der Zunder der hitzigen Fieber.

III. Das Gift der Venusſeuche.

IV. Die vom Leeuwenhoek ent-
    deckte Saamenthierchen.

V. Das Flockengewebe, welches im
    Frühling in der Luft hängt.
    Wozu man den auch wohl die Herbſt-
    fäden rechnen möchte.

VI. Endlich das, was die Gährung
    und Fäulniß verurſacht.

Dieſe Anmerkungen des Ritters gründen
ſich ohne Zweifel auf verſchiedene angenommene
Sätze, als zum Exempel: daß alles in der Welt
belebt ſey; daß jeder microſcopiſche Punct ein
Urſtoff zu einem Thier oder Thierchen enthalte;
daß große thieriſche Körper eine lautere Compo-
ſition von vielen Millionen Thierchen ſeyen, die
mit-

miteinander erſt ein anderes Ganzes machen, und ſich nur zufällig, durch gewiſſe Umſtände der Krankheiten entwickeln; daß alle Gährung nichts anders, als eine Entwickelung verborgener Thierchen ſey; daß ſich eine todte Maſſe zur Pflanze, und eine Pflanze zum Thiere hinan ſchwinge, und was dergleichen mehr iſt.

Allein wir geſtehen es, daß unſere Erkenntnis nicht hinreicht, irgend einen Ausweg in dieſen Geheimniſſen zu finden, vielmehr dünkt uns, daß wir da allenthalben anſtoſſen, wir mögen dieſe Sätze ſo, oder anders erwägen; wenigſtens iſt es uns nicht gelungen, auch nur einen hinlänglichen Grad der Wahrſcheinlichkeit für alle dieſe Sätze zu finden.

Inzwiſchen beſchließen wir hiemit das Thierreich, ohne was wir etwa noch in dem Supplementsbande werden nachzuholen finden. Wir zweifeln gar nicht, es werde ein jeder, ſo wie in den vorigen Theilen, alſo auch in dieſem Bande, Stof genug gefunden haben, ſich über die Größe des Schöpfers und aller ſeiner Werke zu verwundern. Wer hätte gedacht, daß in den Tiefen des groſſen Oceans ſolche erſtaunliche Schätze der Natur, ſolche Meiſterſtücke der Schöpfung ſtecken würden, dergleichen wir in den zwey Bänden dieſes ſechſten Theils zu betrachten Gelegenheit fanden? und wer wird glauben können, daß wir hiemit das Weltmeer erſchöpfet haben? Wer weiß, welche Wunder noch durch die Zeit aus den Abgründen der See hervorſteigen, und ſowohl den Verſtand als das Auge der Naturforſcher in die größte Entzückung verſetzen werden? Ja wer weiß, ob nicht daſelbſt der Schlüſſel zu allen Geheimniſſen

Linne VI. Theil.   Nnn   der

der Natur verborgen liege? Denn bis dahin ist nur der kleinste Theil der Seeproducte entdeckt, und wie viel ist wohl noch in diesem Elemente verborgen?

Jedoch einstweilen vergnügt mit dem gegenwärtigen, betrachten wir den jetzt beschriebenen Vorrath der Stein- und Thierpflanzen in ihrem ganzen Umfange mit Lust, und wagen es, durch ihre Anführung nunmehro einen Blick in die Geheimnisse der Natur zu thun.

Allgemeine Anmerkungen

über die sogenannten

Stein= und Thierpflanzen,

und ihren

vermeintlichen thierischen Ursprung.

Es ist aus der Einleitung in die Geschichte Allge=
der Coralle, (pag. 643. und folgende,) meine
dann aus der Nachricht von den Horncorallen, Anmer=
(pag. 749. und folg.) endlich aber aus unserer kungen.
ganzen Beschreibung aller Geschlechter und Ar=
ten, zur Genüge bekannt, wofür die neuern Na=
turforscher die in diesem Theile abgehandelten Ge=
schöpfe halten, nämlich für Thiere. Diese
Meinung ist nun so steif und feste von den mei=
sten angenommen, daß man denjenigen gleichsam
für unwissend hält, der es nicht augenblicklich
zugiebt.

Dieses Schicksal mußten auch wir erfahren,
da wir unsere Zweifel wider den thierischen Ur=
sprung der Coralle an das Licht gaben, Herr Hout=
tuin schien sogar der Meinung zu seyn, als ob
uns die Ellisische und andere Entdeckungen gar
nicht zur Genüge bekannt wären, und daß wir mit
dem Microscop keinen besondern Umgang hätten;

Nnn 2   so

so gewiß nämlich, glaubte derſelbe, müßte man
ſonſt überzeugt ſeyn, daß es Thiere und Thierpflanzen wären. Allein wir haben uns ſowohl in
oben erwehnter Einleitung, als auch jetzo am
Schluß bey der abgehandelten Art der Pflanzenthiere, und hin und wieder in der Beſchreibung gerechtfertigt.

Nichts deſtoweniger alſo zweifeln wir dennoch an dem thieriſchen Urſprung, und halten alle
in dieſem Bande beſchriebenen Körper für wahre
Pflanzen, oder pflanzenartige Geſchöpfe, keinesweges aber für Thiere, bis daß ſolches aus
ſtarkern Beweiſen, als bisher geſchehen iſt, erwieſen werde. Welche Gründe wir aber für dieſe
unſere Meinung haben, ſolches wollen wir letzo
kurz und deutlich entwickeln.

Wir geben nämlich, (um uns nicht in einen
Streit über die Richtigkeit der microſcopiſchen
Wahrnehmungen einzulaſſen,) zuvörderſt alles zu,
was die verdienten Naturforſcher uns berichten,
geſehen zu haben, ſo und in der Maaße, wie wir
es oben pag. 660. zugegeben haben, und läugnen
nur die Richtigkeit des Schluſſes: daß dieſe entdeckte Körper, welche man Polypen nennet, (und
wider welche Benennung wir auch nicht ſtreiten
wollen,) Thiere, das iſt, beſeelte Gegenſtände
ſeyn ſollen, welche ihre Bewegungen aus einem
thieriſchen Inſtinct vornehmen.

Hier werden nun die Herrn Microſcopiſten
ſagen: So ſchaue man in das Vergröſerungs-
glas hinein! was ſind dieſe Körper anders
als Thiere? Sie bewegen ſich ja willkührlich, ſie
werden erſchreckt, ſie ziehen ſich hinein, ſie kriechen

chen heraus, sie packen ihren Raub, sie haben eine Art eines Mundes, sie stecken die Speise hinein, sie verzehren selbige, werden hungerig, und
was dergleichen mehr ist. Allge-
meine
Anmer-
kungen.

Wohlan! Wenn es ausgemacht ist, daß alle
die Bewegungen, die wir unter dem Microscop
sehen, thierische Bewegungen sind, und unmöglich
von etwas anderem herrühren können, als von einem Thiere, so machen wir ihre thierische Natur
nicht mehr streitig, aber dann sagen wir auch, daß
alle Bäume, Pflanzen, Blumen und Gräser Thiere sind, und daß es keine Pflanzen mehr gäbe.

Es wird also auf den rechten Begriff von
Leben, Thier und Pflanze ankommen, und wenn
dieses entschieden ist, so wird sich auch bald zeigen
was die Coralle? was die Polypen? was die Infusionskörperchen? was Pflanzen? und was Thiere sind?

Ehe wir aber weiter gehen, setzen wir zum
voraus, daß man unsere allgemeine Einleitung
von dem vielfachen Leben der Creaturen,
welche wir dem dritten Theile von den Amphibien von pag. 15. bis 64. eben aus der Absicht,
um uns jetzo darauf zu berufen, vorgesetzet haben,
werde gelesen, erwogen, beurtheilet, und sich von
ihrer Richtigkeit oder Unrichtigkeit eine vorläufige
Vorstellung gemacht haben, und in dieser Vermuthung führen wir unsere Beweise folgender Gestalt:

Daß

*** *** ***

Daß die Materie, als Materie, denken, sich
von Gefahr oder Nutzen Vorstellungen machen,
einen Willkühr zeigen, Maasregeln ergreifen,
sich wiederum anders entschließen, und Mittel
zur Vertheidigung oder Erhaltung wählen könne,
solches hat noch kein Sterblicher erwiesen; und
soviel wir von der Materie wissen, so halten
wir dieses für einen offenbaren Widerspruch, oder
aller Verstand in der Welt ist nichts, und die Materie selbst wäre nur Einbildung. Ist nun aber
die Materie etwas, so müssen wir sie auch als
Materie beurtheilen.

Wir kennen inzwischen die Materie nicht anders, als aus ihren Würkungen, und diese Würkungen sind ihre wesentlichen Eigenschaften, ohne
welche sie keine Materie wäre.

Die Größe, und die mit der Größe verbundene Schwere, sind wesentliche Eigenschaften, wo diese verschwinden, ist auch die Materie
verschwunden; wo aber Größen sind, da sind Gestalten, und wo sich zusammengesetzte Größen
zeigen, da sind auch zusammengesetzte Gestalten,
und mit selbigen eine zusammengesetzte Schwere vorhanden.

Wo sich verschiedene und von einander getren-
nete Größen befinden, da befindet sich auch eine
verschiedene Schwere; wo eine verschiedene
Schwere ist, da ist der wagrechte Stand aufgehoben, und wo dieser aufgehoben ist, da ist auch
die Bewegung unvermeidlich: denn da zeiget sich
nach den Grundsätzen der Natur ein Steigen, ein

Fallen

Fallen, ein Stoßen, Treiben, Verdrengen, und dergleichen mehr.

Dieses ist alles bey sichtbaren und handgreiflichen Größen bestätiget, und muß also auch von solchen Grösen, die dem blossen Auge nicht sichtbar sind, unstreitig wahr seyn.

Die kleinsten Größen, welche wir kennen, sind die microscopischen Größen unter nul nul. Sobald wir hinein sehen, finden wir sogleich verschiedene mehr und minder zusammengesetzte Grössen, also verschiedene Grade der Schwere, welche die Bewegung des verschiedenen, was wir theils sehen, theils nicht sehen, unvermeidlich machen. Wir haben nämlich unter dem Microscop eine Feuchtigkeit, es ist in der Feuchtigkeit Luft, die leichter ist, als die Feuchtigkeit, und in der Luft das feine Fluidum des Feuers, welches wiederum viel leichter als die Luft ist, und dann schwimmen noch andere zusammengesetzte Größen darinn, diese Größen aber sind theils leichter, theils schwerer, mithin ist da schon die Bewegung unvermeidlich, und dies ist die erste, nämlich die mechanische Bewegung, welche wir das mechanische Leben nennen, und womit alle Materie in der ganzen Welt belebet ist, die auch so lange dauren muß, so lange es nur verschiedene zusammengesetzte Größen giebt, die das Gleichgewicht aufheben, und also ein Steigen und Fallen gegeneinander schlechterdings unvermeidlich machen. u. s. w.

Wir können uns also gar keine Materie in der Welt denken, die in einer vollkommenen Ruhe wäre, so lange wir in der Welt verschiedene Grössen

sen.

sen vorausseßen, nur dann ist Ruhe und Still-
stand, wenn gleiche Größen, gleiche Massen,
oder gleiche Schwere einander die Wage halten; und doch bleibt noch da das Vermögen auf
einander zu würken, und wieder zurück zu würken
übrig, welche Art der Bewegung für unser Gesicht
und Empfindung ganz und gar unmerklich ist.

Die erschaffene Materie hat in sich den Grund
nicht, sich in verschiedene Größen zu bilden, so
lange wir uns nämlich lauter elementarische Theilchen von gleicher Größe denken. Es muß also
ausser der Materie ein Grund seyn, welcher macht,
daß die Materie verschiedene Größen annehme,
und sich aus dem elementarischen Zustande zur zu-
sammengeseßten Größe bilde. Ist aber in der
Materie selbst kein Grund, so ist es ein bewegen-
der Geist, welchem die Materie ihr ganzes Daseyn
zu danken hat, und dieser ist Gott!

Die Allmacht hat folglich die Materie her-
gestellet; sie hat mit der Materie die wesentliche
Eigenschaft einer eigenthümlichen Größe und
Schwere verbunden! sie hat den Anfang zur Bewegung, das ist, zur verschiedenen Größe und
Schwere gemacht, und hat das Gleichgewicht in
der Materie, (oder die Auflösung der Materie in
gleiche elementarische Größen,) seit dem noch nicht
wieder hergestellt, mithin bleibt nunmehro die Bewegung durch alle Materie ununterbrochen, und
zwar nach den Gesetzen der Größe und Schwere
nothwendig.

Wenn nun ein Gegenstand unter das Vergrößerungsglas kommt, so verwundern wir uns
gar nicht, daß wir daselbst in den allerkleinsten
Theil-

Theilchen, ein mechanisches Leben, eine Bewe= Allge=
gung, entdecken; vielmehr würden wir uns wun= meine
dern, wenn wir daselbst niemalen eine Bewegung Anmer=
spühreten. kungen.

Der Schluß, den wir aus den bisherigen Sä=
tzen ziehen, ist kein anderer, als dieser. Es ist
unter dem Microscop eine mechanische Bewegung
der kleinsten Theilchen möglich und natürlich, wenn
unter demselben eine Materie gefasset ist, deren
Ingredienz verschiedene Größen und daher auch ver=
schiedene Schweren enthält.

Diese mechanische Bewegung hat in dem gan=
zen Mineral= Pflanzen= und Thierreiche statt, und
ohne derselben sind wir nicht im Stande, uns ein
pflanzenartiges, viel weniger ein thierisches Leben
zu denken: denn wo Leben ist, da ist Bewegung,
sie mag nun pflanzenartig oder thierisch seyn, und
keine Bewegung findet ohne diesem Mechanismo
statt, folglich ist das mechanische Leben allen dreyen
Reichen gemein, und soviel wir wissen, ist kein
Mensch vorhanden, der dieses in Zweifel ziehet.

. *.* *.*

Wir haben bisher nichts anders zeigen wol=
len, als daß unter den Bewegungen, die sich unter
dem Microscop zeigen, keine einzige sey, die nicht
zugleich mechanisch wäre, und von dem Verhält=
niß der Größe und der Schwere, der unter dem
Glaße befindlichen Körperchen abhange; mithin
daß das Steigen und Fallen, das Forttreiben und
Anziehen der Körperchen statt haben könne, ohne
einen weitern Bewegungsgrund als den bloßen Me=
chanismum vorauszusetzen.

Nnn 5 Wir

Wir haben nämlich hier nicht nöthig, ein Anstoßen an den Tisch, eine Bewegung der Luft im Zimmer, ein starkes Athemen des Wahrnehmers, oder einen vermehrten Grad der Wärme zur Ursache anzunehmen: denn der Microscopist ist sich dessen ganz zuverläßig versichert, daß diese Einwürfe ihn nicht treffen, weil er die Bewegung vor sich siehet, ohne daß diese Umstände etwas dazu beygetragen haben.

Wir sagen also nur soviel: ein Theil solcher Bewegungen, die der Microscopist vor sich siehet, muß schon nothwendig aus obigen Grundsätzen mechanisch erfolgen.

Allein, jetzt hören wir einen mehr treffenden Einwurf. Der Microscopist sagt nämlich · Die Bewegungen, die wir sehen, sind mehr als mechanisch. Ein bloßes Steigen und Fallen, ein Forttreiben und Anziehen ist gar zu deutlich von den Bewegungen der Infußionsthierchen und der Polypen unterschieden.

Wir gestehen dieses, nur mit der deutlichen Bedingung, daß sie die mechanische Bewegung nicht davon ausschließen, denn ohne selbiger hat gar keine Bewegung statt. Dasjenige aber, was sie nun glauben, mehr zu sehen, als eine bloße mechanische Bewegung, wollen wir jetzo auch erklären.

Wir machen bey der Materie einen Unterschied zwischen der gebildeten und ungebildeten. Unter der ungebildeten Materie verstehen wir diejenige, die gleichsam tod und leblos ist, und das sind einzelne elementarische Theilchen, die unter einander in einem Gleichgewicht stehen, und vor sich keine
Bewegung

Bewegung verursachen. Unter den gebildeten aber
verstehen wir solche, die von der Allmacht schon eine zusammen gesetzte Größe und relativische Schwere erhalten haben, und deren Regeln der Zusam-
mensetzung, lediglich in dem Entzwecke zu suchen
sind, den sich die Allmacht mit ihnen vorgesetzet hat.

Wir wollen es kurz und deutlich sagen, was
wir meinen. Es sind die Organa, die Urstoffe
zu allen gebildeten Sachen, sie mögen mineralisch,
vegetabilisch oder animalisch seyn. Es ist die Schöpfung aus dem Chaos. Das Chaos war die elementarische Materie, getheilt in gleiche Grössen,
und folglich ohne Bewegung. Die erste Bewegung, die wir uns denken können, sind zusammen
gesetzte Größen und von verschiedener Art, mit
welchen eine verschiedene Schwere der Massen gegen einander entstand, und das Gleichgewicht aufgehoben wurde.

Diese verschiedene Grössen sind von einem
weisen Wesen, nicht tumultuarisch zusammen gesetzt, sie sind nach Bestimmungen formiret, und
in denselben lieget der Grund aller Geschöpfe, die
wir nachhero in der Welt ausgebildet finden. Wären sie tumultuarisch zusammen gesetzt, so wären
es lauter rohe und unbestimmte Massen, die nur
allein ein mechanisches Leben hätten, und übrigens
tod wären; das Gegentheil aber lehret die Erfahrung. Wir finden nämlich in der Welt bestimmte
und regulaire Salz - und Crystallenfiguren, bestimmte Gestalten von Kräutern und Gewächsen,
bestimmte Gestalten endlich im Thierreich, und
alle diese Gestalten bilden sich zu einer sichtbaren
Grösse, jede aus einem undenklichen Punct, welches

ches uns auch No. Null Null nicht entdecken kann,
denn so bald wir sie durch Null Null unter dem
Microscop zu Gesicht bekommen, so ist ihre Zu-
sammensetzung schon zu einer ergiebigen Größe angewachsen.

Woher entstehen nun die Größen, die uns
unter Null Null zu Gesichte kommen? Gewißlich
nicht anders, als durch den Wachsthum! Was
heißt aber wachsen? es heißt Theilchen bekommen,
die es vorher nicht hatte! Woher kommen diese
Theilchen? Aus der umliegende Materie! Wie
kommen diese Theilchen dahin? Durch eine anziehende Kraft! Woher entstehet diese anziehende
Kraft? Entweder durch einen Andrang von auf-
sen, oder durch die Organisation des anziehenden
Körpern von innen. Im ersten Fall ist der Wachsthum bloß mechanisch, und so wachsen Steine
und Metalle; im andern Falle wachsen sie organisch, und so wachsen Pflanzen und Thiere.
Im ersten Fall entstehen nothwendig rohe und unbestimmte Massen, deren Figur von äußerlichen
Umständen abhangt; im andern Fall aber entstehen bestimmte Figuren, die ihre Gestalt lediglich
der ersten Organisation zu danken haben.

Das ganze Universum ist volles Materie.
In derselben befinden sich allenthalben zusammengesetzte Größen, die noch nicht sichtbar sind. Diese
Größen sind theils mechanisch, theils organisch,
mithin entstehet schon zweyerley unterschiedene Bewegung, und diese beyden Bewegungen müssen
nunmehro nothwendig da entstehen, wo nur bey-
derley Größen zusammen stecken. Und warum
sollte dieses denn nicht auch fast in jedem Flüßigen,
und in jedem Tröpflein unter dem Microscop seyn
können?

Allein

Allein was sollen denn die organischen Gröſ=
sen seyn? Es sind elementarische Theilchen, die
nach einer ursprünglichen Bestimmung eine gewisse
bestimmte Figur haben, und nur durch die All=
macht zusammengesetzt sind. Sie sind in dieser
ersten Anlage für uns und für alle Microscopia
unsichtbar, sie werden aber sichtbar, wenn sie durch
Anziehung mechanisch = elementarischer Theilchen
gröſer werden, und hier zeigen sich dann zuerst
die sogenannten Infusions = und Saamen=
thierchen. Je länger diese Körperchen fremde
Theilchen anziehen, und nach ihrer Organisation
an sich selbst ablegen, selbige sich zu eigen machen,
und in sich anlegen, so lange wachsen sie, und die=
ser Wachsthum muß dauern so lange eines Theils
ihre organische Bewegung dauert, und andern
Theils die angezogene flüßige Materie Theilchen
enthält, die ihnen dienen, und gleichsam anlegbar
sind.

Es verstehet sich also, daß diese organischen
Theilchen Nahrung haben müssen; daß diese Nah=
rung ihnen in einem flüßigen Vehiculo müsse zu=
geführet werden; daß eine mechanische Bewegung
der organischen zu Hülfe kommen, und das folg=
lich ein feineres Fluidum, nämlich die Luft, und
noch ein feineres Fluidum, nämlich das Feuer,
mit würken müsse, die mechanische Bewegung,
und durch selbige zugleich die organische zu erhal=
ten: denn fiele dieses weg, so hörte alles Wachsen,
und alle organische Bewegung nothwendig und
unvermeidlich auf.

Hieraus wird so viel richtig folgen, daß sich
kein organisches Körperchen zu seiner ganzen Be=
stimmung entwickeln könne, es sey denn, daß es
in

in seinem eigenartigen Fluido liege, den gehörigen
Grad der Wärme habe, eine schickliche Luft ge-
nieſſe, und einen guten Vorrath von Nahrungstheilchen vor ſich finde, wodurch ſowohl die organiſche als mechaniſche Bewegung, die beyde einander die Hand bieten, gut von ſtatten gehen.

Nun kann eine blos mechaniſche Bewegung
uns wohl durch Anlegung feiner Theile nach und
nach einen Steinklumpen, ein Erz oder dergleichen
bilden; aber ſie bildet gewiß keine Pflanze und kein
Thier, nach einer allezeit beſtimmten Figur. Es muß
hier eine organiſche Bewegung dazu kommen, und
dieſe nennen wir nunmehro im eigentlichen Ver-
ſtande: Vegetation.

Geſetzt nun, man hätte unter einem Microſcop einen flüßigen Tropfen, der aus eigenartigen
Theilchen beſtünde, und worinne ſich, nebſt der ele-
mentariſchen Materie des Feuers, der Luft und
der irdiſchen Theilchen, auch organiſirte Körperchen befänden, die ſich bereits zu einer ſolchen
Größe geſchwungen hätten, daß man ſie durch das
Vergrößerungsglas anfängt zu erkennen, was
müßte ſich denn da wohl unſern Augen zeigen?
Antwort: eine Bewegung, und zwar keine bloß
mechaniſche, ſondern auch eine organiſche; nämlich
man müßte ſehen, nicht nur eine Steigen und Fallen, ein Ziehen, Schleppen und Stoſſen der ſicht-
baren Theilchen, ſondern auch ein Einſaugen, ein
Verſchlucken, ein Ausſprützen und dergleichen.
Aber könnte das organiſche Theilchen, das ſo em-
pfindlich iſt, das nirgend feſt ſitzt, das lediglich
in einem flüßigen Elemente ſchwimmt, das durch
ſeinen bisherigen Wachsthum ſchon eine ſchlanke
Bildung bekommen, dieſe ſeine organiſche Bewegung

gung verrichten, ohne sich selbst im Ganzen zu bewegen? Keinesweges! Hier muß sich also nothwendig ein Herumfahren, ein Krämpfen und Dehnen, ein abwechselndes Schnellen und Auoruhen zeigen, je nachdem die organisirte Structur in undenklich Kleinen beschaffen ist: denn die Infusionskörperchen bewegen sich durch ihre Rundung oder ovale Gestalt anders, als die Saamenkörperchen mit ihren geschwänzten Structur, und diese wiederum anders, als die Eßigälchen, und diese abermahls anders, als die Polypen.

Erschüttert doch ein stillstehender Mensch durch die organisch-mechanische Bewegung des Pulses, reget sich doch ein ruhendes Thier durch den Mechanismum der Lungen, warum sollten denn die organisch-mechanischen Bewegungen solcher undenklich kleinen schwimmenden Körperchen nicht viel lebhafter seyn? Und wer ist im Stande hier eine willkührliche Bewegung zu zeigen, die nicht vom Organismo herstammen könnte, sollte und müßte. Ja wer weiß, welche unsichtbare Gewalt noch dazu helfen kann? Ist es nicht an dem, daß wenn ein Unwissender für einen ruhenden Magneten träte, und sähe, daß er sich, ohne daß er an den Tisch gestoßen hätte, dennoch auf einmahl geschwinde umdrehte, er glauben würde, die Nadel lebe? Wer stehet also Bürge für den immerwährenden Einfluß einer magnetischen und electrischen Materie, in die Bewegungen organischer Körper?

Ist es aber Organismus, was haben wir denn nöthig eine thierische Natur dieser Körperchen anzunehmen? Sind denn alle organisirten Körper Thiere? Ist die Mimosa ein Thier, weil sie ihr Blat nach der Berührung sinken lässet?

Sind

Sind die Polypen deswegen Thiere, weil sie auf das Anstossen am Glase sich zurücke ziehen? Ist eine Kugel, die ihrer Elasticität halber beym Anprellen einigemahle hin und wieder oder auf und nieder tanzet, ein Thier? Ist ein herausgerissenes Herz, das sich einige Zeit nach krämpfet, für sich ein Thiere, wenn es gleich aus einem Thiere genommen ist? Nein, es ist ein organischer Körper, so wie die Mimosa, es beweget sich, kraft seiner Structur, und nicht weil es aus einem Thiere herstammt.

So lange wir also von organischen Theilchen reden, haben wir mit keinem Thier als Thier zu thun; denn das organische Leben steckt mit dem mechanischen, sowohl im Pflanzenreich als im Thierreiche Die Pflanzen vegetiren, das thun auch alle thierische Körper, denn der Wachsthum der Pflanzen und Thiere gehet nach einerley Grundsätzen vor sich. Bey beyden macht eine unsichtbare durch schöpferische Hand aus elementarischen Theilchen zusammengesetzte, und nach besondern Bestimmungen verfertigte organische Größe den ersten Anfang. Jene wird uns allererst in den Infusionen, diese in dem Saamen sichtbar, und zwar dann, wann sie sich durch verborgenes Wachsen aus einem undenklichen Punct zur Sichtbarkeit für unsere Augen hinan geschwungen haben. Beyde, sowohl pflanzenartige als thierische organisirte Körperchen, ziehen Nahrungstheilchen an sich, legen sie in sich ab, und bilden sich durch den Organismum aus. Sie sind beyde also Pflanzen, und die blosse Regel der Vegetation lässet sie zur vollkommenen Größe, nach der Anlage ihrer organischen Structur, auswachsen.

Nach=

* * * * * *

Nachdem wir also dieses vorausgesetzt haben, so lasset uns näher zur Sache kommen.

Was heißt vegetiren? was heißt wachsen? Es heißt durch Anlegung neuer Theilchen größer werden. Diese Theilchen müssen sich folglich herbeyführen lassen, legten sie sich nur von außen an, so wäre eine mechanische Bewegung hinlänglich, und das wäre weiter nichts, als eine mineralische Vegetation. Allein, so siehet es bey den Pflanzen und Thieren nicht aus, sie schlucken die Theile in sich, sie bereiten die Theilchen erst zu ihrem Gebrauch, sie lösen dieselbige durch ein eigenartiges Menstruum auf, verändern und digerigiren sie, und legen sie also erst allenthalben ab.

Könnten nun wohl die erlangten Nahrungs⸗ und Wachsthumstheilchen an Ort und Stelle kommen, wenn sie nicht durch ein flüßiges Vehiculum giengen? Mithin steckt die wesentliche Orga⸗nisation in flüßigen, und nicht in festen Theilen, denn die festen Theile sind leidende Theile, sin sie einmahl angeleget, so verrichten sie kein Geschäfte, als daß sie da sitzen, wo sie sind: Soll ein Thier oder Pflanze also weiter kommen, so muß man es aus der Organisation, die im Flüßigen steckt, erwarten. Ist aber dasjenige, was eigentlich bey Pflanzen und Thieren die Bildung verrichtet, der edlere flüßige Theil, so halten wir auch selbigen für das wahre bildende Organum, die abgelegten und festgemachten härteren oder erhärtende Theilchen aber für das gebildete Organisatum, welches dann gleichsam das Futteral des erstern ist, und die vor unsern Augen sichtbare oder von

Linne VI. Theil. Ooo unsern

unsern Händen fühlbare Gestalt einer Pflanze oder eines Thieres darstellet.

Daß dieses seine Richtigkeit habe, schliessen wir aus folgendem: Wenn alle Säfte aus einem Baume treten, so höret das Wachsen auf, und wenn die Thiere die Flüßigkeiten aus dem Körper verliehren, so nimmt das vegetirende Leben ein Ende: denn der organisirende Theil fehlet, es fehlet mit demselben die innere organische Bewegung, es fehlet das Leben!

Siehe da! das sind die Polypen! Wenn wir uns nun einen Baum oder Pflanze vorstellen, und denken uns alle harte Theile davon weg, und bilden uns nur die aneinander hangende organische Feuchtigkeit, als das Wesen des Wachsthums ein, so haben wir einen zusammengesetzten Armpolypen vor uns, und der harte Theil ist das Organisatum in welchem der Baumpolype, als in einem Köcher, steckt. Wenn wir uns nun ferner ein Nervensystem denken, nnd bilden uns die bogige Blutcolumne aller Adern ein, so ist abermahls ein Polype da, der das Wesen des Wachsthums ist, denn des Thieres Leben, (seine vegativische Seele) ist im Blut! Wenn wir endlich eine Coralle vor uns sehen, es sey eine Stein = oder Horncoralle, eine Sertularia oder Coralline, und abstrahiren in unsern Gedanken die abgelegten hartgewordenen Theilchen, so ist der Polype da; und was ist denn dieser Polype? Es ist der flüssigere organisirende Theil, ja eben das nämliche, was unter veränderten Umständen der Saft im Baume, und das Blut im Thiere ist. Sind nun alle diese Polypen Thiere? Keine von allen. Es sind nur lauter organische und zu einer gewissen Größe

Größe angewachsene Körper, die unter bestimmten Umständen allerhand Vegetationes darstellen.

Alle diese Polypen aber bewegen sich! Ihre sämtliche Bewegung ist ein Ansaugen, Verdauen, Ausstrecken und Einziehen der Arme, und was dergleichen mehr ist, und wir würden ihre Bewegung sehen, wenn wir nicht durch andere Umstände gehindert würden. Wir können nämlich den Polypen in den Thieren nicht sehen, weil er allenthalben in eine undurchsichtige Haut eingekerkert ist. Wir sehen den Baum- und Kräuterpolypen nicht, weil er innerhalb der undurchsichtigen Rinde aller Fasern steckt, und doch bewegt er sich; denn das nehmen wir wahr am wachsen, an dem anhaltenden Capreolis der Weinstöcke und Zaunrüben, an dem Umschlingen der Convolvulen, an dem Hervorkommen der Blüthentheilchen und dergleichen mehr; nur kann die Bewegung nicht so stark seyn, weil der Polype durch ein härteres Wesen allenthalben eingeschlossen und gebunden ist. Am besten aber sehen wir den Polypen, das ist, den organisirenden Theil, an den Corallen, und den überhaupt sogenannten Thierpflanzen, denn an selbigen tritt er durch Oefnungen frey hervor, und weil er gallertartig und zähe ist, fließt er nicht ineinander, die schwankenden Spitzchen bewegen sich im flüßigen Wasser desto freyer, da sie theils die mechanische Bewegung der unsichtbaren Körperchen, theils ihre eigene organische innere und nie ruhende organische Bewegung, in ein vegetativisches Leben setzet.

Es würde der Saft der Kräuter und Bäume ein ähnliches thun, wenn er hervortretten könnte, und sich durch seine Flüßigkeit nicht sogleich ergöße.

se. Es würden die Arme des Baumpolypen sich
bey der Hervortretung aus den Röhrchen an einem
abgeschnittenen Aste eben so beweglich und schwankend
zeigen, wenn sie die Consistenz der Corallenpolypen
hätten. Sie würden ihre Nahrung haschen, wie
sie es ohnehin unter der Decke thun.

Daß nun die Seepolypen kein Holz machen,
sondern daß aus ihrem Organißmo ein Kalch oder
Horncoralle entstehet, solches verursacht ihr Aufenthalt im salzigen Seewasser, deßgleichen andere,
von den Erdpflanzen unterschiedene Nahrungstheile, und was mehr hieher gerechnet werden
könnte, eben so, wie die Haarpflanzen auf unsern
Köpfen kein Holz, kein Stroh, keine Heufasern,
sondern eben das machen, was unsere Haare sind,
weil sie eben ganz andere Säfte zu ihrer Nahrung
genießen, als die Erdpflanzen.

Können nun Kräutertheile bey Thierrn, die
von Kräutern leben, durch Zubereitung und Aus-
kochung, ihre Natur so verändern, daß sie nicht
mehr vegetabilisch, sondern animalisch riechen: warum sollte in der Vegetation der Coralle und ihrem
innern welchen organischen Bau, (den wir um ten
Namen beyzubehalten, einen Polypen nennen wollen,) nicht auch ein Grund seyn können, die aus
dem Meer angenommene Nahrungstheilchen so zu
verändern, daß sie mit dem Geruch unserer Haare
übereinkommen, und eine kalchige Erde geben?

Bey allem diesem sehen wir noch gar nicht ein,
warum das innere Bestandwesen der Coralle eben
ein Thier seyn soll? Sie sind nichts als Vega-
tionsorgana, so wie wir sie in in allen Erdgewächsen
finden und vom Anfange beschrieben haben, und sollen
denn

denn die sogenannten Polypen durchaus Thiere seyn, warum werden denn nicht auch die Pflanzen für Thiere gehalten?

Haben wir nun in dem Wasser einige Polypenarten, ohne steiniger oder hornartiger Rinde, so haben wir sie im Pflanzenreiche auch; denn es giebt Gewächse, die fast aus purem Gallert bestehen, dergleichen sich an etlichen Schwammarten in den Wäldern zeiget.

***   *.*   *.*

Vielleicht aber wird man sagen: Wenn das Pflanzenreich und Thierreich so nahe mit einander verwand sind, daß der Wachsthum in beyden auf einerley Art und nach den nämlichen Gesetzen von statten gehet; warum sollten denn die Infusionskörperchen, die Saamenkörperchen, und vorzüglich die Polypen, mithin auch die Coralle und dergleichen, keine Thiere seyn, da sie einen animalischen Geruch geben, eine kalchige Erde führen, und über das, Bewegungen zeigen, die so viele Aehnlichkeit mit freywilligen Bewegungen haben? Wir antworten hierauf, daß wir die Thiere nicht deßwegen für Thiere halten, weil sie einen animalischen Geruch und kalchige Erde geben, auch nicht, weil sie so wachsen und vegetiren, wie die Pflanzen; sondern weil sie ausser der mechanischen Bewegung, (durch welche sie Masse anlegen,) und ausser der organischen Bewegung, (durch welche sie sich zur bestimmten Structur bilden,) noch eine Art der Bewegung haben, die weder von einem Mechanismo, noch von einem Organismo abhängt, nämlich diejenige Bewegung, welche wir freywillig nennen, Kraft welcher sie andern

Bewe-

Bewegungen Einhalt thun, sich widersetzen, Ue-
berlegung zeigen, Leidenschaften offenbahren, und
dergleichen mehr. Eine Bewegung nämlich, welche das Daseyn einer Seele, eines denkenden
Geistes, und einer Kraft, sich Vorstellungen zu
machen, bestättigen.

Wir halten nämlich alles für ein Thier, was
ausser der Materie und dem Organo noch eine Seele hat, und diese muß vorhanden seyn, wen es
sich von einem gewißen Gegenstande Vorstellungen
machen, Freude und Traurigkeit haben, Maaßre-
geln ergreifen und dergleichen thun soll, denn die
Materie als Materie, kann nicht denken. Wo
aber ein Geist in einem Körper Bewegungen hervor bringen soll, da muß ein gemeines Sensorium
oder Sensorium commune seyn, aus welchem
sich der Einfluß des Geistes, als aus einem Punct
über und durch den ganzen Körper ausbreitet.

Weder ein solches Sensorium, noch das Daseyn eines Geistes ist je von den Polypen und allen damit verwandten Geschöpfen erwiesen worden. Alle Bewegungen, die man von ihnen rüh-
met, lassen sich durch die Organisation mit dem
Mechanismo erklären. Daß aber einige dieser Bewegungen freywillig zu seyn scheinen, ist noch kein
Beweiß, daß sie es sind, denn wenn sich die Zaun-
rübe mit ihren Fäden so fleißig anhält, wo sie nur
etwas erwischen kann; daß sich die Jerichorose ein-
krämpft wenn sie trocken wird; daß die Mimosa
zusammen fährt, wenn man sie anrühret; das alles (um sehr vieler andern Umstände im Pflanzenreiche nicht zu gedenken) hat wohl eben so vielen
Schein der Freywilligkeit, und doch will sie niemand
für

für Thiere halten. Eine mit der Kunst gemachte Ma-
schine in Menschengestalt, wie Marionetten, und
dergleichen, zeiget vermittelst eines angebrachten
Uhrwerks so erstaunlich viele Bewegungeu, die
mehr Aehnlichkeit mit der Freywilligkeit haben, als
alle Bewegungen der Polypen; und dem ohnerachtet will sie niemand für Menschen oder Thiere erkennen; warum sollten es dann die Polypen seyn?
Warum fällt es so schwer zu glauben, daß die
Allmacht Maschinen und Organisationes hervorbringen könne, mit Bewegungen, die einigen Schein
der Freyheit haben, und den thierischen Bewegungen etwas ähnlich sind, da man doch dieses Vermögen den Künstlern nicht abspricht?

Sind die Polypen zum Theil so klein, und
so zart, daß sie sogar ausser ihrer Organisation,
auch noch durch eine unsichtbare Gewalt der electrischen und magnetischen Materie können getrieben
und in Bewegung gebracht werden? Wie! wenn nun
jemand das anscheinende Freywillige daher ablei-
ten wollte. Wer beweißt denn das Gegentheil,
daß es gerade eine Seele sey, welche die Bewegungen hervorbringt?

Vielleicht aber dünkt es den Herren Naturforschern Wunder, das wir oben einen Geist und
Seele in diesen Körperchen verlangen, wenn wir
sie für Thiere halten sollen. Wie! Giebt es denn
Thiere ohne Seelen, können bloße Maschinen freywillig handeln?

Um uns aber nicht zu lange aufzuhalten, so
geben wir ausser dem, was wir oben von dem flüs-
sigen

sigen organischen Wesen in den Pflanzen gesaget
haben, nur noch dieses zu betrachten.

1) Es ist unter allen Zoophyten keine einzige Structur, die nicht auch in seiner Art bey Pflanzen statt haben sollte. Die Sterne, die
Strahlen der Polypen, die Arme, die
Aeste, das netzartige Gewebe, die Vergliederungen, und alles was man nur her-
vorsuchen will, wird alles auch bey den Erdpflanzen angetroffen. Nur machen die Pflan-
zenpolypen ihre Sache verdeckt und eingekerkert, die Wasserpolypen aber machen ihre
Gestalten in offenen Köchern. Man betrachte macerirte Baumblätter gegen die
Seefächer, Steinschwämme gegen Waldschwämme, Sertularien gegen Moose, Po-
lypenfiguren gegen die Staubfäden der Blüthen, und was dergleichen mehr ist. Man
wird allenthalben Aehnlichkeiten der Vegetation finden.

2) Die Polypen haben ein augiges Leben. Sie
zertheilen sich, machen Glieder und Knospen, wachsen ruckwärts und vorwärts, kei-
men aus, und kitten sich zusammen; das
alles thun die Pflanzen auch.

3) Die Polypen sind mehrentheils angewurzelt,
und etliche schwimmen frey, setzen sich doch
aber an; das alles ist im Pflanzenreiche auch,
die Wasserlinsen wachsen im Wasser frey,
nebst noch einigen Wasserpflanzen.

4) Die

4) Die Polypen ziehen sich zurück, können ge-Allge-
tödtet werden, geben Eyerchen ab, und meine
dergleichen. Das alles gilt auch im Unmer-
Pflanzenreiche. Die Baumpolypen ziehen kungen.
sich gegen den Winter zurück, und kriechen
im Frühjahr wieder heran. Sie sterben
durch Fäulnis ab, können vermagern und
Hunger leiden, und doch wiederum an-
wachsen.

Ja was noch mehr ist, aus der entdeckten Polypengeschichte lernen wir erst, wan Vegetation ist,
und wie es eigentlich im Pflanzenreiche zugehet.

***   ***   ***

Wir wollen aber zum Schluß eilen, und nun
alles zusammen fassen.

Wir behaupten drey Reiche der Natur, das
Mineral- Pflanzen- und Thierreich, und zu
diesen auch dreyerley Arten Bewegung oder Leben,
nämlich das mechanische, organische und animalische. Das mechanische Leben gehet durch
alle drey Reiche, denn sie wachsen alle. Das
organische gehet nur durch das Pflanzen- und
animalische Reich, denn diese beyden Reiche
wachsen und leben zugleich. Das animalische
Leben aber gehet nur allein durch das Thierreich,
welches beseelet ist, denn dieses allein wächst mechanisch, lebt organisch, und empfindet animalisch. Nun fragt sich wo jedes Reich anfange und
aufhöre? Antwort: Das Mineralreich fängt eigentlich nirgend an, und höret nirgends auf; es

begreift

begreift alle sichtbare Körper dieser Erdkugel in
sich.

Denn alles dieses ist in einer aneinander hangenden Kette eine Materie und eine Erde, und
wird mechanisch bewegt, doch im engern Verstande ist da nur das Mineralreich, wo weiter keine, als mechanische Bewegung statt hat. Das
Pflanzenreich hingegen, greift eben da ins Mineralreich hinein, wo die Materie organisirt ist,
oder in ihren ersten Moleculis gewisse bestimmte
Bildungen erhalten hat. Es fängt an bey den
Salzen und mineralischen Vegetationen, setzt durch
alle Erd = und Wasserpflanzen durch, verbreitet sich
über alle Lithophyta, und Zoophyta, und gehet bis
ins ganze Thierreich hinein. Das Thierreich endlich greift mitten in das Pflanzenreich hinein, und
fängt nur da an, wo die Organisation ein gemeines Sensorium zum Sitz einer Seele oder eines
Geistes gebildet hat, und folglich wäre die Kette
ohngefehr diese:

Elemente

Elemente

Feuer,	Luft,	Waſſer,	Erde,

aus dieſen wird gebildet das

Mineralreich.

Unorganiſirte Körperchen.

Zuſammengeſetzte Maſſen.

Todte Erden.

Allerhand flüßige Materie.

Salze.

Gemengte Erden.

Steine.

Mineralien.

Pflanzenreich.

—— Organiſirte Körperchen

Infuſionskörperchen.

Saamenkörperchen. —— **Thierreich.**

Gährungsproducte. Würmer mit einem gemeinen Senſorio.

Kugelkörperchen.

Wirbelkörperchen. Inſecten.

Polypen. Fiſche.

Würmer ohne Senſorium. Amphybien.

Vögel.

Gallerte. Saugthiere.
Alle übrige Zoophyten Menſchen

Lithophyten.

Schwämme.

Pflanzen. ꝛc.

Mit dieser nur flüchtig und tumultuarisch ent-
worfenen Liste, wollen wir keine systematische Clas-
sification anzeigen; denn da müßte die Ordnung
ganz anders seyn, sondern nur, wie und wo das
ein Reiche, unserer Meynung nach, einen Ast nach
dem andern Reiche abgiebet, und daselbst alsdann
in einer eigenen und besondern Reihe weiter fort-
gehet, wiewohl die Urstoffe aller drey Reiche durch
die ganze Welt untereinander gemischet sind, und
einander zur Nahrung dienen, bis sie sich entwickeln, und sich selbst wieder nähren.

Um aber von der thierischen Natur besonders
zu reden, so giebt es ausser der Materie oder Körperwelt, auch eine Geisterwelt. So verschieden nun
die Massen der erstern sind, so verschieden sind auch
die Kräfte der andern. Es sind also die Geister-
wesen nach Stand und Würden in die Körperwelt
vertheilt. Die edleren bewohnen Körper von edle-
rem Bau, geringere hingegen, bewohnen auch geringere Körper. Alle Körper aber, welche von
diesen oder jenen Geistern bewohnet und regieret
werden, müssen in ihrem organischen Bau so beschaffen seyn, daß sie eines einwohnenden Geistes,
der sie regieren soll, fähig sind. Hierzu rechnen
wir vor allen Dingen einen Kopf, ein Gehirn,
ein Commune sensorium, oder etwas, das diesen dreyen ähnlich ist, und ihre Stelle in Wahrheit vertritt. Wo dergleichen in dem ganzen Bau
nicht statt hat, da erkennen wir durchaus kein Thier,
denn ein Thier ist bey uns nur das, was eine Seele
hat, und wenn wir dieses nicht zu einem Unter-
scheidungszeichen annehmen, so gerathen wir in einen unverständlichen Wortstreit. Denn, wenn
das auch ein Thier heissen soll, was keine Seele
hat, und nicht darnach gebauet ist, so können wir
alle

alle Steine und Pflanzen mit nämlichem Rechte
Thiere nennen.

Nun aber finden wir weder den inneren Bau, noch die äusserlichen Merkmahle aller Polypen, sie mögen nun groß und klein, wurm = drat = kugel = becher = scheiben = oder strahlenförmig seyn, also beschaffen, daß sie ein Sensorium commune hät=ten, daß sie eine Seele haben sollten, oder daß ihre Bewegungen Handlungen wären, die nur aus einer denkenden oder vorstellenden Kraft zu erklä=ren wären. Mithin halten wir sie nicht für Thie=re, sondern für pflanzenartige Organisationes, die sich von der Größe der Infusionskörperchen an, sichtbar weiter bilden, und bis zur eigenartig = be=stimmten Structur und Größe heran wachsen.

Irren wir, so belehre man uns anders. Wir nehmen es gerne an, und sind nicht willens unsere Sätze widersinnig zu behaupten.

. *.* *.*

Soll es hingegen ausgemacht seyn, daß die Zoophyta und Lithophyta zum Pflanzenreiche gehören, so wachsen sie auch wie die Pflanzen! Allein wir halten doch ihren Wachsthum als Was=serpflanzen, und besonders als Pflanzen des sal=zigen Wassers, noch etwas von dem Wachsthume der Erdpflanzen unterschieden, und wollen auch hierüber unsere Meinung sagen:

Aus obigem wird nämlich erhellen, daß wir die Polypen der Coralle zwar für ihr Mark ansehen, nicht aber für ein animalisches, sondern organi=sches, und daß wir dieses Mark für den wesentli=chen Theil dieser Seepflanzen halten, mithin es mit

mit den Polypen der Erdgewächse, daß ist, mit
dem steigenden Safte der Bäume und Gewächse,
so wie er sich in seinem Zusammenhange in den Erd=
pflanzen befindet, in eine und die nämliche Classe
setzen, jedoch mit dem Unterschiede, daß die
Polypen der Erdgewächse ihrer grosen Flüßigkeit
halber innerhalb den Pflanzen eingekerkert sind;
die Polypen der Seegewächse aber ihrer gallert=
artigen und schleimigen Consistenz halber, aus den
Augen der Coralle hervordringen.

Nun wissen wir aus dem ganzen Pflanzenreiche
der Erdgewächse, daß die Pflanze durch diese Or=
ganisation ihre Nahrung vermittelst den Wurzel=
fasern an sich ziehe, sie in der innern Textur ver=
arbeite und anlege, auch durch äusserliche Gefäße
der Blätter, aus der Luft ihre Theilchen empfange,
und so die feste Masse vermehre. Bey den See=
pflanzen aber verhält es sich anders: einmahl
nämlich empfangen sie Nahrung von oben und an
der Oberfläche, durch die sogenannten Arme der Po=
lypen, welche gleichsam die umgekehrten Wurzel=
fasern sind. Diese Nahrung legt sich am Umfange
an, und wird durch das salzige Seewasser bald
steinartighart gemacht, so daß nur die Oefnungen
hohl bleiben, durch welche besagte Polypen, oder
umgekehrte und nackte Wurzelfasern, sich vermöge
ihrer Organisation hin und herschieben, und mit
den hervorragenden Enden im Wasser ausbreiten.
Zweytens aber werden die Seegewächse auch von
aussen getränkt, indem, besonders an den Steinco=
rallen, immer eine kalchartige Flüßigkeit bey der
Wurzel und dem Stamme nach den Regeln einer
mineralischen Vegetation hinan steigt und sie über=
ziehet, durch welchen Ueberzug sich die Polypen
oder der inwendige gebildete, organische Nah=
rungs=

rungssaft, durchbohret, und die Poros offen hält, ehe er noch erhärtet ist.   Der innere Polype also procuriret nicht alle Stoffe, wie bey den Erdpflanzen, sondern es vermehret eine salz = und kalchartige Vegetation der Masse nach mineralischen Grundsätzen mechanisch, eben wie eine Infusion auf das Caput mortuum vitrioli in einem Glase an der Fläche des Glases bis auf den Rand hinauf steiget, und das Glas ganz mit einer fremden Masse überziehet.

Allgemeine Anmerkungen.

Dieses zeiget sich nur gar zu deutlich an den rohen Corallenmassen so vieler Madreporen und Milleporen, die durch diese mineralische Vegetation oben auf der Pflanzenartigen Vegetation dergestalt wunderbar verdickt sind, daß sie dadurch ganz unförmlich werden.   Ja es zeiget sich an vielen Gorgoniis, die sehr oft im Ganzen in einem solchen steinigen Ueberzug stecken.

Durch diese Betrachtung fallen die Zweifel weg, die man daher nimmt: Ob die Polypen, die doch so ungemein klein sind, so viel Masse herbey schaffen können?

Es fällt der Zweifel weg: Warum einerley Gorgonia mannichmal zweyerley Ueberzug in zwey verschiedenen Meeresgegenden haben könne?

Es fällt der Zweifel weg: Warum oft einerley Steincoralle, deren Bestandwesen, Sternchen und Polypen doch einerley sind; so sehr abweichende und seltsame Gestalten haben, und dergleichen mehr.

Nimmt man aber dieses nicht an, und will man die Polypen durchaus für Thiere gelten lassen, so wachsen die Zweifel je langer je mehr, und wie wir

wir die pflanzenartige Natur der Lithophyten und Zoophyten mit mehreren Gründen und Beweisen bestärken könnten, so mangelt es uns auch nicht an mehreren wichtigen, und vielleicht wohl ganz unauflöslichen Zweifeln, die dem thierischen Ursprunge der Coralle entgegen gesetzt werden könnten. Wir tragen aber billig Bedenken, unsere Leser vorjetzo damit aufzuhalten, oder ihre Gedult zu mißbrauchen; und vielleicht steckt hinter der ganzen Polypengeschichte noch ein weit größeres Geheimnis der Natur, welches zu enscheiden für uns zu schwer ist, nämlich das Geheimnis von der Entstehung eines Körpers, und einer gebildeten Figur.

Pred. Salom. VIII. v. 17.

Ich sahe alle Werke Gottes, denn ein Mensch kann das Werk nicht finden, das unter der Sonnen geschiehet, und je mehr der Mensch arbeitet, zu suchen, je weniger er findet, wenn er gleich spricht: Ich bin weise, und weiß es, so kann er es doch nicht finden.

rzeich

Verzeichnis
einiger
illuminirter Figuren
deutscher Schriftsteller,
für die fünf ersten Classen
des Thierreichs.

NB. Die römische Zahl bedeutet die Ordnung, die große deutsche zeiget die Nummer des Geschlechts an, und die kleine Ziffer die Art.

Erste Classe, saugende Thiere.

I. 2. Simia.   Der Affe.

1.	Satyrus,	Schreber Säugthiere Tab. II. II. B.
2.	Sylvanus,	Schreber Tab. IV.
3.	Inuus,	Schreber Tab. V.
4.	Nemeſtrina,	Schreber Tab. IX.
6.	Sphinx,	Schreber Tab. VI.
7.	Maimon,	Schreber Tab. VII.
8.	Hamadryas,	Schreber Tab. X.
10.	Silenus,	Schreber Tab. XI.
11.	Faunus,	Schreber Tab. XII.
14.	Paniſcus,	Schreber Tab. XXVI.
15.	Cynomolgus,	Schreber Tab. XIII.
17.	Diana,	Schreber Tab. XIV.
18.	Sabaea,	Schreber Tab. XVIII.
19.	Cephus,	Schreber Tab. XIX.
20	Trepida,	Schreber Tab. XXVII.
21.	Aigula,	Schreber Tab. XXII.

22. Pithecia,   Schreber Tab. XXXII.
24. Iacchus,   Schreber Tab. XXXIII.
25. Oedipus,   Schreber Tab. XXXIV.
26. Rosalia,   Schreber Tab. XXXV.
27. Midas,   Schreber Tab. XXXVI.
29. Apella,   Schreber Tab. XXVIII.
30. Capuzina,   Schreber Tab. XXIX.
31. Sciurea,   Schreber Tab. XXX.
    Wagner bayreuth. Naturaliencabi-
    net Tab. I.
33. Syrichta,   Schreber Tab. XXXI.

I. 3. Lemur. Das Gespenstthier.

1. Tardigradus,   Schreber Tab. XXXVIII.
    Wagner Mus. Baruth. Tab. IX.
    fig. 1. 2.
2. Mongoz,   Schreber Tab. XXXIX.
3. Macaco,   Schreber Tab. XL. A. B.
4. Catta,   Schreber Tab. XLI.
5. Volans,   Schreber Tab. XLIII.

L. 4. Vespertilio. Die Fledermaus.

1. Tampyrus,   Schreber Tab. XLIV.
2. Spectrum,   Schreber Tab. XLV.
3. Perspicillatus,   Schreber Tab. XLVI.
4. Spasma,   Schreber Tab. XLVIII.
5. Auritus,   Schreber Tab. L.
6. Murinus,   Schreber Tab. LI.

II. 5. Elephas. Der Elephant.

1. Elephas,   Schreber Tab. LXIII. der sceletir-
    te Kopf.

II. 7. Bradypus. Das Faulthier.

1. Tridactylus,   Schreber Tab. LXIV.
    Knorr. Delic. Tab. K. fig. 1.
2. Didactylus,   Schreber Tab. LXV.

II. 8.

II. 8. Myrmecophaga. **Ameiſenbär.**
   1. Didactyla,   Schreber Tab. LXVI.
   3. Jubata.   Schreber Tab. LXVII.
                Knorr. Delic. Tab. K. IX.
   4. Tetradactyla,   Schreber Tab. LXVIII.

II. 9. Manis. **Schuppthier.**
   1. Pentadactyla,   Schreber Tab. LXIX.
                Wagner Muſ. Baruth. Tab. 2.
   2. Tetradactyla,   Schreber Tab. LXX.

II. 10. Daſypus. **Armadille.**
   2. Tricinctus,   Schreber Tab. LXXI. A.
   4. Sexcinctus,   Schreber Tab. LXXI. B.
   5. Septemcinctus,   Schreber Tab. LXXII.
                Knorr. Delic. Tab. K. III. fig. 2.
   6. Novemcinctus,   Schreber Tab. LXXIV.
                Wagner Muſ. Baruth. Tab. XI.

II. 11. Phoca. **Seekalb.**
   3. Vitula,   Knorr. Delic. H. VIII. fig. 1.

III. 13. Felis. **Katze.**
   3. Pardus,   Knorr. Delic. Tab. K. fig. 4.

III. 16. Urſus. **Bär.**
   4. Luſcus,   Seligmanns Vögel IV. Th. Tab. CI.

III. 20. Erinaceus. **Igel.**
   1. Europaeus,   Knorr. Delic. Tab. K. III. fig. 1.

IV. 21. Hyſtrix. **Stachelſchwein.**
   1. Criſtata,   Knorr. Delic. Tab. K. II. fig. 2.

IV. 24. Mus. **Maus.**
   3. Leporinus,   Seligm. Vögel IV. Th. T. CXIII.
   8. Monax,   Seligm. Vögel IV. Th. Tab. CII.

Verzeichnis illuminirter Figuren.

IV. 25. Sciurus. **Eichhorn.**
10. Volans,   Wagner Muf. Baruth. Tab. IV.

V. 27. Camelus. **Kameel.**
2. Bactrianus,   Knorr. Delic. Tab. K. VI.

V. 28. Moschus. **Muscusthier.**
3. Pygmaeus,   Wagner Muf. Baruth. Tab. III.

V. 30. Capra. **Ziege.**
2. Ibex,   Knorr. Delic. Tab. K. V. fig. 2.
     das Horn.
10. Dorcas,   Knorr. Delic. Tab. K. V. fig. 3.
     das Horn.

V. 31. Ovis. **Schaaf.**
3. Strepsiceros,   Knorr. Delic. Tab. K. XI.
     Tab. K. V. fig. 3.
     das Horn.

V. 32. Bos. **Ochse.**
3. Bison,   Seligmann Vögel IV. Theil, Tab. CXIV.

VI. 33. Equus. **Pferd.**
3. Zebra,   Knorr. Delic. Tab. K. VIII.

VI. 34. Hippopotamus. **Nilpferd.**
1. Amphibius,   Knorr. Delic. Tab. K. XII.

VI. 35. Sus. **Schwein.**
5. Babyruffa,   Knorr. Delic. Tab. K. VII. der sceletirte Kopf.

VI. 36. Rhinoceros. **Nasenhorn.**
1. Unicornis,   Schreber Tab. LXXVII.
     Knorr. Delic. K. X.

Zweyte

Zweyte Claſſe, Vögel.

I. 41. Vultur. Geyer.

3. Papa,	Seligmann I. Theil, Tab. III.
5. Aura,	Seligmann I. Theil, Tab. XII.
6. Barbatus,	Sellgmann V. Theil, Tab. I.

I. 42. Falco. Falke.

3. Leucocephalus,	Seligmann I. Theil, Tab. II.
6. Fulvus,	Seligmann I. Theil, Tab. I.
16 Tinnunculus,	Friſch Vögel. Tab. 84. 85.
19. Hudſonius,	Seligmann V. Theil, Tab. II.
21. Columbarius,	Seligmann I. Theil, Tab. VI.
25. Furcatus,	Seligmann I. Theil, Tab. VIII.
30. Palumbarius,	Friſch Tab. 82. Mann, 81. Weib.
31. Niſus,	Friſch Tab. 90. Mann, 91. 92. Weib.
	Knorr. Delic. Tab. I. 3.

I. 43. Strix. Eule.

1. Bubo,	Friſch Tab. 93.
3. Aſio,	Seligmann I. Theil, Tab. XIV.
4. Otus,	Friſch Tab. 99.
6. Nyctea,	Seligmann III. Theil, Tab. XVII.
7. Aluco,	Friſch Tab. 94.
8. Flammea,	Friſch Tab. 97.
10. Ulula,	Friſch Tab. 98.
12. Paſſerina,	Friſch Tab. 100.

I. 44. Lanius. Neuntödter.

2. Coeruleſcens,	Seligmann III. Theil, Tab. VII.
6. Criſtatus,	Seligmann III. Theil, T. III.
11. Excubitor,	Friſch Tab. 59.
22. Collurio,	Friſch Tab. 60.
13. Tyrannus,	Friſch Tab. 62.

II. 45.

II. 45. Pſittacus. Papagey.

12.	Solſtitialis,	Friſch Tab. 53.
13.	Carolinenſis,	Seligmann I. Theil, Tab. XXII.
22.	Criſtatus,	Friſch 4. Tab. 50.
24.	Erithaceus,	Friſch 4. Tab. 51.
26.	Domicella,	Friſch Tab. 44.
32.	Aeſtivus,	Friſch Tab. 49.
		Friſch 4. Tab. 47.

II. 46. Ramphaſtos. Toukan.

4.	Piſcivorus,	Seligmann III. Theil, Tab. XXIII.

II. 50. Corvus. Rabe.

2.	Corax,	Friſch Tab. 63.
4.	Frugilegus,	Friſch Tab. 64.
5.	Cornix,	Friſch Tab. 65.
6.	Monedula,	Friſch Tab. 67.
7.	Glandarius,	Friſch Tab. 55.
8.	Criſtatus.	Seligmann I. Theil, Tab. XXX.
10.	Coryocatactes,	Friſch Tab. 56.
13.	Pica,	Friſch Tab. 58.

II. 51. Coracis. Rackervogel.

1.	Garrula,	Friſch Tab. 57.

II. 52. Oriolus. Droſſel.

1.	Galbula,	Friſch Tab. 31.

II. 53. Gracula. Kleine Dohle.

5.	Criſtatella,	Seligmann I. Th. Tab. XXXVII.
7.	Quiſcula,	Seligmann I. Th. Tab. XXIV.

II. 54. Paradiſea. Paradiesvogel.

1.	Apodia,	Seligmann V. Theil, Tab. V.
2.	Regia,	Seligmann V. Theil, Tab. VI.
		Knorr. Delic. Tab. I. 5. fig. I.

II. 57.

II. 57. Cuculus. Guckguck.

1. Canorus,	Frisch 4. Tab. 40. 41. 42.
5. Glandarius,	Seligmann III. Theil, Tab. IX.
10. Americanus,	Seligmann I. Theil, Tab. XVIII.
11. Scolopaceus,	Seligmann III. Theil, Tab. XIII.
12. Niger,	Seligmann III. Theil, Tab. XI.
17. Peria,	Seligmann I. Theil, Tab. XIII.

II. 58. Yunx. Wendehals.

1. Torquilla,	Frisch Tab. 38.

II. 59. Picus. Specht.

1. Martius,	Frisch Tab. 34. fig. 1.
2. Principalis,	Seligmann I. Theil, Tab. XXXII.
3. Pileatus,	Seligmann I. Theil, Tab. XXXIV.
7. Erythrocephalus,	Seligmann I. Theil, Tab. XL.
9. Auratus,	Seligmann I. Theil, Tab. XXXVI.
12. Viridis,	Frisch Tab. 35. fig. 1.
17. Major,	Frisch Tab. 36.
19. Minor,	Frisch Tab. 37.

II. 60. Sitta. Blauspecht.

1. Europaea,	Frisch Tab. 39. fig. 2.
	Seligmann I. Theil, Tab. XLIV.

II. 62. Alcedo. Eißvogel.

3. Ispida,	Seligmann I. Theil, Tab. XXI.
11. Smyrnensis,	Seligmann I. Theil, Tab. XV.
12. Rudis,	Seligmann I. Theil, Tab. XVII.
14. Paradisca,	Seligmann I. Theil, Tab. XIX.

II. 64. Upupa. Wiedehopf.

1. Epops,	Frisch Tab. 43.

II. 65. Certhia. Baumläufer.

1. Familiaris,	Frisch Tab. 39. fig. 1.
3. Pusilla,	Seligmann II. Theil, Tab. LI.

  12. Spiza,

12. Spiza,   Seligmann I. Theil, Tab. XLIX.
                     fig. 1. 2.
17. Cruenta,   Seligmann IV. Theil, Tab. LVII.

II. 66. Trochilus.   Colibri.

2. Pella,   Seligmann II. Theil, Tab. LXIII.
4. Polytmus,   Seligmann II. Theil, Tab. LXVII.
5. Forficatus,   Seligmann II. Theil, Tab. LXV.
11. Holosericus,   Seligmann II. Theil, T. LXXI.
12. Colubris,   Seligmann II. Theil, T. XXX.
14. Mosquitus,   } Knorr. Delic. Tab. I.
15. Mellisuga,   }
18. Cristatus,   Seligmann II. Theil, T. LXXIII.
20. Mellivorus,   Seligmann II. Theil, Tab. LXIX.
21. Ruber,   Knorr. Delic. Tab. I. et I. 5.

III. 67. Anas.   Ente.

1. Cygnus,   Frisch Tab. 152.
2. Cygnoides,   Frisch Tab. 153. 154.
9. Anser,   Frisch Tab. 155. 157.
13. Bernicla,   Frisch Tab. 156.
17. Bahamensis,   Seligm. IV. Theil, Tab. LXXXVI.
19. Clypeata,   Frisch Tab. 161 163.
21. Bucephala,   Seligmann IV. Theil, T. XC.
24. Rustica,   Seligmann IV. Theil, T. XCVI.
25. Histrionica,   Seligmann IV. Theil, Tab. XCIII.
37. Discors,   Seligmann IV. Theil, T. C.
40. Boschas,   Frisch Tab. 150. 159.
42. Sponsa,   Seligmann IV. Theil, Tab. XCVII.

III. 68. Mergus.   Tauchente.

1. Cucullatus,   Seligm. IV. Th. Tab. LXXXVIII.

III. 70. Procellaria.   Sturmvogel.

1. Pelagica,   Seligmann IV. Theil, Tab. CXI.
5. Capensis,   Seligmann IV. Theil, Tab. LXXV.

III.

III. 71. Diomeda.　Penguin.
　1. Exulans,　　Seligm. IV. Theil, T. LXXI.
　2. Demerſa,　　Seligm. IV. Theil, T. LXXXIII.
　　　　　　　　Knor. Delic. Tab. I. 2.

III. 72. Pelecanus.　Pelecan.
　1. Onocrotalus,
　　a. Orientalis,　Seligm. IV. Theil, T. LXXIX.
　　b. Occidentalis, Seligm. IV. Theil, T. LXXXI.

III. 74. Phaëton.　Tropiker.
　1. Aethereus,　Seligm. IV. Theil, T. CXI.
　25. Demerſus,　Seligm. II. Theil, T. XCVII.

III. 75. Colymbus.　Taucher.
　1. Grylle,　　Seligm. II. Theil, T. XCIX.
　2. Septentrionalis, Seligm. IV. Theil, T. LXXXIX.
　11. Podiceps,　Seligm. IV. Theil, T. LXXXII.

III. 76. Larus.　Mewe.
　1. Atricilla,　　Seligm. IV. Th. T. LXXVIII.

III. 77. Sterna.　Meerſchwalbe.
　1. Stolida,　　Seligm. IV. Theil, T. LXXVI.

III. 78. Rinchops.　Verkehrtſchnabel.
　1. Nigra,　　Seligm. IV. Theil, Tab. LXXX.

IV. 79. Phoenicopterus.　Flaminger.
　1. Ruber,　　Seligmann III. Theil, Tab. XLVI.
　　　　　　　　et XLVIII.

IV. 84. Ardea.　Reiher.
　4. Grus,　　Knorr. Delic. Tab. I. 6.
　5. Americana,　Seligmann III. Theil, Tab. L.
　6. Antigone,　Seligmann II. Th. Tab. LXXXIX.
　15. Herodias,　Seligm. IV. Theil, T. CVIII. fig. 1.
　　　　　　　A 5　　　　　　　16. Vio-

16. Violacea,   Seligm. IV. Theil, T. LVIII.
17. Coerulea,   Seligm. IV. Theil, T. LII.
20. Virefcens,   Seligm. IV. Theil, T. LX.
25. Aequinoctialis, Seligm. IV. Theil, T. LIV.

IV. 85. Tantalus. Brachvogel.

1. Loculator,   Seligm. IV. Theil, T. LXII.
5. Ruber,   Seligm. IV. Theil, T. LXVIII.
6. Albus,   Seligm. IV. Theil, T. LXIV.
7. Fufcus,   Seligm. IV. Theil, T. LXVI.

IV. 86. Scolopax. Schnepfe.

6. Morinellus,   Seligm. III. Theil, T. XLIV.

IV. 88. Charadrius. Regenpfeifer.

12. Spinofus,   Seligm. II. Theil, Tab. XCIII.

IV. 90. Haematopus. Meerelfter.

1. Oftralegus,   Seligm. IV. Theil, T. LXX.

IV. 91. Fulica. Wafferhuhn.

5. Porphyrio,   Seligm. IV. Theil, T. LXIX.

IV. 92. Parra. Spornflügel.

4. Variabilis,   Seligm. II. Theil, T. XCV.

IV. 93. Rallus. Ralle.

10. Virginianus,   Seligm. III. Theil, T. XL.

IV. 95. Otis. Trappgans.

1. Tarda,   Seligm. III. Th. T. XLI. et XLIII.
2. Arabs,   Seligm. I. Theil, T. XXIII.

IV. 96. Struthio. Strausvogel.

1. Camelus,   Knor. Delic. Tab. I, 1.
2. Cafuarius,   Frifch Tab. 105.

V. 99.

V. 99. Meleagris.   Truthahn.
  2. Criſtata,   Seeligmann I. Theil, Tab. XXV.

V. 100. Crax.   Pauwis.
  1. Alector,   Friſch Tab. 121.

V. 101. Phaſianus.   Faſan.
  3. Colchicus,   Friſch Tab. 123.

V. 103. Tetrao.   Berghuhn.
  1. Urogallus,   Friſch Tab. 107.
  4. Lagopus,   Friſch Tab. 110. 111.
  16. Virginianus,   Seeligmann IV. Theil. Tab. CIX.

VI. 104. Columba.   Taube.
  1. Oenas,   Friſch Tab. 139.
  4. Gutturoſa,   Frlſch Tab. 146.
  5. Cucullata,   Friſch Tab. 150.
  7. Turbita,   Friſch Tab. 151.
  11. Turcica,   Friſch Tab. 149.
  14. Leucocephala, Seeligmann I. Theil, Tab. L.
  15. Leucoptera,   Seeligm. III. Theil, Tab. XLVII.
  16. Guinea,   Seeligm. III. Theil, Tab. XLV.
  19. Palumbus,   Friſch Tab. 138.
  29. Indica,   Seeligmann I. Theil, Tab. XXVII.
  32. Turtur,   Friſch Tab. 140.
  33. Riſoria,   Friſch Tab. 141.
  34. Paſſerina,   Seeligmann II. Theil, Tab. LII.
  36. Migratoria,   Friſch Tab. 142.
                     Seeligmann I. Theil, Tab. XLVI.
  37. Carolinenſis, Seeligmann I. Theil, Tab. XLVIII.
  40. Marginata,   Seeligmann I. Theil, Tab. XXIX.

VI. 105. Alauda.   Lerche.
  1. Arvenſis,   Friſch 3. Tab. 15. fig. 1.
  4. Campeſtris,   Friſch Tab. 15.
  5. Trivialis,   Friſch Tab. 16.

                                        6. Criſtata,

6. Criſtata, Friſch Tab. 15.
10. Alpeſtris, Seligmann I. Theil, Tab. LXIV.
     Friſch Tab. 16.
11. Magna, Seligmann II. Theil, Tab. LXVI.

VI. 107. Turdus. Krammetsvogel.

1. Viſcivorus, Friſch Tab. 25.
2. Pilaris, Friſch 1. Tab. 33.
3. Iliacus, Friſch Tab. 18.
6. Migratorius, Seligmann II. Theil, Tab. LVIII.
9. Rufus, Seligmann I. Theil, Tab. LVI.
11. Orpheus, Seligmann IV. Theil. Tab. LI.
12. Plumbeus, Seligmann II. Theil, Tab. LX.
14 Saxatilis, Friſch Tab. 32.
15. Roſeus, Seligmann I. Theil, Tab. XXXIX.
23 Torquatus, Friſch Tab. 30. fig. 1.2.

VI. 108. Ampelis. Seidenſchwanz.

1. Garrulus, Friſch Tab. 32. fig. 1.
     Seligmann II. Theil, Tab. XCII.
3. Carniſex, Seligmann II. Theil, Tab. LXXVII.

VI. 109. Loxia. Kernbeiſſer.

1. Curviroſtra, Friſch 2. Tab. 11. fig. 3.4.
2. Coccothrauſtes, Friſch 1. Tab. IV. fig. 2.3.
4. Pyrrhula, Friſch Tab. 2. fig. 1.2.
5. Cardinalis, Seligmann II. Theil, Tab. LXXVI.
27. Chloris, Friſch Tab. 2. fig. 3.4.
40. Nigra, Seligm. III. Theil, Tab. XXXVI.
41. Coerulea, Seligm. II. Theil, Tab. LXXVIII.
44. Violacea, Seligm. II. Theil, T. LXXX.
5. Bicolor, Seligm. IV. Theil, T. LXI.

VI. 110. Emberiza. Ammer.

1. Niva'is, Friſch 3. Tab. 6. fig. 1.2.
2 Hyemalis, Seligm. II. Theil, T. LXXII.
3. Miliaria, Friſch Tab. 6. fig. 4.
4. Hortulana, Friſch 2. Tab. 5. fig. 3.4.

5. Citri-

5. Citrinella,   Friſch 2. Tab. 5. fig. 2.
4. Luſcus,   Seligmann I. Theil, T. XXVIII.
17. Schoeniclus,   Friſch Tab. 7.
24. Ciris,   Seligm. II. Theil, T. LXXXVIII.

VI. 111. Tanagra.   Merle.

6. Cyanea,   Seligm. II. Theil, Tab. XC.

VI. 112. Fringilla.   Finke.

3. Rubecula,   Friſch Tab. 1. 2.
4. Montifringilla,   Friſch Tab. 3. fig. 2. 3.
6. Erythrophthalma, Seligm. II. Theil, T. LXVIII.
7. Carduelis,   Friſch Tab. 1. fig. 3. 4.
12. Triſtis,   Seligm. II. Theil, T. LXXXVI.
13. Zena,   Seligm. II. Theil, T. LXXXIV.
22. Butyracea,   Seligm. IV. Theil, T. LXIII.
23. Canaria,   Friſch 2. Tab. 12. fig. 5.
25. Spinus,   Friſch 2. Tab. 11. fig. 1. 2.
28. Cannabina,   Friſch 2. Tab. 9. fig. 1. 2.
29. Linaria,   Friſch Tab. 10. fig. 3. 4.
36. Domeſtica,   Friſch Tab. 8. fig. 1. 2.

VI. 113. Muſcicapa.   Fliegenfänger.

6. Crinita,   Seligm. III. Theil, T. IV.
8. Rubra,   Seligm. III. Theil, T. XII.
9. Atricapilla,   Friſch Tab. 24.
10. Ruticilla,   Seligm. IV. Theil, T. LV.

VI. 114. Motacilla.   Bachſtelze.

3. Modularis,   Friſch Tab. 21.
6. Curruca,   Friſch Tab. 21. fig. 3.
10. Ficedula,   Friſch Tab. 22.
11. Alba,   Friſch Tab. 23. fig. 4.
12. Flava,   Friſch Tab. 23. fig. 3.
14. Stapazina,   Seligm. II. Theil, Tab. LXI.
15. Oenanthe,   Friſch Tab. 22.
16. Rubetra,   Friſch Tab. 22.
34. Phoenicurus,   Friſch Tab. 10.

35. Eri-

35.	Erithacus,	Frisch Tab. 20.
37.	Suecica,	Frisch 3. Tab. 19.
		Seligmann II. Theil, T. LV.
38.	Sialis,	Seligmann I. Theil, T. XLVII.
41.	Velia,	Seligmann I. Theil, T. XLIX.
45.	Rubecula,	Frisch 3. Tab. 19. fig. 2.
46.	Troglodytes,	Frisch Tab. 24. fig. 3.
48.	Regulus,	Frisch Tab. 24. fig. 4.
49.	Trochilus,	Frisch Tab. 24. fig. 2.

VI. 116. Parus. Meise.

1.	Bicolor,	Seligmann III. Theil, Tab. XIV.
2.	Criftatus,	Frisch Tab. 14. fig. 2.
3.	Major,	Frisch 3. Tab. 13. fig. 1. 2.
4.	Americanus,	Seligmann III. Theil, T. XXVIII.
5.	Coeruleus,	Frisch 3. Tab. 14. fig. 1.
7.	Ater,	Frisch 3. Tab. 13. fig. 3.
8.	Paluftris,	Frisch 3. Tab. 13. fig. 4.
9.	Virginianus,	Seligmann III. Theil, T. XVI.
11.	Caudatus,	Frisch Tab. 14.
12.	Biarmicus,	Frisch Tab. 8.
		Seligmann III. Theil, Tab. V.

VI. 117. Hirundo. Schwalbe.

1.	Ruftica,	Frisch Tab. 18. fig. 1.
3.	Urbica,	Frisch 3. Tab. 17. fig. 1.
4.	Riparia,	Frisch Tab. 18. fig. 2.
5.	Purpurea,	Seligmann III. Theil, Tab. II.
6.	Apus,	Frisch 3. Tab. 17. fig. 1.
10.	Pelafgia,	Seligmann IV. Theil, Tab. CVII.
11.	Melba,	Seligmann II. Theil, T. XXXIII.

VI. 118. Caprimulgus. Ziegenmelker.

1.	Europaeus,	Frisch Tab. 101.
		Seligmann III. Theil, Tab. XXI.
		Seligmann IV. Theil, Tab. CXII.
2.	Americanus,	Seligmann I. Theil, Tab. XVI.

Dritte

Dritte Classe, Amphibien.

I. 119. Testudo. Schildkröten.

4.	Caretta,	Knorr. Delic. Tab. L.
6.	Scabra,	Knorr. Delic. Tab. L. I. f. 1.
10.	Graeca,	
11.	Carolina,	
12.	Carinata,	Knorr. Delic. Tab. L. II. f. 1—5.
13.	Geometrica,	
14.	Pusilla.	

I. 120. Rana. Frösche.

1.	Pipa,	Wagner Mus. Baruth. Tab. VII.
2.	Bufo,	
3.	Rubeta,	Rösel Frösche Nürnb. 1758. fol.
15.	Esculenta,	Rösel Frösche Tab. 13.

I. 122. Lacerta. Eydechsen.

1.	Crocodilus,	Knorr. Delic. Tab. L. IV.
		Wagner Mus. Baruth. Tab. V. VI.
6.	Monitor,	Knorr. Delic. Tab. L. VII.
20.	Chamaeleon,	Knorr. Delic. Tab. L. V. f. 2.
		Wagner Mus. Baruth. Tab. XII.
21.	Gecko,	Knorr. Delic. Tab. L. VI. f. 3.
26.	Iguana,	Knorr. Delic. Tab. L. III.
47.	Salamandra,	Knorr. Delic. Tab. L. V. f. 1.

II. 123. Crotalus. Klapperschlangen.

3.	Durissus,	Knorr. Delic. Tab. L. IX. f. 1.

II. 124. Boa. Serpenten.

4.	Constrictor,	Knorr. Delic. Tab. L. VIII. f. 1—5.

II. 125. Coluber. Nattern.

95*.	Mycterizans,	Knorr. Delic. Tab. L. XI. f. 1.

II. 126. Anguis. Aalschlangen.

13.	Scytale,	Knorr. Delic. Tab. L. X. f. 1.

III. 131.

III. 131 Squalus. Haayfifche.
12. Carcharias, Knorr. Delic. Tab. H. IV. f. 1.

III. 136. Oftracion. Weinfifche.
1. Triqueter, Knorr. Delic. Tab. H. I. f. 1.
6. Cornutus, Knorr. Delic Tab. H III. f. 3.
8. Gibbofus, Knorr. Delic. Tab. H. I. f. 2.
9. Cubitus, Knorr. Delic. Tab. H. I. f. 3.

III. 137. Tetrodon. Stachelbäuche.
2. a. Lagocephalus, Knorr. Delic. H. V. f. 6.
   b. Capfcher Blafer, Knorr. Delic. H. III. f. 5.
   H. fig. 2.

III. 138. Diodon. Igelfifche.
2. Hyftrix, Knorr. Delic. H. f. 1.

III. 141. Syngnathus. Nadelfifche.
4. Aequoreus, Knorr. Delic. Tab. H. V. f. 3.
5. Ophidion, Knorr. Delic. Tab. H V. f. 1.
7. Hippocampus, Knorr. Delic. Tab. H. VI. f. 5.

Vierte Claffe, Fifche.

I. 143. Muraena. Aale.
2. Murena, Knorr. Delic. Tab. H. VII. f. 4.

III. 157. Echeneis. Sauger.
1. Remora, Knorr. Delic. Tab. H. VI. f. 2.

III. 163. Pleuronectes. Seitenfchwimmer.
7. Flefus, Knorr. Delic. Tab. H. II. fig. 1. 2.
12. Rhombus, Knorr. Delic. Tab. H. II. fig. 3. 4.

III. 164. Chaetodon. Klippfifche.
18. Capiftratus, Knorr. Delic. Tab. H. V. fig. 5.
19. Vagabundus, Knorr. Delic. Tab. H. V. fig. 4.
IV. 179.

IV. 179. Fiſtularia. Pfeifenfiſche.

    1. Tabacaria,   Knorr. Delic. H. V. fig. 2.

IV. 185. Exococtus. Fliegende Fiſche.

    1. Volitans,   Knorr. Delic. Tab. II. VI. fig. 1.

NB. Illuminirte Abbildungen der Amphibien und Fiſche, mangeln bey deutſchen Schriftſtellern ſehr, und diejenigen, die vorhanden ſind, laſſen ſich ſchwerlich beſtimmen, da ſie in den Merkmalen, die ſie unterſcheiden ſollen, zum Exempel, in den Schuppen und Schilden bey den Schlangen, und in der Anzahl der Finnen bey den Fiſchen, nicht gar zu deutlich gezeichnet ſind, zu geſchweigen, daß die illuminirten Abbildungen, die nach getrockneten, oder in Spiritus geſtandenen Exemplaren gemacht worden, nichts weniger als natürlich ſind.

Fünfte Claſſe, Inſecten.

I. 189. b. Scarabaeus. Käfer.

1. Hercules,	Röſel Inſect. 4. Tab. 5. fig. 3.	
2. Gideon,	Röſel Käfer 1 tab. A. 5.	
3. Actaeon,	Röſel Käfer 1. tab. A. 2.	
6. Atlas,	Sulzer Inſect. tab. 1. 1.	
7. Aloeus,	Röſel Käfer 1. tab. A. 6.	
9. Typhaeus,	Friſch Inſect. 4. t. 8.	
	Schäfer Regensb. t. 26. f. 4.	
10. Lunaris,	Röſel Inſect. 2. Käfer 1. t. B. f. 2.	
	Friſch Inſect. 4. t. 7.	
	Schäfer Käfer t. 3. fig. 1. 2. 3.	
12. Bilobus,	Schäfer Icones Regensb. T. 63. fig. 2. 3.	
14. Rhinoceros,	Röſel Käf. 1. t. A. fig. 7.	
15. Naſicornis,	Röſel Inf. 2. Käfer 1. t. 7. f. 8. 10.	
17. Mimas,	Röſel Käf. 1. t. B. f. 1.	

Linne VI. Theil,   B   21. Hiſpa-

21. Hispanus, Rösel Insect. Käfer 1. t. B. fig. 2.
24. Nuchicornis, Rösel Insect. Käfer t. A. f. 4.
Schäfer Regensb. t. 73. f. 2—5.
26. Taurus, Schäfer Käfer 1758. t. 3. f. 7. 8.
Schäfer Regensb. t. 63. f. 4.
28. Subterraneus, Sulzer Inf. t. 1. fig. 2.
32. Fimetarius, Frisch Inf. 4. t. 19. f. 3.
Rösel Inf. 2. Käfer t. A. f. 3.
32. Fimetarius, Schäf. i vor. Regensb. t. 26. f. 9.
34. Conspureatus, Schäfer Reg. t. 26. f. 8.
41. Schafferi, Schäfer Regensb. t. 3. f. 8.
42. Stercorarius, Frisch Inf. 4. t. 13. f. 6.
Schäfer Regensb. t. 23. f. 9.
45. Schraeberi, Schäf. Reg. t. 73. f. 6.
51. Nitidus, Rösel Käfer 1. t. B. f. 4.
52. Festivus, Rösel Käfer 1. t. B. f. 8.
53. Lineola, Rösel Inf. 2. t. B. fig. 7.
57. Fullo, Rösel Inf. 4. t. 30.
Frisch Inf. 11. tab. 1. fig. 1.
Schäfer Regensb. t. 23. f. 2.
59. Horticola, Frisch Inf. 4. tab. 14.
Schäfer Reg. t. 23. f. 4.
60. Mololontha, Rösel Inf. 2. Käfer 1. tab. 1.
Sulzer Inf. 1. fig. 3.
Schäfer Reg. t. 93. f. 1. 2.
61. Solstitialis, Frisch Inf. 9. tab. 15. fig. 3.
Schäfer Reg. t. 93. f. 3.
70. Fasciatus, Schäfer Reg. t. 1. f. 4.
73. Capensis, Rösel Inf. 2. Käfer 1. t. B. f. 6.
74. Eremita, Rösel Inf. Käfer 1. t. 3. fig. 6.
Schäfer Regensb. t. 26. f. 1.
77. Lanius, Rösel Inf. 2. Käfer 1. t. B. f. 3.
78. Auratus, Rösel Käfer 1 2. f. 8. 9.
Schäfer Regensb. t. 26. f. 3—7.
t. 50. f. 8. 9.
Frisch Inf. 12. t. 3. fig. 1.
79. Vatiabilis, Rösel Inf. 2. Käfer 1. t. 3.
81. Nobilis, Rösel Inf. 2. Käfer 1. t. 3. f. 3. 4. 5.
I. 190.

I. 190. Lucanus. **Feuerſchröter.**

    1. Cervus,   Röſel Käfer 1. tab. 4. 5. f. 7. 9.
                Sulzer Inſ. 2. tab. 5. fig. 8.
    Das Weibchen, Röſel Inſect. 2. tab. 5 fig. 8.
                Schäfer Element. t. 9. f. 1.
    6. Parallelipipedus, Schäfer Element. t. 101. f. 1.
                Schäfer ic. Regensb. t. 63. f. 7.
    7. Caraboides, Schäfer ic. t. 6. f. 8. t. 75. f. 7. ?

I. 191. Dermeſtes. **Kleinkäfer.**

    1. Lardarius,   Friſch Inſect. 6. t. 9.
                Schäfer ic. t. 42. f. 3.
    4. Pellio,   Friſch Inſect. 5. t. 8.
                Sulzer Inſ. t. 2. f. 5. 6.
                Schäfer ic. t. 42. f. 4.
    5. Capucinus, Schäfer Elem. t. 28.
   18. Murinus,   Schäfer ic. Regensb. t. 42. f. 1. 2.

I. 193. Hiſter. **Dungkäfer.**

    3. Unicolor,   Sulzer Inſ. t. 2. f. 8. 9.
    4. Pygmaeus, Schäfer ic. t. 42. f. 10.
    6. 4-maculatus, Schäfer icon. t. 3. f. 9. et tab. 14.
                Elem. t. 24.

I. 194. Gyrinus. **Drehkäfer.**

    1. Natator,   Röſel app. 1. fig. 31.
                Sulzer Inſ. t. 6. f. 43.
                Schäfer Elem. t. 67.

I. 195. Byrrhus. **Nagende Käfer.**

    1. Scrophulariae, Schäfer Elem. t. 17.

I. 196. Sylpha. **Todtengräber.**

    2. Veſpillo,   Friſch Inſ. 12. p. 28 t. 2. f. 2.
                Schäfer Elem. t. 114. ic. t. 9. f. 4.
                Sulzer Inſ. t. 2. f. 11.
    5. 4-puſtulata, Friſch Inſ. 9. p. 36. t. 19.

                    II. Lit·

11. Littoralis, Frisch Inf. 6. p. 12. t. 5.
12. Atrata, Schäfer ic. t. 93. f. 5.
13. Thoracica, Schäfer ic. t. 75. f. 4.
14. 4-punctata, Schreber Inf. 2. f. 5.
15. Opaca, Schäfer ic. t. 93. f. 6.
19. Ferruginea, Schäfer ic. t. 40. f. 7.
21. Groſſa, Schäfer ic. t. 75. f. 3.

I. 197. Caſſida. Schildkäfer.

1. Viridis, Röſel Inf. 2. Käfer 3. t. 6.
    Schäfer Elem. t. 35. ic. t. 27. f. 5.
3. Nebuloſa, Frisch Inf. 4. t. 15.
    Röſel Käfer 3. t. 6.
    Röſel Inf. 88. n. 13.
    Schäfer ic. t. 96. f. 6.
4. Nobilis, Schäfer ic. t. 96. f. 6.

I. 198. Coccinella. Sonnenkäfer.

7. 2-punctata, Frisch Insect. 9. t. 16. f. 4.
11. 5-punctata, Schäfer ic. t. 9. f. 8.
15. 7-punctata, Frisch Inf. 4. t. 1. f. 4.
    Röſel Inf. 2. Käfer 3. t. 2.
    Sulzer Inf. t. 3. f. 13.
20. 13-punctata, Schäfer ic. t. 48. f. 6.
21. 14-punctata, Frisch Inf. 9. t. 17. f. 4. 5.
23. Ocellata, Sulzer Inf. t. 13. f. 14.
    Schäfer icon. t. 1. f. 2.
        Elem. t. 47. fig. 1.
30. Conglobata, Frisch Inf. 9. t. 17. f. 6.
31. Conglomerata, Frisch. Inf. 9. t. 17. f. 4. 5.
34. 14-guttata, Schäfer ic. t. 9. f. 11.
36. 18-guttata, Schäfer ic. t. 9. f. 12.
38. Oblongogutt. Schäfer ic. t. 9. f. 10.
42. 2-puſtulata, Frisch Inf. 9. t. 16. f. 6.
    Röſel Inf. 2. Käfer 3. t. 3.
43. 4-puſtulata, Schäfer ic. t. 30. f. 16. 17.
44. 6-puſtulata, Schäfer ic. t. 30. f. 12.
45. 10-puſtulata, Frisch Inf. 9. t. 4. 5.

46. 14-pu.

46. 14-puſtulata,   Schäfer ic. t. 30. f. 10.
49. Tigerina,   Schäfer ic. t. 30. f. 9.

I. 199. Chryſomela.   Goldhähnchen.

1. Gigantea,   Sulzer Jnſ. t. 3. f. 15.
4. Göttingenſis,   Röſel Jnſ. 2. Käfer 3. t. 5.
9. Alni,   Friſch 7. t. 8.
10. Betulae,   Röſel 2. Käfer 3. t. 1.
17. Cerealis,   Schäfer icon. 1. t. 3.
23. Vitellinae,   Röſel Jnſ. 2. Käfer 3. t. 1.
24. Poligoni,   Schäfer ic. t. 51. f. 5.
27. Polita,   Schäfer ic. t. 55. f. 9.
30. Populi,   Schäfer ic. t. 47. f. 4. 5.
32. Decempunct.   Schäfer ic. t. 21. f. 13.
34. Lapponica,   Schäfer ic. t. 44. f. 2.
36. Boleti,   Schäfer Elem. t. 58.
37. Collaris,   Schäfer ic. t. 52. f. 11. 12.
38. Sanguinol.   Schäfer ic. t. 21. f. 15.
46. Americana,   Sulzer Jnſ. t. 3. f. 16.
58. Helxines,   Sulzer Jnſ. t. ˀ. f. 17.
60. Nitidula,   Schäfer ic. t. ˀ f. 5.
73. Tridentata,   Schäfer ic. t. 7. f. 5.
76. 4-punctata,   Schäfer ic. t. 6. f. 1. 3.
82. Moraei,   Schäfer ic. t. 30. f. 5.
92. 6-punctata,   Sulzer Jnſ. t. 3. f. 18.
93. 10. maculata,   Schäfer ic. t. 86. f. 7.
97. Merdigera,   Schäfer Elem. t. 52.
103. 4-maculata,   Schäfer Jnſ. t. 6. f. 1. 2. 3.
    Schäfer ic. t. 36. f. 14.
105. Melanopa,   Sulzer Jnſ. 3. t. 3. f. 19.
118. 12 punctata,   Friſch Jnſ. 13. t. 28.
112. Aſparagi,   Friſch Jnſ. 1. t. 6.
    Röſel Jnſ. 2. Käfer 3. t. 4.
113. Campeſtris,   Schäfer ic. t. 52. f. 9. 10.

I. 202. Curculio.   Rüſſelkäfer.

1. Palmarum,   Sulzer Jnſ. 3. t. 20.
4. Alliariae,   Schäfer ic. t. 6. f. 4.

B 3   19. Pinſ;

19. Pini,   Schäfer ic. t. 25. f. 7.
24. Paraplecticus,   Schäfer ic. t. 44. f. 1.
38. Bacchus,   Schäfer ic. t. 27. f. 3. ?
39. Betulae,   Schäfer ic. t. 6. f. 4.
57. Abietis,   Schäfer ic. t. 25. f. 1.
58. Germanus,   Schäfer ic. t. 25. f. 2.
59. Nucum,   Sulzer Inf. t. 3. f. 22.
                Schäfer ic. t. 50. f. 4.
                Rösel Inf. Suppl. t. 67. f. 5. 6.
62. Druparum,   Euler Inf. t. 3. f. 21.
                Schäfer ic. t. 1. f. 11.
68. Liguftici,   Schäfer ic. t. 2. f. 12.
76. Viridis,   Sulzer Inf. t. 3. f. 44.
                Schäfer icon. t. 53. f. 6.
84. Nebulofus,   Frisch Inf. 11. t. 23. f. 3.
                Schäfer ic. t. 25. f. 3.

I. 203. Attelabus. Baſtardrüſſelkäfer.

1. Coryli,   Sulzer Inf. t. 4. f. 25.
2. Avellanae,   Schäfer ic. t. 56. f. 5. 6.
3. Curculionoides, Schäfer ic. t. 75. f. 8.
8. Formicarius,   Sulzer Inf. t. 4. f. a.
10. Apiarius,   Sulzer Inf. t. 4. f. b.
                Schäfer Elem. t. 46. ic. t. 48. f. 11.
11. Mollis,   Schäfer ic. t. 60. f. 2.
13. Bupreftoides,   Frisch Inf. 13. t. 19.

I. 204. Cetambyx. Bockkäfer.

1. Longimanus,   Rösel Inf. 2. Käfer 2. t. 1. f. A.
3. Cervicornis,   Rösel Inf. 2. Käfer 2. t. 1. f. B.
5. Imbricornis,   Rösel Inf. 2. Käfer 2. t. 1. f. 1.
6. Faber,   Schäfer ic. t. 72 f. 3.
7. Coriarius,   Rösel Inf. 2. Käfer 2. t. 1. f. 1. 2.
                Schäfer ic. t. 9. f. 1. t. 67. f. 3.
                Schäfer Elem. t. 103.
                Frisch Inf. 13. t. 9.
                Sulzer Inf. t. 4. f. 26.
26. Depreffus,   Schreber Inf. 8. f. 10.

29. Ne

29.	Nebuloſus,	Sulzer Inſ. t. 4. f. c.
30.	Hiſpidus,	Friſch Inſ. 13. t. 16.
		Schäfer ic. t. 14. f. 9.
34.	Moſchatus,	Friſch Inſ. 13. t. 11.
		Schäfer ic. t. 11. f. 7.
		Sulzer Inſ. t. 4. f. e.
35.	Alpinus,	Sulzer Inſ. t. 4. f. d.
37.	Aedilis,	Sulzer Inſ. t. 4. f. 27.
		Schäfer ic. t. 14. f. 7.
39.	Cerdo,	Friſch Inſ. 13. t. 8.
41.	Textor,	Schäfer ic. t. 10. f. 1.
47.	Meridianus,	Schäfer ic. t. 3. f. 13. t. 79. f. 7.
49.	Inquiſitor,	Friſch Inſ. 13. t. 14.
		Schäfer Elem. t. 118. f. 1.
		Schäfer ic. t. 2. f. 10.
		t. 8. f. 2. 3.
		t. 83. f. 3.
50.	Koehleri,	Schäfer ic. t. 1. f. 1.
52.	Carcharias,	Schäfer ic. t. 38. f. 4.
55.	Scalaris,	Friſch Inſ. 12. t. 3. f. 3.
		Schäfer ic. t. 38. f. 5.
57.	Populneus,	Schäfer ic. t. 48. f. 5.
59.	Cylindricus,	Röſel Inſ. 2. Käf. 2. t. 3.
64.	Curculionoides,	Schäfer ic. t. 39. f. 1.
67.	Ruſticus,	Sulzer Inſ. t. 4. f. 9.
		Schäfer Elem. t. 76. f. 1.
		Schäfer ic. t. 64. f. 5.
69.	Femoratus,	Schäfer ic. t. 55. f. 7.
70.	Violaceus,	Friſch Inſ. 12. t. 3. ic. 6. f. 1.
74.	Variabilis,	Friſch Inſ. 12. t. 6. f. 3. 4.
75.	Teſtaceus,	Schäfer ic. t. 64. f. 6.
76.	Bajulus,	Schäfer Elem. t. 76. f. 4.
		Friſch Inſ. 13. t. 10.
79.	Undatus,	Schäfer ic. t. 68. f. 1.
80.	Sanguineus,	Schäfer ic. t. 64. f. 1.
83.	Ebulinus,	Schäfer ic. t. 4. f. 12.

I. 205. Leptura. Weiche Holzböcke.

2. Melanura,   Frisch Inf. 12. t. 3. ic. 6. f. 6.
             Schäfer ic. t. 39. f. 4.

3. Rubra,   Frisch Inf. 12. t. 3. ic. 6. f. 6.
             Sulzer Inf. t. 5. f. 30.
             Schäfer icon. t. 39. f. 2.

4. Sanguinolenta, Schäfer ic. t. 39.

5. Testacea,   Schäfer ic. t. 39. f. 3.

8. Sericea,   Schäfer ic. t. 84. f. 1.

9. 4-maculata, Schäfer Elem. t. 118. f. 2.
             Schäfer ic. t. 1. f. 7.

13. Attenuata, Schäfer ic. t. 65. f. 11.

14. Nigra,   Schäfer ic. t. 39. fig. 7.

15. Virginea, Schäfer ic. t. 58. f. 8.

16. Collaris, Schäfer ic. t. 58. f. 9.

18. Mystica, Schäfer ic. t. 2. f. 9.

20. Detrita, Schäfer Elem. t. 76. f. 2.

21. Arcuata, Frisch Inf. 12. t. 3. ic. 4. f. 1.
             Sulzer Inf. t. 5. f. 31.
             Schäfer ic. t. 38. f. 6.

23. Arietis, Frisch Inf. 12. t. 3. ic. 5. f. 3.
             Schäfer ic. t. 38. f. 7.

I. 206. Necydalis. Bastardböcke.

1. Major,   Schäfer Elem. 13. f. 2. et tab. 88.
             Schäfer ic. t. 10. f. 10. 11.

2. Minor,   Sulzer Inf. t. 7. f. 51.
             Schäfer ic. t. 95. f. 5.

3. Umbellatorum, Schäfer ic. t. 95. f. 4.

4. Coerulea, Schäfer ic. t. 94. f. 7.

6. Rufa,   Schäfer ic. t. 94. f. 8.

I. 207. Lampyris. Leuchtende Käfer.

3. Splendidula, Schäfer Elem. t. 74.

8. Lucida,   Sulzer t. 5. f. 32.

17. Sanguinea, Frisch Inf. 12. t. 3. ic. 7. f. 2.
             Schäfer ic. t. 24. f. 1.

18. Coccinea, Schäfer ic. t. 90. f. 4.

I. 208.

I. 208. Cantharis. **St. Johannesfliegen.**

2. Fusca, Frisch Jns. 12. t. 3. ic. 6. f. 5.
Sulzer Jns. t. 5. f. 33.
Schäfer Elem. t. 123. f. 1.
ic. 16. t. 9-12.

7. Aenea, Schäf. Abhandl. 1754. t. 2. f. 10. 11.
ic. t. 19. f. 12. 13.

8. Bipustulata, Schäfer ic. t. 19. f. 14.

15. Testacea, Schäfer ic. t. 52. f. 8.

26. Navalis, Frisch Jns. 13. t. 20.
Schäfer ic. t. 59. f. 1.

27. Melanura, Schäfer ic. t. 16. f. 14.

I. 209. Elater. **Springkäfer.**

14. Ruficollis, Schäfer ic. t. 30. f. 3.

18. Castaneus, Schäfer ic. t. 31. f. 42.

19. Liveus, Schäfer ic. t. 11. f. 8.

20. Ferrugineus, Schäfer ic. t. 19. f. 1.

21. Sanguineus, Schäfer ic. t. 2. f. 6. t. 31. f. 5.

25. Obscurus, Sulzer Jns. t. 5. f. 35.

28. Murinus, Schäfer ic. t. 4. f. 6.

29. Tesselatus, Schäfer ic. t. 4. f. 7.

32. Pectinicornis, Sulzer Jns. t. 5. f. 36.
Schäfer ic. t. 2. f. 5.
Schäfer Elem. t. 11. f. 1. et t. 60.

I. 210. Cicindela. **Sandläufer.**

1. Campestris, Schäfer ic. t. 34. f. 8. 9.

2. Hybrida, Schäfer Elem. t. 43. ic. t. 35. f. 10.

4. Germanica, Schreber Jns. 10. n. 5.

10. Riparia, Schäfer ic. t. 86. f. 4.

I. 211. Bupestris. **Stinkkäfer.**

1. Gigantea, Sulzer Jns. t. 6. f. 38.

2. Octogutrata, Schäfer ic. t. 31. f. 1.

6. Mariana, Schäfer ic. t. 49. f. 1.

7. Chrysostigma, Sulzer Jns. t. 6. f. 39.

8. Rustica, Schäfer ic. t. 2. fig. 1.

B 5

Verzeichnis illuminirter Figuren.

10. Auruenta,   Schäfer ic. t. 35. f. 6.
12. Fascicularis,   Sulzer Inf. t. 6. f. 40.
15. Nitidula,   Schäfer ic. t. 50. f. 7.

I. 212. Dytiscus.   Wasserkäfer.

1. Piceus,   Schäfer ic. t. 33. f. 1. 2.
2. Caraboides,   Rösel aquat. I. t. 4. f. 1. 2.
    Frisch Inf. 13. t. 21.
    Sulzer Inf. t. 6. f. 41.
4. Fuscipes,   Schäfer ic. t. 8. f. 10.
7. Marginalis,   Rösel Inf. 2. aquat. 2. t. 1. f. 9. 10.
    Sulzer Inf. t. 6. f. 42.
    Schäfer Elem. t. 7. f. 1.
8. Semistriatus,   Frisch Inf. 2. t. 7. f. 4.
    Rösel Inf. 2. aquat. I. t. 1. f. 10.
    Schäfer ic. t. 8. f. 7. 8.
11. Cinereus,   Rösel Inf. 2. aquat. I. t. 3. f. 6.
    Schäfer ic. t. 90. f. 7.
13. Sulcatus,   Frisch Inf. 13. t. 7.
    Rösel Inf. aquat. I. t. 3. f. 7.
    Schäfer ic. t. 3. f. 3.

I. 213. Carabus.   Erdkäfer.

1. Coriaceus,   Sulzer Inf. t. 6. f. 44.
    Schäfer ic. t. 26. f. 1.
2. Granulatus,   Schäfer ic. t. 18. f. 6.
4. Leucophtalmus, Schäfer ic. t. 18. f. 1?
7. Auratus,   Schäfer ic. t 51. f. 1.
8. Violaceus,   Frisch Inf. 13. t. 23.
    Schäfer ic. t. 3. f. 1. t. 88. f. 1.
9. Cephalotes,   Frisch Inf. 13. t. 22.
    Schäfer ic. t. 10. f. 1.
11. Inquisitor,   Schäfer ic. t. 11. f. 2. ?
12. Sycophanta,   Schäfer Elem. t. 2. f. 1. ic. 66. f. 6.
18. Crepitans,   Schäfer ic. t. 10. f. 13.
31. Cyanocephalus, Schäfer ic. t. 10. f. 14.
26. Germanus,   Schäfer ic. t. 31. f. 13.
27. Vulgaris,   Schäfer ic. t. 18. f. 2.

28. Coc

28. Coeruleſcens,   Schäfer ic. t. 18. f. 3. 4.
30. Piceus,   Schäfer ic. t. 18. f. 9.
39. Crux major,   Schäfer ic. t. 1. f. 13.
40. Crux minor,   Schäfer ic. t. 18. f. 8. t. 41. f. 13.

I. 214. Tenebrio. Mehlkäfer.

2. Molitor,   Friſch Inſ. 4. tab. 1.
                      Sulzer Inſ. t. 7. fig. 52.
                      Schäfer ic. t. 66. f. 1.
15. Mortiſagus,   Friſch Inſ. 13. t. 25.
                      Schäfer ic. t. 37. f. 6.

I. 215. Meloe. Maykäfer.

1. Proſcarabaeus,   Friſch Inſ. 6. t. 6. f. 5.
                      Schäfer ic. t. 3. f. 5.
                      Schäfer Elem. t. 82.
2. Majalis,   Friſch Inſ. 6. t. 6. f. 4.
                      Schäfer ic. t. 3. f. 6.
3. Veſicatorius,   Schäfer ic. t. 47. f. 1.
12. Schaefferi,   Schäfer Elem. t. 37.
                      Schäfer ic. t. 53. f. 8. 9.

I. 216. Mordella. Erdflöhe.

2. Aculeata,   Sulzer Inſ. t. 7. f. 46.
                      Schäfer Elem. t. 84.

I. 217. Staphylinus. Raubkäfer.

1. Hirtus,   Schäfer Abhandl. 1754. t. 2. f. 12.
                      ic. t. 36. f. 6.
3. Maxilloſus,   Schäfer ic. t. 20. f. 1.
2. Murinus,   Schäfer ic. t. 4. f. 11.
4. Erytropterus,   Friſch Inſ. 5. t. 25.
                      Schäfer ic. t. 2. f. 2. ? t. 35. f. 9. ?
                      Schäfer Elem. t. 117.
5. Politus,   Schäfer ic. t. 39. f. 12.
6. Rufus,   Schäfer ic. t. 35. f. 3.
8. Riparius,   Schäfer ic. t. 71. f. 3.

I. 218.

I. 218. Forficula. Ohrwürmer.

   1. Auricularis,   Frisch Inf. 8. t. 15. f. 1. 2.
                          Sulzer Elem. t. 63.

II. 219. Blatta. Kackerlack.

   7. Orientalis,   Frisch Inf. 5. t. 3.
                          Sulzer Inf. t. 7. f. 47.
   8. Lapponica,   Schäfer Elem. t. 26. f. 2.
                          ic. t. 83. f. 2. 3.

II. 220. Mantis. Gespenstkäfer.

   1. Gigas,   Rösel Inf. 2. Gryll. t. 19. f. 9. 10.
   3. Siccifolia,   Rösel Inf. 2. Gryll. t. 17. f. 4. 5.
   4. Gongylodes,   Rösel Inf. 2. Gryll. t. 7. f. 1. 2. 3.
                          Sulzer Inf. t. 8. f. 56.
   5. Religiosa,   Rösel Inf. 2. Gryll. t. 1. 2.
                          Schäfer Elem. t. 81.
   6. Oratoria,   Rösel Inf. 2. t. 2. f. 6.
  13. Strumaria,   Rösel Inf. 2. Gryll. t. 3.
  14. Necydaloides;   Rösel Locuft. t. 19.

II. 221. Gryllus. Graßhüpfer.

   1. Nasutus,   Rösel Inf. 2. Gryll. t. 4.
                          Sulzer Inf. t. 8. f. 57.
   5. Serratus,   Rösel Inf. 2. Gryll. t. 16. f. 2.
                          Sulzer Inf. t. 8. f. 58.
  10. Gryllotalpa,   Rösel Inf. 2. Gryll. t. 14. 15.
                          Schäfer ic. t. 37. f. 1.
                          Frisch Inf. 11. t. 5.
                          Sulzer Inf. t. 9. f. 59.
  12. Domesticus,   Rösel Inf. 2. Gryll. t. 12.
  13. Campestris,   Frisch Inf. 1. t. 1.
                          Schäfer Elem. t. 66.
                          Rösel Inf. 2. Gryll. t. 13.
  16. Citrifolius,   Rösel Inf. 2. Gryll. t. 16. f. 1.
  20. Elongatus,   Rösel Inf. 2. Gryll. t. 18. f. 7. ?
  24. Triops,   Rösel Inf. 2. Gryll. t. 16. f. 3. ?
                                31. Viri-

31. Viridiſſimus, Friſch Inſ. 12. t. 2. f. 1.
Röſel Inſ. 2. Gryll. t. 10. 11.
Schäfer Elem. t. 79.
33. Verrucivorus, Friſch Inſ. 12. t. 1. ic. 2. f. 1.
Sulzer Inſ. t. 9. f. 61.
Röſel Inſ. 2. t. 8.
Schäfer ic. t. 62. f. 5.
34. Pupus, Röſel Inſ. 2. Gryll. t. 6. f. 3.
37. Criſtatus, Friſch Inſ. 9. t. 1. f. 1.
Röſel Inſ. 2. Gryll. t. 5.
38. Morbilloſus, Röſel Inſ. 2. Gryll. t. 18. f. 6.
41. Migratorius, Friſch Inſ. 9. t. 1. f. 8.
Röſel Inſ. 2. Gryll. t. 24.
44. Coeruleſcens, Röſel Inſ. 2. Gryll. t. 21. f. 4.
Friſch Inſ. 9. t. 1. f. 3.
Sulzer Inſ. t. 9. f. 60.
Schäfer ic. t. 27. f. 6. 7.
46. Italicus, Röſel Inſ. 2. Gryll. t. 21. f. 6.
Schäfer ic. t. 27. f. 8. 9.
47. Stridulus. Friſch Inſ. 9. t. 1. f. 2.
Röſel Inſ. 2. Gryll. t. 21. f. 1.
Schäfer Elem. t. 15.
icon. t. 27. f. 10. 11.
58. Groſſus, Friſch Inſ. 9. t. 4.

II. 222. Fulgora. Laternträger.
1. Laternaria, Röſel Inſ. 2. Gryll. t. 28. 29.
3. Candelaria, Röſel Inſ. 2. Gryll. t. 30.

II. 223. Cicada. Cikaden.
6. Cornuta, Schreber Inſ. 7. f. 3. 4.
Sulzer Inſ. t. 10. f. 63.
Schäfer ic. t. 96. f. 2.
7. Aurita, Schreber Inſ. 8. f. 1. 2.
Schäfer ic. t. 96. f. 3.
16. Orni, Sulzer Inſ. t. 10. f. 65.
Schäfer ic. t. 4. f. 4.

24. Spu-

24. Spumaria, Sulzer Inf. t. 10. f. 64.
     Rösel Inf. 2. Gryll. t. 23.
     Frisch. Inf. 5. t. 12.
     Schäfer Elem. t. 42.
50. Rosae, Frisch Inf. 11. t. 20.

II. 224. Notonecta. Wasserwanzen.

1. Glauca, Frisch Inf. 6. t. 13.
    Rösel Inf. app. l. t. 27.
    Sulzer Inf. t. 10. f. 67.
    Schäfer Elem. t. 90. ic. t. 33. f. 5. 6.
2. Striata, Rösel Inf. app. l. t. 29.
    Schäfer Elem. t. 50.

II. 225. Nepa. Wasserscorpionen.

1. Grandis, Rösel Inf. 3. t. 26.
5. Cinerea, Rösel Inf. app. l. t. 22. f. 6. 7. 8.
    Frisch Inf. 6. t. 15.
    Sulzer Inf. t. 10. f. 68.
    Schäfer Elem. t. 69. ic. t. 33. f. 7. 9.
6. Cimicoides, Frisch Inf. 6. t. 14.
    Rösel Inf. app. t. 28.
    Schäfer Elem. t. 87. ic. t. 33. f. 3. 4.
7. Linearis, Frisch Inf. 7. t. 16.
    Rösel Inf. app. t. 23.
    Schäfer ic. t. 5. f. 5. 6.

II. 226. Cimex. Wanzen.

1. Lectularius, Ledermüller Microf. t. 52. 63.
    Sulzer Inf. t. 10. f. 69.
5. Maurus, Schäfer ic. t. 53. f. 3. 4. 15. 16.
6. Lineatus, Schäfer ic. t. 2. f. 3.
    Schäfer Elem. t. 44. f. 1. ic. t. 2. f. 3.
8. Fuliginosus, Schäfer ic. t. 11. f. 10-12.
17. Corticalis, Schäfer ic. t. 41. f. 6. 7.
19. Erosus, Sulzer Inf. t. 11. f. 71.
23. Bidens, Sulzer Inf. t. 11. f. 72.

24. Ruß

24.	Rufipes,	Schäfer ic. t. 57. f. 6. 7.
37.	Gothicus,	Schäfer ic. t. 13. f. 5.
35.	Hæmorrhoidalis,	Schäfer ic. t 57. f. 8. ?
45.	Baccarum,	Schäfer ic. t. 57. f. 1. 2.
48.	Iuniperinus,	Schäfer ic. t. 46. f. 1. 2.
50.	Coeruleus,	Schäfer ic. t. 51. f. 4
51.	Morio,	Schäfer ic. t. 57. f. 11. t. 82. f. 6.
53.	Oleraceus,	Schäfer ic. t. 46 f. 4. 5.
56.	Ornatus,	Sulzer Inf. t. 11. f. 73.
		Schäfer ic. t. 60. f. 10.
59.	Acuminatus,	Schäfer ic. t. 42. f. 11.
64.	Perfonatus,	Frisch Inf. 10. t. 20.
		Sulzer Inf. t. 11. f. 74?
		Schäfer ic. t. 67. f. 9. t. 13; f. 6. 7.
67.	Trifafciatus,	Schäfer ic. t. 13. f. 8.
76.	Hyofcyami,	Sulzer Inf. t. 11. fig. 75.
		Schäfer ic. t. 13. f. 1.
77.	Equeftris,	Schäfer Elem. t. 44. f. 2.
		ic. t. 48. f. 8.
92.	Crafficornis,	Schäfer ic. t. 13. f. 10.
96.	Pini,	Schäfer ic. t. 42. f. 12.
98.	Rolandri,	Sulzer Inf. t. 11. fig. 76.
		Schäfer ic. t. 87. f. 7.
105.	Striatus,	Schäfer ic. t. 13. f. 14.
117.	Lacuftris,	Frisch Inf. 7. t. 20.
		Sulzer Inf. 11. t. 78.
119.	Vagabundus,	Frisch Inf. 7. t. 6.
120.	Tipularius,	Frisch Inf. 7. t. 20.

II. 227. Aphis. Pflanzenläuse.

1.	Ribis,	Frisch Inf. 11. t. 14.
4.	Sambuci,	Frisch Inf. 11. t. 14. t. 18.
9.	Rofae,	Sulzer Inf. t. 12. f. 79.
11.	Tiliae,	Frisch Inf. 11. t. 17.
12.	Brafficae,	Frisch Inf. 11. t. 3. f. 15.
30.	Urticae,	Frisch Inf. 8. t. 17.

II. 228.

II. 228. Chermes. Blatſauger.

10. Alni,   Friſch Inſ. 8. t. 13.
             Schäfer Elem. t. 39.
             Sulzer Inſ. t. 12. f. 80.
13. Abietis,   Friſch Inſ. 12. t. 2. fig. 3.

II. 229. Coccus. Schildläuſe.

1. Heſperitum, Schäfer Elem. t. 48.
             Sulzer Inſ. t. 12. fig. 81.
6. Ilicis,   Ledermüller Micr. t. 36.
17. Polonicus, Friſch Inſ. 5. t. 2.

II. 230. Thrips. Blaſenfüße.

2. Phyſapus,   Schäfer Elem. t. 127.
5. Faſciata,   Sulzer Inſ. t. 7. fig. 48. b.

III. 231. Papilio. Tagvögel.

3. Paris,   Knorr. Delic. tab. C. 3. fig. 1.
8. Pamnon.   Röſel add. tab. 2. fig. 2. 3.
16. Aeneas,   Röſel Inſ. 4. t. 2. fig. 2.
20. Menelaus,   Knorr. Delic. tab. C. 4. fig. 2.
31. Leilus,   Knorr. Delic. tab. C. fig. 1.
             Röſel add. t. 2. fig 1.
33. Machaon,   Friſch Inſ. 2. t. 10.
             Schäfer ic. t. 45. fig. 1. 2.
             Röſel Inſ. 1. pap. 2. t. 1.
36. Podalirius, Röſel Inſ. 1. pap. 2. t. 2.
             Schäfer Elem. t. 94. fig. 4.
             ic. t. 45. f. 3. 4.
42. Achilles,   Knorr. Delic. tab. C. 2. fig. 1. 2.
44. Teucer,   Knorr. Delic. tab. C. 1. fig. 1. 2?
46. Demoleus,   Röſel add. t. 1. fig. 2. 3.
47. Demophon,   Röſel Inſ. 4. t. 4. fig. 1?
50. Apollo,   Röſel Inſ. 4. pap. t. 4. fig. 1. 2.
             Schäfer Abhandl. 1754. t. 2. f. 2. 3.
             Sulzer Inſ. t. 13. f. 41.
             Schäfer Elem. t. 94. f. 6.
             icon. t. 36. f. 4. 5.
                         51. Mne

51. Mnemosyne,   Schäfer ic. t. 34. f. 6. 7.
52. Piera,   Rösel add. t. 6.
58. Polymnia,   Rösel Inf. 4. t. 5. f. 2.
63. Ricini,   Rösel Inf. 4. t. 2. f. 3.
71. Melpomene,   Rösel Inf. 4. t. 3. f. 6.
72. Crataegi,   Frisch Inf. 5. t. 5.
                 Rösel Inf. 1. t. 3.
75. Brafficae,   Rösel Inf. 1. pap. 2. t. 4.
                 Schäfer ic. t. 40. f. 3. 4.
76. Rapae,   Rösel Inf. 1. pap. 2. t. 5.
79. Sinapis,   Schäfer ic. t. 97. f. 8—11.
85. Cardamines, Rösel Inf. 1. pap. 2. t. 8.
                 Schäfer Elem. t. 94. f. 8.
                      Icon. t. 91. f. 1—3.
                         t. 89. f. 2. 3.
100. Hyale,   Schäfer Elem. t. 94. f. 7.
                 Rösel Inf. 3. t. 46. f. 4. 5.
104. Philea,   Rösel Inf. 4. t. 3. f. 5.
106. Rhamni,   Rösel Inf. 3. t. 46. f. 1. 2. 3.
                 Sulzer Inf. t. 13. f. 84.
108. Midamus,   Rösel add. t. 9.
119. Chryfippus, Schreber Inf. 9. f. 11. 12.
121. Sophorae,   Rösel add. t. 4. f. 1. 2.
131. Jo,   Rösel Inf. 1. pap. 1. t. 3.
                 Schäfer ic. t. 94. f. 1.
132. Almana,   Rösel add. t. 5. f. 3. 4.
135. Oenone,   Rösel add. t. 3. f. 1. 2.
143. Aegeria,   Rösel Inf. 4. t. 33. f. 3. 4.
                 Schäfer ic. t. 65. f. 1. 2.
147. Galathea,   Rösel Inf. 3. app. 1. t. 37. f. 1. 2.
                 Schäfer ic. t. 98. f. 7—9.
149. Hermione,   Rösel Inf. 3. t. 34. f. 5. 6.
                 Schäfer ic. t. 82. f. 1. 2.
155. Iurtina,   Rösel Inf. app. 1. t. 34. f. 7. 8.
                 Schäfer ic. t. 58. f. 2. 3.
157. Cardui,   Rösel Inf. 1. pap. 1. t. 10.
                 Schäfer ic. t. 97. f. 5. 6.

232. Argus,	Rösel Inf. app. 1. t. 37. fig. 3. 4.	
	Schäfer ic. t. 29. f. 3. 4.	
B. Idas,	Rösel Inf. app. 1. t. 37. f. 6. 7.	
	Schäfer ic. t. 98. f. 3. 4.	
237. Rubi,	Schäfer ic. t. 29. f. 5. 6.	
239. Pamphilus,	Rösel app. 1. t. 34. f. 7. 8.	
242. Arcanius,	Schäfer Elem. t. 94. f. 3.	
253. Virgaureae,	Rösel Inf. app. 1. t. 45. f. 5. 6.	
254. Hippothoe,	Schäfer ic. t. 97. f. 7.	
267. Malvae,	Rösel Inf. 1. pap. 2. t. 10.	
	Schäfer Elem. t. 94. f. 9.	

III. 232. Sphinx. Pfeilschwänze.

1. Ocellata,	Rösel Inf. 1. phal. 1. t. 1.	
	Sulzer Inf. t. 15. f. 89.	
	Schäfer ic. t. 99. f. 5. 6.	
2. Populi,	Rösel Inf. 3. suppl. t. 30.	
	Schäfer ic. t. 100. f. 6.	
3. Tiliae,	Frisch Inf. 7. t. 2.	
	Rösel Inf. phal. t. 2.	
	Schäfer Elem. t. 116. f. 1.	
	Icon. t. 100. f. 1. 2.	
5. Nerii,	Rösel Inf. 1. phal. 1. t. 16.	
	Schäfer ic. t. 100. f. 3. 4.	
	Frisch Inf. 7. t. 3.	
6. Convolvuli,	Rösel Inf. 1. phal. 1. t. 7.	
	Schäfer ic. t. 98. f. 1. 2.	
8. Ligustri,	Rösel Inf. pap. 1. t. 5.	
	Schäfer Elem. t. 116. f. 2.	
9. Atropos,	Sulzer Inf. t. 16. f. 88.	
	Schäfer ic. t. 99. f. 1. 2.	
12. Celerio,	Frisch Inf. 13. t. 1. f. 2.	
	Rösel Inf. 4. t. 8.	
17. Elpenor,	Rösel Inf. 1. phal. 1. t. 4.	
	Frisch Inf. 12. t. 1.	
	Schäfer ic. t. 96. f. 4. 5.	
18. Porcellus,	Rösel Inf. 1. phal. 1. t. 5.	

19. Eu-

19. Euphorbiae,　Röfel Inf. 1. phal. 1. t. 3.
　　　　　　　Frisch Inf. 2. t. 11.
　　　　　　　Schäfer ic. t. 78. f. 1. 2.
　　　　　　　Ledermüller Brief 48. t. 16.
22. Pinastri,　Röfel Inf. 1. phal. 1. t. 6.
27. Stellatarum,　Röfel Inf. 1. phal. 1. t. 8.
　　　　　　　Schäfer Elem. t. 116. f. 3.
　　　　　　　icon. t. 16. f. 2. 3.
28. Fuciformis,　Röfel Inf. app. t. 38.
　　　　　　　Röfel Inf. 4. t. 34. f. 1—4.
　　　　　　　Sulzer Inf. t. 15. f. 90.
　　　　　　　Schäfer ic. t. 16. f. 1.
34. Tulipendulae,　Röfel Inf. 1. phal. 2. t. 57.
　　　　　　　Sulzer Inf. t. 15. fig. 91.
　　　　　　　Schäfer ic. t. 16. f. 6. 7.
35. Phegea,　Frisch Inf. 6. p. 33. t. 15.
36. Ephialtes,　Schäfer ic. t. 71. f. 1.
37. Caffrae,　Schäfer ic. t. 80. f. 4. 5.
47. Statices,　Schäfer ic. t. 1. f. 9.

III. 233. Phalaena.　Nachtvögel.

1. Atlas,　Knorr. Delic. t. C. 4. f. 1.
7. Pavonia,
　　Minor,　Schäfer Elem. t. 98. f. 2.
　　　　　　　Icon. t. 89. f. 2—5.
　　　　　　　Röfel Inf. 1. phal. 2. t. 5.
　　Major,　Röfel Inf. 4. t. 15. 16. 17.
　　　　　　　Knorr. Delic. t. C. 2. f. 2.
8. Tau,　Röfel Inf. 4. t. 7. f. 3. 4.
　　　　　　　Schäfer ic. 85. f. 4—6.
12. Militaris,　Röfel Inf. 4. t. 6. f. 3.
18. Quercifolia,　Röfel Inf. 1. phal. 2. t. 41.
　　　　　　　Sulzer Inf. t. 16. f. 93.
　　　　　　　Frisch Inf. 3. t. 1. f. 3.
　　　　　　　Schäfer ic. t. 71. f. 4. 5.
21. Rubi,　Röfel Infect. app. t. 49.
22. Pruni,　Röfel Inf. 1. phal. 2. t. 36.
　　　　　　　　　　　　　　　　23. Po

23.	Potatoria,	Röſel Inſ. I. phal. 2. t. 2.
24.	Pini,	Friſch Inſ. 10. t. 10.
		Röſel Inſ. I. phal. 2. t. 49.
		Schäfer ic. t. 86. f. 1-3.
25.	Quercus,	Röſel Inſ. I. phal. 2. t. 35.
		Schäfer ic. t. 87. f. 1-3.
27.	Catax,	Röſel Inſ. 4. t. 34. f. a. b.
		et 3. t. 71. f. 2.
28.	Laneſtris,	Röſel Inſ. I. phal. 2. t. 62.
		Schäfer ic. t. 38. f. 10. 11.
29.	Vinula,	Friſch Inſ. 6. t. 8.
		Röſel Inſ. I. phal. 2. t. 19.
30.	Fagi,	Röſel Inſ. app. t. 12.
31.	Bucephala,	Friſch Inſ. 11. t. 4.
		Röſel Inſ. I. phal. 2. t. 14.
		Schäfer ic. t. 31. f. 10. 11.
32.	Verſicolora,	Röſel Inſ. app. t. 39. f. 3.
33.	Mori,	Röſel Inſ. app. 1. t. 7. 8.
34.	Populi,	Röſel Inſ. 2. phal. 2. t. 60.
35.	Neuſtria,	Friſch Inſ. 1. t. 2.
		Röſel Inſ. I. phal. 2. t. 6.
36.	Caſtrenſis,	Friſch Inſ. 10. t. 8.
		Röſel Inſ. 4. t. 14.
38.	Caja,	Friſch Inſ. 2. t. 9.
		Röſel Inſ. I. phal. 2. t. I.
		Sulzer Inſ. t. 16. f. 94.
		Schäfer ic. t. 29. f. 7. 8.
40.	Hebe,	Friſch Inſ. 7. t. 9.
		Röſel Inſ. 4. t. 27. f. 1. 2.
		Schäfer Elem. t. 98. f. 1.
		icon. t. 1. f. 5. 6.
41.	Villica,	Friſch Inſ. 10. t. 2.
		Röſel Inſ. 4. t. 28. f. 1.
		tab. 29. f. 1—4.
42.	Plantaginis,	Röſel Inſ. 4. t. 24. f. 9. 10.
43.	Monacha,	Schäfer ic. t. 68. f. 2 3.
44.	Diſpar,	Friſch Inſ. 1. p. 14. t. 3.
		Röſel Inſ. I. phal. 2. t. 3.

44. Di-

44. Dispar,   Schäfer ic t. 28. f. 3-6.
45. Chryforhoea,   Frisch Inf. 3. t. 8.
                          Rösel Inf. 1. phil. 2. t. 22.
46. Salicis,   Frisch Inf. 1. t. 4.
                          Rösel Inf. 1. phal. 2. t. 9.
50. Coryli,   Rösel Inf. 1. phal. 2. t. 58.
52. Curtula,   Frisch Inf. 5. t. 6.
                          Rösel Inf. app. t. 43.
                          Rösel Inf. 4. t. 11. f. 1—6.
53. Anaftomofis,   Rösel Inf. 1. phal. 2. t. 26.
54. Pudibunda,   Rösel Inf. 1. phal. 2. t. 38.
                          Schäfer ic. t. 44. f. 9. 10.
55. Fafcelina,   Rösel Inf. 1. phal. 2. t. 37.
56. Antiqua,   Rösel Inf. 1. phal 2. t. 39.
                          Rösel Inf. 1. app. t. 13.
57. Gonoftigma,   Rösel Inf. 1. phal. 2. t. 48.
59. Coeruleocephala   Frisch Inf. 10. t. 3. f. 4.
                          Rösel Inf. 1. phal. 2. t. 16.
61. Ziczac,   Frisch Inf. 3. t. 1. f. 2.
                          Rösel Inf. 1. phal. 2. t. 20.
                          Schäfer ic. t. 79. f. 2. 3.
63. Coffus,   Frisch Inf. 7. t. 1.
                          Rösel Inf. 1. phal. 2. t. 18.
                          Schäfer ic. 71. f. 1. 2.
67. Purpurea,   Rösel Inf. 1. phal. 2. t. 10.
68. Lubricipeda,   Rösel Inf. 1. phal. 2. t. 46.
                          Frisch Inf. 3. t. 8.
                          Rösel Inf. 2. phal. 2. t. 47.
                          Schäfer ic. t. 24. f. 8. 9.
71. Ruffula,   Rösel add. t. 20.
                          Schäfer ic. t. 83. f. 4. 5.
75. Grammica,   Rösel Inf. 4. t. 21. f. A. D.
78. Libatrix,   Rösel Inf. 4. t. 20.
80. Camelina,   Rösel Inf. 1. phal. 2. t. 28.
81. Oo,   Rösel Inf. 1. phal. 2. t. 63.
83. Aefculi,   Rösel Inf. 3. t. 48. f. 5. 6.
                          Schäfer ic. t. 30. f. 8. 9.

90. De

151. Exfoleta,   Frisch Inf. 5. t. 11. f. 1.
                  Röfel Inf. 1. phal. 2. t. 24.
                  Sulzer Inf. t. 16. fig. 95.
                  Schäfer ic. t 24. f. 6. 7.
153. Verbafci,   Frisch Inf. 6. t. 9.
                  Röfel Inf. 1. phal. 2. t. 23.
154. L. album,   Schäfer ic. t. 92. f. 4. ?.
163. Braffcae,   Röfel Inf. 1. phal. 2. t. 29. f. 4. 5.
164. Rumicis,   Röfel Inf. 1. phal. 2. t. 27.
165. Oxyacanthae, Röfel Inf. phal 2. t. 33.
171. Oleracea,   Frisch Inf. 7. t. 21.
                  Röfel Inf. 1. phal. 2. t. 33.
172. Pifi,   Röfel Inf. 1. phal. 2. t. 52.
173. Atriplicis,   Röfel Inf. 1. phal. 2. t. 31.
174. Praecox,   Röfel Inf. 1. phal. 2. t. 51.
175. Triplacia,   Röfel Inf. 1. phal. 2. t. 34.
176. Satellitia,   Röfel Inf. 3. t. 50.
177. Tragopogonis, Frisch Inf. 11. t. 7.
179. Tritici,   Frisch Inf. 10. t. 19.
181. Pyramidea,   Röfel Inf. 1. phal. 2. t. 11.
182. Flavicornis,   Schäfer ic. t. 9. f. 3.
183. Leucomelas,   Schäfer ic. t. 51. f. 11. 12.
186. Typica,   Röfel Inf. 1. phal. 2. t. 56.
188. Delphini,   Röfel Inf. 1. phal. 2. t. 12.
196. Putataria,   Schäfer icon. t. 67. f. 10. 11.
198. Vibicaria,   Schäfer ic. t. 12. f. 5.
199. Thymiaria,   Frisch Inf. 10. t. 17.
202. Falcataria,   Schäfer ic. t. 54. f. 1. 2.
203. Sambucaria,   Röfel Inf. 1. phal. 3. t. 6.
                  Schäfer ic. t. 63. f. 8.
205. Alniaria,   Röfel Inf. 1. phal. 3. t. 1. ?
206. Syringaria,   Röfel Inf. 1. phal. 3. t. 10.
211. Elinguaria,   Röfel Inf. 1. phal. 3. t. 9.
213. Macularia,   Schäfer ic. t. 12. f. 3.
214. Atomaria,   Frisch Inf. 13. tab. 5.
                  Schäfer ic. t. 17. f. 2. 3.
217. Betularia,   Schäfer ic. t. 88. f. 4. 5.

219. Wauaria,   Friſch Inſ. 3. t. 3. f. 1.
                   Schäfer icon. t. 58. f. 2. 3.
                   Röſel Inſ. 1. phal. 3. t. 4.
221. Purpuraria,   Schäfer ic. t. 19. f. 6.
225. Papilionaria, Friſch Inſ. 10. t. 17.
                   Röſel Inſ. 4. t. 18. f. 3.
                   Röſel Inſ. 1. phal. 3. t. 12.
242. Groſſulariata, Friſch Inſ. 3. t. 2.
                   Röſel Inſ. 1. phal. 3. t. 2.
                   Schäfer ic. t. 67. f. 1. 2.
248. Plagiata,   Schäfer ic. t. 12. f. 1. 2.
250. Prunata,   Friſch Inſ. 5. t. 14.
257. Marginata,   Sulzer Inſ. t. 16. f. 96.
260. Fluctuata,   Friſch Inſ. 7. t. 19.
262. Sordiata,   Röſel Inſ. 3. t. 3. f. 3.
272. Urticata,   Röſel Inſ. 1. phal. 4. t. 14.
                   Schäfer Elem. t. 98. f. 4.
285. Praſinana,   Röſel Inſ. 4. t. 22.
286. Viridana,   Friſch Inſ. 3. t. 8.
                   Röſel Inſ. 1. phal. 4. t. 3.
287. Clorana,   Röſel Inſ. 1. phal. 4. t. 3.
303. Chriſtiernana, Schäfer Regensb. 1758. t. 2. f. 12.
326. Heracliana,   Schäfer ic. 1758. t. 2. f. 3. 4.
327. Farinalis,   Schäfer ic. t. 95. f. 8. 9.
332. Roſtralis,   Röſel Inſ. 1. phal. 4. t. 6.
333. Sulphuralis, Schäfer ic. t. 9. f. 14. 15.
334. Forficalis,   Schäfer ic. t. 51. f. 8. 9.
335. Verticalis,   Röſel Inſ. 1. phal. 4. t. 4.
336. Pinguinalis, Schäfer ic. t. 60. f. 8. 9.
350. Evonymella,   Friſch Inſ. 5. t. 16.
                   Röſel Inſ. 1. phal. 4. t. 8.
                   Sulzer Inſ. t. 16. f. 99.
351. Padella,   Friſch Inſ. 5. tab. 16. ?
                   Röſel Inſ. 1. phal. 4. t. 7.
367. Salicella,   Röſel Inſ. 1. phal. 4. t. 9.
372. Pellionella, Röſel Inſ. 1. phal. 4. t. 17.
373. Sarcitella,   Röſel Inſ. 1. phal. 4. t. 17.
375. Mellonella,   Röſel Inſ. app. t. 41.

C 5   367. Cu-

376. Cucullatella, Röfel Inf. 1. phal 4. t. (1.
377. Granella, Röfel Inf. 1. phal. 4. t. 12.
389. Xyloftella, Röfel Inf. 1. t. 10.
401. Pomonella, Frifch Inf. 7. t. 10.
Röfel Inf. 1. phal. 4. t. 13.
406. Refmella, Frifch Inf. 10. t. 9.
Röfel Inf. 1. phal. 4. t. 16.
423. Petiverella, Schäfer ic. t. 43. f. 13.
445. Roefella, Frifch Inf. 3. t. 4.
454. Didactyla, Schäfer Elem. t. 104.
ic. t. 93. f. 7.
459. Pentadactyla, Röfel Inf. 1. phal. 4. t. 5.
Sulzer Inf. t. 16. f. 100.
460. Hexadactyla, Frifch Infect. 7. t. 73.

IV. 234. Libellula. Jungfern.

1. Quadrimacul. Schäfer ic. t. 9. f. 13.
2. Flaveola, Schäfer ic. t. 4. f. 1.
3. Vulgata, Röfel Inf. 2. aquat. 2. t. 8.
4. Rubicunda, Schäfer ic. t. 92 f. 1.
5. Depreffa, Röfel Inf. 2. aqu. t. 6. f. 4. t. 7. f. 3.
Schäfer ic. t. 52. f. 1.
6. Vulgatiffima, Röfel aquat. 2. t. 5. f. 3.
8. Aenea, Röfel Inf. 2. aqu. t. 5. f. 2.
9. Grandis, Röfel Inf. 2. aqu. t. 4. f. 14.
Schäfer ic. t. 60. f. 1.
10. Juncea, Schäfer ic. t. 2. f. 4. ?
20. Virgo, α Röfel aqu. 2. t. 9. f. 7.
Schäfer Elem. t. 78. f. 1.
γ Röfel aqu. 2. t. 9 f. 6.
δ Röfel aqu. 2. t. 9. f. 5.
21. Puella, α Röfel aqu. 2. t. 10. 11.
Sulzer Inf. t. 17. f. 102.
β Röfel Inf. aqu. 2. t. 10. 11.
♂ Frifch Inf. 8. t. 11.

IV.

IV.

IV. 239. Panorpa. Scorpionfliegen.

1. Communis, Frisch Inf. 9. t. 14. f. 1.
     Schäfer Elem. t. 93.
       icon. t. 88. f. 7.
     Sulzer Inf. t. 17. f. 106.

IV. 240. Raphidia. Kameelhälfe.

1. Ophiopfis, Röfel Inf. app. 1. t. 21. f. 6. 7.
     Schäfer Elem. t. 107.
      ic. t. 95. f. 1. 2.

V. 241. Cynips. Galläpfelwürmer.

1. Rofae, Schäfer ic. t. 55. f. 10. 11.
5. Quercus folii, Frifch Inf. 2. t. 3. f. 5.
     Sulzer Inf. t. 18. f. 108.
     Röfel Inf. app. t. 52. 53. f. 10. 11.
7. Quercus petioli,Röfel Inf. app. t. 35. 36.
11. Quercus gemmae,Frifch Inf. 12. t. 2. f. 2.
12. Fagi, Frifch Inf. 2. t. 5.
13. Viminalis, Röfel Inf. 2. Vefp. t. 10. f. 5. 6. 7.
14. Capreae, Frifch germ 4. t. 22.

V. 242. Tenthredo. Schlupfwefpen.

3. Lutea, Frifch. Inf. 4. t. 25.
     Röfel Vefp. t. 13.
4. Amerinae, Röfel Inf. 2. Vefp. t. 1.
8. Sericea, Schäfer Elem. t. 51.
10. Nitens, Sulzer Inf. t. 18. f. 109.
13. Uftulata, Sulzer Inf. t. 18. fig. 103.
15. Juniperi, Sulzer Inf. t. 18. f. 110.
18. Abietis, Frifch Inf. 2. t. 1. f. 21—24.
22. Mefomela, Sulzer Inf. t. 18. f. 112.
30. Rofae, Röfel Inf. 2. Vefp. t. 2.
45. Capreae, Frifch Inf. 6. t. 4.

         V. 243.

V. 243. Sirex. Holzweſpen.

1. Gigas,	Röſel Inſ. 2. Veſp. t. 8. 9.
	Sulzer Inſ. t. 18. f. 114.
	Schäfer Elem. t. 1. f. 2.
	t. 13. f. 7. et 132.
	Schäfer ic. t. 10. f. 2. 3.
3. Spectrum,	Schäfer ic. t. IV. f. 9. 10.

V. 244. Ichneumon. Raupentödter.

3. Sarcitorius,	Sulzer Inſ. t. 18. f. 115.
4. Extenſorius,	Schäfer ic. t. 43. f. 1. 2.
9. Saturatorius,	Schäfer ic. t. 61. f. 4.
12. Piſorius,	Schäfer ic. t. 6. f. 12.
	Elem. t. 12. f. 1. t. 20. f. 8.
	t. 70. f. 6.
14. Volutatorius,	Schäfer ic. t. 20. f. 13. ?
16. Perſuaſorius,	Schäfer ic. t. 80. f. 2.
28. Denigrator,	Schäfer ic. t. 20. f. 4. 5.
29. Deſertor,	Schäfer ic. t. 20. f. 2. 3.
33. Compunctor,	Schäfer ic. t. 49. f. 4.
53. Affectator,	Schäfer ic. t. 60. f. 4.
55. Luteus,	Schäfer Inſ. t. 1. f. 12.
	ic. t. 1. f. 10.
57. Glaucopterus,	Schäfer ic. t. 82. f. 3.
63. Bedeguaris,	Röſel Inſ. app. t. 53. fig. F. H.
66. Puparum,	Röſel Inſ. 2. Veſp. t. 3.
72. Aphidium,	Friſch Inſ. 11. t. 19.
74. Globatus,	Friſch Inſ. 6. t. 10.
75. Glomeratus,	Röſel Inſ. 2. Veſp. 4. t. 3.

V. 245. Sphex. Baſtardweſpen.

1. Sabuloſa,	Friſch Inſ. 2. t. 1. f. 6. 7.
	Sulzer Inſ. t. 19. f. 120.
	Schäfer ic. t. 5. f. 2. t. 83. f. 1.
9. Spirifex,	Schäfer ic. t. 38. f. 1.
15. Viatica,	Friſch Inſ. 2. t. 1. f. 13.
24. Clypeata,	Schreber Inſ. 11. t. 1. f. 8.

V. 246.

V. 246. Chrysis. Goldwespe.

1. Ignita,   Frisch Inf. 9. tab. 10. fig. 1.
                  Sulzer Inf. t. 19. f. 121.
                  Schäfer Elem. t. 40.
                       ic. t. 74. f. 7. 8.
4. Aurata,   Schäfer ic. t. 42. f. 5. 6.
5. Cyanea,   Schäfer ic. t. 81. f. 5.

V. 247. Vespa. Wespen.

3. Crabro,   Frisch Inf. 9. t. 11. f. 1.
                  Schäfer ic. t. 53. fig. 5.
4. Vulgaris,   Frisch Inf. 9. t. 12. f. 2.
                  Schäfer Elem. t. 130.
                      ic. t. 35. f. 4.
6. Parietum,   Rösel Vesp. t. 7. f. 8.
                  Schäfer ic. t. 24. f. 4.
                  Frisch Inf. 9. t. 12. f. 1.
7. Gallica,   Schäfer ic. t. 35. f. 5.
8. Muraria,   Frisch Inf. 9. t. 12. f. 8. 9.
                  Schäfer ic. t. 24. f. 3.
11. Coarctata,   Frisch Inf. 9. f. 9.
12. Arvensis,   Schäfer ic. t. 65. f. 8.

V. 248. Apis. Bienen.

1. Longicornis,   Schäfer ic. t. 44. f. 13.
4. Centuncularis, Frisch Inf. 11. tab. 2. ?
5. Cineraria,   Schäfer ic. t. 22. f. 5. 6,
9. Rufa,   Schäfer ic. t. 81. f. 6.
18. Succincta,   Schäfer ic. t. 32. f. 5.
22. Mellifica,   Sulzer Inf. t. 19. f. 123.
28. Manicata,   Schäfer ic. t. 32. f. 11. 12.
34. Ruficornis,   Schäfer ic. t. 50. f. 10.
41. Terrestris,   Frisch Inf. 9. t. 13. f. 1.
                  Sulzer Inf. t. 19. f. 124.
                  Schäfer Elem. t. 20. f. 6.
                      ic. t. 69. f. 7.

44. Lapi-

44.	Lapidaria,	Frisch Inf. 9. n. 2.
		Schäfer ic. t. 69. f. 9.
46.	Muscorum,	Frisch Inf. 9. n. 8.
		Schäfer ic. t. 69. f. 8.

V. 249. Formica. Ameise.

3.	Rufa,	Schäfer Inf. t. 5. f. 3.
		Schäfer Elem. t. 64.

V. 250. Mutilla. Ungeflügelte Bienen.

1.	Occidentalis,	Sulzer Inf. t. 19. f. 119.

VI. 251. Oestrus. Bremsen.

1.	Bovis,	Frisch Inf. 5. t. 7.
		Sulzer Inf. t. 20. f. 127.
		Schäfer Elem. t. 91. ic. t. 89. f. 7.

VI. 252. Tipula. Langfüße.

1.	Pectinicornis,	Schäfer Elem. t. 13. f. 8. t. 129. f. 3.
2.	Rivosa,	Sulzer Inf. t. 20. f. 128.
4.	Crocata,	Schäfer ic. t. 15. f. 5.
5.	Oleracea,	Frisch Inf. 4. t. 12.
6.	Hortorum,	Schäfer ic. t. 15. f. 3. 4.
10.	Pratensis,	Frisch Inf. 4. tab. 12.
11.	Terrestris,	Frisch Inf. 7. t. 22.
12.	Cornicina,	Rösel Inf. 2. musc. t. 1.
14.	Atrata,	Schäfer ic. t. 32. f. 1.
16.	Annulata,	Schäfer ic. t. 48. f. 7. ?
26.	Plumosa,	Frisch Inf. 11. t. 12.
29.	Motitatrix,	Frisch Inf. 11. f. 13.
47.	Phalaenoides,	Frisch Inf. 11. f. 11.

VI. 253. Musca. Fliegen.

3.	Chamaeleon,	Frisch Inf. 5. n. 10.
		Rösel Inf. musc. 2. t. 5.
		Sulzer Inf. t. 20. f. 130.
		Schäfer Elem. t. 121.
		ic. t. 14. f. 16.

5. Hy-

VI. 254. Tabanus. Viehbremen.

VI. 255. Culex. **Mücken.**

  1. Pipiens,   Sulzer Inſ. t. 21. f. 2.

                   Röſel add. t. 15.

                   Schäfer Elem. t. 54.

                   Ledermüller Microſ. t. 79 85.

  3. Biſurcatus,   Sulzer Inſ. t. 21. f. 136.

VI. 256. Empis. **Hüpfer.**

  2. Pennipes,   Sulzer Inſ. t. 21. f. 137.

VI. 257. Conops. **Stechfliegen.**

  2. Calcitrans,   Sulzer Inſ. t. 21. f. 138.

 11. Teſtacea,   Schäfer Elem. t. 120.

 13. Subcoleoptrata, Schäfer ic. t. 71. f. 6.

VI. 258. Aſilus. **Raubfliegen.**

  4. Crabroniformis, Friſch Inſ. 13. t. 8.

                   Schäfer Elem. t. 13. ic. t. 8. f. 15.

  6. Gibboſus,   Schäfer ic. t. 8. f. 11.

  8. Flavus,   Schäfer ic. t. 51. f. 2.

  9. Gilvus,   Schäfer ic. t. 78. f. 6.

 13. Forcipatus,   Friſch Inſ. 3. t. 17.

VI. 259. Bombylus. **Schweber.**

  1. Major,   Schäfer Elem. t. 27. f. 1.

  2. Medius,   Schäfer ic. t. 79. f. 5.

  3. Capenſis,   Schäfer ic. t. 78. f. 3.

  4. Minor,   Schäfer ic. t. 46. f. 9.

VI. 260. Hippoboſca. **Fliegende Läuſe.**

  1. Equina,   Friſch Inſ. 5. t. 20. ?

                   Schäfer ic. t. 11. f. 5. 6.

                   Sulzer Inſ. t. 21. f. 141.

  2. Hirundinis,   Schäfer Elem. t. 70.

                   ic. t. 53. f. 1. 2.

15.	Siro,	Ledermüller Micr. t. 33. fig. 2.
		Friſch Inſect. 8. t. 3.
		Sulzer Inſ. t. 22. f. 147.
22.	Holoſericus,	Röſel Inſ. 41. n. 38.
		Schäfer ic. t. 27. f. 3.
23.	Baccarum,	Schäfer ic. t. 27. f. 1.
27.	Coleoptratus,	Friſch Inſ. 4. t. 10.
		Röſel Inſ. 4. t. 1. fig. 10—15.
		Schäfer ic. t. 27. fig. 2.

VII. 267. Phalangium. Krebsſpinnen.

2.	Opilio,	Sulzer Inſ. t. 22. f. 140.
3.	Cornutum,	Schäfer Elem. t. 13. f. 9.
		ic. t. 39. f. 13.
4.	Cancroides,	Friſch Inſect. 8. t. 1.
		Röſel ſuppl. t. 64.
		Schäfer Elem. t. 38.

VII. 268. Aranea. Spinnen.

1.	Diadema,	Friſch Inſ. 7. t. 4.
		Schäfer Elem. t. 21. f. 2.
		ic. t. 19. f. 9.
7.	Arundinacea,	Schäfer ic. t. 19. f. 12.
9.	Domeſtica,	Schäfer ic. t. 19. f. 10.
12.	Labyrinthica,	Schäfer ic. t. 19. f. 8.
13.	Quadrilineata,	Schäfer ic. t. 19. f. 13.
14.	Redimita,	Friſch Inſ. 10. t. 4.
		Schäfer ic. t. 64. f. 8.
31.	Avicularia,	Röſel add. t. 11.
		Knorr. Delic. tab. F. V. fig. 1. 2.
35.	Tarantula	Knorr. Delic. tab. F. V. fig. 3-6.
36.	Scenica,	Schäfer ic. t. 44. f. 11.
40.	Sacata,	Friſch Inſ. 8. t. 2.
42.	Vireſcens,	Schäfer ic. t. 49. f. 8.
43.	Viatica,	Friſch Inſ. 7. t. 5.
44.	Laevipes,	Friſch Inſ. 10. t. 14.

VII. 269. Scorpio. Scorpionen.

3. Afer,	Rösel Inf. 3. t. 65.
	Knorr. Delic. tab. F. III. fig. 1.
4. Americus,	Rösel Inf. 3. t. 66. f. 5.
	Knorr. Delic. tab. F. III. fig. 2.
5. Europaeus,	Rösel Inf. suppl. t. 66. f. 1. 2.
	Schäfer Elem. t. 113.
	Sulzer Inf. t. 23. f. 150.
	Knorr. Delic. tab. F. III. fig. 3-9.

VII. 270. Cancer. Krebse.

12. Floridus,	Knorr. Delic. tab. F. IV. fig. 3.
44. Criftatus,	Knorr. Delic. tab. F. fig. 1.
57. Bernhardus,	Knorr Delic. tab. F. IV. fig. 6.
58. Diogenes,	Knorr. Delic. tab. F. IV. fig. 4. 5.
63. Aftacus,	Schäfer Elem. t. 32.
	Rösel Inf. app. 1. t. 54. 55.
	Sulzer Inf. t. 23. f. 151.
	Knorr. Delic. tab. F. I. f. 3.
67. Crangon,	Knorr. Delic. tab. F. VI. fig. 2.
	Rösel Inf. 3. t. 63. fig. 1. 2.
74. Homarus,	Knorr. Delic. tab. F. VI. f. 1.
76. Mantis,	Knorr. Delic. tab. F. II. f. 1. 2.
81. Pulex,	Frisch Inf. 7. t. 18.
82. Locufta,	Sulzer Inf. t. 23. f. 152.

VII. 271. Monoculus. Schildflöhe.

1. Polyphemus,	Knorr. Delic. Tab. F. I. f. 1. 2.
	Schäfer monogr. 1756. t. 7.
3. Apus,	Schäfer monogr. 1756. t. 1-6.
	Schäfer Elem. t. 29. fig. 1.
	Sulzer Inf. t. 24. f. 153.
4. Pulex,	Schäfer monogr. 1755. t. 1. f. 1-8.
	Schäfer Elem. t. 29. fig. 4.
	Ledermüller Mier. t. 72. f. 2.
6. Quadricornis,	Rösel Inf. 3. t. 98. f. 1. 2. 4.

VII.

VII. 272. Oniſcus. Kellerwurm.

11. Aquaticus, Friſch Inſ. 10. t. 5.
    Schäfer Elem. t. 22.
14. Aſellus, Schäfer Elem. t. 92.
    ic. t. 14. f. 5. 6.
    Sulzer Inſ. t. 24. f. 154.
15. Armadillo, Schäfer icon. t. 14. f. 3. 4.

VIII. 273. Scolopendra. Aſſelwurm.

3. Forficata, Sulzer Inſ. t. 24. f. 155.
   Schäfer Elem. t. 111. fig. 1.
   ic. t. 46. f. 12.
5. Morſitans, Friſch Inſ. 11. t. 2. f. 7.
6. Ferruginea, Knorr. Delic. Tab. F. VI. f. 3.
8. Electrica, Friſch Inſ. 11. t. 8. f. 1.

VIII. 274. Julus. Vielfüſſe.

3. Terreſtris, Friſch Inſ. 11. t. 8. f. 3.
   Sulzer Inſ. t. 24. f. 156.
5. Sabuloſus, Schäfer Elem. t. 73.
   Schäfer ic. t. 88. f. 8.

*** *** ***

Soviel dermahlen von den Anweiſungen auf il.
luminirte Figuren deutſcher Schriftſteller. Hätten
wir zu dieſer Nachleſe mehrere Zeit anwenden können,
auch keinen Bedacht auf gute Ausmalungen nehmen
wollen, ſo würden wir unſtreitig ein ungleich größeres Verzeichnis zuſammen gebracht haben. Allein
wir achten dieſe zum Hauptzweck hinlänglich, um den
deutſchen Leſern aus ihren etwa in Händen habenden
deutſchen Werken von den meiſten Geſchlechtern, und
den vielen Arten der Geſchöpfe einen Begrif in Abſicht auf ihre Geſtalt und Hauptbildung beyzubringen,
ſo weit insbeſondere dienlich iſt, die Gegenſtände in

D 3　　　　　　　den

den Cabinetten nach dem Linneischen System zu
ordnen.

Da wir nun im gegenwärtigen sechsten Theile die
Anweisung auf irgend eine Figur schon bey ihren Ar=
ten mit angefüget haben, so bleibt uns jetzo nichts an=
ders übrig, als nur noch einen kleinen Nachtrag von
etlichen Verschiedenheiten in dem Fache der Conchy=
lien zu liefern, welche der Ritter mit unter seine
Species rechnet, und ihrer Mannigfaltigkeit halber
weggelassen hat, damit der Leser wenigstens in diesem
beliebten Fache in den Stand gesetzet werde, die et=
wa in Handen habende Abweichungen, auch unter ih=
re gehörige Geschlechter und Arten unterzubringen
wie folgende Verbesserungen und Zusätze mit mehrern
belehren werden.

Bei

Verbesserungen und Zusätze

zu den

im ersten Bande dieses Theils

angeführten

Conchylien

aus

dem Knorrischen Werke,

Welche ihren Speciebus

als Verschiedenheiten beyzufügen sind.

Spec. 12. Titinnabulum, addatur V. Theil, Tab. XXX. *⁎*⁎*
fig. 1.

38. Radiatus, statt I. Theil, etc. lies I. Theil,
Tab. VI. fig. 5.

47. Angulata, add. VI. Theil, Tab. XXXVIII. *⁎*⁎*
fig. 4.

48. Gari, add. IV. Theil, Tab. III. *⁎* fig. 3.
V. Theil, Tab. XXI. *⁎*⁎* fig. 5.

51. Foliacea, add. VI. Theil, Tab. XII. *⁎*⁎* fig. 2.

74. Cardissa, add. VI. Theil, Tab. XI. *⁎*⁎* fig. 1.

81. Tuberculatum, add. III. Theil, Tab. IV. *⁎ fig. 5.
et V. Theil, Tab. XXX. *⁎*⁎ fig. 2.

83. Fragum, add. IV. Theil, Tab. XIV. *⁎* fig. 5.

89. Serratum, statt VI. *⁎*⁎* 1. 2. lies VI. *⁎*⁎* 1.

90. Edulis, statt VIII. *⁎*⁎* 4. lies VIII. *⁎*⁎* 2. 4.

102. Scortum, add. VI. Theil, Tab. XXXIV. *⁎*⁎*
fig. 1.

105. Trunculus, add. VI. Theil, Tab. XXVIII. *⁎*⁎*
fig. 8.

               109. Scri-

Spec. 109. Scripta, add. VI. Theil, Tab. XXVIII. **** fig. 1.
112. Paphia, add. VI. Theil, Tab. X. **** fig. 4.
125. Chione, add. II. Theil, Tab. XVIII. * fig. 4.
     IV. Theil, Tab. III. ** fig. 5.
29. Caftrenfis, add. III. Theil, Tab. IV. ** fig. 4.
141. Orbicularis, add. IV. Theil, Tab. XIV. *** fig. 4.
147. Litterata, ftatt V. Theil, lies VI. Theil.
151. Gaederopus, add. I. Theil, Tab. IX. fig. 2.
     ftatt IX. ***1. lies IX. ***1.2
152. Regius, add. I. Theil, Tab. VII. fig. 1.
     V. Theil, Tab. VII. *** fig. 2. 3.
154. Cor, add. I. Theil, Tab. XXI. fig. 4.
155. Gigas, add. VI. Theil, Tab. XXXVI. *** fig. 3.
165. Gryphoides, add. I. Theil, Tab. XXI. fig. 2.
176. Granofa, add. VI. Theil, Tab. XXXIV. *** fig. 2.
186. Iacobaea, add. VI. Theil, XXXVIII. *** fig. 1.
191. Radula, deleatur II. Theil, Tab. XVIII. * fig. 5.
     add. II. Theil, Tab. XXI. * fig. 5.
192. Plica, add. I. Theil, Tab. VIII. fig. 5.
     Tab. XVIII. fig. 2.
193. Pallium, add. II. Theil, Tab. XVIII. * fig. 3.
194. Nodofa, ftatt VI. Theil, lies III. Theil.
198. Sanguinea, add. V. Theil, Tab. XII. *** fig. 5.
     Tab. XIII. *** fig. 9.
199. Varia, add. II. Theil, Tab. X. * fig. 2.
214. Ifogonum, add. VI Theil, Tab. XXI. *** fig. 1.
253. Edulis, add. I. Theil, Tab. IV. fig. 5. 6.
292. Litteratus, add. II. Theil, Tab. VII. * fig. 1.
     Tab. XII. * fig. 3.
     III. Theil, Tab. XVIII. ** fig. 5.
     VI. Theil, Tab. XI. *** fig. 4.
293. Generalis, add. II. Theil, Tab. V. * fig. 2.
     III. Theil, Tab. VI. ** fig. 3.
294. Virgo, add. II. Theil, Tab. XXIV. * fig. 4.
     IV. Theil, Tab. XVI. ** fig. 5.
295. Capitaneus, add. II. Theil, Tab. VI. * fig. 3.
             298. Am

zu den Conchylien.

Verbesserungen und Zusätze

Spec. 423. Plicaria, statt XV. fig. 1. lies XV. fig. 5. 6.
add. VI. Theil, Tab. XII. *⁎*⁎* fig. 5.
430. Turbinellus, add. VI. Theil, Tab. XX. *⁎*⁎*
fig. 6. XXIX. *⁎*⁎* fig. 7.
436. Cymbium, add. VI. Theil, Tab. IV. *⁎*⁎* fig. 5.
440. Perdix, statt VIII. lies VIII. **
444. Plicatum, statt IV. *⁎* fig. 4. lies IV. *⁎* fig. 1.
add. III. Theil, Tab. XXVIII. ** fig. 1.
448. Flammeum, add. VI. Theil, Tab. XVIII. *⁎*⁎*
fig. 1.
450. Decuſſatum, statt Tab. X. * fig. 2. 3. lies Tab. X. *
fig. 3. 4.
472. Undoſum, add. V. Theil, Tab. XV. *⁎*⁎* fig. 5.
480. Subulatum, add. fig. 5.
481. Crenulatum, add. III. Theil, Tab. XV. ** fig. 3.
484. Strigilatum, add. VI. Theil, Tab. XXII. *⁎*⁎*
fig. 8. 9.
476. Fuſus, deleatur hinter Tab. VII. das Wort Theil.
495. Lentiginoſus, add. VI. Th. Tab. XXIX. *⁎*⁎*
fig. 8.
498. Pugilis, statt T. XVI. *⁎* lies Tab. XVI. **
501. Gibberulus, add. VI. Theil, Tab. XV. *⁎*⁎*
fig. 3.
503. Lucifer, add. III. Theil, Tab. V. ** fig. 4.
VI. Theil, Tab. XXIX. *⁎*⁎* fig. 6.
507. Canarium, add. III. Theil, Tab. XIII. ** fig. 3.
516. Ater, statt fig. 3. lies fig. 8.
519. Tribulus, statt Tab. XXVII. *⁎*⁎* lies Tab.
XXVII. *⁎*
523. Ramoſus, add. VI. Theil, Tab. XL. *⁎*⁎*
fig. 6. 7.
525. Saxatilis, add. IV. Theil, Tab. XXIII. *⁎*
fig. 3.
527. Rana, statt Tab. VII. *⁎* lies VII. **

533. Loto-

Spec. 533. Lotorium, ſtatt II. Theil, Tab. XXVI. ****
lies VI. Theil, &c.

542. Neriſoideus, ſtatt VI. Theil, lies IV. Theil,

545. Hippocaſtanum, ſtatt fig. 5. lies fig. 3.

546. Senticoſus, add, IV. Theil, Tab. XXVI. ***
fig. 2.

556. Arvanus, add. I. Theil, Tab. XXX. fig. 1.

561. Puſio, add. IV. Theil, Tab. XXI. *** fig. 7.

564. Dolarium, ſtatt II. Theil, Tab. VII. * lies
Tab. XXIV. *

add. VI. Theil, Tab. XVII. ****
fig. 7.

567. Trapezium, add. VI. Theil, Tab. XXVI. ****
fig. 5.

568. Syracuſanus, add. VI. Theil, Tab. XX. **** fig. 7.

579. Niloticus, ſtatt IV. Theil, Tab. XXII. *** lies
Tab. XXIII. ***

580. Maculoſus, ſtatt IV. Theil, Tab. IV. ** fig. 5. lies
IV. *** fig. 2.

595. Labio, add. III. Theil, Tab. IV. ** fig. 3.

598. Conulus, ſtatt VI. Theil, lies IV. Theil.

606. Neritoides, add. II. Theil, Tab. XIII. * fig. 5.

612. Petholatus, ſtatt Tab. XXVIII. ** fig. 2. 5.
lies fig. 2. 3. 4. 5.

613. Cochlus, ſtatt fig. 3. lies fig. 3. 5.

617. Calcar, add. ad Tab. IV. *** et fig. 2.
Tab. VII. *** fig. 1.

631. Clathrus, add. IV. Theil, Tab. XI. *** fig. 5.

671. Cornea, add. II. Theil, Tab. XIII. * fig. 4.

674. Cornu arietis, add. Tab. X. fig. 2.

691. Nemoralis, add. IV. Theil, Tab. XXVII. **fig. 3.

693. Griſea, add. VI. Theil, Tab. XXVIII. **** fig. 4.

713. Haliotoida, add. VI. Th. T. XXXIX. **** fig. 5.

714. Ambigua, add. Tab. VI. fig. 6. 7.

716. Glaucina, deleatur fig. 3.

Spec. 718. Albumen, statt VI. Theil, lies IV. Theil.

724. Littoralis, add. VI. Theil, Tab. XIII.*⁎*⁎* fig. 7.

731. Polita, add. I. Theil, Tab. XIII. fig. 5.

753. Laciniofa, add. V. Theil, Tab. XIII. *⁎*⁎ fig. 5.

771. Testudinaria, add. III. Theil, Tab. XXX. *⁎
              fig. 2. 5.
       VI, Theil, Tab. XXX. *⁎*⁎*
              fig. 7. 8.

772. Compressa, add. I. Theil, Tab. XX. fig. 2.

801. Lumbricalis, statt IV. Theil, Tab. XVII. *⁎
      lies XVII. *⁎*

Regiſter

der

Ordnungen, Geſchlechter und Arten,

welche in den

beyden Bänden dieſes ſechſten Theils

enthalten ſind.

Sechſte Claſſe.

Von den Würmern.

Vermes.

II. Ordnung. Mollusca.

Würmer mit Gliedmassen   -   57

287. Ge-

III. Ordnung. Teſtacea.

Würmer mit Gehäuſen oder Conchylien. - 157

Erſte Abtheilung. Vielſchalige.

E 2　　　　　　　　　　Tab.

131. Me=

312. Geſchlecht. Arcae. Archen   292

**A. Mit glattem Rande und gekrümm-
tem After oder Angel.**

**B. Mit glattem Rande und gebogenem
Angel.**

**C. Mit gekerbtem Rande, und gekrümm=
ten Angel.   295**

**B. Mit gekerbtem Rande und geboge-
nem Angel.**

            181. Gly-

F. Glatte

F 3   B. Caniale.

F 4

F. Ge-

596. Tu-

620. Sar-

Vierte Abtheilung.

Einſchalige ungewundene.

B. Mit

B. Mit einem gezähnelten oder zackigen Umfange.

C. Mit spitzigem gekrümmten Wirbel.

D. Mit glattem Rande und stumpfen dichten Wirbel.

E. Mit durchbohrtem Wirbel.

Zweyte

Zweyter Band.

IV. Ordnung. Lithophyta. Coralle.

339. Ge-

V. Ordnung. Zoophyta.
Thierpflanzen.

Erste Abtheilung.
Eigentliche Thierpflanzen.

G 4   10. Ficus,

344. Ge

Geſchlechter und Arten.

G 5 3. Ru-

347. **Geſchlecht.** Sertulariae. **Corallinen** 831

A. **Blaſencorallinen.**

Tab.

Zweyte Abtheilung.

Pflanzenthiere.   Phytozoa.   880

349. Geſchlecht.   Hydrae.   Polypen   881

350. Ge-

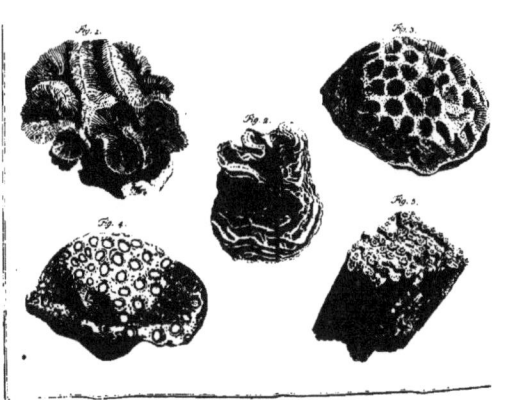

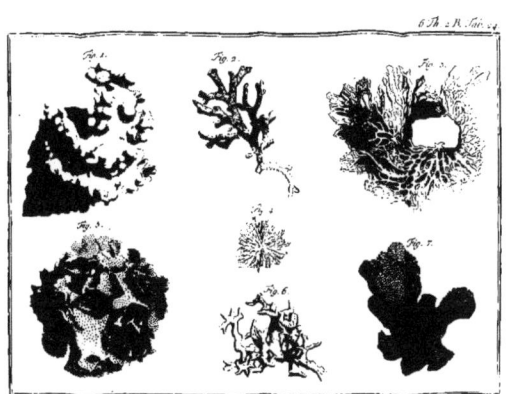

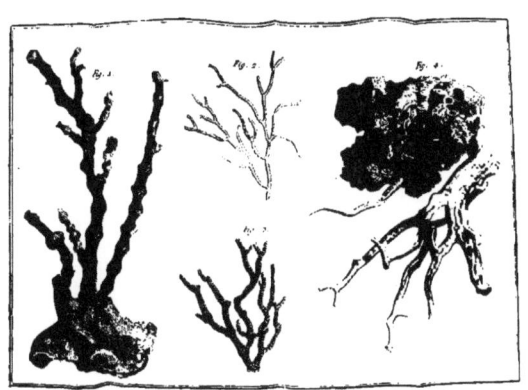

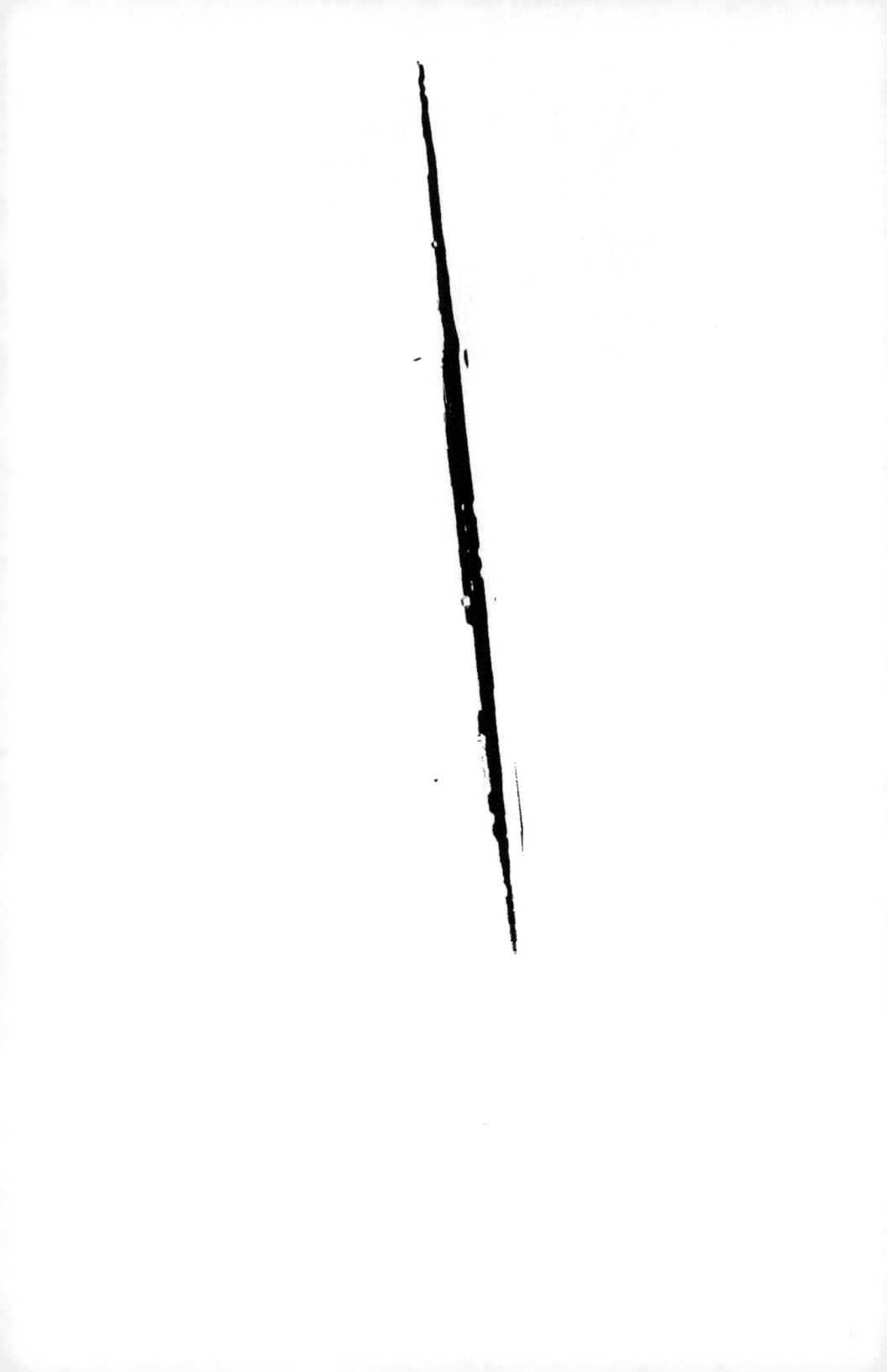

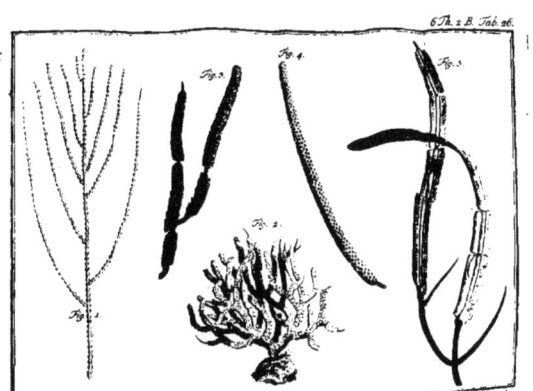

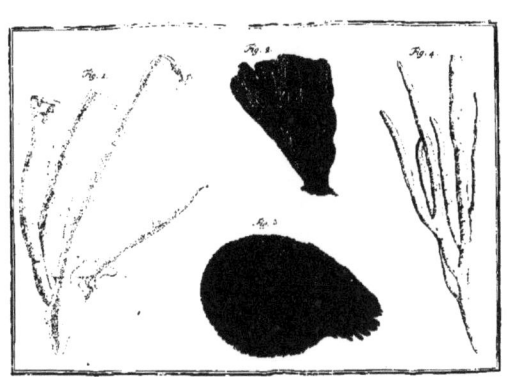

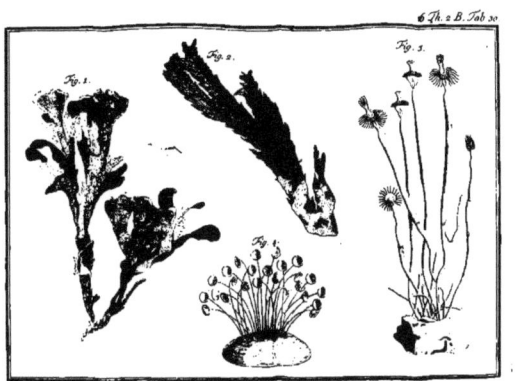

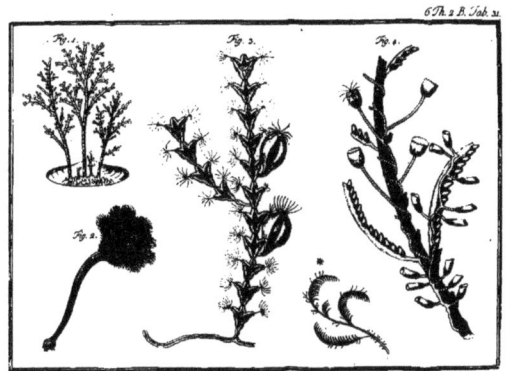

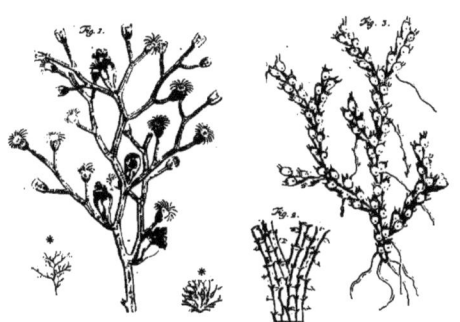

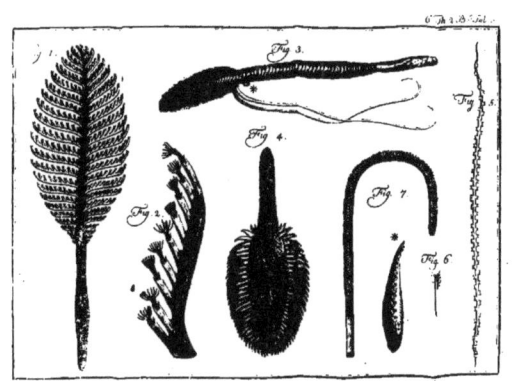

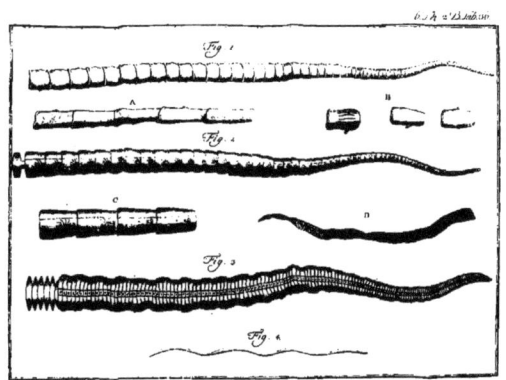

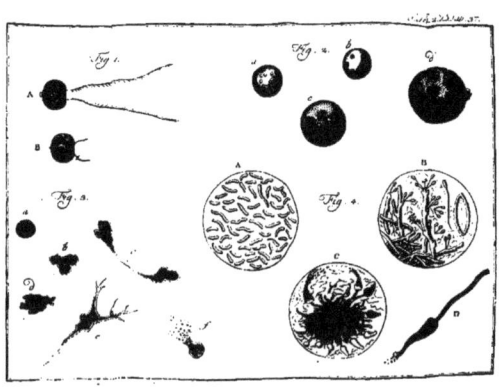